道统大成

[清] 汪东亭 编著

盛克琦 点校

图书在版编目（CIP）数据

道统大成 /（清）汪东亭编著；盛克琦点校. --北京：华夏出版社有限公司，2024.1

ISBN 978-7-5222-0598-4

Ⅰ. ①道… Ⅱ. ①汪… ②盛… Ⅲ. ①道统—研究—中国 Ⅳ. ①B222.05

中国国家版本馆CIP数据核字（2023）第242897号

道统大成

作　　者　[清] 汪东亭
点　　校　盛克琦
责任编辑　陈学英
责任印制　周　然

出版发行　华夏出版社有限公司
经　　销　新华书店
印　　装　北京汇林印务有限公司
版　　次　2024年1月北京第1版
　　　　　　2024年1月北京第1次印刷
开　　本　710mm × 1000mm　1/16
印　　张　29.25
字　　数　460千字
定　　价　148.00元

华夏出版社有限公司　地址：北京市东直门外香河园北里4号
　　邮编：100028　　网址：www.hxph.com.cn
　　电话：（010）64663331（转）

若发现本版图书有印装质量问题，请与我社营销中心联系调换。

点校说明

《道统大成》，是清代著名的道经丛集，题“汪东亭先生辑，阳湖汪洵署检”，“上海二马路千顷堂书局发行，光绪庚子年（1900）刊版存申江”。汪东亭（1839—1917），安徽省休宁县凤湖人。名汪启濩，字东亭，号体真山人。幼习儒学，嗜慕玄宗，搜罗丹经子书，博览经史道籍。二十二岁访友求师，浪迹江湖，阅遍五省。一日由匡庐（庐山）经过，偶遇吴天秩翁，叩问玄旨，以弟子礼事之，遂传七返九还金液大丹之法，及火候次序之妙。晚年由弟子邀请，留居上海讲学多年。著有《性命要旨》《教外别传》《教外心法》《体真心易》《三教一贯》等。汪洵（？—1915），字子渊，号渊若，原名学瀚，字渊若，阳湖（今江苏常州）人。光绪十八年（1892）进士，授编修。《道统大成》共收书九种，分为坎、离、震、兑四集，编入巴蜀书社《藏外道书》[①]第六册。本书以清光绪庚子上海千顷堂书局版本校勘整理，增补了《悟真篇阐幽》。

1.《周易参同契阐幽》，清朱元育注。朱元育，号云阳子，清康熙时人。初遇张碧虚授以丹法，于终南山又遇灵宝老人传授，后得道侣扶持，在江苏常州一带闭关修持，证丹道之真际。门下弟子有潘静观、许静笃、张静鉴等。所讲解《参同契》《悟真篇》二书，经弟子潘静观整理，以《参同契阐幽》《悟真篇阐幽》为名梓行问世。当代台湾丹家针石子方大心对朱氏著作评价极高：“朱云阳所注《参同契阐幽》《悟真篇阐幽》二书，其精义，一鳞半爪，散见多章，然综而观知之，则真修之全部法诀，固赫然在目。以是修士于此二书，必先‘契而不舍’，一俟有所悟入，方可质正于明师或同参契友而论道也。”[②]近人南怀瑾（1918—2012）撰《我说参同契》，系依据《参同契阐幽》所讲解，认为“在所有的《参同契》注解中，他（朱云阳）的最正统”，“他的注解实在很好，那是

① 《藏外道书》（36册），巴蜀书社，1992年。

② 李乐俅编述，《访道语录》，香港陈湘记书局，380页。

正统道家修炼神仙的学理，我劝大家自己多看才好。”[①] 点校参考了康熙六十年新镌贵文堂梓行本和《道藏辑要》本。

2.《悟真篇阐幽》，清朱元育注。朱氏谓：“此书本有次第，多为后人所乱，以致漫无头绪，失其元初面目矣。谨参藏本，悉依金液还丹工夫次第而校正之。”故该本《悟真篇》诗排列顺序迥异他本。汪东亭对该书评价非常高。萧天石（1909—1986）也指出：“本书为朱云阳祖师所注解，与《参同契阐幽》，同为道经解本中之双绝，会三家宗要，同归一致；尽群经微旨，密契心源，如揭灯去暗，拨云见日。循之以修，锲而不舍，无论智、愚、贤、不肖，均可命功圆成，性地朗彻，超凡入圣，神化登真。”[②] 故予以增补编入，列在《参同契阐幽》之后。以光绪二十五年（1899）成都守经堂刻本为底本，该版心题名“南宗书”，计三卷。点校参考《道藏辑要》本。

3.《周易参同契测疏》，明陆西星注。陆西星，字长庚，号潜虚子、方壶外史，江苏兴化县人。西星幼有异禀，科举失意后即专心于道家之学，著有《方壶外史》《南华副墨》《三藏真诠》《楞伽要旨》《楞严说约》等书，为有明道家之巨子，后世称之为东派祖师。《参同契测疏》，乃陆西星有感于元代陈上阳之《参同契分章注》“学问渊深，议论闳博，初学之士，骤尔读之，未免厌多而废，苦难而止”，于是为之“会文释义，以义从文，剪去枝蔓，直见本根，详略相因，义由一贯，其宗旨则上阳也，其文则己也”。故知《参同契测疏》实则以陈上阳注为基础而加以发挥。

4.《周易参同契口义》，明陆西星注。《参同契口义》，乃继续敷衍《参同契测疏》未尽之意，其旨极精，读者当留意之。点校《参同契测疏》《参同契口义》，参考了明未孩堂刊本《方壶外史》。

5.《入药镜注解》，题“五真人注”，系混然子（元王道渊）、潜虚子（明陆西星）、了真子（元萧廷芝）、沧溟（明李攀龙）、一壑居士（明彭好古）五家注解。《入药镜》，唐崔希范著，三字一句，共八十二句，对内丹理论和功法作了全面系统的阐述。吕洞宾有诗云：“因看崔公《入药镜》，令人心地转分明。”（《吕祖全书》）陆西星的《入药镜测疏》，大阐丹家密旨，如云：“夫学道之人，

① 南怀瑾，《我说参同契》，东方出版社，2009年5月。
② 萧天石，《重刊悟真篇阐幽序》，自由出版社，1959年。

大要先识药祖。所谓药祖，乃鸿蒙始判之炁，丹家谓之先天真乙之气者是也。其产也，有川源；其生也，有时节；其采之也，有铢两，有法度，得而用之，以合己汞，然后还丹可成，而神仙之能事毕矣！”

6.《金丹四百字测疏》，明陆西星注。《金丹四百字》，题宋张伯端撰。《金丹四百字》深受历来丹家的重视，且该篇文辞斐然，语言精炼，“括《悟真》之要旨，乃详说而返约也（清仇兆鳌语）”。

7.《中和集》，元李道纯撰。李道纯，字元素，都梁（今湖南武冈）人，号清庵，别号莹蟾子。正史无传，生卒不详，其生活年代是宋末元初之际。李道纯博学多才，广参遍访，遇异人点开心易，通阴阳阖辟之机，达性命混合之理。李氏原是南宗白玉蟾弟子王金蟾的门人，是白玉蟾二传弟子，属南宗。入元后自称全真道士，加入全真道，是道兼南北、学贯三教的一代宗师。李氏著述丰富，有《中和集》《三天易髓》《全真集玄秘要》《道德会元》《清庵莹蟾子语录》《周易尚占》等传世。参校元大德丙午年（1306）翠峰丹房刊本、明万历十九年金陵阎氏刊本、《道藏》第四册《中和集》等。

8.《规中指南》，元陈虚白撰。陈虚白，名冲素，号虚白子，又号真放道人，元代道士，隐于武夷山修炼仙道。该书直指丹道奥秘，要言不烦，颇受明清学者的重视，如明龚居中的《福寿丹书》收入《玄修篇》，清钱大昕的《补元史艺文志》和卢文弨的《补辽金元艺文志》均予著录。参校《道藏》第四册和《道藏辑要》本。

9.《明道篇》，元王惟一撰。王惟一，元大德年间松江（今属上海）人，字景阳，号雷霆散吏，遇真人授以“雷霆一窍”“先天一气”之功法，又得莫月鼎启示，深得雷法精要。著有《道法精微》《心传录》《明道篇》等。本篇收入《道藏》第四册洞真部众术类。

10.《坤道丹诀》，清汪东亭辑。内容包括《列位女真诗歌》《孙不二仙姑女功次第》《曹文逸仙姑灵源大道歌》和汪东亭所撰《女丹诀》。曹文逸（1040—1115），宋朝女道士，能诗文，宋徽宗闻名召入汴京，敕封为“文逸真人”，世称曹文逸，著有《灵源大道歌》。陈撄宁（1880—1969）在《灵源大道歌白话注解》中说：“历代女真亲笔所写正式丹经，当以此篇最古了。……虽是女真著作，但不是专讲女丹口诀。凡是学道的人，无论男女老少，用这个工夫，都很有效验，绝无流弊，可以算得仙道中最稳妥最普渡的法门。”指出“篇中有四句最要紧的口诀：第一句，‘神不外驰气自定’；第二句，‘专气致柔神久留’；第三句，‘混合为一复忘一’；第四句，‘元和内运即成真’。工夫到此，大事已毕，以后的口诀不必再问了。”孙不二（1119—1182），金代宁海（今山东牟平）人，名富春，法名不二，号清净散人，世人称之为孙仙姑，撰《孙不二仙姑女功次第》。陈撄宁《孙不二女功内丹次第诗注》指出：“女丹诀传世者，现止数种，较之男丹经，未及百分之一，已憾其少，且大半是男子手笔，虽谈言微中，终非亲历之境。欲求女真自作者，除曹文逸之《灵源大道歌》而外，其唯此诗乎！”“诗十四首，辞句雅驯，意义浑涵，乃丹诀中之上乘。”《女丹诀》一篇，是汪东亭专为女弟子曹贞洁所撰著。该篇阐释了初入手最紧要一着，指明男女丹功的异同，详说心息相依丹诀要领，为女丹诀中的核心关键所在。

本书虽经较认真的校勘，但限于校者的水平，难免出现各种错误，敬请专家和读者批评指正，以便于纠正错误。电子信箱：shengkq999@163.com

唐山盛克琦识于寓所

2023 年 1 月 16 日

目　录
Contents

周易参同契阐幽

悟真篇阐幽

周易参同契测疏

周易参同契口义

入药镜注解

金丹四百字测疏

中和集

规中指南

明道篇

坤道丹诀

周易参同契阐幽

东汉魏伯阳真人　著

清云阳道人朱元育　阐幽

清新安汪启濩东亭　辑

京江韩景垚仲万　评点

许启邦　校刊

参同契阐幽序

大道○本无言说，本无名相，混混沌沌，莫知其端。然非假言说名相以表之，则道终不显。昔者，羲皇作《易》，直指乾坤；老子著《经》，全提道德。赖此两圣，凿破混沌面目，人人分上底性命根源，才知着落处，大道从此开明矣。二书同出一源，其后不幸而分，为儒、玄两家。宗《易》者流，为象数之小儒；宗玄者流，为延年之方士。而归根复命之学，或几乎息矣。孰能会而通之，其惟《参同契》乎？此书出自汉代，伯阳魏祖假卦爻法象，以显性命根源。性乃万劫不坏之元神，命则虚无祖炁，元始至精也。拈一即两，举两即三，会三即一。[illegible]，故言神而精气在，精气非粗；言精气而神在，神非精也。言性而命存，命非滞于有；言命而性存，性非沦于无也。只此两字真诠，可分可合，可放可收。在羲《易》则以乾坤为众卦之父母，在《老子》则以道德为万象之总持。后来诸子百家，横说竖说，总不出这两字范围。顺而达之，则曰“天命之谓性”；逆而还之，则曰“穷理尽性以至于命”。堂堂大道，三教合辙，千圣同归。外此，悉属旁蹊曲径矣。夫此逆还之法，本自无多，作者慈悲，岂不欲当头直指，但恐知音者希，未堪明破，不得不从无言说中强生言说，从无名相中强立名相，惨淡经营，秘母言子，遂以两字真诠，叠成七卷。于是分御政、养性、伏食为三门，又分药物、炉鼎、火候为三家。一门中各具三门，一家中各具三家，三而参之，九转之功于是乎毕，此其所以为《参同契》也。惟参也，乃见性命之各正；惟同也，乃见性命之不二；惟契也，乃见穷理尽性至命之要归。七卷中，倏分倏合，倏放倏收。大约前主分，后主合；前主放，后主收。错综变化，自然成文。此《参同契》之所以未易知、未易言也。

元育髫年慕道，最初拜北宗张碧虚师，指示玄关，便于此书得个入门，而尚未窥其堂奥。从此足穷五岳，遍参诸方，鲜有豁我积疑者。最后入终南深处，幸遇灵宝老人，点开心易，表里洞然，方知一粟可藏世界，微尘堪转法轮，是真实语。然此向上机关，讵堪饶舌。犹忆告别老人时，临歧叮咛[①]，嘱以广度后人，无令断绝，且机缘多在大江以南。既而束装南旋，入圜办道，赖毗陵[②]诸法侣，竭力护持，粗了一大事。丁酉岁，挈门下潘子静观，习静华阳，兼览《道藏》。信手抽出《参同契》一函，快读数过，如贫子得宝藏，不胜庆快平生。窃念此书源流最远，实为丹经鼻祖、诸真命脉。魏祖曾将此书，亲授青州从事徐公，徐遂隐名注之，今已失传。后来注者纷纷，错会不少，甚至流入彼家、炉火诸旁门，而祖意益晦塞矣。育甚悯之，思发其覆，遂禁足结冬，日诵正文一两章，与潘子究其大义，令笔录焉。深山静夜，秉烛围炉，两人细谈堂奥中事，思之不得，鬼神来告，久而豁然贯彻矣。更八十晨昏，草本乃就，题曰《阐幽》。谓此书向来埋藏九地，而今始升九天之上也；此书向来沉沦幽谷，而今始浴咸池之光也。既脱稿，复与潘子改正数番，剥尽皮肤，独留真实，私作枕中鸿宝。岁在丁未，许子静笃，启请流通，公诸同志，张子静鉴实佐焉。于是鸠工募刻，同志翕然响应。而七卷次第告成，请余作序，因略述其所得于师者，以就正有道焉。并愿读是书者，勿滞言说，勿胶名相，只从此中〇讨消息。始而范围造化，既而粉碎虚空，有何御政、养性、伏食之可析？有何药物、炉鼎、火候之可分？并性命两字，亦可不必建立矣。如是会去，差足报魏祖、徐祖及从上诸祖之恩，差足报羲皇、老子及从上诸圣之恩，而世出世间、情与无情，一切山河大地，蠢动含灵之恩，亦无不报矣。一道平等，头头各现，将见情与无情，悉发大光明藏，破暗烛幽，余亦从此兀然忘言矣。

康熙己酉仲春朔旦北宗龙门派下弟子朱元育稽首敬撰

① 叮咛，底本作“丁宁”，改。
② 毗陵，今江苏省常州市。

周易参同契阐幽

《参同契》者，东汉魏真人伯阳所作，盖以易道明丹道也。易道之要，不外一阴一阳；丹道之用，亦不外一阴一阳。一阴一阳，合而成易，大道在其中矣。参者，参伍之参；同者，合同之同；契者，相契之契。书中分上、中、下三篇，篇中分御政、养性、伏食三家。必参互三家，使大易性情、黄老养性、炉火之事合同为一，方与尽性至命之大道相契。举一端，则三者全具其中。以末卷《三相类》宗旨校勘，即了然矣。

上 篇

（上卷言御政，共计五章，乃上篇之上也。）

此卷专言御政，而养性、伏食已寓其中。盖所谓御政者，陈乾、坤、坎、离之法象，隐然具君臣上下之规模。君主无为，臣主有为，即养性、伏食两道之所取则也，故末篇又称“大易情性”。

乾坤门户章第一

此章首揭乾坤门户，包括万化，乃全书之纲领也。

乾坤者，易之门户，众卦之父母。坎离匡廓，运毂正轴。

此节言一阴一阳之道，不出乾坤范围也。盖天地间，只此一阴一阳，其本体则谓之“道”，其化机则谓之“易”，其神用则谓之“丹”。易道之阴阳，不外乾坤；丹道之阴阳，不出性命。乾坤，即性命也。然必穷取未生以前消息，方知天地于此造端，人身于此托始，丹道即于此立基。原夫鸿蒙之先，一炁未兆，不可道，亦不可名，廓然太虚，无方无体，是谓真空。空中不空，是谓妙有。惟即有而空，故无始之始，强名曰“天地之始”；惟即空而有，故有始之始，强名曰“万物之母”。即有而空，便是太极本无极；即空而有，便是无极而太极。太极之体，本来无动无静。动而无动，乾之所以为天也而轻清者，有其根矣；静而无静，坤之所以为地也而坚凝者，有其基矣。一动一静之间，人之所以为天地心也，而易之生生不息者，在其中矣。胚胎虽具，混沌未分，故曰“太极函三”。迨其静极而动，乾之一阳直彻于九地之下，而坤承之，阴中包阳，实而成坎，是谓“天一生水”，在地中为水，在天上为月；及其动极复静，坤之一阴直达于九天之上，而乾统之，阳中含阴，破而成离，是为“地二生火”，在世间为火，在天上为日。此由太极而生两仪，由两仪而生四象也。天地非日月不显，乾坤非坎离不运，故在易道，必以乾坤为体，坎离为用，何以言之？乾之为物，静专而动直，六十四卦之阳，皆出入于乾户，究竟只是最初一阳；坤之为物，静翕而动辟，六十四卦之阴，皆阖辟于坤门，究竟只是最初一阴。一阴一阳，是谓真易。乾知大始，实为众阳之父，故“乾道成男”，曰震、曰坎、曰艮；坤作成物，实为众阴之母，故“坤道成女”，曰巽、曰离、曰兑。从此交易、变易，生生不穷，重之为六十四卦，衍之为四千九十六卦，岂非“乾坤者，易之门户，众卦之父母”乎？六子皆出于乾坤，而独用坎离者，何也？盖震、巽、艮、兑，各得乾坤之偏体，坎离独得乾坤之正体。先天定位，本乾南坤北，惟以中爻相易，而成坎离，后天翻卦，遂转作离南坎北。其实乾坤包罗在外，天地之匡廓，依然不动，而坎离之一日一月，自然运旋其中。小之为昼夜晦朔，大之为春秋寒暑，又大之为元会运世。譬若御车然，中心虚者为毂，两头转动者为轴，车本不能自运，惟赖两头之轴，两头之轴又赖中心之毂以运之。车待轴而转动，轴又待毂而运旋，其用方全。坎离之于乾坤亦然，岂非“坎离匡廓，运毂正轴”乎？老子云：“三十辐，共一毂，当其无，有车之用。”此之谓也。

此章为全书纲领，此节又是通章纲领。乾坤门户，在丹道为炉鼎；坎离匡廓，在丹道为药物。火候出其中矣。

牝牡四卦，以为橐籥。覆冒阴阳之道，犹工御者，准绳墨，执衔辔，正规矩，随轨辙。处中以制外，数在律历纪。

此节言乾坤化出坎离，能覆冒阴阳之道也。乾本老阳，牡也，迨中爻变出离之少阴，则牡转为牝矣；坤本老阴，牝也，迨中爻变出坎之少阳，则牝转为牡矣。坤转为坎，九地之下，渊乎莫测，气机动而愈出，是为无底之橐；乾转为离，九天之上，一线潜通，本体虚而不屈，是为有孔之籥。老子云：“天地之间，其犹橐籥乎？”指此而言。故曰：“牝牡四卦，以为橐籥。”坎离二气，一往一来，出入于天地之间，而昼夜晦朔，春秋寒暑，纤毫不爽。名曰四卦，其实只是一坎一离；名曰两卦，其实只是坎离。中间一阴一阳，乃六十卦之全体，三百六十爻之全用，无不覆冒其中。岂不犹善御者之准绳墨，以执御辔，正规矩，以随轨辙乎？夫马之有御辔，车之有轨辙，法则现前，一一可以遵守。外也，准而执之，正而随之，其间必有御车之人，处中以制之，即上文所谓运毂而正轴者也；制之之法，不疾不徐，方合节有数，存乎其间，即下文火候之节度也。律有十二管，历有十二辰，无非六阴六阳，循环运转，一刻不差，而火候之调御，得其准矣。此便是周天之纲纪，故曰：“处中以制外，数在律历纪。”

月节有五六，经纬奉日使。兼并为六十，刚柔有表里。朔旦屯直事，至暮蒙当受。昼夜各一卦，用之依次序。既未至晦爽，终则复更始。

此节言弦望晦朔，数准一月，小周天之火候也。易有六十四卦，除却乾、坤、坎、离四卦，应炉鼎药物，余六十卦，三百六十爻，正应周天度数。坎离中爻，一日一月，把握乾坤，出入于三百六十五度四分度之一之中，周天纲纪，总不出其范围。日为太阳，月为太阴。阳数以五为中，阴数以六为中。两其六为十二，律历之所取则也。以五乘六，共得三十，是为一月之数。日月自相经纬，遂成弦望晦朔。月之消息盈虚，每随日转，有禀命于日之象，故曰：“月节有五六，经纬奉日使。”日月经纬，而分昼夜，即此三十日中，兼并为六十卦，自屯、蒙讫，既济、未济卦象，全具其中。卦之内外两体，无不反、对。反体，如屯䷂蒙䷃、需䷄讼䷅之类；对体，如中孚䷼、小过䷽之类。或表刚而里柔，或表柔而里刚，即屯、蒙二卦，可以例举：如屯之一阳动于下，有朝之象；蒙之一阳止于上，有暮之象。昼夜反覆，两卦只是一卦。朔旦从屯、蒙起，直至晦日，恰好轮到既济、未济，六十卦周，而一月之候始完。完则终而复始，循环无端矣。

日月为期度，动静有早晚。春夏据内体，从子到辰巳。秋冬当外用，自午讫戌亥。赏罚应春秋，昏明顺寒暑。爻辞有仁义，随时发喜怒。如是应四时，五行得其理。

此节言二至二分，数准一年，大周天之火候也。日月为期度者，日主乎昼，位当正午，自一阳动处，以至六阳，即属日之气候；月主乎夜，位当正子，自一阴[①]静处，以至六阴，即属月之气候。动静有早晚者，一阳动而进火，应屯卦而为早；一阴静而退火，应蒙卦而为晚。要知一日之期度，即一月之期度；一月之期度，即一年之期度。又要知一年之动静，不出一月之动静；一月之动静，不出一日之动静。此两句承上起下，为通节纲领。下文遂推详一年之候。卦之内外二体，包举四时。假如屯卦自初爻进火，为子时一阳初动，直到上爻，便是纯阳之巳，从内体达外用，故应乎春夏；蒙卦自上爻退火，为午时一阴初静，直到初爻，便是纯阴之亥，从外用返内体，故应乎秋冬。此言冬夏二至，交媾之候也。太阳在卯，应在春分，德中有刑，罚之象也；太阴在酉，应在秋分，刑中有德，赏之象也，故曰“赏罚应春秋”。日出乎寅没乎申，火生在寅，暑之象也；月出乎申没乎寅，水生在申，寒之象也，故曰“昏明顺寒暑”。仁主发，义主收，爻辞所陈，各有所主，仍是顺寒暑之象；喜近赏，怒近罚，随时而发，不过其节，仍是应春秋之象。此言春秋二分，沐浴之候也。如是而水、火、木、金，各秉一时气候，其中有真土调燮，全备造化，冲和之气，结而成丹，故曰：“如是应四时，五行得其理。”

上节言小周天火候，应乎一月；此节言大周天火候，应乎一年。须知此中作用，俱是攒簇之法：簇年归月，簇月归日，簇日归时，止在一刻中分动静，其中消息，全赖坎离橐籥，所谓“覆冒阴阳之道”者也。

此章皆以造化法象，明乾、坤、坎、离之功用。人身具一小天地，其法象亦然。乾为首，父天之象也；坤为腹，母地之象也。震为足，巽为股，近乎

---

① 阴，底本作“阳”，据《道藏辑要》本改。

地，分长男、长女之象也；艮为手，兑为口，近乎天，分少男、少女之象也；坎为耳，离为目，运乎天地之中，独当人位，中男、中女之象也。其余四肢百骸、三百六十骨节、八万四千毛孔，即众卦、众爻之散布也。然此有形、有名者，人皆知之，孰知其无形、无名者乎？父母未生以前，圆成周遍，廓彻灵通，本无污染，不假修证，空中不空，为虚空之真宰，所谓统体一太极也；既而一点灵光，从太虚中来，倏然感附，直入中宫神室，作一身主人，所谓各具一太极也。主人既居神室，上通天谷，下通炁海，性命未分，尚是囫囫囵囵本来面目。迨中宫消息略萌，摄召太虚之气，从两孔而入，直贯天谷，而下达于气海，乾下交坤，坤中一爻，遂实而成坎，是为命蒂。坤既成坎，其中一阴，即随天气而上达于天谷，坤上交乾，乾中一爻，遂破而成离，是为性根。于是囝地一声，脐蒂剪断，而性命遂分上下两弦矣。吕祖所云："穷取生身受气初，莫怪天机都泄尽"者，此也。从此后天用事，有门有户，不出乾坤橐籥，运用全在坎离。坎沉炁海，元精深藏太渊九地之下，莫测其底，橐之用也；离升天谷，灵光洞彻太虚九天之上，直贯其巅，籥之用也。出日入月，呼吸往来，正当天地八万四千里之中，一阖一辟而分昼夜，一消一息而定晦朔，一惨一舒而别寒暑，一喜一怒而应春秋，四时五行，无不毕具，而造化在吾一身矣。故学道之士，苟能启吾之门户，而乾坤炉鼎，可得而识矣；能运吾之毂轴，而坎离药物，可得而采矣；能鼓吾之橐籥，而六十卦之阳火阴符，可得而行持矣。所谓顺之生人者，逆之则成丹也。

陈希夷曰：日为天炁，自西而下，以交于地；月为地炁，自东而上，以交于天。男女媾精之象也。天地不能寒暑也，以日月远近而为寒暑；天地不能四时也，以日月南北而为四时；天地不能昼夜也，以日月出没而为昼夜；天地不能晦朔也，以日月交会而为晦朔。阴阳虽妙，不外乎日月；造化虽大，不外乎坎离。故众卦之变虽不齐，而不出乎坎离之中爻，犹车之"三十幅"，而"共一毂"者也。

坎离二用章第二

此章揭言坎离二用，不出一中，了首章"运毂正轴"之旨也。

天地设位，而易行乎其中。天地者，乾坤之象；设位者，列阴阳配合之位。易谓坎离，坎离者，乾坤二用。二用无爻位，周流行六虚。往来既不定，上下亦无常。幽潜沦匿，变化于中。包囊万物，为道纪纲。

此节言坎离妙用，即在乾坤定位之中也。在易为乾坤，其法象为天地；在易为坎离，其法象为日月。此后天有形有名之乾、坤、坎、离也。未有天地以前，浑然只一太虚，此太虚中本无一物，圆明廓彻，是为先天之乾；即此太虚中，有物浑成，细缊遍满，是为先天之坤。虚中生炁，为至阳之炁，至阳中间藏肃肃之至阴，此从坤而上升者也，无中含有，是为乾中之离；炁中凝精，为至阴之精，至阴中间藏赫赫之至阳，此从乾而下降者也，有中含无，是为坤中之坎。一升一降，枢机全在中间。枢机一动，天地即分；天地即分，其位乃定。自然天位乎上，地位乎下，日出乎东，月生乎西。所以伏羲先天圆图，乾卦居南，坤卦居北，天上地下，包罗万象，天地定位也；离卦居东，坎卦居西，日月相对，横贯天地之中，水火不相射也。然必天地之体立，而后日月之用行，故《系辞传》曰："天地设位，而易行乎其中矣。"此直指之辞也。魏公恐世人不知何者为天地、何者为易，特下注脚，谓天地非外象之天地，乃是一乾一坤，神室自然之象，即上章所谓"门户"也；设位非有形之位，乃是一阴一阳，自然配合之位，即上章所谓"匡廓"也：易非卦爻之易，乃是一坎一离，真息往来，自然运行之易，即上章所谓"橐籥"也。天地之造化，非即吾身之造化乎？何谓坎离者，乾坤二用？乾本老阳，中变少阴，离中一阴，实坤元真精，故离自东转南，先天乾位，翻为后天之离，转一成九，以首作尾，故爻辞有无首之象，乾之用九，即用离也；坤本老阴，中变少阳，坎中一阳，实乾元祖炁，故坎自西转北，先天坤位，翻为后天之坎，转六成一，即终为始，故爻辞有永贞之吉，坤之用六，即用坎也。此日月互藏，所以为易宗祖，而真水、真火，交相为用之妙也。一日一月，终古出没于太虚，上下四旁，无所不运。犹之一卦六爻，各有定位，而坎离二用，周流六位，无所不在，其用神矣，故曰："二用无爻位，周流行六虚。"日往则月来，月往则日来，往来岂有定乎？离为天中之阴，恒欲亲下，故日[1]自东徂西，而下交乎地；坎为地中之阳，恒欲亲上，故

[1] 日，底本作"曰"，据《道藏辑要》本改。

月自西徂东，而上交乎天。上下岂有常乎？离中有真水，重阳为之包罗，水藏火中，内暗外明，有幽潜之象；坎中有真火，重阴为之囊括，火藏水中，内朗外暗，有沦匿之象。水火互藏，千变万化，只在中间一点空洞处，有变化于中之象。从此提挈天地，把握乾坤，大道不出其范围，故曰："包囊万物，为道纪纲。"

以上俱发明坎离二用，正见"易行乎其中"之意。

以无制有，器用者空。故推消息，坎离没亡。

此节专言坎离之妙用也。坎离二用，本无爻位，周流六虚，无也。既而包囊万物，为道纪纲，可见无之足以制有矣。世间有形之器，体无不实，究竟实而有者，不能自用，惟赖虚而无者，有以制之。老子云"埏埴以为器，当其无，有器之用"是也。坎离以无制有，其妙用全在中间空处，故曰："以无制有，器用者空。"

从无入有，谓之息。息者，进火之候，坤三变而成乾也。从有入无，谓之消。消者，退符之候，乾三变而成坤也。自朔旦震卦用事之后，历兑至乾；自月望巽卦用事之后，历艮至坤。其间不见坎离爻位，是谓"坎离没亡"。非没亡也，行乎六虚之间，而周流不定耳。

言不苟造，论不虚生。引验见效，校度神明。推类结字，原理为征。

知日月之为易，即推类结字也。此校度神明之象，确有征验，可原理为征，而非苟造言论者矣。此节只是引起下文。

坎戊月精，离己日光。日月为易，刚柔相当。土王四季，罗络始终。青赤黑白，各居一方。皆秉中宫，戊己之功。

此节言二物配合，不离中宫真土也。坎为月，中纳戊土，戊土原从乾来，阳陷阴中，其精内藏，所谓"杳杳冥冥，其中有精"也；离为日，中纳己土，己土原从坤出，阴丽阳中，其光外用，所谓"恍恍惚惚，其中有物"也。日光月精，交会于黄道中间，合成先天太易。正以其中一戊一己，刚柔本来匹偶，足相当也，故曰："日月为易，刚柔相当。"戊己二土，可分可合。以四时言之：

木旺于春，中寄辰土；火旺于夏，中寄未土；金旺于秋，中寄戌土；水旺于冬，中寄丑土。木、火、金、水，彻始彻终，无不包络于中央真土，故曰："土王四季，罗络始终。"以四方言之：青龙秉木德居东，朱雀秉火德居南，白虎秉金精居西，元武秉水精居北，故曰："青赤白黑，各居一方。"北一西四，合而成五，是为戊土，杳冥之精，在其中矣；东三南二，合而成五，是为己土，恍惚之物，在其中矣。赖此戊己真土，调和水火，融会金木，使五行四象，俱攒于中黄，而大丹结矣，故曰："皆秉中宫，戊己之功。"夫日刚月柔，相当而为太易，故称易为坎离，言岂苟造者乎？乃"推类结字"者也。五行四时，皆秉中宫之土，故称"易行乎其中"。论岂虚生者乎？乃原理为征者也。

此节总缴通章大意。章首曰"易行乎其中"，既曰"变化于中"，正指中宫真土说。盖坎离二物，不离真土，乃成三家。举二物，则四象在其中；举三家，则五行在其中。一切药物火候，无不在其中矣。乾坤之大用，尽于坎离；坎离之妙用，归于戊己。一部《参同契》，关键全在此处。

（附录）谭子曰：抟空为块，见块而不见空，土在天地开辟后也；粉块为空，见空而不见块，土在天地混沌时也。神矣哉！

日月含符章第三

（"日含五行精"四句，世本误入"君臣御政章"中，今校藏本正之。）

此章特著日月之功用，究药物之所从出也。

易者，象也。悬象著明，莫大乎日月。日含五行精，月受六律纪。五六三十度，度竟复更始。穷神以知化，阳往则阴来。辐辏而轮转，出入更卷舒。

此节言日月之交会，其神化出乎自然也。上章既明坎离二用，露出日光、月精两物矣，尚未悉交会之理。魏公遂重举《易》辞，以申明之。盖日月为易，乃一部《参同契》关键所在。此易是太易之易，此象是无象之象，天下莫能见，莫能知者。欲知无象之易，只消近取诸身；欲知有象之易，必须仰观俯察而得之。在天成象者，惟日月为最著，故《系辞传》曰："易者，象也。"又曰："悬象著明，莫大乎日月。”夫日月何以独称大也？日秉太阳火精，本体光明洞达，中间一点黑处，即是太阴真水，阳中藏阴，外白内黑，故取离象；月象太阴水精，本体纯黑无光，中间一点白处，即是太阳真火，阴中藏阳，外黑内白，故取坎象。阳精为火，火则有光；阴精为水，水唯会影。故月本无光，受日映处则有光。光生于日之所照，魄生于日之所不照。晦朔之交，日月同宫，月在日下，日居月上，月体为日所包，其半边之光，全向于天，半边之黑，全向于地，故谓之晦。月去日二十五度，人间乃见微光，谓之哉生明；月去日九十余度，人间乃见光一半，谓之上弦。及至日月躔度相对，月在天上，日在地下，对照发光，半边之黑，全向天上，半边之光，全向人间，其光相望，而圆满遍照，故谓之望。望后相对渐侧，月距日二十五度，人间始见微黑，谓之哉生魄；月距日九十余度，人间只见光一半，谓之下弦。从此其光渐敛渐微，至于体伏光尽，而称晦矣。可见月体本无圆缺，惟受日光之所映以为圆缺。究竟月有圆缺，而日无盈虚。正犹世人后天之命，生老病死，倏忽无常，只有先天一点性光，圆明莹彻，万劫长存耳。周天三百六十五度四分度之一，太阳日行一度，一昼夜一周天，故昼夜一周，谓之一日；行及三十度，方与太阴相会。太阴一日行十三度奇，行及廿九日有奇，才与太阳相会，故晦朔弦望一周，谓之一月。日含五行精者，日本太阳，得火之精，其中藏乌，得水之精，得木精以滋其炁，得金精以耀其光，中纳己土之精，以包络终始，其光明之体用方全。月受六律纪者，朔日一阳建子，律应黄钟；至望而三阳始盈，乃应仲吕，阳极而阴生矣；望日一阴建午，律应蕤宾；至晦而三阴始纯，乃为应钟，阴极而阳又生矣。举六律，则六吕在其中。五为阳数之中，两其五为十干；六为阴数之中，两其六为十二支。五日为一候，六候为一气，以五乘六，恰成三十，适合日月相交之度。晦朔弦望，如环无端，度既终则更始矣。何谓“穷神以知化，阳往则阴来”？张子曰：一故神，两故化。据悬象著明之日月而论，似分两物。不知太阳中一点阴魄，即是真水；太阴中一点阳魂，即是真火。体则日月为易，用则水火互藏，是为阴阳不测之神。故必穷神所自来，乃知化所从出。盖日往则月来，月往则日来，往来不穷者，一而未尝不两。究竟太阳之炁，即藏月中；太阴之精，即藏日中。名为往来，而实无往来者，两而未尝不一也。凡阴阳对待，一往一来，俱谓之化。神则浑然在中，寂然不动，无往无来矣。知化便是数往者顺，穷神便是知来者逆。日月往来，终古不息。若辐之辏毂，轮之转车，一出一入，而分昼夜；一卷一舒，而定晦朔。四时之寒暑推迁，一元之运会升降，总在其中。惟其神不可测，所以化不可穷耳。吾身日光、月精，互相滋化，而总归于中宫，不动元神，一能兼两，悉与造化同其功用。

《易》有三百八十四爻，据爻摘符，符谓六十四卦。晦至朔旦，震来受符。当斯之际，天地媾其精，日月相撢持。雄阳播元施，雌阴化黄包。混沌相交接，权舆树根基。经营养鄞鄂，凝神以成躯。众夫蹈以出，蠕动莫不由。

此节言日月交会而产生一阳也。日月为易，乃造化之本；三百八十四爻，乃周天之用。盖《易》有六十四卦，除却乾、坤、坎、离四正卦，应炉鼎药物，其余六十卦，得三百六十爻，正应周天度数。不多不少，若合符节。据爻摘符者，六十卦中，每卦必有一主爻值符，如屯卦主爻在初，蒙卦主爻在上之类。据易言之谓之卦，据丹言[①]之谓之符。一月之有晦朔，犹一日之有亥子也。晦朔中间，日月并会北方虚危之地，阴极阳生，一阳来复，正应震之初爻，故曰：“晦至朔旦，震来受符。”当其交会之时，天入地中，月包日内。天入地中，有媾精之象；月包日内，有撢持之象。乾主施精，以元中真阳下播于地；坤主受化，即以黄中真土顺承而包络之，故曰：“雄阳播元施，雌阴化黄包。”一元一黄，相为包络，形如鸡子。斯时日月停轮，复返混沌，就此混沌中，自相交媾，产出一点真种，丹基从此始立矣，故曰：“混沌相交接，权舆树根基。”坤中既得此一点真种，是为鄞鄂，须要经营保养，不可令其散失，久之渐渐凝聚，元神始成胚胎，震之一阳乃出而受符矣，故曰：“经营养鄞鄂，凝神以成躯。”夫此一点真种，乃大地众生命根，不特为吾人生身受炁之本，下至蠕动含灵之物，莫不由此一点以生以育，故曰：“众夫蹈以出，蠕动莫不由。”是道也，造化顺之以生物者，吾人当逆之以自生，所谓“顺则成人，逆则成丹”也。晦朔之交，即是活子时。元施、黄包，即是药产处，经营即是翕聚，鄞鄂即是元神。日往月来，莫非真火符候，要觅先天真种子，须从混沌立根基。

① 言，底本作“主”，据《道藏辑要》本改。

抱一子曰：雄阳，龙也；雌阴，虎也。播元施者，龙腾元天而降雨也；化黄包者，虎入后土而产金也。上天入地，混沌交接之象也。于是权舆而立其根基，经营而养其鄞鄂，其神既凝，其躯自成。凡大而天地，细而蠕动含灵之物，莫不由是而出。惟产此一点于外，乃降本流末，为生生无穷之道；产此一点于内，乃返本还原、长生超脱之道也。

天符进退章第四

此章言天符进退，乃金丹火候之所取则也。

于是仲尼赞鸿蒙，乾坤德洞虚。稽古当元皇，关雎[1]建始初。冠婚炁相纽，元年乃芽滋。

此节特为火候发端也。上章言晦朔之间，一阳受符，特标药产时节。而金丹之火候消息，未举其全，到此乃尽泄之。天道之大者，莫如五行；人道之大者，莫如五经。可以互相发明，而各有其原始焉。《易》为五经之元首，乾坤两卦为《易》之元首，乾坤两卦又从太极中剖出。即此太极本体，合之即鸿蒙一炁，分之即乾坤两卦。乾坤合德，体函万化，用彻太虚。于是仲尼谮之曰“大哉乾元，至哉坤元”，岂非阴阳之始乎？仲尼删《书》，断自二典，首著“稽古”之文，“稽古当元皇”，《书》之始也；删《诗》肇自二南，首列“关雎”之章，“关雎建始初”，《诗》之始也。《礼》贵成人冠婚，为生育之始，故曰“炁相纽”；《春秋》纪年元年，为岁序之始，故曰“乃芽滋”。此仙翁借世典，以喻道法也。鸿蒙，即虚无一炁。乾为鼎，中藏性根；坤为炉，中藏命蒂，其间日月往来，洞虚之象。元皇，喻元始祖炁；关雎，喻两物相感；相纽，喻二气交并。元年芽滋，则一阳初动，而真种生矣。

圣人不虚生，上观显天符。天符有进退，屈伸以应时。故易统天心，复卦建始萌。长子继父体，因母立兆基。消息应钟律，升降据斗枢。

---

[1] 雎，底本作“睢”，据《道藏辑要》本。

此节正指一阳来复，为作丹之基也。圣人，即作《易》之圣人；不虚生，即论不虚生之意。天符者，日月交会，乃天道自然之符，即上章所云“据爻摘符”是也。在丹道，为一进一退之节候。盖自朔而望，为进阳火，阳伸阴屈，应从子到巳六时；自望而晦，为退阴符，阴伸阳屈，应从午到亥六时。丹道之动静，一屈一伸，亦各有其时。圣人默观元化，知时不可失，每“委志虚无”以应之。《阴符经》云“观天之道，执天之行”是也。天道以日月交会，故有进退屈伸；丹道亦取日月交会，其进退屈伸，莫非易也。而日月为易，实统之于天心。天心，是造化中间主宰，即太极也。先天之太极，造天地于无形；后天之太极，运天地于有形。在天正当南北二极之中，在人则当坎离二用之中。一坎一离，合而为易，统于天地正中之心，故曰“易统天心”。天心无所不统，而见之必于复卦，何也？盖天心之体，本来无动无静；天心之用，却正当一动一静，亥子中间。方其静翕之余，日月合璧，璇玑停轮，此心浑然在中，毫无端倪可见。至于虚极静笃，万化归根，忽然无中生有，静极生动，从穷阴中迸出一点真阳，逼露乾元面目，而丹基从此建立矣。所以孔子赞《易》曰：“复其见天地之心乎？”邵子诗曰：“冬至子之半，天心无改移。”即所谓“复卦建始萌”也。复卦，内震外坤。震之一阳，得乾初体，虽受真种于乾父，实赖滋育于坤母，如婴儿始媾成胎，具体而微，尚未出母腹中，故曰：“长子继父体，因母立兆基。”一阳既复，自消而息，于六律初应黄钟。一阳初动，自降而升，时斗柄正建元枵。丹士得之，吹吾身之律吕，水火自然调和；斡吾身之斗杓，金木自然归并，岂非“消息应钟律，升降据斗枢”乎？此即上章“震来受符”之时也。

三日出为爽，震庚受西方。八日兑受丁，上弦平如绳。十五乾体就，盛满甲东方。蟾蜍与兔魄，日月炁双明。蟾蜍视卦节，兔者吐生光。七八道已讫，屈折低下降。十六转受统，巽辛见平明。艮直于丙南，下弦二十三。坤乙三十日，阳路丧其朋。节尽相禅与，继体复生龙。

此节推八卦纳甲，以验金丹火候之进退也。上文所谓一阳之复，在一日为亥子，在一岁为冬至，在一月即为晦朔。欲知一月小周天火候，当取先天八卦纳甲细参之。晦朔之交，日月合符，乾坤未剖，元黄未分，阳光为阴魄所包，隐藏不见，此吾身归根复命时也。交会既毕，月与日渐渐相离，魄中生魂。至初三日，庚方之上，始露微光，震卦纳庚，进而得一阳。此元性初现，而铅鼎温温矣，故曰："三日出为爽，震庚受西方。"至初八日，阳魂渐长，阴魄渐消，魄中魂半，昏见南方，是为上弦，兑卦纳丁，进而得二阳。此时元性又少现，而光透帘帏矣，故曰："八日兑受丁，上弦平如绳。"至十五日，日月对望，阴魄全消，阳魂盛长，其光圆满，昏见东方，乾纳六甲，进而为纯阳。此时元性透露，而鼎中一点灵光，昼夜长明矣，故曰："十五乾体就，盛满甲东方。"然此月魄，必与日魂合而成其明，实应蟾蜍、兔魄两象。蟾蜍以象太阳之精，兔魄以象太阴之光。盖蟾蜍潜伏水底，瞻视非常，时时嘘吸太阳金精，入于腹中，喻日魂施精于月，自外而吸入也。凡世间之兔，皆雌而无雄，遥望月中玉兔，即感而有孕，及其产也，又从口吐而生。喻月魄受日之光，自内而吐出也。离已日光，本来主施，坎戊月精，本来主化，日以施德，月以舒光。所以从下弦至朔旦，月出于西方酉位，全体吸取太阳精炁；从上弦到望日，月盈于东方卯位，乃全体发露太阳光明，故曰："蟾蜍与兔魄，日月炁双明。"其所以取象蟾蜍与兔魄者，于蟾蜍正取其瞻视，于兔正取其能吐而生也。盖月光之圆缺，全在视日光以为进退。一阴生于巽，其光渐敛渐退，以至于晦，是为造化入机；一阳生于震，其光渐舒渐进，以至于望，是为造化出机。晦朔之交，日光吸入月魄中，相吞相啖，感而成孕，直待三日出庚，其光吞而复吐，自西转东，自庚转甲，至望日而光明圆满矣，故曰："蟾蜍视卦节，兔者吐生光。"十五既望，阳极于上，盈不可久，息者不得不消，升者不得不降，阳火转为阴符，故曰："七八道已讫，屈折低下降。"十六以后，阳反为宾，阴反为主，阳魂转受统摄于阴魄，魂中生魄，晨见辛方，巽卦纳辛，退而为一阴，此性归于命之始也，故曰："十六转受统，巽辛见平明。"至二十三日，阴魄渐长，阳魂渐消，魂中魄半，是谓下弦，晨见丙方，艮卦纳丙，退而为二阴，此性归于命之半也，故曰："艮直于丙南，下弦二十三。"至三十日，艮之一阳，自东北丧在乙方坤地，有"东北丧朋"之象，一点阳魂，全体敛入阴魄中，是为性返为命，而元阳复归于混沌矣，故曰："坤乙三十日，阳路丧其朋。"然阳无剥尽之理，卦节既尽，消者不得不息，降者不得不升，剥之终即复之始，晦之终即朔之始。震之一阳，继体于乾父者，还复兆基于坤母，庚方之上，依然吐而生明，故曰："节尽相禅与，继体复生龙。"

壬癸配甲乙，乾坤括始终。七八数十五，九六亦相当。四者合三十，阳炁索灭藏。八卦布列曜，运移不失中。

此节结言纳甲之始终也。八卦纳甲，原本先天圆图，最为元奥。坎以中男纳戊，阴中包阳，月之体也；离以中女纳己，阳中包阴，日之体也。震长男，巽长女，纳庚与辛；艮少男，兑少女，纳丙与丁。其间一阴一阳，各各相匹。乾父独纳甲壬，坤母独纳乙癸。原始要终，首尾关键，包括六子在内，故曰："壬癸配甲乙，乾坤括始终。"六子为少阴、少阳也。少阳数七，少阴数八，共得十五数；乾坤为老阴、老阳，老阳数九，老阴数六，亦得十五数。恰应上下两弦，合成月圆之象，故曰："七八数十五，九六亦相当。"二少、二老，应乎两弦之气，互为消长。所以自朔讫望，阳长而阴自消；自望讫晦，阴长而阳消。当其晦也，阳炁消索，若灭若没，几无余矣。孰知一点元精，深藏洞虚之中，终而复始，循环无端，故曰："四者合三十，阳气索灭藏。"八卦环布，日月合璧而生明。三阳、三阴，互为消长，似乎独无坎离爻位。不知周流六虚，升降上下，莫非坎离中炁运移其间。此日月为易，所以统乎天心而为三阴、三阳，进退之准则也，故曰："八卦布列曜，运移不失中。"

元精眇难睹，推度效符征。居则观其象，准拟其形容。立表以为范，占候定吉凶。发号顺节令，勿失爻动时。

此节言一动一静之候，应乎天符也。卦爻有动有静，金丹之火候亦然。其时候未到，则当虚以待之。盖坎离会合，中间自有一点元精，即是先天真种，所谓杳兮冥兮，其中有精者也。此物至灵至妙，不可睹闻，难以臆度。惟推纳甲消长之度，以为天符进退之征验而已，故曰："元精眇难睹，推度效符征。"天符进退，本无其形，虚无罔象之中，若存若亡，但当虚心体验，拟诸其形容，而谨候其消息，故曰："居则观其象，准拟其形容。"其时候将到，又当动以应之。盖晦朔中间，阳欲生而未离乎阴，机已动而未离乎静，从静定中候视，须加十分谨密，如历家立表，以测日晷，术家占候，以定吉凶，不可一毫差错，故曰："立表以为范，占候定吉凶。"此言将动之时也。及乎枢机一发，天人交应，便当加采取之功。若朝廷之大号，以时而发，造化之节令，及时而布，不得一刻迟误，故曰："发号施节令，勿失爻动时。"时，即《阴符经》"食其时"

之时，盖指晦朔中间活子时也。若冬至一阳初动，则又属正子时矣。

上观河图文，下察地形流。中稽于人心，参合考三才。动则循卦节，静则因彖辞。乾坤用施行，天下然后治。

此节言一动一静之理，贯乎三才也。上乾下坤，结括终始，乃上天下地之位也；坎离之中炁，运移其中，乃中间人位也。即此已全具三才法象。即此一动一静之理，便通彻天地，包括《河》《洛》。河图文，即指龙图而言。《河图》之数，五十有五，循环无端，圆以象天之动。上观河图文，即仰以观于天文也。地形流，即指《洛书》而言。《洛书》之位，四正四隅，统于中五，方以象地之静。下察地形流，即俯以察于地理也。人者，天地之心也。天地中间，是为人心，即邵子所谓“一动一静之间，天、地、人之至妙至妙”者也。盖此心，非动非静，而又能动能静，参天两地，为造化之枢机，故曰：“中稽于人心，参合考三才。”动以应天，阴阳有进退，必循乎卦爻之节，故曰“动则循卦节”，此即《系辞传》所谓“动则观其变，而玩其占”也，亦即上文“发号顺时”之意；静以应地，刚柔有表里，不越乎卦爻之辞，故曰“静则因彖辞”，此即《系辞传》所谓“居则观其象，而玩其辞”也，亦即上文“准拟形容”之意。静极而动，真阳动于九天之上，是谓乾元用九，而元神升乎乾鼎矣；动极复静，真阴潜于九地之下，是谓坤元用六，而元炁归乎坤炉矣。元神为性，元炁为命，性成命立，天心端拱于中极，百节万神无不辐辏皈命，岂非乾坤用施行，天下然后治乎？首章云：“乾坤者，易之门户。”次章云：“天地设位。”此章首揭“乾坤德洞虚”，中言“乾坤括始终”，终之曰“乾坤用施行”。可见彻始彻终，只是乾坤为体，则门户之说，益了然矣。首章云：“坎离匡廓，运毂正轴。”次章云：“坎离者，乾坤二用。”此章先言“日月炁双明”，继言“运移不失中”，末乃揭出二用。可见彻首彻尾，只是坎离为用，则“匡廓”之义，益洞然矣。

抱一子曰：蟾蜍乃金炁之精，故视卦节而渐旺；玉兔乃卯木之魄，故望太阳而吐光。

此章极其奥衍。纳甲妙义，从古《河图》并先天圆图中来，不特为全部《参同契》大关键，亦即羲《易》之精髓也。中间蟾蜍、兔魄两象，尤称奇险绝世。魏公于此，几欲呕出心肝，今而后注者与作者，可相视而笑矣。

君臣御政章第五

此章以君臣御政之得失，喻金丹火候之得失也。

可不慎乎，御政之首。管括微密，开舒布宝。要道魁柄，统化纲纽。爻象内动，吉凶外起。五纬错顺，应时感动。四七乖戾，誃离俯仰。文昌统录，诘责台辅。百官有司，各典所部。

此节以御政喻火候，当戒慎其初基也。火候之要，彻首彻尾，防危虑险，无一刻不宜慎，若人君御政然，而尤当致谨其初基。盖金丹大道，以天心为主，精气为用，正犹人主之统御其臣下也，故曰“御政”。学人入室之始，一阳初动谓之“首经”，譬若人君即位之初，更改正朔，谓之元年，上章“元年乃芽滋”，即其义也。故仙翁喟然发端曰：“可不慎乎，御政之首。”管括微密者，即静而内守，环匝关闭之意；开舒布宝，即动而应机，发号顺应之意。魁柄，即是斗杓。斗为天之喉舌，斟酌元化，统摄周天，若网有纲、衣之有纽，是为要道，喻吾身天心，实为万化之纲领。丹道作用，全仗天心斡运，斗柄推迁，故曰：“要道魁柄，统化纲纽。”天心既为万化纲纽，动而正则罔不吉，动而邪则罔不凶。《系辞传》曰“爻象动乎内，吉凶见乎外”，即其义也。在易为爻象，在天即为星象。天有三垣：紫微垣为北极之所居，最处乎内；太微垣次之；天市垣又次之。由是金、木、水、火、土之五纬，并二十八宿之经星，环布于垣外。垣中主星，全系斗杓。凡经纬诸星，或顺或逆，无不听命斗杓。斗杓顺动，则五纬经星，罔不循其常度；斗柄一有不顺，则环布之五纬，一切逆而不顺，应时感动，立见咎征，周天经星，亦皆一切乖戾，失其常度，而至于誃离俯仰矣。此喻人之天君妄动，则五官错谬，百脉沸驰，所谓“毫发差殊不作丹”者也。天象乖变失常，不可责之众星；人君御政失宜，亦不可责之百官。有司各有主者。孰为主者？在天则文昌、台辅。文昌，即紫微垣中戴筐六星，号南极统星，录人长生之籍；台辅，即垣中三台四辅尊星，三台以应三才，四辅以应四象，各居其方，环拱北极。天之有文昌，犹人君之有六部也；天之有台辅，犹人君之有相臣也。相臣夹辅帝主，燮理阴阳，六部从而奉行之，则百官有司，不待诘责，自然各典所部矣。譬若作丹之时，心君处中以制外，魁罡坐镇，斗杓斡旋，一水一火，调燮得宜，自然六根大定，百脉冲和，而无奔蹶放驰之失矣。

原始要终，存亡之绪。或君骄佚，亢满违道；或臣邪佞，行不顺轨。弦望盈缩，乖变凶咎。执法刺讥，诘过贻主。辰极处正，优游任下。明堂布政，国无害道。

此节言火候之要，存乎君主，当慎终如始也。火候之一动一静，彻始彻终，宜乎无所不慎。亦犹人君御政，一动一静，自始至终，宜无所不慎。慎则转亡为存，不慎则转存为亡。存亡之绪，从此分矣。此一大事，君臣各有其责，而主之者惟君。盖臣之听命于君，犹气之听命于志也。心君翼翼，能持其志，则奸声邪色，自不得而干之；若心君骄亢自用，违其常道，则耳目之官，亦以邪佞应之，行事不循轨则矣。天心之与人心，同出一原。天心稍或不顺，则天行立刻反常，不特五纬错谬、经星乖戾已也。即如太阴之晦朔弦望，本有常度，今者当盈反缩，当缩反盈，薄蚀掩冒，凶咎不可胜言矣。天有执法之星，主刺讥过失，即太微垣中左执法、右执法也。朝廷象之，故立为左右执法之臣，亦主刺讥过失。然违道之过，不在百官有司，而在台辅；并不在台辅，而在君主自身。此万化从心，反本穷源之论也，故曰："执法刺讥，诘过贻主。"主心得失，只在一反覆间。盖惟皇建极，惟民归极，心君能寂然不动，无为以守至正，百体自然从令，有如北辰居所，而众星自然拱之，故曰："辰极处正，优游任下。"心君既端拱神室，百节万神莫不肃然，犹王者坐明堂以朝诸侯，四海九州莫不率服，宁复有出而梗化害道者，故曰："明堂布政，国无害道。"辰极，在天象为紫微垣，即北极所居；在人君为深宫内寝，晏息之所也。明堂，在天象为天市垣，乃帝星所临；在人君为朝会之所，通道于九夷八蛮者也。心君所处，内有洞房，外有明堂，上应天垣，下同朝宁，故取御政之象。

此章即治道以明丹道，最为了然。丹道彻始彻终，不出天心运用。故君，喻天心；臣，喻药物；文昌、台辅，喻三田、四象；执法之臣，喻耳目之官；百官有司，喻周身精气。吉者，受炁吉也；凶者，防炁凶也。存，喻片时得药；亡，喻顷刻丧失。所贵乎御政者，必须外却群邪，内辅真主，心君端拱于辰极，万化归命于明堂，岂非还真之要道乎？

此篇首章言“乾坤门户”，明乾坤之为体；次章言“坎离二用”，明坎离之为用；三章言“晦朔合符”，而产药物；四章言“天符进退”，而行火候，皆御政之象也。然而“御政”之义，不可不明，在天象，以辰极统御周天列宿；在朝廷，以人主统御百官有司；在丹道，则以心君统御周身精炁，乃御政之义也，故以此篇总结之。

上　篇

（中卷言养性，共计三章，乃上篇之中也。）

此卷专言养性，而御政、伏食已寓其中。盖先天祖性，寂然不动，感而遂通，不出中黄，为万化之主宰。举性则命在其中，举养性则元精、元气并归元神之中矣。知而养之，方契黄帝、老子虚无自然大道，故末篇又称黄老养性。

炼己立基章第六

此章言炼己立基，在乎得一，乃养性之初功也。

内以养己，安静虚无。原本隐明，内照形躯。闭塞其兑，筑固灵株。三光陆沉，温养子珠。视之不见，近而易求。

此节言炼己之初基也。首卷御政诸章，但敷陈乾、坤、坎、离造化法象，到此方直指炼己工夫，示人以入手处。吕祖云：“七返还丹，在人先须炼己待时。”张紫阳云：“若要修成九转，先须炼己持心。”炼己，即养己也。己，即离中己土，为性根之所寄。只因先天底乾性转作后天之离，元神翻作识神，心中阴气刻刻流转，易失而难持，不得坎中先天至阳之炁，无以制之。然先天一炁，从虚无中来，若非“致虚守静”之功，安得“穷源返本”哉？故曰：“内以养己，安静虚无。”生身受炁之初，本来一点灵明，人人具足，只因后天用事，根寄于尘，尘转为识，日逐向外驰求，未免背觉合尘，认奴作主，故必须时刻收视返听，一点灵明自然隐而不露，深藏若虚。从此默默内照，方知四大假合之躯，总归幻泡，当下便得解脱矣，故曰：“原本隐明，内照形躯。”兑为口，系一身出入之门户，凡元气漏泄处，悉谓之兑，而总持于方寸之窍。《黄庭经》云“方寸之中谨盖藏”，即闭塞之意也。即此方寸中间，有一点至灵之物，为生生化化之根株，故曰“灵株筑固”者，不漏不摇也。三光，在天为日、月、斗，在人离以应日、坎以应月、天心在中以应斗枢，一坎一离，南北会合。反闻内照，真人潜于深渊；塞兑固守，元珠得于罔象。如此则天心寂然不动，而炼己之功就矣，故曰：“三光陆沉，温养子珠。”然本来一点灵光，倏有倏无，非近非远，只在目前，人却不识，索之身内不得，索之身外又不得，故曰：“视之不见，近而易求。”

黄中渐通理，润泽达肌肤。初正则终修，干立末[①]可持。一者以掩蔽，世人莫知之。

此节言炼己之功，在乎得一也。《度人经》云：“中理五炁，混合百神。”可见中黄丹扃，为万化统会之地，譬若北辰居所，众星自拱。学道之士，从此温养子珠，勿忘勿助，久之神明自生，渐渐四通八达，身中九窍百脉、三百六十骨节、八万四千毛孔，一齐穿透，自然光润和泽，感而毕通，即《易》所云“美在其中，而畅于四肢”也，故曰：“黄中渐通理，润泽达肌肤。”丹道有初有终，有本有末。初者炼己，下手之功；终者入室，了手之事。初如木之有干，本也；终如木之有标，末也。然须知最初下手一步，便是末后了手一步，所谓“但得本，莫愁末”也。初基一步，便踏着正路，从此循序渐进，修持之功，自然节节相应。原始可以要终，即本可以该末矣，故曰：“初正则终修，干立末可持。”然则，孰为初、孰为本？要在一者而已。未生以前，惟得一则成人；有生以后，能抱一即成丹。盖一生二，二生三，三生万物，顺去生人生物者，此一也；而三返二，二返一，一返虚无，逆来成圣成仙者，亦此一也。太上云：“得其一,万事毕。”又曰：“谷神不死，是谓元牝。”谷神，至虚而至灵，其妙生生不已。从生生不已处，分出元牝。其体则一，其用则两。秘在“掩蔽”二字，掩者，掩其元门；蔽者，蔽其牝户。若非一者在中，岂能掩蔽？然非掩蔽于外，亦不成其为一。此中窍妙，非得真师指授，纵饶慧过颜闵，莫能强猜，况世间凡夫乎？故曰：“一者以掩蔽，世人莫知之。”所云黄中，是指出祖窍之中；所云一者，是

① 末，底本作“未”，据上下文义及贵文堂本改。

指出祖窍之一。知中则知窍，知一则知窍中之妙；知窍中之妙，便知本来祖性。便知“守中抱一”，是养性第一步工夫。

两窍互用章第七

此章直指坎离两窍之用，为金丹关键也。

上德无为，不以察求；下德为之，其用不休。上闭则称有，下闭则称无。无者以奉上，上有神明居。此两孔穴法，金炁亦相胥。

此节指两窍之妙用也。大道非一不神，非两不化。上章云“一者以掩闭”，即[1]明示人以得一矣。然而掩蔽之妙，其体则存乎一，其用不离乎两。盖金丹妙用，只在后天坎离；坎离妙用，不出先天乾坤。究竟只是“性命”二字。性者，先天一点灵光，真空之体也。其体圆成周遍，不减不增，在天为资始之乾元，在人便是父母未生前本来面目，故名“上德”。此中本无一物，灵光独耀，迥脱根尘。若从意根下，卜度推求，便失之万里。盖性本天然，莫容拟议，直是觅即不得，故曰“上德无为，不以察求”。命者，先天一点祖炁，妙有之用也。其用枢纽三才，括囊万化，在天为资生之坤元，在人便是囝地一声时立命之根，故名“下德”。其中元炁周流，潜天潜地，变现无方。若向一色边，沉空守寂，便堕在毒海。盖命属有作，不落顽空，一息不运即死，故曰“下德为之，其用不休”。上闭则称有者，坤入乾而成离也。先天之乾，本是上德，只因坤中一阴，上升乾家，阳炁从外而闭之，所谓“至阴肃肃，出乎天”者也。乾中得此一阴，性转为命，感而遂通，遂成有为之下德矣。人但知离体中虚，便认做真空，不知这一点虚处，正是真空中妙有，唤作“无中有”。下闭则称无者，乾入坤而成坎也。先天之坤，本是下德，只因乾中一阳，下降坤家，阴炁亦从外而闭之，所谓“至阳赫赫，发乎地”者也。坤中得此一阳，命转为性，寂然不动，依然无为之上德矣。人但知坎体中实，便认作妙有，不知这一点实处，正是妙有中真空，唤作“有中无”。坤中既受乾炁，还以此点真阳，上归于乾，是

[1] 即，底本作“既”，校改。

谓反本还原，归根复命。自是先天神室中，产出一点鄞鄂，是为万劫不坏之元神，故曰“无者以奉上，上有神明居”。神明之妙，固全在中黄正位，然非坎中真金之精上升，离中真水之炁下降，有无互入，两者交通成和，神明亦何自而生耶？故曰：“此两孔穴法，金炁亦相胥。”两孔穴，即坎离两用之窍妙，所谓元牝之门，世莫知者也。

知白守黑，神明自来。白者金精，黑者水基。水者道枢，其数名一。阴阳之始，元含黄芽。五金之主，北方河车。故铅外黑，内怀金华。被褐怀玉，外为狂夫。

此章直指水中之金，为先天丹母也。承上言，所谓神明者，亦非自然而来，须有一段作用。其作用，全在“知白守黑”。知白守黑者，白即坎中真金，黑即离中真水。人能洞彻真空，静存妙有，一点神明，自然从虚无中生出。《心印经》所谓“存无守有，顷刻而成”也。只此便是金丹，便是后天返先天处，故曰“知白守黑”。魏公又恐人不识金丹原本，故重提之曰：“白者金精，黑者水基。”言此白者，非有形之金，乃空劫中虚无元性也。元性本纯白无染，便是未生以前乾元面目，即所云“上德”也。白者，岂[①]非金之精乎？此黑者，非行地之水，乃虚无中所生之一炁也。一炁本鸿蒙未分，便是囫地一声以后坤元根基，即所云“下德”也。黑者，岂非水之基乎？先天金性，即浑成大道，尚无一之可名。及乎道既生一，露出端倪，便称天一之水，是为道之枢机，而金性藏于其中矣，故曰“水者道枢，其数名一”。最初一点真水，中藏真金，为元炁生生之根本，故曰：“阴阳之始，元含黄芽。”黄芽者，取水中藏金之象，指先天一炁而言也。先天一炁，正是乾家金精，能总持万化，为后天五行生成之真宰，而深藏北极太渊之中，故曰：“五金之主，北方河车。”五金者，借外炼银、铅、砂、汞、土，以喻身中五行之精。即此一物，以其外之纯黑也，故象铅；以其黑中含白也，故又有金华之象。譬若有人，外被褐而内怀玉，外若狂夫，中藏圣哲，岂非神明不测者乎？此言真铅之别于凡铅也。苟能知白守黑，则神明自来矣。金丹妙用，只在水中之金。此段特显其法象。《入药镜》云：“水乡铅，只一味。”《悟

① 岂，底本作“即”，校改。

真篇》云："黑中有白为丹母。"此之谓也。

金为水母，母隐子胎；水为金子，子藏母胞。真人至妙，若有若无。仿佛太渊，乍沉乍浮。退而分布，各守境隅。采之类白，造之则朱。炼为表卫，白里真居。

此节重指金水两窍之用，并两而归一也。上节合言水中金，此又分言金水两体。金精本能生水，水之母也，乾中真金，隐在坤水包络中，故曰"母隐子胎"，即上文所云"下闭则称无"也；水本金之所生，金之子也，坤中真水，藏在乾金匡廓内，故曰"子藏母胞"，即上文所云"上闭则称有"也。金水互用，便是两弦之炁，两畔同升合为一，而真人出其中矣。真人存于中宫，非有非无，灵妙不测，故曰："真人至妙，若有若无。"仿佛太渊者，真人潜深渊也；乍沉乍浮者，浮游守规中也。金水交会之际，同在中央，及既交而退，真人处中，两者依旧分布上下，一南一北，各守境隅矣。其初采取北方坎中之金，本来一片纯白，及至煅以南方离中真火，然后赫然发光，岂非采之类白，造之则朱乎？然此一点真种，非有非无，本质极其微妙，须赖中黄坤母，环卫而乳哺之，方得安居神室，不动不摇，故曰："炼为表卫，白里真居。"此段言并两归一，乃药物入炉之象，即上所云"无者以奉上，上有神明居"也。

方圆径寸，混而相拘。先天地生，巍巍尊高。旁有垣阙，状似蓬壶。环匝关闭，四通踟蹰。守御密固，遏绝奸邪。曲阁相连，以戒不虞。可以无思，难以愁劳。神炁满室，莫之能留。守之者昌，失之者亡。动静休息，常与人俱。

此节特显炉鼎法象，而火候即在其中。中黄神室之中，不过径寸，圆以象天，方以象地，中有真人居之，混混沌沌，形如鸡子，《黄庭经》云"方圆一寸处此中"是也，故曰："方圆径寸，混而相拘。"径寸之地，即元关也。元关一窍，大包六合，细入微尘，未有天地，先有此窍，号为天中之天，内藏元始祖炁，岂非"先天地生，巍巍尊高"者乎？此窍当天地正中，左右分两仪，上下定三才，左通元门，右达牝户，上透天关，下透地轴，八面玲珑，有如蓬岛方壶之象，岂非"旁有垣阙，状似蓬壶"者乎？环匝关闭，四通踟蹰者，深根固蒂，牢镇八门，令内者不出也；守御密固，遏绝奸邪者，收视返听，屏除一切，令外者不入也。灵窍相通，本无障碍，然必防危虑险，故曰："曲阁相连，以戒不虞。"定中回光，本无间断，又必优游自然，故曰："可以无思，难以愁劳。"神室中元始祖炁，人人具足，本来洋溢充满，但人自不能久留耳，故曰："神炁满室，莫之能留。"真人既安处神室，必须时时相顾，刻刻相守。若一刻不守，便恐致亡失之患，故曰："守之者昌，失之者亡。"惟是一动一静，不敢自由，直与神室中真人，呼吸相应，彼动则与之俱动，彼静则与之俱静，彼休息则与之俱休息，勿助勿忘，绵绵若存，火候才得圆足，故曰："动静休息，常与人俱。"此段言炉鼎之象，而兼温养之功，即上文所云"金炁相胥"之作用也。

此章，首揭出有无两用之窍是真炉鼎，次别金水二炁之用是真药物，末了更示人以温养防护之功是真火候。金丹关键，已全具此中，不可忽过。

明辨邪正章第八

此章历指旁门之谬，以分别邪正也。欲知大道之是，当先究旁门之非。旁门种种邪谬，不可枚举，姑约略而计之。

是非历脏法，内观有所思。

此内观五脏，着于存想之旁门。

履罡步斗宿，六甲次日辰。

此履罡步斗，泥于符术之旁门。

阴道厌九一，浊乱弄元胞。

此九浅一深，采阴补阳之旁门。

食气鸣肠胃，吐正吸外邪。

此吞服外气，吐故纳新之旁门。

昼夜不卧寐，晦朔未尝休。

此搬精运气，长坐不卧之旁门。

身体日疲倦，恍惚状若痴。百脉鼎沸驰，不得清澄居。

以上五种旁门，俱是求之身内者。种种捏怪，勉强行持，究其流弊，至于身体疲倦，精神恍惚，周身之百脉，势必奔逸散驰，而无一刻清宁澄湛之时。求之身内者，其恶验如此。

累土立坛宇，朝暮敬祭祀。鬼物见形象，梦寐感慨之。

此祭炼鬼物，入梦现形之旁门。

心欢意喜悦，自谓必延期。遽以夭命死，腐露其形骸。

以上一种旁门，是求之身外者。初时朝暮祭祀，妄冀鬼物救助，益算延年，不知反为鬼物所凭，流入阴魔邪术，既而或遭魔难，或遘奇疾。本欲长生，反夭厥命，腐露形骸，为世俗之所耻笑矣。求之身外者，其恶验又如此。

章首“是非”二字，直贯到底，言金丹大道，全在养性，非是此等旁门，可得而混入也。养性工夫，即在前两章中，旁门反之，故招种种恶验。

举措辄有违，悖逆失枢机。诸术甚众多，千条有万余。前却违黄老，曲折戾九都。明者省厥旨，旷然知所由。

此段，结言旁门之背道也。金丹大道，莫过养性，原本黄帝、老子虚无自然宗旨。故《阴符》《道德》两经，直指尽性、尽命最上一乘法门，与三圣作《易》同一枢机。世人不悟，往往流入旁门，动辄千差万别，悖逆之极，全失其枢机矣。

以上所列五六种，或求之身内，或求之身外，只是略举一隅，引而伸之，千条万绪，可以类推。大约非黄、老“复命归根”之功，即非黄、老“九宫洞房”之奥。此辈甘堕旁蹊，如却行求前，徒费曲折耳。明眼之士，亟发信心，参礼真师，穷取性命根源、本来面目，倘能于片言之下，洞彻宗旨，方知本来一条平坦道路，人人可得，而由再加向上工夫，勤行伏炼，庶乎脱旁蹊而超彼岸矣。

上　篇

（下卷言伏食，共计七章，乃上篇之下也。）

此章专言伏食，而御政、养性，已寓其中。前面御政诸章，但陈一阴一阳法象；养性诸章，但指一性一命本体。至于阴阳之配合，性命之交并，别有妙用存焉。此伏食之功，所以为金丹最要关键也。伏者，取两物相制为用；食者，取两物相并为一。盖假铅汞凡药，巧喻性命真种；借鼎炉外象，旁通身心化机。以有形显无形，乃是伏食宗旨，究非烧茅弄火、一切旁门可得而假借也。药在炉中，须用真火煅[①]炼，故末篇又云炉火之事。

两弦合体章第九

此章直指金水两弦之炁，先分后合，示人以真药物也。

《火记》不虚作，演《易》以明之。偃月法炉鼎，白虎为熬枢。汞日为流珠，青龙与之俱。举东以合西，魂魄自相拘。

此节指两弦真炁，为金丹之用也。前养性章中，俱说虚无自然大道，尚不及龙虎铅汞诸异名，到此方说临炉作用，要紧全在金水两物。曰炉鼎，曰铅汞，曰龙虎，曰上下两弦，种种曲譬，皆是物也。世传古丹经有《火记》六百篇，魏公仿之作《参同契》，其实非也。《火记》本无其文，即在先天羲《易》中。盖日月为易，不过一阴一阳，体属乾坤，用寄坎离，一切异名，皆从此演出。于乾坤寓炉鼎法象，于坎离寓药物法象，其余六十卦、三百六十爻，即寓火候法象。一日两卦，一月之候，正应周天三百六十度数。又以一月配一年，便成《火记》六百篇。究竟只是日月为易，一阴一阳而已，故曰："《火记》不虚作，演《易》以明之。"坎为太阴真水，本是月精，然必受符于日。晦朔交会之间，阴极转阳，魄中生魂，一阳实生于朔，火力尚微。到初三日没时，庚方

① 煅，底本作"煆"，校改。

之上，一阳初动而为震，一钩偃仰，成偃月之象，坎水中产出金精，所谓“虎向水中生”也。金伏炉中，必须煅之乃出，是为上弦兑体，故曰：“偃月法炉鼎，白虎为熬枢。”此举炉鼎以包药物也。离为太阳真火，本是日光，然必合体于月。日月对望之际，阳极转阴，魂中生魄，一阴实生于望，水炁尚藏。到十六日平明时，辛方之上，一阴初降而为巽，盛满欲流，有流珠之象，离火中生出木液，所谓“龙从火里出”也。木性顺金，恒欲流而就下，是谓下弦艮体，故曰：“汞日为流珠，青龙与之俱。”此举药物以该炉鼎也。于是驱东方之龙，以就西方之虎，流珠与金华，情性既已相投，地魄与天魂，金木自然相制，故曰：“举东以合西，魂魄自相拘。”此言两窍互用，金炁相胥之妙，假两弦法象，以发明之也。

上弦兑数八，下弦艮亦八。两弦合其精，乾坤体乃成。二八应一斤，易道正不倾。

此节言两弦之炁，合而成丹也。自震庚一点偃月，进至一阳[①]，便属上弦之兑，其卦气纳丁，此时水中胎金，魄中魂半，所谓“上弦金半斤”也，如颠倒取之，亦可云“水半斤”，故曰“上弦兑数八”；自巽辛一点流珠，退到二阴，便属下弦之艮，其卦气纳丙，此时金中胎水，魂中魄半，所谓“下弦水半斤”也，如颠倒取之，亦可云“金半斤”，故曰“下弦艮亦八”。前取两物相制，故云“金木”；此又取一体相生，故云“金水”。其用一也。兑体本属纯乾，因上爻易坤一阴，遂成少女；艮体本属纯坤，因上爻易乾一阳，遂成少男。今者两畔同升，合而为一。纯金还乾，性处内而立鄞鄂；纯水还坤，命处外而作胞胎。一粒金丹，产在中黄土釜，岂非两弦合其精，乾坤体乃成乎？须知两弦之时，即具全体，到得全体之时，却不见有两弦。全体之合，得诸自然，两弦之分，别有妙用，所谓“月之圆存乎口诀”也。夫两弦既合，铅止半斤，汞惟八两，正应金丹一斤之数。乾坤之全体，从艮兑之分体而成也；艮兑之分体，又从坎离之中体而出也。坎离之体，不过一日一月，前所云日月为易者，到此适得其平，而无倾昃之患矣，故曰：“二八应一斤，易道正不倾。”即后天两弦之用，以还先天乾金之体，方是金丹作用，正所云“演《易》以明之”者，此伏食之第一义也。

---

① 一阳，辑要本、抄本作“二阳”，康熙本同底本作“一阳”。据文义，震卦二阴一阳，兑卦一阴二阳，故作“二阳”为妥。

金返归性章第十

金入于猛火，色不夺精光。自开辟以来，日月不亏明。金不失其重，日月形如常。金本从月生，朔旦受日符。金返归其母，月晦日相包。隐藏其匡廓，沉沦于洞虚。金复其故性，威光鼎乃熺。

此章直指先天金性，为丹道之基也。上章并举金水两弦，犹属对法；此则并两归一，直提金性根源，令学道者，知有归宿处。且如世间真金，入猛火中煅炼一番，精光自然倍增，罔有夺其色者。凡金尚然，矧此本来金性，原属乾元，先天地生，万劫不坏，有能夺其精光者乎？故曰："金入于猛火，色不夺精光。"当其混蒙初剖，地辟天开，乾中一阳既破而为离，坤中一阴遂实而为坎。坎属太阴，其精为金；离属太阳，其光为火。坎中真金，煆以离中真火，精光自然团结不散，所以日月合体，而亘古亘今，光明不息，故曰："自开辟以来，日月不亏明。"世间真金，入猛火中煅炼数过，分量终不增减纤毫，况本来金性，无欠无余，由他在乾坤大冶中，千变万化，分量断然不增不减矣。所以自有日月以来，升沉出没，不知几经薄蚀，而圆明之体，万古常存者，唯金性不毁故也，故曰："金不失其重，日月形如常。"金之精光本一，而日月分受之，日得其光，常主外施；月得其精，常主内藏。究竟日月原非二体，精光亦非二物。坎中金精，虽若寄体于月，实则受胎于日。人但见初三之夕，一点阳光倏从庚方出现，似乎金从月生。不知这点光明，元从太阳中来，只因晦朔之交，日月合璧，日魂返照月魄，感而有孕。至于朔旦，一阳初动，月魄乃溯日魂而生明，震来受符矣，故曰："金本从月生，朔旦受日符。"盖坎中金精，原从乾金中分来，故以乾为父，又从坤土中产出，故以坤为母。月当晦时，与日媾精，两相掸持，日在上，月居下，日精入在月中，尽为太阴所收，月光包在日内，尽为太阳所摄，光尽体伏，纯黑无光，乃坎金返归坤土之象，故曰："金返归其母，月晦日相包。"当金返归母之时，月既为日所包，阳光遂隐匿潜伏，深藏于北方虚危之地，一点金精，沉在北极太渊，空洞虚无之中。在造化为日月合璧，璇玑停轮；在吾身为神归炁穴，大药入炉之时也。故曰："隐藏其匡廓，沉沦于洞虚。"未几而阴极阳生，金性来复，庚方之上，一阳复萌。在造化为哉生明，在吾身为大药将产，出坤炉而上升乾鼎，坎中真金，到此才得返本还源，复其乾父之性，赫然成丹，而光明洞彻太虚矣。岂非“金复其故性，威光鼎乃熺”乎？

此章直指金性，为造化之根、生身之本。造化之奥，全在河图。水为五行开先，故天一即生水。沿而下之，水生木，木生火，火生土，到土方才生金。金独处其最后，而全五行之气，是造化以金为要终也。土为五行殿后，故天五才生土，溯而上之，生土者火，生火者木，生木者水，水却从金而生，金复处其最先，而辟五行之源，是造化又以金为原始也。此终则有、始之妙也。金在吾身，即属先天祖性，父母未生以前，此性圆同太虚。迨媾精以后，地、水、火、风，四大假合而成幻躯，太虚中一点真性，落于其中，方能立命，是吾身以金为原始也；及乎四大假合之躯，终归变灭，而此金性独不与之俱变，万劫长存，是吾身又以金为要终也。此无终、无始之妙也。昔羲皇作《易》，剖开太极，劈破天心，最初落下一点，便成乾卦。乾为天，而孔子《翼》之曰“万物资始”；乾为金，而孔子《翼》之曰“纯粹以精”。此万世尽性至命之准则也。释迦得此，以证丈六之身，故尊之曰“金仙”；元始得此，以结一黍之珠，故宝之曰“金丹”。三教根源，同一金性，外此即堕旁蹊曲径矣。此学道者，所当细参也。从“金性”二字，参出三教圣人立地处，可谓泄尽天机。即此见《参同》一书，无人不当读，无时不当读矣。

真土造化章第十一

此章专揭二土之用，造化成丹，示人以归根之要也。

子午数合三，戊己号称五。三五既和谐，八石正纲纪。呼吸相含育，伫[①]息为夫妇。

此节言水火二用，必归于中土也。盖丹道妙用，无过水火；水火妙用，不离戊己。大约举一即兼两，举两即兼三，会三乃归一。故水火既济，其功用全赖中央真土。水属北方正子，在吾身为坎戊月精，天一所生，其数得一；火属

① 伫，底本作“停”，据后注文和诸本《参同》改。

南方正午，在吾身为离己日光，地二所生，其数得二。两者一合，便成三数。坎中有戊，是为阳土；离中有己，是为阴土。在吾身为中黄真意。土本天五所生，独得五数，故曰："子午数合三，戊己号称五。"合之而三性具矣。水火异性，各不相入，惟赖中央土德，多方调燮，方得相济为用。由是水一火二，得中央之土，列为四象，重为八卦，四正四隅，分布环拱，便成八石之象，岂非"三五既和谐，八石正纲纪"乎？外炼之术，以五金配五行，以八石配八卦，丹头一到，五金八石皆点化而成真金。故仙翁假外象以喻内功，切不可泥相执文。水火既已相济，其中一阖一辟，便有呼吸往来，呼至于根，吸至于蒂，总赖中宫真土，含藏而停育之。此呼吸非口鼻之气，乃真息也。真息往来，初无间断，自相阖辟于中土，不啻夫妇之相配偶，乃真胎也。中宫之真胎不动，而一水一火自然呼吸其中，犹太虚之真胎不动，而一日一月自然呼吸其中，岂非"呼吸相含育，伫息为夫妇"乎？

此段直指真息[①]，为金丹之母。《南华经》云："真人之息以踵。"《心印经》云："呼吸育清。"《黄庭经》云："后有密户前生门，出日入月呼吸存。"皆言真息也。此处指北方正子为水，南方正午为火，以本体而言；后面指离中流珠为水，坎中金精为火，又以颠倒互用而言矣。

黄土金之父，流珠水之子。水以土为鬼，土镇水不起。朱雀为火精，执平调胜负。水盛火消灭，俱死归厚土。三性既合会，本性共宗祖。

此节言真土妙用，能使三家归一也。戊己二土，分属水火。水火之中，便藏金木，而终始不离于土。盖生身受炁之初，即有中黄真土，为金精之所自出。此金本是乾家祖性，中宫不动元神，只因乾金一破，流入坤中，实而为坎，坎中金精，便属"戊土"，即所谓"金华"也。惟坎中真金，从乾父而生，故曰"黄土金之父"。乾之一阳，既入坎中，中间换入一阴，破而为离，正是坤宫真水，化出离中木液，便属"己土"，即所谓"太阳流珠"也。惟离中流珠，从坤母而出，故曰"流珠水之子"。此言三性之顺而相生者也。坎中金精，是为太阳真火；离中木液，是为太阴真水。离中阴水，易至泛滥，来克坎中阳火。坎中

① 息，底本作"意"，据抄本作"息"。《规中指南》："火候口诀之要，尤当于真息中求之。盖息从心起，心静息调，息息归根，金丹之母。"

之火，乃生中央真土以制之，故曰：“水以土为鬼，土镇水不起。”离中之水，能克坎中真火；中央之土，能制离中真水。而坎中之火，又能生中央真土。所以水火相克，两下交战，全赖中央真土，调停火候，不使两家偏胜，庶几各得其平，故曰：“朱雀为火精，执平调胜负。”朱雀，是火候之火，不可偏属两家，所以特称“火精”。火盛而有炎上之患，赖真水以消灭之；水盛而有泛滥之虞，又赖真土以镇伏之。火性一死，永不复燃，水性一死，永不复流，俱销归于真土之中，故曰：“水盛火销灭，俱死归厚土。”此言三家之逆而相克者也。三家顺而相生，须从中宫之土生起；三家逆而相克，亦从中宫之土克起。所以丹道作用，全在真意。念头起处，系人生死之根，顺之则流转不穷，逆之则轮回顿息。于此起手，即于此归根，不可不知。离中真水称一性，坎中真火称一性，中央真土独称一性。方其未归之前，强分三性；既归之后，方知三性本来只是一性。最初太极函三，浑然天地之心，不可剖析。因混沌一剖，水火遂分，上下两弦并中土而成三家，此由合而分也。后来两弦之炁，由分而合，戊己二土，销归中央，依然一个宗祖。张紫阳所谓“追二炁于黄道，会三姓[①]于元宫”是也，故曰“三性既会合，本性共宗祖”。初云夫妇，以两性相配而言也；继云父子，言两性之所自出也；究云宗祖，乃并为一性矣。夫妇，喻坎离；父母，喻乾坤，是为两仪四象。宗祖，喻中央祖土，便是返太极处。归根复命之妙，于此可见。

巨胜尚延年，还丹可入口。金性不败朽，故为万物宝。术士伏食之，寿命得长久。土游于四季，守界定规矩。金砂入五内，雾散若风雨。薰蒸达四肢，颜色悦泽好。发白皆变黑，齿落还旧所。老翁复壮丁，耆妪成姹女。改形免世厄，号之曰真人。

此节言伏食之神验也。三性会合，便成金丹，吞入口中，便称伏食，迥非旁门服食之术也。世间药草，如巨胜之类，尚可延年益算，况金性坚刚，万劫不朽，岂不为万物中至宝？道术之士，倘能伏此先天一炁，寿命有不长久者乎？戊己二土，本无定位，周流四季。在东则为辰土，在南则为未土，在西则为戌土，在北则为丑土。木、火、金、水，无非土之疆界。作丹之时，赖此土

① 姓，康熙本、抄本作“性”。

以立中宫之基；伏丹之时，仍赖此土以定四方之界。故曰："土游于四季，守界定规矩。"金砂，即还丹也，盖两物所结就者；入五内，即是入口，盖指方寸而言，非服食之邪说也。雾散若风雨以下，俱是伏丹后自然之验。丹既吞入口中，灵变不测，周身八万四千毛孔，若云腾雾散，风雨暴至之状，四肢自然薰蒸，颜色自然悦泽，发白还黑，齿落转生，老翁复成壮男，老妪变成姹女，劫运所不能制，造物所不能厄，任他沧海成田，由我逍遥自在，号之曰真人，不亦宜乎？

同类相从章第十二

此章言同类相从，方称伏食。而外炼者，失其真也。

胡粉投火中，色坏还为铅。冰雪得温汤，解释成太玄。金以砂为主，禀和于水银。变化由其真，终始自相因。

此节正言水火同类，相变化而成丹也。何为同类？人但知坎为水，不知坎中一阳，本从乾家来，正是太阳真火，阳与阳为同类，故坎中真火，恒欲炎上以还乾；人但知离为火，不知离中一阴，本从坤宫来，正是太阴真水，阴与阴同类，故离中真水，恒欲就下以还坤。此即大《易》"水流湿，火就燥"，"本乎天者亲上，本乎地者亲下，各从其类"之义也。魏公先以世间法喻之：如胡粉，本是黑铅烧就，一见火则当下还复为铅；冰雪，本是寒水结成，一见汤则立刻解释成水。可见火还归火，水还归水，本性断不可违矣。炼金丹者，只取一味水中之金。水中之金，即命蒂也，本来原出于乾性，自乾破为离，离为性根，中有真阴，得南方火炁，砂之象也。学人欲了命宗，必须以性为主，故曰"金以砂为主"。而此离中砂性，得火则飞，未易降伏，仍赖北方水中之金以制之。学人欲了性宗，必须以命为基，故曰"禀和于水银"。要知砂与水银，原是一体同出而异名者也。其初原从一体变化而成两物，其究还须从两物变化而归一体。只此真阴、真阳，同类交感，相因为用而已，故曰："变化由其真，终始自相因。"变化之法，不过流戊就己，颠倒主宾，使后天坎离，还复先天乾坤耳。张紫阳云："阴阳得类方交感，二八相当自合亲。"此之谓也。

欲作伏食仙，宜以同类者。植禾当以谷，覆鸡用其卵。以类辅自然，物成易陶冶。鱼目岂为珠，蓬蒿不成槚。类同者相从，事乖不成宝。燕雀不生凤，狐兔不乳马。水流不炎上，火动不润下。

此节旁证同类之义也。伏食之法，只取砂与水银二物，变化成丹。金以制砂，其义为伏；吞入五内，其义为食。非伏食无由作仙，非同类之物，无由取以伏食，故曰："欲作伏食仙，宜以同类者。"此二句，为通章要领，以下旁引曲喻，总是发明"同类"二字。世间一切有情、无情之物，莫不各有其类。若同类相从，有如植禾之必以谷，覆鸡之必用卵，其气自然相辅，庶几物得化生，而易于陶冶矣。若非类强合，则如鱼目之不可为珠，蓬蒿之不得成槚，燕雀之决不生凤，狐兔之决不产马，其性迥然各别，必至事情乖违，而难以成宝矣。何况水本流湿，其润下之性也，一流即不能强之使上；火本就燥，其炎上之性也，一动即不能强之使下。此一坎一离，所以各从其类，砂与水银之所以变化而成丹也，即伏食之义也。

世间多学士，高妙负良材。邂逅不遭遇，耗火亡资财。据按依文说，妄以意为之。端绪无因缘，度量失操持。捣治羌石胆，云母及矾磁。硫磺烧豫章，泥汞相炼飞。鼓铸五石铜，以之为辅枢。杂性不同类，安肯合体居。千举必万败，欲黠反成痴。稚年至白首，中道生狐疑。背道守迷路，出正入邪蹊。管窥不广见，难以揆方来。侥幸讫不遇，圣人独知之。

此节专破炉火之谬，言一切有形有质者，皆非同类之真也。欲炼还丹，必须采取药物。一性一命，本先天无形之妙，喻为铅汞，迥非凡砂水银。欲炼还丹，必是安炉立鼎。药物入炉，用先天真火煅炼，喻为炉火，迥非烧茅弄火。还丹工用，全资火候，始而烹炼，既而温养，终而变化。一粒圆成，脱胎入口，喻为伏食，迥非服饵金石。然而金丹大道，万劫一传，兼且世人福薄，难逢真师，往往多流于伪术。有等狂夫，自负高材博学，不求真师指授，妄认己意，傅会丹经，遂以凡药为铅汞，以烧炼为炉火，以服饵为伏食。既不识端绪，又不知度量，于是广求五金八石，杂用三黄四神，既非本来同类之物，安肯合体成丹？是犹认鱼目以为珠，望狐兔以生马也。此等伪术，势必万举万败，白首无成，小则耗损资财，大则丧身失命，似黠而实痴，当疑而反信。此为守迷背道，出正入邪，不肯自己认错，转将错路指人。遂以管窥蠡测之见，著书立言，贻误方来，塞却后来途径，瞎却后人眼目。以至人法眼观之，无半点是处。此辈尚不觉悟，方且欲侥幸于万一，岂不谬哉？

首章指出两弦真气，次章独揭先天金性，三章才说三性会合。直到还丹入口，位证真人，伏食之旨，已无余蕴矣。但世人惑于旁门烧炼之术，往往假托伏食，而实非同类之真。故此章重言以破其迷。吕公警世诗云：“不思还丹本无质，翻饵金石何太愚？”引而不发，其即仙翁破迷之意乎？

祖述三圣章第十三

此章言祖述三圣之《易》，以阐明大道也。

若夫三圣，不过伏羲，始画八卦，效法天地。文王帝之宗，结体演爻辞。夫子庶圣雄，十翼以辅之。三君天所挺，迭兴更御时。优劣有步骤，功德不相殊。制作有所踵，推度审分铢。有形易忖量，无兆难虑谋。作事令可法，为世定此书。

此节言三圣作《易》，为大道之渊源也。道体同于太虚，本无名象，邃古以前，混混沌沌，忘乎道，无非道也。自圣人作《易》，方才凿破混沌，一切天机乃尽泄矣。《易》之为书，画卦始于伏羲，系辞演于文王，十翼成于孔子，更三圣而易道始备。羲皇为开天之圣，宇宙在手，万化生心，当时仰观俯察，穷取造化根源，天不爱道，于是河出《图》，洛出《书》，为之印证，从此灼见造化根源，只一太极。太极之精蕴，不出《河图》《洛书》。河、洛之中，五即太极也。由此分出一阴一阳，而为两仪，由两仪而生四象，由四象而生八卦。八卦既画，其序则乾一、兑二、离三、震四、巽五、坎六、艮七、坤八。乾以原始，坤以要终，两头包括阴阳；震为天根，巽为月窟，一中分出造化。其位则乾南坤北，离东坎西，兑东南，艮西北，巽西南，震东北，阴阳之纯且中者居四正，杂且偏者居四隅。天位乎上，地位乎下，乾坤定子午之位；日生于东，月生于西，坎离列卯酉之门。以至山镇西北，泽注东南，风起西南，雷动东北，悉合造化自然法象。重之为六十四卦，其序其位，大略相同。盖卦未画时，易在天地；卦既画时，天地在易。是谓效法天地，此先天之羲《易》也。先天之易，但立其体，未究其用。厥后《连山》首艮，《归藏》首坤。夏、商之《易》，虽各有其用，而精义未彰。至商、周之际，文王蒙难羑里，身经忧患，大用现前，乃翻转羲皇局面，颠倒乾坤化机。其位则离火自东而南代乾之位，乾之大用在离，向明之象也；坎水自西而北代坤之位，坤之大用在坎，藏用之地也。震木本在东北，进而居东以代离，木与火为侣也；兑金本在东南，退而居西以代坎，金与水为朋也。退乾父于西北，实居坎水之前，取乾知大始之义；置坤母于西南，实居离火之后，取坤作成物之义。艮来东北，处先天震位，长男返为少男，阳以进极而退也；巽往东南，处先天兑位，少女转为长女，阴以退极而进也。阴阳之少而交者居四正，老而不交者居四隅，义取交易为用。其八卦之序，则自帝出乎震，以至成言乎艮，循环无端，终始万物，义取变易为用。其六十四卦之序，则始于乾坤，中于坎离，终于既济、未济，义取反对为用。位置既易，因象系辞。系在卦下者，谓之彖辞，如“元亨利贞”之类；系在逐爻者，谓之爻辞，如“潜龙勿用”之类。象辞占变，粲然大备，是谓“结体演爻辞”。此则后天之《周易》也。孔子生诸圣之后，晚而好《易》，韦编三绝，其义益精，作十传以羽翼圣经，谓之《十翼》。《彖》《象》《文言》，专发文王后天之辞；《系辞》《说卦》，兼明伏羲先天之象；《序卦》《杂卦》，旁通流行之妙、反对之机，大约尽性至命之微言，穷神知化之奥义，无不悉备其中，是谓《十翼》以辅之，使人从后天以返先天，而易道集其大成矣。三圣皆天挺之资，迭兴间出，倡明大道，作述虽分先后，功德实无优劣。伏羲之《易》，取诸造化；文王之《易》，取诸伏羲；孔子之《易》，兼取诸羲、文。或作或述，同出一源。其间分数铢两，毫发不差。无兆者，形而上之道，太极是也；有形者，形而下之器，卦爻象数是也。形上之道，难以揣摹；形下之器，易为忖度。所以画卦、系辞、作翼，而一阴一阳之道，遂冒乎其中。三圣定为此《易》书，正欲万世学道之士，则而象之耳。

素无前识资，因师觉悟之。皓若褰帷帐，瞋目登高台。《火记》六百篇，所趣等不殊。文字郑重说，世人不熟思。寻度其源流，幽明本共居。窃为贤者谈，曷敢轻为书？若遂结舌瘖，绝道获罪诛。写情著竹帛，又恐泄天符。

犹豫增叹息，俛仰缀斯愚。陶冶有法度，安能悉陈敷。略述其纲纪，枝条见扶疏。

此节言准《易》以作《参同契》，直叙其源流也。魏公自言：大道非真师不传，天纵如三圣，制作且有所踵，况我素无先知之资，岂能坐进大道？幸遇真师先觉，而始得开悟耳。因师觉悟之后，夙障尽空，疑团冰解，双目洞明，有若褰帷帐而登高台，岂不快哉！《易》有六十四卦，除去乾、坤、坎、离四卦，应炉鼎药物，其余一日两卦，朝屯暮蒙，一月三十日，准六十卦，十月三百日，便准六百卦。究竟簇年归月，簇月归日，簇日归时，火候工夫，只在一刻。文虽郑重，旨趣不殊，非果有六百篇《火记》也。奈世人不能好学深思，究其源流之所在。倘能究之，只此一坎一离。月幽日明，同类共居。日月为易，通乎昼夜，便是无上至真妙道。我今因师觉悟，灼见道在目前，只可与一二贤者共谈，不敢轻易笔之于书也。然遂闭口结舌，诚恐逆天道而获谴；若尽情著之竹帛，又恐泄天宝而罹愆。进退两难，犹豫俛仰，只得假大《易》有象之文，寓大丹无形之用，费尽陶冶，约略敷陈，鼎器药物，粗述纲纪，采取烹炼，微露枝条，冀后学之得意而忘言耳。盖书不尽言，言不尽意，仙翁《参同》一书，实与三圣作《易》，尽性至命、穷神知化之宗旨，若合符节。世之有缘遇师者，得此一印证而了然矣。

还丹法象章第十四

此章全举还丹法象，以为入室之准则也。

以金为隄防，水入乃优游。金数十有五，水数亦如之。临炉定铢两，五分水有余。二者以为真，金重如本初。其土遂不离，二者与之俱。

此节言金水二炁，为金丹之真种也。盖还丹妙用，彻始彻终，只此金水二物。建之即为炉鼎，采之即为药物，烹之即为火候，乃至抽添运用，脱胎神化，无不在此。然学道之士，当知所先后，未有隄防不立而得金水之用者也。坎中之金，本伏处而在内，然内者不可不出。金丹作用，必须先立隄防，牢镇六门，元气方不外泄。离中之水，易泛滥而在外，然外者不可不入。况隄防既立，不许泛滥，真精无复走漏，自然优游入炉，故曰："以金为隄防，水入乃优游。"金水两物之中，本藏戊己二土。土之生数得五，成数得十。坎中之金纳戊，是得其十数之五也；离中之水纳己，是亦得其十数之五也。二土合而成圭，两弦之炁，恰好圆足，故曰："金数十有五，水数亦如之。"隄防既立，方及临炉之用。临炉配合，仍旧是金水二物，但铢两分数，纤毫不可差错。真水真金，二者须要适均，不可太过，亦不可不及。故水止于五分，当防其有余而泛滥，不可太过也；金亦须五分，当重如原初之铢两，不可不及也。金水二者，既得其真，自有真土调和其间。盖离中纳己，其五分之水，即己土也；坎中纳戊，其五分之金，即戊土也。举金水二物，而真土在其中矣。及至戊己二土，会入中央，亦适得五分本数，三家相会，恰圆三五之数，故曰："其土遂不离，二者与之俱。"三五之义，出于《河图》，东三南二，木火为侣，北一西四，金水为朋。此处但举金水，而不及木火者，盖以金水为精魄，如人之形；木火为神魂，如人之影。形动则影随，寸步不离，木火之于金水亦然。精魄既合同而化，神魂亦与之俱，妙矣，此金丹造化之妙也。

三物相含受，变化状若神。下有太阳炁，伏蒸须臾间。先液而后凝，号曰黄舆焉。岁月将欲讫，毁性伤寿年。形体为灰土，状若明窗尘。

此节言坎离交会，金丹之法象也。金水两弦之炁，得真土以含育之，是为三物一家，其中自生变化之状而神明不测矣。盖前后隄防，既已完固，不容丝毫走漏，炉中真炁，自然发生。然后抽坎中之阳，填离中之阴，北海中太阳真火，熏蒸上腾，须臾之间，离宫真水应之。先时化为白液，后乃凝而至坚，两者交会于黄房，运旋不停，有黄舆之象，所谓"婴儿姹女齐齐出，却被黄婆引入室"也。然此两物未交之前，当以真意合之；两物既交之后，又当以真意守之。一点阳炁，敛入厚土中，生机转为杀机，譬若穷冬之际，万物剥落而归根，故曰："岁月将欲讫，毁性伤寿年。"初时神入炁中，寂然不动，似乎槁木死灰，久之生机复转，一点真炁，希微隐约，滃然上升，有如野马尘埃之状，故曰："形体为灰土，状若明窗尘。"此为坎离始媾，大药将产之法象。

捣治并合之，持入赤色门。固塞其际会，务令致完坚。炎火张于下，龙

虎声正勤。始文使可修，终竟武乃成。候视加谨密，审察调寒温。周旋十二节，节尽更须亲。气索命将绝，体死亡魄魂。色转更为紫，赫然称还丹。粉提以一丸，刀圭最为神。

此节言乾坤交媾，还丹之法象也。坎离既交会于黄房，抟炼两物，并合为一，养在坤炉之中，时节一到，大药便产，所谓“水乡铅，只一味”是也。大药既产，即忙采取，当以真意为媒，回风混合，徐徐从坤炉升入乾鼎，方得凝而成丹，故曰：“捣治[①]并合之，持入赤色门。”此二句，有吸、舐、撮、闭无数作用在内。赤色门，即绛宫，乾鼎是也。药既升鼎，渐凝渐结，又徐徐从乾鼎引下，送归黄庭。此时当用固济之法，深之又深，密之又密，直到虚极静笃，一点真阳之炁，方不泄漏，故曰：“固塞其际会，务令致完坚。”固塞之极，一阳动于九地之下，形如烈火，斩关而出，正子时一到，亟当发真火以应之，霎时乾坤阖辟，龙虎交争，便有龙吟虎啸之声，故曰：“炎火张于下，龙虎声正勤。”大药初生，用文火以含育之，方得升腾而出炉；大药既生，用武火以煅炼之，方得结实而归鼎。故曰：“始文使可修，终竟武乃成。”此中火候，不可毫发差殊。当用文而失之于猛，则火太炎矣；当用武而失之于弱，则火太冷矣。必相其宽猛之宜，调其寒温之节，方能得中，故曰：“候视加谨密，审察调寒温。”子时从尾闾起火，应复卦，一阳初动，是为天根，直至六阳纯乎乾，动极而复静矣；午时从泥丸退火，应姤卦，一阴初静，是为月窟，直至六阴纯乎坤，静极而复动矣。故曰：“周旋十二节，节尽更须亲。”此乾坤大交之法象也。动静相生，循环不息，炼之又炼，日逐抽铅添汞，久之铅尽汞干，阴消阳长，方得变种性为真性，化识神为元神，阴滓尽除，则尸气灭而命根萃断，阳神成象，则凡体死而魂魄俱空，故曰：“气索命将绝，体死亡魂魄。”关尹子所谓：“一息不存，道将来契。”正此时也。至于伏炼久久，绝后再苏，心死神活，而鼎中之丹，圆满光明，塞乎太虚矣，岂非“色转更为紫，赫然称还丹”乎？金丹本乾家所出，还归于乾，故称还丹。色转紫者，取水火二炁，煅炼而成也。还丹有气无质，不啻如一丸之粉，一匕之刀圭，而其变化若神已如此。从此脱胎换鼎，再造乾坤，子又生孙，神化不测，过此以往，未之或知矣，岂非“粉提以一丸，

① 治，底本作“冶”，校改。

刀圭最为神”乎？刀者，水中金也；圭者，戊己二土也。可见彻始彻终，只取金、水、土三物变化而成还丹耳。崔公《入药镜》云：“饮刀圭，窥天巧。”吕祖《沁园春》云：“当时自饮刀圭，又谁信，无中产就儿。”其旨略同。

此章全露还丹法象，系伏食卷中大关键处。初言两物相交，则伏炁于坤炉而产药；继言一阳初动，则凝神于乾鼎而成丹。前两节，总是金丹作用；后一节，方是还丹作用。《入药镜》云：“产在坤，种在乾。”《悟真篇》云：“依他坤位生成体，种在乾家交感宫。”皆本诸此章。

还丹名义章第十五

此章结言还丹名义，不外水火之性情也。

推演五行数，较约而不繁。举水以激火，奄然灭光明。日月相薄蚀，常在晦朔间。水盛坎侵阳，火衰离昼昏。阴阳相饮食，交感道自然。

此节言水火交感，虽变而不失其常也。盖丹道之要，不外一水一火，水火本出一原，后分两物。乾中一阳，走入坤宫成坎，坎中有太阳真火；坤中一阴，转入乾宫成离，离中有太阴之真水。水火二炁，互藏其根，化化不穷，五行全具其中。盖水能生木，木能生火，火能生土，土能生金，金转生水，左旋一周而相生，便是《河图》顺数；火能克金，金能克木，木能克土，土能克水，水转克火，右旋一周而相克，便是《洛书》逆数。一顺一逆，一生一克，而五行之千变万化，总不出其范围，故曰：“推演五行数，较约而不繁[①]。”天一生水，水本真阳，落在北方太阴之中，所以水反属阴；地二生火，火本真阴，升在南方太阳之位，所以火反属阳。阴盛便来侵阳，水盛便能灭火。盖先天无形之水火，主相济为用；后天有形之水火，便主相激为仇。故曰：“举水以激火，奄然灭光明。”天上之日月，即是世间之水火，日属太阳火精，其光无盈无亏，月属太阴水精，借太阳以为光。晦朔之交，日与月并会于黄道，谓之合朔。然但同经而不同纬，故虽合朔而日不食。若同经而又同纬，月不避日，阳光便为阴魄

① 繁，底本作“烦”，据《参同契》本文改。

所掩。所以太阳薄蚀，长在朔日，故曰：“日月相薄蚀，常在晦朔间。”

人身与造化若合符节，世人但知坎水为月，不知离中一点真水，正是月精；但知离火为日，不知坎中一点真火，正是日光。晦朔之交，日月合璧，水火互藏，一点太阳真火，沉在北海极底，邵子所谓“日入地中，媾精之象”也。在丹道，为坎离会合，一阳初动之时。此时当温养潜龙，勿可轻用，直到阳光透出地上，方才大明中天。若真阳不能作主，陷在阴中，无由出炉，即是北方寒水过盛，浸灭太阳之象。真火既为寒水所浸，日光便受重阴掩抑[①]，正当中天阳盛之时，奄奄衰弱，昏然而无光矣，故曰：“水盛坎侵阳，火衰离昼昏。”坎居北方幽阙之中，正子位上，月当朔之象也；离居南方向明之地，正午位上，日当昼之象也。水火均平，方得交济为用，一或偏胜，便致薄蚀为灾。日月之相薄蚀，则举水以激火，奄然灭光明之义也。当与中篇“晦朔薄蚀”“掩冒相倾”参看。虽然此特言其变耳。若水不过盛，火不过衰，日以施德，月以舒光，水火自然之性情，即阴阳交感之常道，薄蚀灾变，何自而生？故云：“阴阳相饮食，交感道自然。”日月反其常道，故云薄蚀；阴阳循其自然，故云饮食。盖以造化日月之合，有常有变，喻身中坎离之交，有得有失，不可不慎密也。

名者以定情，字者缘性言。金来归性初，乃得称还丹。

此节言金返归性，乃还丹之了义也。离中元精，本太阴真水，又称木液；坎中元炁，本太阳真火，又称金精。丹道以水火为体，金木为用。关尹子曰：“金木者，水火之交”是也。金木虽分两物，究其根源，只一金性。金性本出先天之乾，未生以前，纯粹以精，万劫不坏，只因有生以后，混沌一破，走入坤宫，是为坎中金精，乾家之性，转而称情。乾之一阳，既变为坎，其中换入坤之一阴，是为离中木液，坤家之情，转而称性。盖木主宁静，字之曰“性”，所谓“人生而静，天之性”也；金主流动，名之曰“情”，所谓“感于物而动，性之欲”也。两者同出异名，譬如只此一个人，既有名，复有字，名字虽分两样，性情原是一人，故曰：“名者以定情，字者缘性言。”其初乾中之金，变而成坎，便是性转为情，一转则无所不转，轮回颠倒，只在目前，所谓“顺去生人、生

---

① 抑，底本作“即”，据《道藏辑要》本作改。

物”者也；今者仍取坎中真金，还而归乾，便是情返为性，一返则无所不返，坚固圆常，顿超无漏，所谓“逆来成圣、成仙”也。学道之士，若能于感而遂通之后，弗失其寂然不动之初，而丹乃可还矣，故曰：“金来归性初，乃得称还丹。”此两句，不特为一部《参同契》关键，且能贯穿万典千经。《楞严经》云：“如金矿杂于金精，其金一纯，更不成杂。”《圆觉经》云：“如销金矿，金非销有，既已成金，不重为矿。经无穷时，金性不坏。”是此义也。吕纯阳云：“金为浮来方见性，木因沉后始知心。”张紫阳云：“金鼎欲留朱里汞，玉池先下水中银。”亦此义也。可见三藏梵典，只发挥得“金性”二字；万卷丹经，只证明得“还丹”二字。且更兼质之羲《易》，若合符节，可以豁然矣。

还丹法象，已备见上章，此特结言其名义耳。

吾不敢虚说，仿效圣人文。古记显龙虎，黄帝美金华。淮南炼秋石，玉阳加黄芽。贤者能持行，不肖毋与俱。古今道由一，对谈吐所谋。学者加勉力，留念深思维。至要言甚露，昭昭不我欺。

此节言还丹宗旨，实祖述从上先圣也。自开辟以来，只有此一点金性，得此以自度，超凡入圣固是这个；得此以度世，著书立言也是这个。所谓千百世之上、千百世之下，有圣人出焉，此心此理，无不同也，迥非一切虚词曲说可得而拟，故曰：“吾不敢虚说，仿效圣人文。”本来金性，无名无字，古圣因觉悟末学，强为安名立字，种种不一。还丹之道，取龙虎两弦之炁，相配而成，古丹经中显出龙虎两物，故曰“古记显龙虎”。不特此也，昔黄帝炼成还丹，美其名曰金华；淮南丹成，又名秋石；玉阳丹成，又名黄芽。龙虎象一金一木，金华象水中之金，秋石色本黑而转白，亦象水中之金，黄芽象土中之金，究竟名字虽殊，性情则一，所谓“较约而不烦”者也。即如篇中言龙虎、言金华、言黄芽，不一而足，或喻两物，或喻真种，要皆本黄帝以来之遗文，岂故为虚词曲说，以误后学哉？然此事只可与贤者行持，断断不可与不肖者同事。何以故？贤者，性慧而能通，得真师一言开悟，便知专求先天金炁，炼成还丹，不受群惑；不肖者，性钝而易惑，闻说龙虎，便疑是炉火外道，闻说金华、黄芽，便猜做五金八石，闻说秋石，便思炼食溲溺，错认先圣大道，流入旁门。此辈讵可与共事哉？岂知一切异名，总不出先天金性。只此一事实，余二即非真。先圣先贤，得心应手之后，著书立说，虽各出手眼，然到宗旨合同处，恍如对面而谈，无不吐露至切至要，更无一字自欺欺人。学者倘能参礼真师，研穷元奥，勉力而深思之，悉与此书印证，毫发不差，方知还丹大道，只在目前，仙翁真不我欺也。何不直下承当，而转转赚误乎？此系上篇伏食末章，专为“还丹”二字结尾，故魏公自发其作书之原委，特丁宁之。

抑有疑焉，魏公既言《参同》一书，祖述三圣之《易》而作矣，此处仿效圣人，又别指黄帝以下，一可疑也；世俗相沿又云：魏公不知师授谁氏，得《古文龙虎经》，仿之作《参同契》，二可疑也。愚常窃取近代所传《龙虎经》，反覆玩之，不特义蕴浅薄，视《参同》有霄壤之别，即其章章相效，句句相摹，声口逼肖，蹈袭之蹊径显然。盖世间好事者，见此章有“古记显龙虎”句，求其说而不得，遂造作伪书，以欺世而惑众耳。后来彭晓、王道辈，读书无眼，甘为所欺，反以此书为依傍《龙虎经》而作，岂不误哉？自王、彭作俑以来，近代炉火家，无不奉《龙虎经》为指南，并将此书牵入炉火，牢不可破，遂使金丹大道，流为旁门烧炼之术，良可悲也。

然则仿效圣人句，究竟何居？曰：此圣人，泛指黄帝以来诸祖；仿效者，言金华、黄芽诸异名所自出也，非专指《龙虎经》也。若专指《龙虎经》，则金华、黄芽等，又出何经耶？即使果有《龙虎经》，必系上古之文，在魏公时，尚仿佛相传，今则久已亡矣，决非近代所传之伪《龙虎经》也。

然则仿效圣人，祖述三圣，两说究竟何居？曰：两者各不相悖。篇中龙虎、金华诸异名相，沿于黄帝以来所传之文，而药物、炉鼎、火候三种法象，则断断出乎三圣之《易》，不可诬也，此御政、伏食之所以相为表里也。其参考丹经，则中篇结尾“维昔圣贤”“伏炼九鼎”等句，印证甚明。其原本《周易》，则下篇结尾“歌叙大易”“三圣遗言”等句，印证尤明。后两篇结尾，实与此章首尾相应。彼两章内，并不提《龙虎经》一字，可见此处“仿效圣人”，其为泛指之辞无疑矣。非愚辄敢为臆说，皆据仙翁所自道也，此系千古一大疑案，管窥之见，聊为指破，知我罪我，其何敢辞。

伏食诸章，尤奥于前两卷，得此阐发，不啻皎日之中天矣。至如《龙虎经》一案，以伪杂真，千数百年来，无人敢开口，并为道破，快绝，快绝！

中　篇

（上卷御政计四章，此乃中之上也。）

上卷十五章，分御政、养性、伏食三卷，应药物、炉鼎、火候三要，金丹大道，已无余蕴。然但举其体统该括处，尚有细微作用未及悉究，恐学者不察，流入差别门庭，故此篇仍分三卷，将差别处逐段剖析，与上篇处处表里相应。近代诸家，有分上篇为经、此篇为注者，又有分四言为经、五言为注者，不知彻首彻尾，贯通三篇，始成一部《参同契》，千载之下，孰从定其为经、为注，而徒破碎章句乎？俱系臆说，概所不取。此卷专言御政，而养性、伏食已寓其中。义同上篇。

四象环中章第十六

此章言乾、坤、坎、离，自相造化，明先天环中之妙也。

乾刚坤柔，配合相包。阳禀阴受，雌雄相须。须以造化，精炁乃舒。

此节言乾坤，为坎离之体也。盖乾坤者，易之门户，实坎离之所自出。乾元，为天地之始；坤元，为万物之母。乾动而直，其体本刚，故资始而有父道；坤静而翕，其体本柔，故资生而有母道。两者自相配合，包含万化，故曰："乾刚坤柔，配合相包。"父主秉与，能知大始，所谓"雄阳播元施"也；母主含受，能作成物，所谓"雌阴化黄包"也。故曰："阳禀阴受，雌雄相须。"两者相须，始成造化。造者，自无而之有；化者，自有而之无。自无而之有，则真空形为妙有，乾中藏坤；自有而之无，则妙有返为真空，坤中藏乾。乾中藏坤，是为太乙元精；坤中藏乾，是为元始祖炁。主宾颠倒，造化之妙见矣，故曰："须以造化，精炁乃舒。"此言乾坤交，而生坎离药物，即《易》所谓"天地絪缊，万物化醇"也。

坎离冠首，光曜垂敷。玄冥难测，不可画图。圣人揆度，参序元基。四者混沌，径入虚无。

此节言坎离，为乾坤之用也。乾坤一媾，中间便成坎离。离为至阴之精，坎乃至阳之炁，杳冥恍惚，虽后天地而用，实先天地而生。造化得之，而为日魂月魄，光明普照，能生万物；吾身得之，而为日精月华，光明撮聚，能产大药。岂非坎离冠首，光曜垂敷乎？夫此元精、元炁，恍惚杳冥之物，非有非无，可用而不可见，尚且难于测识，岂能传之画图？全赖作《易》之圣，多方揆度，象以乾父坤母，坎男离女。故篇中得以配之为炉鼎药物，无非参序元化之基，使内观者知有下手处耳。学道之士，倘能法乾坤以立炉鼎，攒坎离以会药物，日精月光，两者自然凝聚，盘旋于祖窍之中，混混沌沌，复返先天虚无一炁，大药在其中矣，故曰："四者混沌，径入虚无。"此言坎离交，而归乾坤祖窍，即《易》所谓"男女媾精，万物化生"也。

六十卦周，张布为舆。龙马就驾，明君御时。和则随从，路平不邪。邪道险阻，倾危国家。

此节言火候之节度也。除却乾、坤、坎、离四卦，应炉鼎药物，余六十卦，循环布列，配乎周天。在一日为子、午、卯、酉，在一月为晦、朔、弦、望，在一年为春、夏、秋、冬，周流反覆，循环不息，有"张布为舆"之象。既有舆，不可无马以驾之。何谓龙马？龙以御天，主于飞腾；马以行地，主于调服。作丹之时，神炁相守，不敢飞腾，御天之乾龙，化为行地之坤马，步步循规蹈矩，有若人君统御臣下，立纲陈纪，一毫不敢懈弛，故曰："龙马就驾，明君御时。"夫御车之法，与御政大段相同，须得六辔在手，调和合节，舆从马，马随人，稳步康庄大路，宜端平而不宜攲斜。若一攲斜，则险阻在前，覆辙立至，亦犹御政者之失其常道，危及国家矣。丹道以身为舆，以意为马，御之者，心君也。当采取交媾之时，仗心君之主持，防意马之颠劣，稍一不谨，未免毁性伤丹，可不戒哉？总是一介[①]主宰，在车则为御者，在政则为明君，在天则为斗柄，在丹道则为天心，皆言把柄在手也。上篇御政章中，"要道魁柄"等句，即是此意。

此章大指，正与上篇首章相应。"乾刚坤柔"一段，即"乾坤门户"之说也；

---

① 介，贯文堂本、辑要本作"个"，康熙本与底本同。

“坎离冠首”一段，即“坎离匡廓”之说也；“六十卦周”一段，即“运毂正轴，处中制外”之说也。余可类推，然亦仿佛其大略而已。

动静应时章第十七

此章言火候之一动一静，不可失其时节也。

君子居其室，出其言善，则千里之外应之。谓万乘之主，处九重之室。发号出令，顺阴阳节。藏器俟时，勿违卦月。屯以子申，蒙用寅戌。余六十卦，各自有日。聊陈两象，未能究悉。立义设刑，当仁施德。逆之者凶，顺之者吉。

此节言动静不失其时，为火候之准则也。盖作丹之要，全在周天火候；火候之要，全在一动一静。上章言“六十卦周，张布为舆”，已见火候之节度，与人君御政同一枢机矣。枢机之发，纤毫不可苟且，故复譬之以居室。“君子居其室，出其言善，则千里之外应之”，此《易·大传》原文也。魏公因而诠释之，谓“万乘之主”，即本来天君；“九重之室”，即中宫神室。天君既处密室之中，静则寂然不动，洗心退藏，动则感而遂通，发号出令，无非顺一阴一阳之节，观天道而执天行耳。当其阳极阴生，是为月窟，其卦属姤，其月在午；及其阴极阳生，是为天根，其卦属复，其月在子。时不可先，则当静以待之；时不可失，则当动以迎之，故曰：“藏器俟时，勿违卦月。”静极而动，万化萌生，屯之象也。屯卦，内体纳子，外体纳申，水生在申，取萌生之义，故曰“屯以子申”，即上篇所谓“春夏据内体，从子到辰巳”也。动极而静，万化敛藏，蒙之象也。蒙卦，内体纳寅，外体纳戌，火库在戌，取敛藏之义，故曰“蒙用寅戌”，即上篇所谓“秋冬当外用，自午讫戌亥”也。两卦反覆，一昼一夜，便分冬夏二至。其余六十卦，各有昼夜反对，在人引而伸之耳，故曰：“聊陈两象，未能究悉。”二至既定，中分两弦，上弦用春分，本属卯木，然德中有刑，反为肃杀之义，故曰“立义设刑”；下弦应秋分，本属酉金，然刑中有德，反为温和之仁，故曰“当仁施德”。即上篇所谓“赏罚应春秋”，当沐浴之时也。夫子午之一寒一暑，卯酉之一杀一生，阴阳大分，纤毫不可差错，苟合其节，则外火内符，自然相应。如人主端拱九重，一出令而千里之外皆应，否则千里之外皆违矣，故曰："逆之者凶，顺之者吉。"

按历法令，至诚专密。谨候日辰，审察消息。纤芥不正，悔吝为贼。二至改度，乖错委曲。隆冬大暑，盛夏霜雪。二分纵横，不应漏刻。水旱相伐，风雨不节。蝗虫涌沸，群异旁出。天见其怪，山崩地裂。孝子用心，感动皇极。近出己口，远流殊域。或以招祸，或以至福，或兴太平，或造兵革。四者之来，由乎胸臆。

此节正言火候之节度，逆则凶而顺则吉也。火候之一静一动，如法令之不可违，学道者，但当按行而涉历之。凡进退往来，于二至二分界限处，立心务要至诚，用意务要专密，谨候其升降之日辰，审察其寒温之消息。《入药镜》所谓"但至诚，法自然"是也。若于法令稍违，仅仅纤芥不正，便悔吝交至，贼害丹鼎矣。何以征之？假如冬至一阳初生，法当进火，然须养潜龙之萌，火不可过炎；夏至一阴初降，法当退火，然须防履霜之渐，火不可过冷。倘或乖戾委曲，改其常度，不当炎而过炎，则隆冬返为大暑；不当冷而过冷，则盛夏返为霜雪矣。至于春秋二分，阴阳各半，水火均平，到此便当沐浴，洗心涤虑，调燮中和，鼎中真炁，方得凝聚。若用意不专，纵横四驰，便于漏刻不应。水若过盛，则为水灾；火若过盛，则为旱灾，而盲风怪雨，不中其节矣。不特此也，倘漏刻不应，小则螟蝗立起，玉炉与金鼎沸腾，大则山川崩裂，金虎共木龙驰走。以上皆所谓"逆之者凶"也，皆因心君放驰，神室无主，遂感召灾变。若此修道之士，倘能回光内守，须臾不离方寸，若孝子之事父母，视无形而听无声，如此用心，自然感动皇极。皇极者，天中之真宰，即吾身天谷元神也。先天元神，寂然不动，本无去来向背，但后天一念才动，吉凶祸福旋即感通。譬孝子之事父母，形骸虽隔，方寸潜通，虽在千里之外，疴痒疾痛，无不相关，岂非"近出己口，远流殊域"乎？此则漏刻皆应，灾变不干，即所谓"顺之者吉"也。可见只是一感通之机，或逆之而召祸，或顺之而致福，或端拱而获太平之庆，或躁动而酿兵革之灾，吉凶悔吝之端，岂不由居室者之胸臆耶？盖逆则凶，顺则吉，吉凶相对，悔吝介乎其中。虽然吉一而已，凶、悔、吝居其三，可不慎乎？

动静有常，奉其绳墨。四时顺宜，与炁相得。刚柔断矣，不相涉入。五行守界，不妄盈缩。易行周流，屈伸反覆。

此节结言动静有一定之时，不可失其准也。盖丹道之动静，与造化同。动极而静，入于杳冥，则当虚己以待时；静极而动，出于恍惚，则当用意以采取。若当静而参之以动，或当动而参之以静，即属矫揉造作，失其常道矣，故曰："动静有常，奉其绳墨。"既知动静之常，时当二至，便该进火退符；时当二分，便该温养沐浴。各得其宜，方与四时之正气相应，故曰："四时顺宜，与炁相得。"刚属武火，柔属文火。身心未合之际，当用武火以煅炼之，不可稍涉于柔；神炁既调之时，当用文火以固济之，不可稍涉于刚。故曰："刚柔断矣，不相涉入。"金丹之要，全在和合四象，攒簇五行。四象环布，土德居中，东西南北，各有疆界，不可过，不可不及，故曰："五行守界，不妄盈缩。"有阴阳之炁，即有刚柔之质；有刚柔之质，即有动静之时。此吾身中真《易》也。真《易》周流一身，屈伸反覆，无不合宜，即如人君，一发号出令，而千里之外，皆应者矣。

此章详言火候节度，与上篇首章"屯蒙早晚""春秋寒暑"等句，互相发明。上篇举其大概，故有得而无失；此处详其纤微，故得失并列，俾学道者知所法戒耳。

坎离交媾章第十八

此章言坎离交而产药，应一月之晦朔弦望，乃小周天之火候也。

晦朔之间，合符行中。混沌鸿蒙，牝牡相从。滋液润泽，施化流通。天地神明，不可度量。利用安身，隐形而藏。

此节言晦朔之交，日月会合，为大药之根本也。造化之妙，动静相生，循环无端，然不翕聚，则不能发散；不蛰藏，则不能生育。故以元会计之，有贞而后有元；以一岁计之，有冬而后有春；以一日计之，有亥而后有子；以一月计之，必有晦而后有朔。此"终则有始"之象也。何以谓之晦朔？月本无光，受日魂以为光，至三十之夕，光尽体伏，故谓之晦。此时日与月，并行于黄道，日月合符，正在晦朔中间。吾身日精月光，一南一北，赖真意以追摄之，方交会于中黄神室，水火既济，正在虚危中间，虚极静笃，神明自生，即一刻中真晦朔也，故曰："晦朔之间，合符行中。"造化之日月，以魂魄相包；吾身之日月，以精光相感。当神归炁穴之时，不睹不闻，无天无地，璇玑一时停轮，复返混沌，再入鸿蒙，即此混混沌沌之中，真阴、真阳自相配合，故曰："混沌鸿蒙，牝牡相从。"元牝相交，中有真种，元炁絪缊，杳冥恍惚，正犹日魂施精，月魄受化，自然精炁潜通，故曰："滋液润泽，施化流通。"方其日月合符之际，天气降入地中，神风静默，山海藏云，一点神明，包在混沌窍内，无可觅处。此即一念不起、鬼神莫知境界，故曰："天地神明，不可度量。"天入地中，阳包阴内，归根复命，深藏若虚，不啻龙蛇之蛰九渊，珠玉之隐川泽。谭景升曰："得灏炁之门，所以归其根；知元神之囊，所以韬其光。"此之谓也。故曰："利用安身，隐形而藏。"

始于东北，箕斗之乡。旋而右转，呕轮吐萌。潜潭见象，发散精光。昴毕之上，震出为征。阳炁造端，初九潜龙。

此节言艮之一阳，反而为震也。人知月至晦日，乃失其明，不知实始于下弦。下弦为艮，后天艮位居东北，于十二辰，当丑寅之间，于二十八宿，当箕斗之度。盖天道左旋，主顺行，顺起于子中；地炁右转，主逆行，逆起于丑寅之间。欲知天道主顺，当以一岁次序观之。一岁之序，自北而东，以讫于南，自南而西，以讫于北，从子到丑，从丑到寅，出乎震而成乎艮，后天顺行之五行也。欲知地炁主逆，当以一月纳甲征之。纳甲之运，子当右转，却行以至于未申，自北转西，自西转南，是为上弦之炁，其象为得朋；午乃东旋，逆行以至于寅丑，自南转东，自东转北，是为下弦之炁，其象为丧朋。两弦交会，正当晦朔中间，剥在艮，而复在震，先天逆用之五行也。金丹之道，全用先天纳甲，与天上太阴同体。太阴真水生于午，自十六一阴之巽，至廿三二阴之艮，阴来剥阳，仅存硕果。又自东转北，正值丑寅之交，箕水斗木二宿度上，旋入乙癸，艮之一阳尽丧而为坤。在吾身为神入炁中，万化归根，即所云"午乃东旋，东北丧朋"之象也。此时阴极阳生，太阳真火，即生于子。盖阳无剥尽之理，日月撢持，正在北方虚危之地。交会既毕，渐渐自北转西，月魄到此，微露阳光，谓之“旋而右转，呕轮吐萌”。一点真火，隐然沉在北海中，谓之“潜潭见象，发散精光”。迨精光渐渐逼露，一日、二日，以至三日，正值未申之交，昴日毕月二宿度上，庚方之上，昏见一钩，如仰盂之状，坤中一阳，才出而为震。在身中，为铅鼎初温，药苗新嫩，即所云“子当右转，西南得朋”之象也。阳炁虽然发生，但造端托始，火力尚微，正应乾卦“初九潜龙”之象。到此只宜温养子珠，不得遽用猛火。

此节言日月合璧，产出金丹大药，即系活子时作用。尹真人云：“欲求大药为丹本，须认身中活子时。”正此义也。晦朔之间，坎离交而成乾，乾为真金，故称金丹。所以金丹火候，专应乾卦六阳。

阳以三立，阴以八通。三日震动，八日兑行。九二见龙，和平有明。

此言二阳之进，而为兑也。三为少阳之位，属震；八为少阴之数，属兑。震卦阴中含阳，故曰“阳以三立”；兑卦阳中带阴，故曰“阴以八通”。初三月出庚方，有震动之象；初八上弦月见丁方，有兑行之象。月到上弦，鼎中金精始旺，龙德正中，故又为“九二见龙，和平有明”之象。然震之一阳，才动于二阴之下，兑之一阴，已行于二阳之上，德中有刑，生中带杀，此沐浴之时也。

三五德就，乾体乃成。九三夕惕，亏折神符。盛衰渐革，终还其初。

此言三阳到乾，阳极而阴生也。月至望日，三五之德始圆，乃成乾体。此时药已升鼎，金精盛满，光彻太虚。然盛极而衰，当防亏折，故有“九三夕惕”之象。正当终日乾乾之时，乾道渐渐变革，巽之一阴，已来受符，阳之终，即阴之初，此守城之时也。

巽继其统，固济操持。九四或跃，进退道危。

此言一阴之退，而为巽也。乾体既纯，阳火过盛，当继之以阴符。全赖巽体一阴，为之固济操持，收敛阳炁。此时乾四之“或跃”，已变为坤四之“括囊”。盖金丹火候，只取乾中三阳。三阳退处，便是三阴，进极而退，当防其道途之危，此虑险之时也。

艮主进止，不得逾时。二十三日，典守弦期。九五飞龙，天位加喜。

此言二阴之退，而为艮也。一阳在上，硕果独存，阳之向进者，到此截然而止。此时水火均平，鼎中阳炁渐渐凝聚，渐渐归藏，时不可踰，恰当二十三日，典守下弦之期。乾五之“飞龙在天”，变为坤五之“黄裳元吉”，刑中有德，杀中带生，故有“天位加喜”之象，此亦沐浴之时也。

六五坤承，结括终始。韫养众子，世为类母。上九亢龙，战德于野。

此言纯阴返坤，阴极而阳生也。“六五”二字，虽似专指坤卦第五爻，实则一月弦望、晦朔之统会也。盖八卦纳甲，乾坤括始终，包罗六子在内，六子皆赖乾父以资始，赖坤母以代终。一月之造化，统体三阴三阳。月为太阴水体，纯黑无光，特感受太阳金精，寄体生光，一阳生于震，自朔到望，乃是乾之寄体；一阴生于巽，自望到晦，方是坤之本体。究竟彻始彻终，一点阳光，总属太阳乾精，特借坤中阴魄为之承载摄受耳。乾父之精，全赖坤母之体，包承而结括之。自坤之初爻到五爻，一月之候，恰好完足，故曰：“六五坤承，结括始终。”六子总不出乾坤范围，但三男三女，各从其类。阳魂总是日光，属之乎乾；阴魄总是月精，属之乎坤。然三阴皆统体于乾者，乾元统天之旨也，父道也；三阳皆寄体于坤者，坤元承天之旨也，母道也。所以乾之世，在上九，称宗庙爻，实为六子之父；坤之世，在上六，称宗庙爻，实为六子之母。此以坤之承顺乎乾者言之，故曰：“韫养众子，世为类母。”金丹大药，其初原从坤炉中产出，方得上升乾鼎，升而复降，落在黄庭，养火之功，仍在坤炉，以静待一阳之复，彻始彻终，俱有母道。然则乾之上九变尽，则为坤之上六矣。不知阳无剥尽之理，硕果在上，巍然不动，此则京氏《火珠林易》，取上爻为宗庙不变之义也。所以坤上六爻辞曰：“龙战于野，其血元黄。”战野之龙，即乾上九之亢龙也。阴极而阳与之战，一战后方得和合，坤为无极之乡，故称于野。后天乾居西北，至阴之地，故又曰“战于乾”。元属乾，黄属坤，得此一战，元黄始交，中孕阳精，便成震体。所以震为元黄，地中有雷，一阳初动，劈破鸿蒙，转为朔旦之复矣。

用九翩翩，为道规矩。阳数已讫，讫则复起。推情合性，转而相与。循

环璇玑，升降上下。周流六爻，难可察睹。故无常位，为易宗祖。

此节言坎离二用，循环不穷，为通章结尾。乾三坤六，合而成九。乾之用九，得以兼坤，坤之用六，不行兼乾。观上文三阳三阴皆统于乾，而坤特包承其间，可见举乾九，则坤六在其中矣。况金丹大道，本诸乾性，乾乃纯阳，必炼以九转而始就，故曰："用九翩翩，为道规矩。"乾属太阳，阳穷于九，化为少阴，先天之乾一，转作后天之离九。一既为九,九复为一，本来无首无尾，故曰："阳数已讫，讫则复起。"即后面所谓"一九之数，终而复始"也。坎中有金情，情在于西，离中有木性，性在于东，东西间隔，相会无因，全赖斗柄斡旋其间，金情自来归性，故曰："推情合性，转而相与。"古人设璇玑玉衡，所以象周天之运旋，只此性情二物，出日入月，一上一下，一升一降，经之为南北，纬之为东西。南北以子午为经，东西以卯酉为纬，若璇玑之循环运旋，莫测其端，此即卯酉周天之作用也，故曰："循环璇玑，升降上下。"自震到乾，自巽到坤，三阳三阴，自相消息，中间不见坎离爻位。然日往月来，月往日来，其间进退消息，莫非坎离妙用，实无可见者，故曰："周流六爻，难以察睹。"一日一月，把握乾坤，周流六虚，是谓无体之易。即此无体之易，统乎天心，为六十四卦、三百八十四爻之所从出，岂非无常位而为易之宗祖者乎？乾元统天，配成九转，故用九为道之规矩；日月为易，本无方体，故金丹为易之宗祖，互言之也。

此章专言金丹作用。其初晦朔交会，取坎填离，情来归性，乃产一阳，是为金丹之基；既而庚方药生，从坤到乾，上升下降，配成三阳，是为金丹之用，所谓"小周天火候"是也。此系《参同契》中要紧关键，然必合下章观之，方尽其妙。

乾坤交媾章第十九

此章言乾坤交而结丹，应一岁之六阳、六阴，乃大周天之火候也。

朔旦为复，阳气始通。出入无疾，立表微刚。黄钟建子，兆乃滋彰。播施柔暖，黎蒸得常。

此节言一阳之动，而为复，乃还丹之初基也。前章言坎离会合，方产大药，是活子时作用，所谓“一日内，十二时，意所到，皆可为”者也。大药一产，即用先天纳甲，阳升阴降火候，谓之小周天。直待一周既毕，正子时到，方用大周天火候。何谓正子时？自震到乾，动极而静；自巽到坤，静极复动。致虚而至于极，守静而至于笃，一点真阳，深藏九地，是为亥子之交。迨时至机动，无中生有，忽然夜半雷声，震开地户，从混沌中剖出天地之心，方应冬至朔旦，故曰：“朔旦为复，阳炁始通。”所谓“一阳初动处，万物未生时”，此吾身中正子时也。一阳初复，其气尚微，此时当温养潜龙，不可遽然进火。先王以至日闭关，内不放出，外不放入，皆所以炼为表卫，护此微阳，故曰：“出入无疾，立表微刚。”阳炁虽微，其机已不可遏，于十二律，正应黄钟，于十二辰，正应斗柄建子，皆萌动孳长，从微至著之象，故曰：“黄钟建子，兆乃滋彰。”阳火在下，铅鼎温温，自然冲融柔暖，群阴之中，全赖此一点阳精为之主宰，故曰：“播施柔暖，黎蒸得常。”黎蒸，在卦为五阴，在人为周身精炁；得常者，在卦为一阳，在人为一点阳精，主持万化之象。此言一阳来复，立大丹之基也。

临炉施条，开路生光。光耀渐进，日以益长。丑之大吕，结正低昂。

此言二阳之进，而为临也。进到二阳，炉中火炁，渐渐条畅，从此开通道路，生发光明，光耀渐渐向进，而日晷益以长矣。维时斗柄建丑，律应大吕，先低后昂，亦进火之象。

仰以成泰，刚柔并隆。阴阳交接，小往大来。辐辏于寅，进而趋时。

此言三阳之进，而为泰也。三阳仰而向上，正当人生于寅，开物之会。木德方旺，火生在寅，阴阳均平，故曰“刚柔并隆”。此时天炁下降，地炁上升，小往大来，阴阳交接，亟当发火以应之。且正月律应太簇，故有辐辏趋时之象。

渐历大壮，侠列卯门。榆荚堕落，还归本根。刑德相负，昼夜始分。

此言四阳之进，而为大壮也。日出东方卯位，卯为太阳之门，在一岁为春分。二月建卯，律应夹钟，故曰“侠列卯门”。进火到四阳，生炁方盛，然木中胎金，生中带杀，故榆荚堕而归根，有德返为刑之象。春分昼夜始平，水火各半，是为上弦沐浴之时。

夬阴以退，阳升而前。洗濯羽翮，振索宿尘。

此言五阳之进，而为夬也。五阳上升，一阴将尽，势必决而去之。三月建辰，律应姑洗，有“洗濯羽翮，振索宿尘”之象，如大鹏将徙南溟，则振翮激水，扶摇而上。河车到此，不敢停留，过此则运入昆仑峰顶矣。

乾健盛明，广被四邻。阳终于巳，中而相干。

此言六阳之纯，而为乾也。四月建巳，律应仲吕。此时阳升到顶，九天之上，火光遍彻，金液滂流，故有“乾健盛明，广被四邻”之象。然阳极于巳，一阴旋生，阴来干阳，故曰“中而相干”。就六阳而论，则以巳为终局；就终坤始复而论，则又以乾为中天，各取其义也。

姤始纪序，履霜最先。井底寒泉，午为蕤宾。宾伏于阴，阴为主人。

此言一阴之退，而为姤也。六阳到乾，阳极阴生，便当退火进水。巽之一阴，却入而为主，阳火极盛之时，鼎中已伏阴水，正犹盛夏建午之月，井底反生寒泉，履霜之戒，所以系坤初爻也。阴入为主，阳返为宾，姤之月窟，正与复之天根相对。午月律应蕤宾，亦主宾互换之象。

遁世去位，收敛其精。怀德俟时，栖迟昧冥。

此言二阴之退，而为遁也。六月建未，律应林钟。二阴浸长，阳气渐渐收敛入鼎，如贤者之遁世，潜处山林，故曰：“怀德俟时，栖迟昧冥。”

否塞不通，萌者不生。阴伸阳屈，毁伤姓名。

此言三阴之退，而为否也。此时阳归于天，阴归于地，二气不交，万物不生，七月建申，律中夷则。夷者，伤也。水生在申，能侵灭阳火，故有“阴伸阳屈，毁伤姓名”之象。

观其权量，察仲秋情。任畜微稚，老枯复荣。荠麦萌蘖，因冒以生。

此言四阴之退，而为观也。月出西方酉位，在一岁为秋分，律应南吕。金炁肃杀，草木尽凋，然金中胎木，杀中带生。所以物之老者转稚，枯者复荣，荞麦之萌蘖，遂因之以生，有刑返为德之象。秋分昼夜始平，水火各平，是为下弦沐浴之时。月令仲秋，同度量，平权衡，故开首曰“观其权量”。

剥烂肢体，消灭其形。化炁既竭，亡失至神。

此言五阴之退，而为剥也。九月建戌，律应无射，阴来剥阳，阳炁消灭无余。如草木之肢体，剥烂无余，惟有顶上硕果，巍然独存，故曰：“剥烂肢体，消灭其形。”戌为闭物之会，由变而化，神炁内守，若存若亡，故曰：“化炁既竭，亡失至神。”要知形非真灭也，以剥落之极而若消灭耳；神非真亡也，以归藏之极而若亡失耳，即是六阴返坤之象。

道穷则返，归乎坤元。恒顺地理，承天布宣。元幽远渺，隔阂相连。应度育种，阴阳之元。寥廓恍惚，莫知其端。先迷失轨，后为主君。

此言六阴之返，而为坤，终则复始也。十月纯阴建亥，律应应钟，乃造化闭塞之候，吾身归根复命之时也。盖人以乾元为性，坤元为命，有生以后，一身内外皆阴，故以坤元为立命之基。起初一阳之复，原从纯坤中透出乾元，积至六阳之乾，命乃全归乎性矣；既而一阴之姤，又从纯乾中返到坤元，积至六阴之坤，性又全归乎命矣。故曰：“道穷则返，归乎坤元。”性既归命，元神潜归炁中，寂然不动，内孕大药，正犹时至穷冬，万物无不蛰藏，天炁降入地中，地炁从而顺承之。藏之用终，既是显仁之始，一点天机，生生不穷，故曰：“恒顺地理，承天布宣。”天之极上处，距地之极下处，八万四千里，上极元穹，下极幽冥，似乎远眇而不相接，然日光月精，同类相亲，如磁石吸铁，一毫不相隔阂，故曰：“元幽远眇，隔阂相连。”天中日光，与地中月精，一阴一阳，及时交会，呼吸含育，滋生真种，便是先天乾元祖炁，故曰：“应度育种，阴阳之元。”元牝初交，大药将产，正当亥子中间、一动一静之间，为天地人至妙之机关，虽有圣哲，莫能窥测，所谓“恍惚阴阳生变化，细缊天地乍回旋。中间些子好光景，安得工夫着语言”是也。故曰：“寥廓恍惚，莫知其端。”其初混沌未分，天心在中，元黄莫辨，故曰“先迷失轨”；既而鸿蒙初剖，天根一动，万化自归，故曰“后为主君”。即《坤·彖辞》“先迷后得主”之义也。此时一阳复生，又转为初九之震矣。

无平不陂，道之自然。变易更盛，消息相因。终坤始复，如循连环。帝王承御，千载长存。

此节言动静相生，循环无端，为通章结尾。六阳升而进火，六阴降而退符，动极生静，静极生动，皆天道自然之运，故曰："无平不陂，道之自然。"阴阳反复，见交易、变易之理，阳盛则阴必衰，阴消则阳必息，故曰："变易更盛，消息相因。"动静无端，终始无极。晦之终，即朔之始；亥之终，即子之始；坤之终，即复之始。迎之不见其首，随之不见其尾，故曰："终坤复始，如循连环。"火候之妙，上准造化，下准人身，内可治心，外可治世。帝王乘此道以御世，则历数千年可永；丹士得此道以炼心，则法身千劫长存。故曰："帝王乘御，千载长存。"此系中篇御政末章，故结到"帝王御世"，正与上篇末章"明堂布政"相应。

此章详言大周天火候，与上章首尾相足。盖坎离一交，方产大药；大药既产，方可采取；采取入炉，方可煅炼。上章说采取之候，此章才说煅炼之候。其采取也，须识活子时作用，直待晦朔之交，两弦合精，庚方月现，水中生金，恍惚杳冥，然后觅元珠于罔象之中，运真火于无为之内，至于月圆丹结，是谓金丹。其煅炼也，须识正子时作用，直待亥子中间，一阳初动，水中起火，方用闭任开督之法，吹之以巽风，鼓之以橐籥，趁此火力壮盛，驾动河车，满载金液，自太元关，逆流上天谷穴，交会之际，百脉归元，九关彻底，金精贯顶，银浪滔天，景象不可殚述。交会既毕，阳极阴生，既忙开关退火，徐徐降下重楼，此时正要防危虑险，涤虑洗心，直到送归土釜而止，谓之"乾坤交姤罢，一点落黄庭"。丹既入鼎，须用卯酉周天火候，才得凝聚。圣胎已结，更须温养，再加乳哺之功。及乎胎完炁足，婴儿移居上田，先天元神变化而出，自然形神俱妙，与道合真，是谓"九转金液还丹"。然此两般作用，一内一外，有天渊之别，从上圣师，口口相传，不著于文，魏公亦不敢尽泄天机，姑以一月之弦望晦朔，喻金丹一刻之用；以一岁之六阴六阳，喻还丹九转之功，自有真正火候，秘在其中。学道遇师之士，自当得意而忘象矣。

中　篇

（中卷养性，共计四章，此乃中之中也。）

此卷专言养性，而御政、伏食，已寓其中。义同上篇。

性命归元章第二十

此章言性命同出一源，立命正所以养性也。

将欲养性，延命却期。审思后末，当虑其先。人所禀躯，体本一无。元精云布，因炁托初。阴阳为度，魂魄所居。

此节言养性之功，当彻究性命根源也。何谓性？一灵廓彻，圆同太虚，即资始之乾元也；何谓命？一炁细缊，主持万化，即资生之坤元也。此是先天性命，在父母未生以前，原是浑成一物，本无污染，不假修证，一落有生以后，太极中分，性成命立，两者便当兼修。然性本无去无来，命却有修有短，若接命不住，则一灵倏然长往矣。修道之士，要做养性工夫，必须从命宗下手，故曰："将欲养性，延命却期。"何谓却期？凡人之命，各有定期，其来不能却，其去亦不能却。惟大修行人，主张由我，不受造化陶冶，命既立住，真性在其中矣。人若不知本来真性，末后何归？了性是末后大事。不知欲要反终，先当原始，必须反覆穷究，思我这点真性，未生以前，从何而来？既生以后，凭何而立？便知了命之不可缓矣，故曰："审思后末，当虑其先。"最后受胎之时，不过秉父精母血，包罗凝聚，结成幻躯，此乃有形之体，非真体也。我之真体，本同太虚，光光净净，本来原无一物，故曰："人所禀躯，体本一无。"及至十月胎圆，太虚中一点元精，如云行雨施，倏然依附，直入中宫神室，作我主人，于是劈开祖窍，囫地一声，天命之性，遂分为一阴一阳矣。盖后天造化之气，若非先天元精，则无主而不能灵；先天元精，若非后天造化之气，则无所依而不能立。可见性命两者，本不相离，故曰："元精云布，因气讬初。"后天之造化，既分一阴一阳，阳之神为魂，魂主轻清，属东方木液；阴之神为魄，魄主重滞，属西方金精。两者分居坎离匡廓之内，故曰："阴阳为度，魂魄所居。"盖命之在人，既属后天造化，便夹带情识在内，只因本来真性，掺入无始以来业根，生灭与不生灭，和合而成八识。识之幽微者为想，想之流浪者为情，情生智隔，想变体殊，颠倒真性，枉入轮回矣。所以学人欲了性者，当先了命。

阳神日魂，阴神月魄。魂之与魄，互为室宅。性主处内，立置鄞鄂；情主处外，筑为城郭。城郭完全，人民乃安。

此节正言后天立命之功。后天一魂一魄，分属坎离。盖以太阳在卯，故离中日魂为阳之神；太阴在酉，故坎中月魄为阴之神。两者体虽各居，然离己日光，正是月中玉兔，日魂返作阳神矣；坎戊月精，正是日中金乌，月魄返为阴神矣。故曰："魂之与魄，互为宅室。"后天两物，虽分性命，其实祖性全寄于命，盖一落阴阳，莫非命也。且命元更转为情，盖阴阳之变合，莫非情也。惟其性寄于命，故离中元精、坎中元炁，总谓之命；惟其命转为情，故日中木魂、月中金魄，总谓之情。只有祖窍中，一点元神，方是本来真性。元神为君，安一点于窍内，来去总不出门，岂非性主处内，立置鄞鄂乎？精气为臣，严立隄防，前后左右，遏绝奸邪，岂非情主处外，筑城为郭乎？隄防既固，主人优游于密室之中，不动不摇，不惊不怖，故曰："城郭完全，人民乃安。"始而处内之性，已足制情；既而营外之情，自来归性。宾主互参，君臣道合，此为坎离交会，金丹初基，立命正所以养性也。

爰斯之时，情合乾坤。乾动而直，炁布精流；坤静而翕，为道舍庐。刚施而退，柔化以滋。

此节言后天返为先天也。后天坎离，即是先天乾坤，只因乾坤一破，性转为情，从此情上用事，随声逐色，不能还元。至于两物会合，城郭完而鄞鄂立，则情来归性，离中之阴，复还于坤；坎中之阳，复还于乾矣，故曰："爰斯之时，情合乾坤。"乾性至健，静则专而动则直，一点元神，为精气之主宰，至刚至直，而不可御，故曰："乾动而直，炁布精流。"此言元神之立为鄞鄂，即所谓"乾元资始"者也。坤性至顺，动则辟而静则翕。乾中真炁流布，坤乃顺而承之，一点元神，絪缊化醇，韫养在中黄土釜，故曰："坤静而翕，为道舍庐。"此言元神之本来胞胎，即所谓“坤元资生”者也。乾父刚而主施，不过施得一点真气；坤母柔而主化，须在中宫时时滋育，方得成胎。故曰：“刚施而退，柔化以滋。”此言坎离会合，产出先天元神，即金丹妙用也。

九还七返，八归六居。男白女赤，金火相拘。则水定火，五行之初。

此节言四象五行，混而为一炁也。坎离既复为乾坤，则后天之四象五行，无不返本还原矣。何以言之？天一生水，地六成之，北方之精也；地二生火，天七成之，南方之神也；天三生木，地八成之，东方之魂也；地四生金，天九成之，西方之魄也。水、火、木、金为四象，并中央戊己土为五行，究竟所谓四象五行，只是坎离两物。坎卦从坤而出，北方之水属阴，本数得六，加以天一之阳，便合成七数；离卦从乾而出，南方之火属阳，本数得七，加以地二之阴，便合成九数。今者北方之坎，返而归乾，南方之离，还而归坤，岂非“九还七返”之象乎？北方之一，归于南方之七，共得八数；南方之二，归于北方之六，亦得八数。而独云居者，盖北方之一，既归于南，止存水之成数，居其所而不迁，恰好六数矣，岂非“八还六居”之象乎？又须知四象，原是两物，既然九还七返，自然八归六居矣。故《悟真篇》单言还返，益见造化之妙。二与七并，配成西方之金，色转为白；一与六并，配成南方之火，色转为赤。白属金，赤属火，取西方之金，炼以南方之火，故曰：“男白女赤，金火相拘。”天一之水，从乾宫而出，原是太阳真火；地二之火，从坤宫而出，原是太阴真水。直到一返一还，方得以水归水，以火归火，复其原初本体，故曰：“则水定火，五行之初。”前云金火，此又何以云水火？盖后天造化之妙，只是一坎一离，而千变万化，各异其名。以言乎坎离本位，则曰水火；以言乎两弦之炁，则曰金水；以言乎甲庚之用，则曰金木；以言乎伏炼之功，则曰金火。颠倒取用，不可穷诘，究只是水火二物。后天水火，虽分二物，究只是先天一炁。坎离既已复为乾坤，即此便是九还七返，八归六居，而化作先天一炁矣。

上善若水，清而无瑕。道之形象，真一难图。变而分布，各自独居。

此节言先天一炁，为大丹之基也。盖道本虚无，始生一炁，只此一炁，鸿蒙未分，便是先天真一之水，非后天有形之水也。学道之士，若能摄情归性，并两归一，才复得先天真水。水源至清至洁，此时身心打成一片，不染不杂，自然表里洞澈，有如万顷冰壶，故曰："上善若水，清而无瑕。"大道离相离名，本无形象，及其生出一炁，似乎可得而形容矣。然此真一之炁，杳冥恍惚，形于无形，象于无象，非一切意识可以卜度揣摩而得，故曰："道之形象，真一难图。"真一之水，便是中宫一点鄞鄂，所谓太乙含真炁也。合之为一炁，分之则为两物，又分之则为四象五行，交会之时，五行变化，全在中央。既而木仍在东，金仍在西，火仍在南，水仍在北，各居其所矣，故曰："变而分布，各自独居。"此段言真一之水，实为丹基。《入药镜》所云"水乡铅，只一味"是也。学者若知攒五合四、会两归一之旨，鄞鄂成而圣胎结矣。

类如鸡子，白黑相符。纵横一寸，以为始初。四肢五脏，筋骨乃俱。弥历十月，脱出其胞。骨弱可卷，肉滑若饴。

此节特显法身之形象也。圣胎初凝，一点元神，潜藏神室，混混沌沌，元黄未剖，黑白未分，有如鸡子之状，故曰："类如鸡子，白黑相符。"神室中间，方圆恰好径寸，法身隐于其中，优游充长，与赤子原初在母腹中一点造化，故曰："纵横一寸，以为始初。"温养真胎，必须从微至著，始而成象，继而成形，四肢五脏，并筋络骨节之类，件件完备，具体而行，故曰："四肢五脏，筋骨乃俱。"须知四象五行，包络法身，便如四肢五脏，法身渐渐坚凝，便如筋骨，非真有形象也。温养既足，至于十月胎完，赤子从坤炉中跃然而出，上升乾鼎，从此重安炉鼎，再造乾坤，别有一番造化，我之法身才得通天彻地，混合太虚，故曰："弥历十月，脱出其胞。"而有"骨弱可卷，肉滑如饴"之象矣。此段言法身形象，与母胎中生身受炁之初，同一造化，但顺则生人，逆则成丹，有圣与凡之别耳。

此章是养性第一关键，与上篇"两窍互用"章相应。

二炁感化章第二十一

阳燧以取火，非日不生光。方诸非星月，安能得水浆？二炁玄且远，感化尚相通。何况近存身，切在于心胸。阴阳配日月，水火为效征。

此章言水火两弦之炁，以同类相感也。上章言魂之与魄，互为室宅，即水火两物也。金丹之道，以日月为体，以水火为用，体则互藏，用则交入。日月非水火，体无所施；水火非日月，用无所出。近取诸身，远取诸物，莫不皆然。阳燧是火珠，形如铜镜，其体中实，象坎中一阳，此物秉太阳火精，故世人用以取火，然必向日中取之，才能得火。只因这点真阳，原是日魂之光，日为光之所聚，阳燧为光之所招，以火取火，安得不灵？故曰："阳燧以取火，非日不生光。"方诸是蚌珠，其体中虚，象离中一阴，此物秉太阴水精，故世人用以取水，然必向月下取之，才能得水。只因这点真阴，原是月魄之精，月为精之所藏，方诸为精之所摄，以水取水，安得不应？故曰："方诸非星月，安能得水浆？"此即坎离互用之旨也。天上之日月，与世间之水火，相去不知几万里，可谓"元且远"矣。然而隔阂潜通，如磁吸铁，正以同类易亲，故二炁自为感化而相通也。远取诸物，无情者尚且相感如此，矧近取诸身，有情之真水、真火，切在方寸之间，至虚至灵，一呼即应，两弦真炁，有不相感化者乎？所以离中真水，往而流戊；坎中真火，来而就己。假法象而采太阴之精，立鼎器以聚太阳之炁，自然同类相从，结成鄞鄂。盖真阴、真阳，互藏其宅，便是吾身之日月；日光月精，相胥为用，便是吾身之水火。其间采取感召，全仗中黄真意，即吾身阳燧、方诸之妙用也，故曰："阴阳配日月，水火为效征。"

此章专言二物相感，同气相求，发明大易性情宗旨。盖寂然不动，性之体也；感而遂通，情之用也。离之情常在于北，坎之情常在于南，此日月之所以合璧，而水火之所以交也。离中真水，复归于北，坎中真火，复归于南，此乾坤之所以还元，而鄞鄂之所以立也。《周易·上经》首乾、坤，取其定位以立体也；《下经》首咸、恒，取其交感以致用也。泽上山下，其卦为咸，孔子《翼》之曰："二气感应以相与。"又曰："天地感而万物化生。"可见天地间，只此二气，顺而相感则生物，逆而相感则成丹。况兑、艮二体，正应上下两弦，即兑艮交感之用，以还乾坤不易之体，岂不犹阳燧、方诸之相[1]取者乎？噫！此人人具足之真《易》也。

---

① 相，底本作"根"，据上下文义改。

关键三宝章第二十二

（章名从旧）

此章言关键三宝，内真外应，乃养性之要功也。

耳目口三宝，闭塞勿发通。真人潜深渊，浮游守规中。

此节统言关键三宝之要道也。修道之士，有内三宝，有外三宝。元精、元气、元神，内三宝也；耳、目、口，外三宝也。欲得内三宝还真，全在外三宝不漏《阴符经》所谓“九窍之邪，在乎三要”是也。下手之初，必须屏聪黜明，谨闭兑口，真元方不外漏，故曰：“耳目口三宝，闭塞勿发通。”外窍不漏，元神内存，前后会合，中间有一无位真人，潜藏深渊之中。深渊乃北极太渊，天心之所居，即元[①]关一窍也。元关，在天地之间，上下四方之正中，虚悬一穴，其大无外，其小无内，谓之规中，中有主宰，谓之真人，守而勿失，谓之抱一。然其妙诀，全在不勤不怠，勿助勿忘，有浮游之象，故曰：“真人潜深渊，浮游守规中。”此四句，乃养性之要功，一章之纲领也。

旋曲以视听，开阖皆合同。为己之枢辖，动静不竭穷。离炁纳荣卫，坎乃不用聪。兑合不以谈，希言顺鸿蒙。

此节详言三宝关键工夫。坎属水，是为元门；离属火，是为牝户；兑为口，内应方寸。学人入室之时，当收视返听，转顺为逆。其门户之一开一阖，皆与元牝内窍相应，故曰：“旋曲以视听，开阖皆合同。”坎中纳戊，离中纳己，戊土属阳主动，己土属阴主静，然离中一阴，体虽静而实则易动，憧憧往来，不可禁止，惟赖坎中真阳出而钤制之。若门之有枢，车之有辖，庶乎一开一阖，动静各有其时，而元炁不致耗竭矣，故曰：“为己之枢辖，动静不竭穷。”元窍中先天祖炁，本来鸿蒙未剖，惜乎前发乎离，以泄其明；后发乎坎，以泄其聪；中发乎兑，以开其门。三者俱散而不收，先天之炁，所存者几何哉？必也默默垂

① 元，即“玄”字，避讳清康熙玄烨之名，改“玄”为“元”字。

帘，频频逆听，则坎离之炁不泄矣，故曰："离炁纳荣卫，坎乃不用聪。"括囊内守，混沌忘言，则兑口之炁不泄矣，故曰："兑合不以谈，希言顺鸿蒙。"即所谓"耳目口三宝，闭塞勿发通"者也。此中秘密，全在"口"字，此"口"是元关一窍，吞吐乾坤，因天机不可尽泄，姑取兑象，非世人饭食之"口"也，必须真师指示，方知其妙。[①]

三者既关键，缓体处空房。委志归虚无，无念以为常。证难以推移，心专不纵横。寝寐神相抱，觉悟候存亡。

此节详言潜渊守中工夫。耳、目、口三者，既已关键严密，一毫不泄，则我之真人，自然不扰不杂，优游于深渊之中，此中空空洞洞，别无一物，有若空房然，故曰："三者既关键，缓体处空房。"先天一炁，原从虚无中来，必委致其志，虚以待之，至于六根大定，一念不生，方得相应。然所谓无念，只是"常应常静"，不出规中，非同木石之蠢然也。无念之念，是为正念，正念时时现前，方可致先天一炁，而有得药之时，故曰："委志归虚无，无念以为常。"此事人人具足，本不难取证，有如立竿见影。世人取证之难，正以心志不专，时刻推移，纵横百出，遂望洋而返耳。倘入室之时，心志专一，推移不动，绝无纵横之病，则可以得之于一息矣，有何难证之道乎？故曰："证难以推移，心专不纵横。"此心既不动移，十二时中，行住坐卧，不离规中，即到寝寐之时，向晦晏息，一点元神，自然与元炁相抱，如炉中种火相似。犹恐或致昏沉，必须常觉常悟，冥心内炤，察规中之消息，候真种之存亡，故曰："寝寐神相抱，觉悟候存亡。"如此用心，何虑金丹不结、真人不现，此即"真人潜深渊，浮游守规中"之节度也。

颜色浸以润，骨节益坚强。辟却众阴邪，然后立正阳。修之不辍休，庶炁云雨行。淫淫若春泽，液液象解冰。从头流达足，究竟复上升。往来洞无极，怫怫被谷中。

此节言结丹之证验也。凡人之形神，本不相离，真种一得，表里俱应，自

① 徐海印《天乐集·玄宗三宝》："玄宗工夫，内外相应之际，更有'口对口，窍对窍'、'外口得中，内口得和'之说。深秘义者，口乃虚无之窟，真空之象焉。"

然颜色润泽，骨节坚强，辟除后天阴邪之物，建立先天正阳之炁。盖一身内外，莫非阴邪，先天阳炁一到，阴邪自然存留不住。更能行之不辍，其效如神，周身九窍八脉、三百六十骨节、八万四千毛孔，总是太和元炁流转。但见如云之行，如雨之施，如泽之润，如冰之解，从昆仑顶上，降而到足，复从涌泉穴底，升而到头，彻头彻底，往来于空洞无涯之中，不相隔碍。盖天地间，山川土石，俱窒塞而不通，惟有洞天虚谷，窍窍相通。人身亦然，肌肉、骨节，俱窒碍而不通，惟有元窍虚谷，脉脉相通，与造化之洞天相似。元炁往来，洞然无极，正往来于虚谷之中也，故曰："往来洞无极，怫怫被谷中。"此与上篇"黄中渐通理，润泽达肌肤"相似，俱金丹自然之验。

反者道之验，弱者德之柄。耘锄宿污秽，细微得调畅。浊者清之路，昏久则昭明。

此结言金丹之超出常情也。何谓反？常道用顺，丹道用逆，颠倒元牝，抱一无离，方得归根复命，岂非"反者道之验"乎？何谓弱？坚强者死之徒，柔弱者生之徒，专炁致柔，能如婴儿，自然把柄在手，岂非"弱者德之柄"乎？且辟却阴邪，则身中一切宿秽，悉耘锄而去尽矣。正阳既立，则元炁透入，细微悉调畅而无间矣。至于金丹始结，脉住炁停，复返混沌，重入胞胎，似乎昏而且浊，此吾身大死之时也。久之，绝后再苏，亲证本来面目，自然纯清绝点，慧性圆通，大地乾坤，俱作水晶宫阙矣，故曰："浊者清之路，昏久则昭明。"前段言形之妙，此段言神之妙，形神俱妙，方能与道合真。

此章专言关键三宝，乃是守中抱一，养性第一步工夫，与上篇"炼己立基"章相应。

附录　抱一子曰："耳不听，则坎水内澄；目不睹，则离火内营；口不言，则兑金不鸣。三者既闭，则真人优游于其中。"又曰："七门既返，殆若忘生，百脉俱沉，形气消尽，力弱不支，昏浊如醉。此乃道之验、德之柄也。昏者明之基，浊者清之源，自兹以往，圆明洞照，虚彻灵通，莫不自昏浊始矣。"

俞玉吾曰："反者，反复也。修丹效验，在乎虚极静笃，与天地冥合，然后元炁从一阳而来复。弱者，柔弱也。修丹把柄，在乎持其志，无暴其气，如婴儿之柔弱，庶几可以返本还原。"

旁门无功章第二十三

（章名从旧）

世人好小术，不审道浅深。弃正从邪径，欲速阏不通。犹盲不任杖，聋者听宫商。没水捕雉兔，登山索鱼龙。植麦欲获黍，运规以求方。竭力劳精神，终年不见功。欲知伏食法，至约而不繁。

此章决言旁门之无功也。学道者，先要知道之与术，天渊迥别。性命全修，复归无极，谓之大道。一机一诀，自救不了，谓之小术。金丹大道，难遇易成；一切旁门小术，易遇难成。奈何世间愚民，胸中茅塞，既不辨浅深，眼孔模糊，又不识邪正，往往背明投暗，弃正从邪，本求欲速见功，反致阏绝不通，永断入道之路，岂不哀哉？不知先天性命，超出形器之表，却妄认后天精炁，身中摸索，茫无影响，随人颠倒，毫无决择，此犹盲者之无拄杖，聋者之听宫商也。不悟先天阴阳，自家同类之物，却猜做世间男女，向外采取，流于淫邪，伤生败德，莫此为甚，此犹入水而捕雉兔，登山而索鱼龙也。不思先天铅汞，本来无质无形，却去烧茅弄火，干汞点铜，诳惑凡愚，败身亡家，此犹种麦而转思获稻，运规而妄意求方也。此等旁门，费尽一生精力，穷年卒岁，到老无成，却谤祖师妄语。不知金丹伏食之法，至简至要，有作以原其始，无为以要其终，与天地造化，同一功用，虽愚昧小人得之，立跻圣位，岂可与旁门小术同日而论哉！

以上举旁门之非，特识其大略耳。究而论之，禅家有九十六种外道，元教有三千六百旁门，千差万别，不可殚述。所以正阳祖师有《正道歌》、翠虚真人有《罗浮吟》，以至李清庵之《九品说》，陈观吾之《判惑歌》，皆历数旁门外道之差，以觉悟世人聋瞽。惜乎世人不悟，仍旧谬种传流，有增无减，良可悲也。

以上仅标大略，要当摘取诸真言句，另为《指述》一书，与同志共参之。

中　篇

（下卷伏食，共计八章。此乃中之下也。）

此卷专言伏食，而御政、养性，已寓其中，义同上篇。

性情交会章第二十四

此章言木性金情，自相交会，以成伏食之功也。

太阳流珠，常欲去人。卒得金华，转而相因。化为白液，凝而至坚。

此节言两物之性情合，而成金丹也。先天之体为性命，乾坤是也；后天之用为性情，坎离是也。自乾坤破为坎离，性情之用著，而性命之体隐，顺之则为凡矣；惟坎离复交为乾坤，因性情之用，以还性命之体，逆之则成圣矣。至于后天坎离中，又分体用，以真阴、真阳为体，体属水火；以两弦之气为用，用属金木。不可不辨。乾属太阳真性，本来寂然不动，只因交入坤中一阴，性转为情，遂成离中木汞，自此阴精用事，离光顺流向外，恍惚不定，有流珠之象。乾既成离，其中一阳走入坤宫，坤属太阴元命，既得乾中一阳，命转作性，遂成坎中金铅。此点金炁精华，只在坎水中潜藏，杳冥不测，有金华之象。离中灵物，刻刻流转，本易走而难捉，捉之愈急，去之愈速，赖得坎中一点真铅，逆转以制之。真汞一见真铅，才不飞走，故曰："太阳流珠，常欲去人。卒得金华，转而相因。"铅入汞中，汞赖铅之拘钤，铅亦得汞之变化，两物会入黄房，合成一炁，其炁先液而后凝，故曰："化为白液，凝而至坚。"白者，金色；至坚者，金性也。盖金来归性，已结而成丹矣。此通章之纲领也。

金华先倡，有顷之间。解化为水，马齿瓓玕。阳乃往和，情性自然。

此节言两物交并，自相倡和也。坎男主倡，离女主和，坎中一阳，本自难于出炉，及其时至而出也，只在一弹指间，故曰："金华先倡，有顷之间。"水中生金，金中复能化水，盖金华之液，即真一之水也。细缊活动，无质生质，渐渐坚凝，有若马齿瓓玕之状，故曰：“解化为水，马齿瓓玕。”坎中之金液既升，离中之木液，乃从而和之，一东一西，间隔已久，幸得真意勾引，相会黄房，木性爱金，金情恋木，一倡一和，出于性情之自然，非人力可强而致，故曰：“阳乃往和，情性自然。”阳，即上文“太阳流珠”，以其外阳内阴，易于逐物流走，主和而不主倡，惟与金华之真阳相匹为夫妇，方不流走。此时已转为真阴，故有妇道颠倒之妙，不可不知。

迫促时阴，拘畜禁门。慈母养育，孝子报恩。严父施令，教敕子孙。

此节言拘制[①]两物，会中宫而产真种也。坎中之金华既升，离中之流珠即降，两弦之炁相交，只在一时，时不可失，当以真意迫促之，两物相交，正当虚危中间，此时宜禁闭地户，翕聚真炁，不可一毫泄漏，故曰：“迫促时阴，拘畜禁门。”真种既归土釜，全赖中宫坤母，为之温养哺育。始而母去顾子，如雌鸡之伏卵，时时相抱；既而子来恋母，若慈乌之反哺，刻刻不离。故曰：“慈母养育，孝子报恩。”真种既存中宫，外面最要严谨隄防，牢镇八门，环匝关闭，不可一毫放松。譬如子当幼小之时，养育固愿慈母，教勅全仗严父，故曰：“严父施令，教勅子孙。”慈母喻文火，在神室中温养；严父喻武火，在门户间隄防；孝子喻真种，即金华流珠两物所结成者。自迫促时阴至此，俱属金丹作用，只在一刻中。

五行错王，相据以生。火性销金，金伐木荣。三五为一，天地至精，可以口诀，难以书传。

此节言作丹之时，五行颠倒之妙也。常道之五行，俱从顺生，如金生水、木生火之类。顺流无制，必至精炁耗散，去死不远，生机转作杀机，所谓“生者死之根”也。丹道之五行，全用逆转，如流珠本是木龙，却从离火中取出，金华本是金虎，却从坎水中取出，水火互藏，金木颠倒，方得归根复命，劫外长存，杀机转作生机，所谓“死者生之根”也，故曰：“五行错王，相据以生。”错王者，即子南午北，互为纲纪之意；相据者，即龙西虎东，建纬卯酉之意。

---

① 制，底本作“历”，据校本改。

以常道言之，金在矿中，无由自出，木带阴气，岂能滋生？必先用南方木中之火，去煅北方水中之金，销矿存金，金华始得发露；旋用西方水中之金，来制东方火中之木，伐去阴气，木液方得滋荣。故曰："火性销金，金伐木荣。"此即五行错王，相据以生之旨也。东三南二，合成一五；北一西四，合成一五；中央戊己真土，自成一五。是谓三五混南北、并东西，攒簇于中土之内，是之谓一。三五合而为一，乃造化至精至妙之理，把握乾坤，包括河洛，其间作用，必须真师口口相授，岂能笔之于书哉？故曰："三五为一，天地至精。可以口诀，难以书传。"此段言颠倒二物，则五行复归于一。末篇法象章云："本之但二物兮，末乃为三五。三五并为一兮，都集归一所。"印证甚明。

子当右转，午乃东旋。卯酉界隔，主客二名。

此节言金木间隔，当加沐浴之功也。以常道五行言之，木生在亥，震木生于坎水，是谓"龙从水里出"；金生在巳，兑金产自离火，是为"虎向火中生"。丹道逆用则不然，从子右转到未，自北而西，以讫于南，中藏酉金，则金华产于坎中，而为上弦之气，所谓"虎向水中生"也；从午逆旋到丑，自南而东，以至于北，中藏卯木，则流珠取之离内，而为下弦之气，所谓"龙从火里出"也。但当子南午北，水火交入之时，一金一木，界限其中，木性在东为主，金情在西为客，未免性情间隔，宾主乖违，此时须用沐浴之法，万缘尽空，一丝不挂，存真意于规中，和合金情木性。至于金返在东，转而为主，木返在西，转而为客，主客互易其名，两弦之气，始合而为一矣。只此性情二物，自其相倡和而言，则为夫妇；自其相生而言，则为母子；自其相制而言，则为父子；自其互换而言，又为主客。颠倒莫测，正见天地至精之理。

龙呼于虎，虎吸龙精。两相饮食，俱使合并。遂相衔咽，咀嚼相吞。

此节言两物之相并也。五行相据，主客既已互换，则木龙反据西位，而呼黑虎之气；金虎反据卯位，而吸赤龙之精。故曰："龙呼于虎，虎吸龙精。"于是两者，性情系恋，恣意交欢，相与饮食，合并为一，且其合并之时，遂相衔相咽，吞入口中，而结一黍之丹矣。此段说两物之相交并，从上文"相据以生"透出，专发"食"字之义。

荧惑守西，太白经天，杀气所临，何有不倾？狸犬守鼠，鸟雀畏鹯，各得其性，何敢有声？

此节言两物之相制也。五行错王，火性既能销金，则火入西方金乡，而为“荧惑守西”之象；金性既能伐木，则金乘东方木位，而为“太白经天”之象。火克金，金转克木，右旋一周，无所不克，但取逆制，全用杀机，故曰：“杀气所临，何有不倾？”木见金，金见火，其情性自然降伏，譬若狸犬之捕鼠，鸟雀之畏鹯，一见即便擒住，两下寂然无声，非强之使无声也，其性然也。业已各得其相制之性，而何敢有声哉？

此段言两物之相钤制，从上文“五行错王”透出，专发“伏”字之义。盖惟相并而不碍其相制，此生机之即寓于杀机也；惟相制而始得以相并，此杀机之逆转为生机也。一伏一食，方成还丹。篇中“伏食”大义，昭昭如是，迥非旁门所谓服食之术也。

附录　抱一子曰：人命在卯，日出于卯，而万物仰之以生，是则万物皆借太阳之精，以立命矣。太阳流珠者，命宝也。奈此命宝，寓神则营营而乱思，寓精则持盈而难保，故曰“常欲去人”，须得金华而制伏之。

审察真伪章第二十五

此章言道有真伪，当辨伪而存真也。

不得其理，难以妄言。竭殚家财，妻子饥贫。自古及今，好者亿人。讫不谐遇，希有能成。广求名药，与道乖殊。如审遭逢，睹其端绪。以类相况，揆物终始。

此节言伏食有真伪，学道者所当早辨也。金丹大道，范围天地，包括易象，其理最为广大精微，必须洞晓阴阳，深达造化，方知其奥。岂不得其理者，可率意而妄谈哉？不得其理而妄谈妄作，往往流于炉火之术，至于家财竭殚，妻子饥贫，尚不觉悟，良可悯也。自古到今，好道者不啻千亿，但好者未必遇，遇者未必成。学道者如牛毛，成道者如兔角，良以抛却自家性命，却去入山觅汞、掘地寻铅，广求五金八石，认作不死之药，所以与大道一切乖殊耳。学人参师访道，当先具一只眼，倘有所遇，必察其端绪之所在，是真、是伪。若是真师，决定洞晓阴阳，深达造化，只消叩以性命根源，并同类相亲、五行逆用之旨，彻始彻终，不得一毫模糊，则药物之真伪，可得而揆，师承之真伪，亦可得而决矣，故曰："以类相况，揆物终始。"

五行相克，更为父母。母含滋液，父主秉与。凝精流形，金石不朽。审专不泄，得成正道。立竿见影，呼谷传响。岂不灵哉，天地至象。

此节言五行逆克，以结大丹，正端绪之可睹者也。常道之五行，以相生为父母；丹道之五行，转以相克为父母。盖不克则不能生，杀机正生机之所在也。如金克木者也，然金才一动，便生出水来，木炁贪水之生，忘金之克，克者为父，克而能生者，即为母矣。推之五行，莫不皆然，故曰："五行相克，更为父母。"母道属坤，主于资生，以静翕为德，交媾之时，既受真种于乾父，只在中宫滋育，渐成婴儿，故曰"母含滋液"。盖母取"贪生忘克"之义，即上章所云"慈母养育"也。父道属乾，主于资始，以动直为德，交姤之初，业已气布精流，生炁施之于坤母，即是真种，故曰"父主秉与"。盖父取"以克为生"之义，既上章所云"严父施令"也。一生一克，秉与者，凝聚资始之精；滋液者，流布资生之形。两者妙合，结成真胎，即上章所云"五行错王，相据以生"也。工夫到此，进进不已，法身便得长存，同金石之不朽。惟赖审固专一，而无一毫泄漏，方得成其至道耳。彻始彻终，只是"以克为生"，方见五行颠倒之妙。若知其妙，大丹立就，譬之立竿而影即见，呼谷而响即传，造化自然之法象，岂不至灵且验哉？此皆真道之验，其端绪可得而睹者，岂旁门伪术所得而混入也。

若以野葛一寸，巴豆一两，入喉辄僵，不得俛仰。当此之时，周文揲蓍，孔子占象，扁鹊操针，巫咸叩鼓，安能令苏，复起驰走？

此节更端设喻，以见伏食之灵验也。世人但知毒药入口，死者不可复生。岂知金丹入口，生者不可复死。毒药入口，虽神圣不能令其复苏；金丹入口，虽造物能令其复死乎？惜乎世人明于彼，而独暗于此也。且金丹即已入口，纵使啖以野葛，投以巴豆，亦不得而杀之矣。可见五行相克，凝精流形，金丹伏食之妙，洵若立竿而影即见，呼谷而响即传，讵可与非种之伪道，同日而论哉?

此章专辨伏食之真伪，为万世学道人，开一只眼，庶不被盲师瞒过耳。

铅汞相投章第二十六

此章言真铅、真汞，两物相制而为用也。

河上姹女，灵而最神。得火则飞，不见埃尘。鬼隐龙匿，莫知所存。将欲制之，黄芽为根。

此节言以铅制汞，乃金丹之作用也。离本太阳乾体，性之元也，中藏一阴，系坤中真水，即是真汞，以其雄里包雌，又名姹女；坎本太阴坤体，命之元也，中藏一阳，系乾中真金，即是真铅，以其水中生金，又名黄芽。姹女，喻后天之心。先天之性，本来寂然不动，转作后天之心，有感即通，潜天潜地，至灵至神，一刹那间，上下四方，往古来今，无所不遍，故曰:“河上姹女，灵而最神。”以分野而言，午属三河之分，离火所居，兼取情欲顺流之义。人心本来至灵，只因夹杂后天情识，未免易于逐物，所以触境便动，遇缘即生，刻刻流转，一息不停。正类世间凡汞，见火即便飞走，无影无踪，不可捉摸，故曰:“得火则飞，不见埃尘。”当其飞走之时，若鬼之隐藏、龙之伏匿，虽有圣者，莫测其去来所在，即孔子所谓“出入无时，莫知其乡”也，故曰:“鬼隐龙匿，莫知所存。”姹女，本离中之阴，故取鬼象。离中之阴，本属木汞，又取龙象，灵汞之易失，而难持若此。要觅制伏之法，须得坎中真铅。盖坎中一阳，本出乾金，原是我家同类之物，顺之则流而为情，逆之则转而为性，金来归性，返本还原，黄芽得与姹女配合，若君之制臣，夫之制妇，自然不动，张平叔所谓“要须制伏觅金公”是也，故曰:“将欲制之，黄芽为根。”此专言两物相制，与前“流珠金华”同旨。

物无阴阳，违天背元。牝鸡自卵，其雏不全。夫何故乎?配合未连。三五不交，刚柔离分。施化之道，天地自然。

此节言独修一物之非道也。一阴一阳之谓道，凡物偏阴无阳，偏阳无阴，俱非“乾元资始、坤元资生”之理，故曰：“物无阴阳，违天背元。”鸡之伏卵，先入一点真阳在内，渐渐伏之，方得成雏。但有雌而无雄，其雏必不成矣。此何以故？以其孤阴乏阳，配合未连也。丹道亦然，必须东三南二、北一西四，四象并为两物，会到中央真土，同类相求，合成三五，方结圣胎。若三五之炁不交，总是孤阴寡阳，一刚一柔，各自离群分散，真胎何由结乎？盖阳主施精，阴主受化，乃一阴一阳，天地自然之道。无论凡胎、圣胎，同一造化，不得独修一物明矣。然此一阴一阳，便是乾元、坤元本来真性、真命，兼修并证，方称金丹大道。修命不修性，修性不修命，总谓之“违天背元”。旁门不悟，往往流入于采补，何异避溺而投火，哀哉！

火动炎上，水流润下。非有师导，使之然也。资始统正，不可复改。

此节言两物相交，各返其元性也。真阴、真阳之用，莫若水火。火性阳而主动，动必炎上；水性阴而主流，流必润下。岂若有情之物，从师训导而使然哉？特以资始之初，水润火炎之性，本自确然各正，后来岂能改易？观造化，即知吾身矣。吾身坎中之火，恒欲就燥而炎上，秉乾父之性也；离中之水，恒欲流湿而润下，秉坤母之性也。如是秉受，亦当如是归元，此坎男、离女之所以各返其本，而乾父、坤母之所以各复其初也。《入药镜》云：“水能流，火能焰。在身中，自可验。”此之谓也。

观夫雌雄，交媾之时，刚柔相结，而不可解。得其节符，非有工巧，以制御之。男生而伏，女偃其躯。秉乎胞胎，受炁之初。非徒生时，著而见之。及其死也，亦复效之。此非父母，教令其然。本在交姤，定置始先。

此节以男女交姤，喻坎离之返本也。欲知水流、火动之理，当即世间法观之。世间一男一女，交姤之时，自然刚者在上，柔者在下，若物之固结而不可解，又若合符节而一定不可移，此岂有良工巧术以制之使然？自其初生之时，而已然矣。盖男子之生，其躯必伏，伏者，性情一定向内；女子之生，其躯必偃，偃者，性情一定向外。从父母胞胎中，生身受炁之初，一刚一柔，体质已定，特著见于有生之后耳，且不徒著见于生时也，死时亦然。人有溺死水中者，依旧男伏女偃，此非父母谆谆诲之，令其如此。但当初父母交姤之时，刚者据上，即“乾道成男”之象；柔者据下，即“坤道成女”之象。男女之位置，已先确定于腹中。既生之后，男女之一偃一伏，确有定置，得不如其交姤之初乎？既识世法，便知道用先天乾上坤下，即吾身之父母也；后天离上坎下，即吾身之男女也。火之炎上，坎男之性情也；水之润下，离女之性情也。坎男、离女之性情，即乾父、坤母之性情也。乾本定位居上，坤本定位居下，迨乾父、坤母交媾而成坎离，位置虽更，性情不易，所以坎中之火仍欲炎上，离中之水仍欲润下，各思返本还原，归其同类。至于坎男、离女，再一交媾，适还天上地下之常，而先天之性命复矣。乾坤交而为坎离，犹男女之初生，而一偃一伏也，秉受固如是也；坎离复交，而为乾坤，犹男女之既死，而仍一偃一伏也，归元亦如是也。所谓“资始统正，不可复改”者也。

制炼魂魄章第二十七

此章言日魂、月魄，两者相制，而成金丹也。

坎男为月，离女为日。日以施德，月以舒光。月受日化，体不亏伤。

此节言日月交并，颠倒互用之奥也。丹道以坎离为药物，即是日之魂、月之魄；在造化以日月返炤，互藏天魂地魄；在人身以水火既济，互取日光月精。其相制之理，一也。上章以“男生而伏，女偃其躯”，寓言坎离两物。盖男处外而向内，女处内而向外，两象颠倒之妙，已在其中。坎属北方真水，应天上之月，月是太阴水精，坤象也，本当称女，奈中藏乾家太阳真火，魄中有魂，取象玉兔，所以反是男；离属南方真火，应天上之日，日是太阳火精，乾象也，本当称男，奈中藏坤宫太阴真水，魂中有魄，取象金乌，所以反是女。即《悟真篇》所谓：“日居离位反为女，坎配蟾宫却是男。”颠倒之妙也。离体本来是乾，乾父动而处外，惟转作离女，其性情全向乎内，所以日光虽主外用，却时时与太阴返照，一点阳光敛在阴魄之中，离体以出为入，故曰“日以施德”；坎体本来是坤，坤母静而处内，唯转作坎男，其性情全向乎外，所以月精虽主内藏，却时时感召太阳之炁，全体阴魄借阳魂以为光，坎体以入为出，故曰“月以舒光”。以颠倒言之，入内者为女，出外者为男；以本体言之，则施精者又为男，受化者又为女。坎离二物虽颠倒，而不失其本体。所以晦朔之交，日月并会黄道，混沌相接，元黄成团，日魂入在月魄中，月魄受之而成胚胎。日光月精，交媾及时，合其符节，于光明之本体，并无所损，故曰："月受日化，体不亏伤。"此日月交感之常道也。丹道亦然，吾身日光月精，刻刻回照，日月合璧，产出蟾光，作金丹之根本矣。

阳失其契，阴侵其明。晦朔薄蚀，掩冒相倾。阳消其形，阴凌灾生。

此节言交感之失其常也。与上篇"水盛坎侵阳，火衰离昼昏"相似。晦朔之间，日月交并，阳魂能制阴魄，虽寄体阴中，光明之体常在。若阳光不能作主，陷在北海，无由自出，便失其交合之符节，未免反为阴所侵夺，而亏损光明矣，故曰："阳失其契，阴侵其明。"阳既为阴所侵，遂致薄蚀之变。盖时当晦朔，一点阳精，沉沦洞虚之中，火力尚微，水势转盛，阴盛便来掩阳，水盛转来冒火，相倾相夺，太阳当昼而昏，故曰："晦朔薄蚀，掩冒相倾。"太阳之光，本出金性，圆明普照，万古不亏，但[①]一受阴气相侵，其形未免暂消，而生薄蚀之灾矣，故曰："阳消其形，阴凌灾生。"此言日月交感失道，立召灾变。在人为坎离初交，一阳沉在海底，动静之间，稍失其节，以至真火陷入水中，不能出炉，便应薄蚀之象。详见上篇，第十五章。

男女相须，含吐以滋。雌雄错杂，以类相求。金化为水，水性周章；火化为土，水不得行。男动外施，女静内藏。溢度过节，为女所拘。魄以钤魂，不得淫奢。不寒不暑，进退合时。各得其和，俱吐证符。

此节言交感之得其道也，与上篇"阴阳相饮食，交感道自然"相似。坎男、离女二物，相须为用。月魄吸金乌之精，自外而入；日魂呼玉兔之髓，自内而出。颠倒主宾，一含一吐，真种于是滋生，故曰："男女相须，含吐以滋。"乾本老阳，转作离中元女；坤本老阴，转作坎内黄男。乾坤破体，有阴阳错杂之象，然而坎中真火，仍欲上归于乾，离中真水，仍欲下归于坤，由破体炼之，纯体乃成，此即水流湿，火就燥，各从其类之旨也，故曰："雌雄错杂，以类相求。"

① 但，底本作"俱"，据校本改。

在吾身为流戊就己、同类得朋工夫。离本太阳乾金，中间转出一阴，阳金便化为阴水，即所谓“太阳流珠”也。其性流走，不受控制，未免泛滥而周流，故曰：“金化为水，水性周章。”离中之水，既至泛滥，便来克坎中真火。所赖坎中真火，化出戊土，转能制水，即所谓“黄芽为根”也。坎中戊土，与离中己土，两下配合，镇在中宫，周章之水，才得所隄防，而不敢妄行四出，故曰：“火化为土，水不得行。”坎戊月精，本杳冥而内藏，然其中太阳真火，秉乾父之性，火性主动，动者当出而施用，故曰“男动外施”；离己日光，本恍惚而外用，然其中太阴真水，秉坤母之性，水性主静，静者当入而伏藏，故曰“女静内藏”，即上文“日以施德，月以舒光”，颠倒逆用之妙也。然两者交会之时，当动而动，当静而静，各有其节度。若阳动而交阴，过于沉溺，能入而不能出，太阳真火，便受泛溢之水气所侵，譬之男女交媾，若贪恋过度，男子便受女子拘困，故曰“溢度过节，为女所拘”，即上文“阳失其契，阴侵其明”，薄蚀之征验也。离中之阴属魄，以其为太阳之体，故反称“阳神日魂”；坎中之阳属魂，以其为太阴之精，故反称“阴神月魄”。所谓“魂之与魄，互为室宅”也。今者火化为土，转制周章之水，则是魄能钤魂，而不至溢度过节矣，故曰：“魄以钤魂，不得淫奢。”魂魄互制，水火均平。一阳动而进火、退水，不失之于太寒；一阴静而进水、退火，不失之太暑。故曰：“不寒不暑，进退合时。”水盛而不过于寒，火盛而不过于热，冲炁为和，永无薄蚀掩冒之灾，于是日光、月精，两相交并，至于庚方之上，金精吐光，一阳受符，而金丹大药产矣，故曰：“各得其和，俱吐证符。”证者，证验也；符者，符合也。正应上文“契”字之义。

此章言制炼魂魄，调和水火，颠倒逆用之窍妙，乃是金丹临炉作用。当与上篇，第十一、第十五两章参看。

三家相见章第二十八

丹砂木精，得金乃并。金水合处，木火为侣。四者混沌，列为龙虎。龙阳数奇，虎阴数偶。肝青为父，肺白为母。心赤为女，肾黑为子。子五行始，脾黄为祖。三物一家，都归戊己。（“子午行始”一句，世本误在“脾黄为祖”之下，今校古本正之。）

此章言身、心、意，三家归一而成丹也。人为天地之心，故能鼎立三才，参天两地。当生身受炁之初，元始祖炁，先入中宫，囫囫囵囵，混然太极，所谓“天地之心”也。团的一声以后，太极从此分胎。上立天关，内藏乾性；下立地轴，内藏坤命；虚谷在天地之中，内藏元神。从一中而分造化，遂定为三才，三才既定，四象即分。盖乾为先天祖性，破而成离，转作后天之心；坤为先天元命，实而成坎，转作后天之身。至于先天之离，又转而成震，火中有木，魂寄于心之象；先天之坎，又转而为兑，水中有金，魄藏于身之象。从一炁而分二体，又从二体而分四象矣。四象既立，东南之木火，同处阳方；西北之水金，并居阴位。南方离火赤色，有丹砂之象，中藏真汞，即是木精，犹之北方坎水黑铅，中藏金精也。人但知火中有木，不识木中有金，盖木旺在卯，金炁即胎于卯，阳魂必得阴魄，其魂方有所归，金不离木也；人但知水中有金，不知金中有木，盖金旺在酉，木炁即胎于酉，阴魄不得阳魂，其魄将何所附，木不离金也。金木虽分为两弦，魂魄实并为一体，故曰:“丹砂木精，得金乃并。”天一生水，其象为元武，在人属肾中精，发窍于耳；地四生金，其象为白虎，在人属肺中魄，发窍于鼻。精与魄，同系乎身，故曰“金水合处”。地二生火，其象为朱雀，在人属心中神，发窍于舌；天三生木，其象为青龙，在人属肝中魂，发窍于目。魂与神，同系乎心，故曰“木火为侣”。凡人之身心，心自为心，身自为身，水火不交，金木间隔，所以去道日远。学道之士，若能于二六时中，含眼光，凝耳韵，调鼻息，缄舌气，四大不动，使精、神、魂、魄俱聚于中宫，水、火、木、金，并交于黄道，此“四者混沌”之象也。就此混沌之中，能使四象合而为一体，又能使一体分为四象。原是木火为侣，离中生出木液，是为“龙从火里出”；原是金水合处，坎中产出金精，是为“虎向水中生”。故有“列为龙虎”之象，张平叔所谓“四象不离二体”也。龙生于天三之木，其数非奇乎？奇者为阳，故称“阳龙”；虎生于地四之金，其数非偶乎？偶者属阴，故称“阴虎”。此言龙虎之本体也。若五行颠倒，则龙转作阴，虎转作阳矣。丹道之五行，原不系于五脏，魏公恐泄天机，秘母言子，姑借身中五脏，分配五行。常道之五行，木能生火，金能生水，能生者为父母，故有“肝青为父，肺白为母”之象；木三金四,一阴一阳也，所生者为子女，故有“心赤为女，肾黑为子”之象。水一火二，亦一阴一阳也。其曰“子五行始”者何？盖天一生水，得之最先，天开于子，所以居北方正子之位，实为五行之源，然后木、火、土、金，次第而生，故曰“子五行始”。坤土中藏祖炁，为金、木、水、火之所自出，故有“脾黄为祖”之象。盖水为五行之源，故取始义，即吾身祖窍之一也。土为五行之母，故取祖象，即吾身祖窍之中也。万化归一，一又归之于中，于此可悟归根复命之功矣。肝木之魂，心火之神，两者同出离中之心，为本来妙有中之真空，是一物也，所谓“东三南二同成五”也；肺金之魄，肾水之精，两者同出坎中之身，为本来真空中之妙有，是一物也，所谓“北一西方四共之”也。坎中有戊，离中有己，合为中土，独而无偶，是为真意，真意为本来乾元祖炁，是又一物也，所谓“戊己还从生数五”也。身心两家，本自难合，幸得真意勾引，遂混南北、并东西，相会于中黄土釜，结成一粒金丹，所谓“三家相见结婴儿”也。盖三物会归为一，而一又归之于中，是谓“归根复命、返本还原”之道。故总括之曰：“三物一家，都归戊己。”夫后天之身、心，即先天之性、命也，两仪之象也；后天之身、心、意，即先天之元精、元炁、元神也，三才之象也；后天之真土，即先天之浮黎祖土也，太极之象也。三物归于一家，即太极函三为一之象也。体道至此，信乎参天两地，浑然天地之心矣。若能于百尺竿头，更进一步，向未生身处，彻证本来面目，方知“天地有坏，这个不坏”“虚空有尽，这个无尽”。噫！其孰能知之哉？

此章作者已略露天机，注者遂尽开生面，读者幸具只眼，慎莫入宝山而空回，可惜也。

刑德反复章第二十九

刚柔迭兴，更历分部。龙西虎东，建纬卯酉。刑德并会，相见欢喜。刑主伏杀，德主生起。二月榆落，魁临于卯。八月麦生，天罡据酉。子南午北，互为纲纪。一九之数，终而复始。含元虚危，播精于子。

此章言龙虎两弦、刑德互用之奥也。丹道以水火为体，金木为用，子午定南北之经，卯酉运东西之纬，参伍错综，方应周天璇玑之度。以造化之常道而言，天道有一阴一阳，地道有一柔一刚，两仪既立，错为四象，子水居北，午火居南，卯木居东，酉金居西。从子到巳为阳刚，行乎东南；从午到亥为阴柔，行乎西北。分之为十二辰，又分为二十八宿，周天三百六十五度，各有一定之部位。惟天中斗柄一移，则子右转、午东旋，刚反为柔，柔反为刚，一切倒行逆施，一定之部位，到此乃无定矣，故曰："刚柔迭兴，更历分部。"震木为龙，本居东方卯位；兑金为虎，本居西方酉位。惟更历分部，则龙反在西，虎反在卯矣。东西为南北之纬，故曰："龙西虎东，建纬卯酉。"龙秉东方生气，德之象也，惟龙转为西，则木气化而从金，德反为刑矣；虎秉西方杀气，刑之象也，惟虎转为东，则金气化而从木，刑反为德矣。金木交并，只在一刻中，若明反覆之机，自然害里生恩，宾主欢会，故曰："刑德并会，相见欢喜。"人但知刑主于杀，殊不知杀机正伏在生机中；人但知德主于生，殊不知生机正藏在杀机内。故曰："刑主伏杀，德主生起。"时当二月，卯木正旺，万卉敷荣，何以榆荚忽堕？盖卯与戌合，戌将为西方河魁，河魁正临卯位，生中带杀，故有榆荚之应，此正"杀机潜伏，德返为刑"之象也；时当八月，酉金正旺，百草凋谢，何以荠麦忽生？盖辰与酉合，辰将为东方天罡，正据酉位，杀中带生，故有麦生之象，此正"生机隐藏，刑返为德"之象也。既洞明造化之机，即知吾身之造化矣。修道者，当两弦合体之时，必须斡运天罡，逆旋魁柄，外镇六门，内闭丹扃，洗心沐浴，只在片时，自然刑转为德，杀转为生，两物之性情，合并为一矣。卯东酉西，午南子北，周天之纲纪也。丹道用斗柄逆旋，东西之纬，既已反常，南北之经，亦必易位。何以明之？一阳生于子，所以火胎在子，然坎中太阳真火，原从南方而出，今者子右转而复归于南；一阴生于午，所以木胎在午，然离中太阴真水，原从北方而来，今者午东旋而复归于北。一水一火，有无交入，虽云[①]相济，实及[②]其所由生也。南北互易，则周天法象，无不随之翻转，故曰："子南午北，互为纲纪。"后天五行逆用，全本《洛书》。《洛书》之数，始于一，终于九。北方坎位居一，乾当西北，实开其先，所以乾之一阳，寄在坎中，坎之一，即乾之始也；南方离位居九，坤位西南，实承之后，所以坤之一阴，寄在离内，离之九，即坤之终也。今也子南午北，互易其位，则是坎更为终，转而成坤；离更为始，转而成乾。一既为九，九复为一，循环无端。在《易》为乾元用九，"群龙无首"之象，在丹道为九转之功，故曰："一九之数，

① 云，底本作"公"，据校本改。
② 及，校本作"反"，据文义，作"反"字为宜。

终而复始。”天一生水，北方坎位，正值虚危之度，为造化之根源。虚危二宿，在天当亥子中间，日月合璧之地；在人当任督之交，水火合发之处。盖虚属日、危属月，即是真水、真火，互藏其精。白紫清云“造化无声，水中火起，妙在虚危穴”是也。学道之士，若能致虚守静，回南方离光，照入北方坎地，离中元精与坎中元炁，自相含育，至于虚极静笃，天人交应，一点真阳，生在北海中，便可采作大丹之基矣。故曰：“含元虚危，播精于子。”

此言水火既济，以产大药，与前金木交并，原是一段工夫。盖子南午北，互为纲纪，日月之体也；龙西虎东，建纬卯酉，两弦之用也。乃其合并之妙，全在互藏生杀之机，只凭反覆一时沐浴，顿圆和合四象之功，当与上“三家相见”章参看。

阴阳交感章第三十

此章言真阴、真阳，同类相感，方成金丹大道也。

关关雎鸠，在河之洲。窈窕淑女，君子好逑。雄不独处，雌不孤居。玄武龟蛇，蟠虬相扶。以明牝牡，意当相须。

此节言阴阳之相感，各以其类也。一阴一阳之谓道，孔子著之《系辞》；偏阴偏阳之谓疾，岐伯著之《素问》。盖从上圣师，俱用真阴、真阳同类之物，以超凡而入圣。所以《易》首乾坤，明阴阳不易之体；《诗》首关雎，喻阴阳交易之用。即世法而论，雎鸠匹偶，发好逑之章，一雌一雄之相应；龟蛇蟠虬，成玄武之象，一牝一牡之相须也。龟蛇配北方玄武，固属坎象；雎鸠配南方朱雀，确有离象。吾身中天元地牝之所以交，坎男离女之所以合，亦何以异于是哉？若洞明世间之法，即知出世法矣。

假使二女共室，颜色甚姝，苏秦通言，张仪结媒，发辨利舌，奋舒美辞，推心调谐，合为夫妻，弊发腐齿，终不相知。

此节喻言独修一物之非道也。在《易》道，坤与乾匹，离与坎匹，巽与震匹，兑与艮匹，皆是一阴一阳，各得其偶，方成交感之功。至于上火下泽，以兑遇离，两阴相从，便名睽卦。夫子《翼》之曰："二女同居，其志不同行。"可见二女共室，以阴求阴，即逞苏、张之舌，媒合为夫妇，亦必终身不能相谐矣。独修一物是孤阴，此之谓也。

若药物非种，名类不同。分剂参差，失其纲纪。虽黄帝临炉，太乙执火，八公捣炼，淮南调合，立宇崇坛，玉为阶陛，麟脯凤腊，把籍长跪，祷祀神祇，请哀诸鬼，沐浴斋戒，妄有所冀。亦犹和胶补釜，以硇涂疮，去冷加冰，除热用汤，飞龟舞蛇，愈见乖张。

此节正言非同类之物，必不能和合成丹也。何谓同类？离中命蒂，坎中性根，一阴一阳，方是真铅、真汞。世人不悟真铅、真汞，产在先天，无有形质，却去觅后天渣滓之物，三黄四神，五金八石，无所不至，是谓"药物非种，名类不同"。即使知有药物矣，不能知采取、烹炼之法，是谓"分剂参差，失其纲纪"。此等愚盲小人，不求真师指授，不明伏食大道，妄意炉火伪术，可以侥幸成丹，终年役役，耗损家财，兼之结坛祭鬼，祷祀求神，冀获冥助。不知此即神圣为之临炉，仙真代之捣炼，亦必万举而万败矣。彼外炼之术，药物既非真种，配合必非同类，譬之"以胶补釜，以硇涂疮"，无一毫相似处。且天下冷莫如冰，热莫如汤，龟不能飞，蛇不能舞，人所共晓也。今去冷而反加冰，除热而转用汤，执龟而责之飞，执蛇而强之舞，其于水火互藏之性，龟蛇相制之机，乖张愈甚，背戾可胜道哉？非种之谬，何以异此？盖大道不离阴阳，阴阳只是性命。性命两者，同出而异名，本无二道。在羲皇之《易》，为一坎一离；老子之《经》，即一无一有，向上直截根源，片言可了。只因后来丹经子书，多方曲喻，转启滥觞之端，以致流入旁门外道。丹道，有时喻之以男女，盖言乾道成男，坤道成女，自家灵父、圣母，非世间有相之男女也；有时喻之为铅汞，盖言离中元精，坎中元炁，自家真铅、真汞，非世间有质之铅汞也。奈世间贪财好色之徒，非惑于采补，即惑于烧炼，更兼所遇方士，种种捏怪，妄引丹经，欺诳末学。惑于采补者，其邪谬不可枚举，大约认男女为阴阳，以遂其好色之私耳；惑于烧炼者，其差别不可殚述，大约认凡砂、水银为药物，以遂其贪财之私耳。此等邪术异端，谤先圣之大道，断后贤之真修，名为学道，实则造业，其为地狱种子无疑矣。又有见理稍明，立志稍正者，幸不堕两种邪术，转而求之身心，却不知身非四大之身，乃“真空中妙有”也；心非肉团之心，乃“妙有中真空”也。身心一如，浑合无间，强名曰丹。奈学人不遇真师，昧于大道，未免妄认四大假合为身，肉团缘影为心。著妄身者，往往守定搬精运气，偏于有作，病在心外觅身，而不知“真空”之即身，并其所守之身亦非矣；着幻心者，往往坚执坐禅入定，偏于无为，病在身外觅心，而不知“妙有”之即心，并其所执之心，亦伪矣。殊不知修命而不了性，寿同天地，只一愚夫；修性而不了命，万劫阴灵，终难入圣。矧妄身、幻心，并其一物，而亦非者乎？大抵各执一家，不参同类，皆所谓偏阴、偏阳之疾，非一阴一阳之大道也。

魏公作《参同契》一书，究大易之性情，假炉火之法象，印黄老之宗旨，无非吐露同出异名之两物，使大地众生，皆得以尽性致命，直超彼岸耳。但恐邪术乱正，不可不辨析；小乘失真，不可不针砭。前于“养性”末章，已谆谆言之，犹恐世人之不悟也，故于此复发明真种，破尽旁蹊曲径，使万世学道者，皆舍邪而归正，去伪而即真，上与三圣演易、黄老著经，同其功用矣。

伏食成功章第三十一

此章备举伏食成功，乃《参同契》中篇之总结也。

维昔圣贤，怀玄抱真。伏炼九鼎，化迹隐沦。含精养神，通德三光。精溢腠理，筋骨致坚。众邪辟除，正炁常存。积累长久，变形而仙。

此言古圣自度，皆由伏食而证大道也。维昔圣贤，盖指黄帝、老子，及古来上升诸真；怀玄抱真，即“守中抱一、归根复命”工夫，盖养性之事也。既有养性之事，不可无伏炼之功。丹道以九转为全功，故曰“伏炼九鼎”。化迹隐沦者，如黄帝丹已成，而鼎湖上升；老子关既出，而西竺化现是也。人之元精、元炁、元神，上应天之日月斗极，三者既全，便与三光合其德矣，故曰：“含精养神，通德三光。”黄中通理，润达肌肤，故曰“精溢腠理，筋骨致坚”，此形之妙也。保合太和，性命各正，故曰“众邪辟除，正气常存”，此神之妙也。九年面壁，行满功圆，忽然超出形气之表，号为真人，故曰“积累长久，变形而仙”，此之谓“形神俱妙，与道合真”也。

忧悯后生，好道之伦。随旁风采，指画古文。著为图籍，开示后昆。露见枝条，隐藏本根。托号诸名，覆谬众文。学者得之，韫柜终身。子继父业，孙踵祖先。传世迷惑，竟无见闻。遂使宦者不仕，农夫失耘，贾人弃货，志士家贫。

此节言古圣著书觉世，而后世失其意也。古圣立心广大，不肯作自了汉，既已自度，必思度人，不得已而著书立言。若黄帝之《阴符》三百字，老子之《道德》五千言，并诸真所传一切丹经子书，皆因忧悯后世好道之士，不得其门而入，特为指点性命根源，各有所依傍，指画著为图籍，所以开示后人而导之入门也。但恐泄露天机，秘母言子，露其枝条，藏其本根，若三盗五贼、元牝橐籥之类，并龙虎、黄芽、金华，种种异名，是谓“托号诸名，覆谬众文”。正欲使后之学者，反覆研穷，得意而忘象耳。惜学人迷惑者多，了悟者少，又不肯虚心求师，指授真诠，譬若明珠大贝，深藏柜中，无由见面，不免贫困终身。从父到子，从祖到孙，尘尘劫劫，迷惑相因，迷而又迷，惑而又惑，竟无觉悟之期。既不识自己家珍，贫困何时得了，是犹宦者不仕、农夫失耘，商贾之人，自弃其货，而有志之士，长苦于家贫矣。此如《楞严》衣中系宝珠，不自知觉，求乞他方之喻也。然此非先圣之过也。先圣著书觉世，本欲人人了悟，岂知其若此迷惑乎？所谓江湖无碍人之心，只为人过不得，反觉江湖为碍；祖师无谩人之心，只为人透不得，反怨祖师相谩是也。若要不受谩，须求大导师。

吾甚伤之，定录此文。字约易思，事省不繁。披列其条，核实可观。分量有数，因而相循。故为乱辞，孔窍其门。智者审思，用意参焉。

此节自言其祖述古圣，著书觉世之意也。后学不悟先圣大道，只因不得其门而入耳。仙翁悲悯后学，慨然著《参同契》一书，衍大易乾坤、坎离之象，假丹家龙虎、铅汞之名，而归本于黄帝、老子“尽性至命”之旨。文取简要，故字约而易思；旨本同归，故事省而不繁。披列其条者，一道分为三家，即“露见枝条”之意也；核实可观者，三家本来一道，既“隐藏本根”之意也。然其立言之妙，露而不尽露，藏而不尽藏，铢两分数，各有权衡，皆因古圣之文，而斟酌拟大道，后学人便于探讨耳。太露则恐泄天机，故必多为乱辞；为藏则恐闭天道，又必孔窍其门。世有明眼之士，能于三篇中，反复参究，得其孔窍之所在，方知大道只在眼前，柜中之藏，人人具足，无有富者，亦无有贫者。仙翁悲悯后学之意，洵与黄帝、老子诸上圣，异世同揆，而《参同》一书，较之《阴符》三百字，《道德》五千言，尤为踵事而加详矣。

勤而行之，夙夜不休。伏食三载，轻举远游。跨火不焦，入水不濡。能存能亡，长乐无忧。道成德就，潜伏俟时。太乙乃召，移居中洲。功满上升，膺箓受符。（“勤而行之”十四句，世本误入上篇养性“明辨邪正”章，今正之。）

此节言学者，究《参同》之奥，伏食而证仙也。大道知行并进，才得足目双全。始患冥然无知，既知矣，又患不行；既行矣，又患不勤。学人既得真师指授，洞明伏食宗旨，便当结侣入圜，死心煅炼。老子云：“上士闻道，勤而行之。”马丹阳云：“师恩深重终难报，誓死圜墙炼至真。”故夙夜不休，方称勤行。伏食之功，得丹只在一时，然立基大约须百日，结胎大约须十月，至于乳哺温养，大约必须三载。陈翠虚云“片饷工夫修便得，老成须要过三年”是也。然亦不可限定三年，视工夫之勤惰何如耳。温养既足，圣胎始圆，可以轻举而远游矣。从此法身解脱，纵横自如，火不能焚，水不能溺，或隐或现，忽去忽来。来则有相故能存，去则无形故能亡，去来无碍，岂不“长乐无忧”乎？怀元抱真之谓道，积功累行之谓德，两者全具，方可游戏人间，待时升举，故曰：“道成德就，潜伏俟时。”风尘之外有四海，四海之中有三岛，三岛之中有十洲。上岛曰蓬莱、方丈、瀛洲，中岛曰芙蓉、阆苑、瑶池，下岛曰赤城、元关、桃源。中有一洲曰紫府，乃太乙元君所居，勾管神仙功行之地。人若弃壳升仙，先见太乙元君，契勘功行，方得次第上升，故曰：“太乙乃召，移居中洲。”至于功满三千，大罗为仙，行满八百，大罗为客，遂飘然上征，膺箓受符，而证无上真人之位矣，故曰：“功满上升，膺箓受符。”虽然此姑假法象而言，以接引中下之流，使不落断见耳。究而言之，中洲，即是自己丹扃；太乙，即是自己元神；上升，即是自己天堂；膺箓受符，即是复还自己乾元面目，而不随劫火飘沉者也。若洞明炼神合虚，炼虚合道宗旨，一切上升受符，直可等之于浮云，付之于太空矣。此魏公不尽言之意乎？

此章虽结伏食成功，实为中篇全文总结。盖“御政”诸章，但陈造化法象，未及性命窍妙也;“养性”诸章，方指性命关窍，未悉作丹功用也。自“太阳流珠”以下七章，才备举伏食之功。或言采取，或言配合，或言烹炼，上篇之所未悉者，到此无复余蕴矣。篇终矣，遂自述作书之意，上印古圣，下启后贤，依而行之，立地成仙作祖，岂不确然可信哉！此处文义，与上篇末章“吾不敢虚说，仿效圣人文”隐然相应，其为中篇总结无疑。世本乃移入下篇之首，误矣。至于“勤而行之”一段，确是此章结尾，世本误入上篇“明辨邪正”之末，尤觉不伦，今特依古本正之。

下　篇

（一名《三相类》，又名《补塞遗脱》，此一卷计五章。）

上篇、中篇，各分御政、养性、伏食三段，条贯虽具，犹似散而无统。此篇特为通其条贯，使三者类而为一。首章陈鼎炉之妙用；次章揭火候之全功；三章明说三道由一，方识殊途同归源流；四章直指四象还虚，才契先天无极宗旨；末章乃自叙其作书之意，而隐名以终焉。五章首尾相足，三相类之大义，始觉了然。前两篇中，阙略遗脱者，得此始无余憾。读者合前两篇参观之，庶得其条贯之所在，而不病于无统矣。

鼎炉妙用章第三十二

此章虽言鼎炉妙用，而药物火候已在其中，乃《参同契》全文之总结也。盖金丹妙用，全在炉鼎；识得炉鼎，方可采取药物；识得药物，方可用火烹炼。三者本同条而共贯。前两篇中，各分御政、养性、伏食，隐藏三者在内，然文义散布，尚未归一，故魏公特作此歌以补之。

圆三五，寸一分。口四八，两寸唇。长尺二，厚薄均。

此节显鼎炉之法象也。鼎炉之用有二：以金丹言之，离之匡廓，为悬胎鼎；坎之匡廓，为偃月炉；中宫神室，乃是人位，此小鼎炉之法象也。以还丹言之，乾位居上为鼎，所以结丹；坤位居下为炉，所以产药；中宫黄庭，乃是人位，此大鼎炉之法象也。大约各有上、中、下三层，以应天、地、人三才。鼎炉既立，两仪、四象、五行、八卦，以至十二辰、二十八宿，周天三百六十五度，无不出其中矣。炉鼎既取法乾坤，圆以象天，方以象地。圆以象天，圆陀之义也。圆者，径一而围三，本之《河图》。《河图》周围无四隅，东三南二合成一五，北一西四合成一五，中央戊己自成一五，合之而三五始圆，三五环绕，同归中央。中央虚位，不过径寸，是天心所居之室，即在此径寸中，分出一乾一坤，邵子所谓“天向一中分造化”也，故曰：“圆三五，寸一分。”方以象地，方寸之义也。方者，径一而围四，本之《洛书》。《洛书》有四正四隅，东、南、西、北为四正，东南、西南、东北、西北为四隅。四正，即四象也。四正兼四隅，即八卦也；子午中分南北，即两仪也。方寸中，开窍处，有口之象；上下两釜，分界处，有唇之象。四象八卦，环布四周，应造化之四时八节；乾上坤下，平分两仪，应造化之南北二极，即一中之所分出也。故曰：“口四八，两寸唇。”两仪既分，从子到巳为六阳，应造化之春夏，是为进火之候；从午讫亥为六阴，应造化之秋冬，是为退火之候。一岁之候，即一月之候，一月之候，即一日之候，刚柔不偏，寒暑合节，上篇所云“周旋二十节，节尽更须亲”也。故曰：“长尺二，厚薄均。”炉鼎之用，远取诸造化，近取诸吾身，俱属自然法象。一切旁门，不知窍妙，妄想于身外觅取炉鼎，不啻万里崖山矣。

腹齐三，坐垂温。阴在上，阳下奔。首尾武，中间文。始七十，终三旬。二百六，善调匀。

此节言炉中药生之时，当调停火候也。方寸中间一窍，空洞无涯，有腹之象。水火二炁，一齐会到中宫，便是三家相见。当其交会之时，但坐守中黄，勿忘勿助，俟神明之自来，直待水火二炁，调燮得中，方觉温然，真种自然生育矣，故曰：“腹齐三，坐垂温。”离火本在上，然离中真水恒欲流下而归戊；坎水本在下，然坎中真火恒欲奔上而就己，全赖中间真土为之调停。故曰：“阴在上，阳下奔。”此言水火既济，大药将产之候。药在炉中，全仗火煅。然火候有武有文，武火主烹炼，文火主沐浴，二用天渊迥别。子时为阴之尾、阳之首，宜进火而退水；午时为阳之尾、阴之首，宜进水而退火，俱用武火。惟中间卯酉二时，当沐浴之会，独用文火。一首一尾，平分坎离，调和两家，不离中间真土，故曰：“首尾武，中间文。”冬至一阳初动，实为六阳之始，静极生动，有“七日来复”之象，故曰“始七十”；夏至一阴初静，驯致六阴之终，动极归静，有自朔讫晦一周之象，故曰“终三旬”。始须野战，终则守城，俱是武火用事，即所谓“首尾武”也。三百六十日，实应周天之度。七十三旬，首尾除去百日，其余二百六十日，以二百日中分阴阳，一子一午，应冬夏二至，并一首一尾，合成三百日，恰当十月胎圆之期，中间尚余六十日，恰当卯酉两月，一卯一酉，应春秋二分，是为沐浴之候，故曰：“二百六，善调匀。”调匀者，不寒不暑，温温然。调和得中，即所谓“中间文”也。要知武火烹炼，在一南一北之交入；文火沐浴，全在中宫内守，念不可起，意不可散，火候妙诀，只在片刻中。紫阳真人云：“火候不用时，冬至不在子。及其沐浴法，卯酉特虚比。”此之谓也。

阴火白，黄芽铅。两七聚，辅翼人。瞻理脑，定升玄。子处中，得安存。来去游，不出门。渐成大，情性纯。却归一，还本原。

此节言金丹初结，炉中温养之功也。离中真汞，是为阴火，却从乾金匡廓中化出，白中有黑之象也，故曰“阴火白”；坎中真铅，是为黄芽，却从坤土胞胎中迸出，铅中产金之象也，故曰“黄芽铅”。七者，火之成数，离中流珠，即称“阴火”；坎中黄芽，便称“阳火”。两火会聚，含育神室中真人，若辅弼羽翼然，故曰：“两七聚，辅翼人。”大药初生，产在坤炉，及其时至机动，却须上升乾鼎。乾鼎，在天谷脑户中，为百脉总会之窍，丹经所谓“若要不老，还精补脑”是也。药生之时，须用真意以采之，徘徊上视，送之以神，令其直升天谷，故曰：“瞻理脑，定升玄。”真种既升天谷，旋降黄庭，具体而微，状若赤子，安处黄庭之中，优游自在，一得永得，故曰：“子处中，得安存。”赤子安处鼎中，环匝关闭，本无去来，亦无出入，即使出入，亦不离元牝之门，故曰：“来去游，不出门。”其初只一黍之珠，温养既足，渐渐从微至著，充满长大，情返为性，纯粹以精，故曰：“渐成大，情性纯。”此点真种，原从太极中来，自一分为二，遂成两物，二分为三，遂成三家，又分而为四象、五行、八卦、九宫之类，此降本流末，顺而生物之道也；今者两物交并，会三为一，以至四象、五行、八卦、九宫之类，无不复归于一，此反本还原，逆则成丹之道也。故曰：“却归一，还本原。”此“一”字，可以贯通三教。太上云：“得其一，万事毕。”

《黄庭经》云："五行相推返归一。"以至孔子所谓"一以贯之"，释迦所谓"万法归一"，总是这个。

此段俱是"守中抱一，深根固蒂"宗旨。盖谓鼎中有宝，便不可阙此一段温养工夫。

善爱敬，如君臣。至一周，甚辛勤。密防护，莫迷昏。途路远，复幽玄。若达此，会乾坤。刀圭沾，净魄魂。得长生，居仙村。

此节言防危虑险之功也。先天祖炁为君，后天精炁为臣。鼎中既得先天一炁，却借后天精炁乳哺而环卫之，譬之臣既敬君，君亦爱臣，君臣之间，相得无间，故曰："善爱敬，如君臣。"丹道以九转功完为一周，十月结胎，三年乳哺，其间运用抽添，纤毫不可怠玩，故曰："至一周，甚辛勤。"元神既存丹扃，当以真意守之，密密隄防护持，须臾不可离。若真意一离本也，恐有昏迷走失之患，故曰："密防护，莫迷昏。"元神不疾而速，不行而至，上天入地，只在顷刻间，却又杳冥恍惚，无迹可求，故曰："途路远，复幽玄。"丹道有两般作用：以金丹而言，坎离一交，真种便得；若以还丹而言，必须炼精化炁，炼炁化神，重安炉鼎，再造乾坤，向上更有事在。故曰："若达此，会乾坤。"一黍之药，号为刀圭。刀圭才沾入口，阴魄尽消，阳魂亦冥，故曰："刀圭沾，净魄魂。"即上篇所谓"体死忘魂魄，刀圭最为神"也。魂魄既净，我之元性，卓然独存，不随劫火飘荡，形寄尘埃之中，神居太虚之境矣，故曰："得长生，居仙村。"

此段俱言防护慎密之意，与前段温养工夫，联如贯珠。

乐道者，寻其根。审五行，定铢分。谛思之，不须论。深藏守，莫传文。御白鹤，驾龙鳞。游太虚，谒仙君。录天图，号真人。

此节言脱胎神化之验也。道有其根，只在抱一，老子所谓"归根复命"是也。世人一切，在枝叶上搜求，离根愈甚，去道转遥，故曰："乐道者，寻其根。"造化之妙，不出五行。五行有顺、有逆，顺则成凡，世间之造化也，逆则成圣，出世之造化也。然五行颠倒之旨，最为玄奥，若铢两分数一错，定不结丹，故曰："审五行，定铢分。"丹道之秘，全在火候，从上圣师，必须心心密印。学道之士，但可心存，不得形之于口；但可默契，不得著之于文。故曰：

“谛思之，不须论。深藏守，莫传文。”火候已足，圣胎已圆，脱胎弃壳之时，或驾白鹤，或乘火龙，翱翔太虚之表，觐礼三境至尊，从此膺箓受图，位证大罗天仙，而有真人之号矣。虽然此非外象，实内景也。龙鹤，即自己元炁；太虚，即自己元窍；仙君，即自己元神；天图，即浩劫以来，混洞赤文；真人，即未生以前，本来面目。《金刚经》云：“凡所有相，皆是虚妄。若见诸相非相，即见如来。”释教所谓如来，即吾道所谓真人也。学道之士，但识取真人面目，一切名象，俱可存而不论矣。然真人之义有二，在凡夫分上，谓之法身，人人具足；在圣人分上，谓之报身，惟证乃知。究竟圣人所证之报身，即凡夫具足之法身也。虽则人人具足，只因不肯直下承当，遂致浪死虚生，轮转六道，岂得委咎于造物乎？

此章虽陈鼎炉妙用，而药物火候，全具其中，乃金丹三要总结也。然必合下章观之，方尽《三相类》之妙。

火候全功章第三十三

此章以周天法象，喻火候之全功。虽云火候，而炉鼎药物，悉具其中，乃《参同契》全书之乱辞也。盖此书前二篇中御政、养性、伏食，各分三段，寓炉鼎、药物、火候在内。但恐文义散见迭出，终病于未圆，故魏公作“圆三五”章以束之。然圆三五章中，多说金丹作用、温养保聚之功，其于还丹作用，交姤煅炼之象，尚未悉备，故紧接此章，以足其意。

法象莫大乎天地兮，玄沟数万里。河鼓临星纪兮，人民皆惊骇。晷影妄前却兮，九年被凶咎。皇上览视之兮，王者退自改。关键有低昂兮，害气遂奔走。江淮之枯竭兮，水流注于海。

此节言火候之功，效法天地，不可不戒慎也。前章敷陈炉鼎法象，既以乾鼎法天，坤炉象地，可见人身全具一天地。天地，即我一大炉鼎也，其中造化之妙，无不合同。天之极上处，距地之极下处，八万四千里。天中河汉为玄沟，起自丑寅尾箕之间，直到午未星柳之分，界断天盘，不知其几万里。以吾身拟之，天关地轴，相去亦八万四千里，中间即是玄沟，界断上下，有金木间隔之象，故曰："法象莫大乎天地兮，玄沟数万里。"河鼓共三星，中为大将军，左为左将军，右为右将军，有芒角主军，鼓声音在牛宿之北，正枕天河星纪，是十二辰中丑位，即河汉所经也。河鼓本非丑分之星，今越次临于星纪，则是河汉之内，星宿错乱，水害将兴，未免可惊可骇。吾身子丑之交，正当阳火发生之地，若时未到而妄动，则周身精气奔骇，百脉俱乱，岂非人民惊骇之象乎？故曰："河鼓临星纪兮，人民皆惊骇。"晷影本属日影，此借言天星进退之度。在身中，则进火、退火漏刻也。进火为前，退火为却，不当前而妄前，不当却而妄却，非太过，即不及，即如二至二分，不应漏刻而召水旱之灾矣。据上文，"河鼓临星纪"，是进火失度，以致水灾，尧有九年之水，故曰："晷影妄前却兮，九年被凶咎。"九年，正应九转法象。进火失度，一转既差，九转俱失，岂非莫大凶咎乎？皇上，指上帝；王者，指人主。览视之者，昭视其戒于人主。盖以天变相儆[①]，即上文所谓"凶咎"也。退自改者，改其前却之失，而进退合度也。盖皇上，喻先天之性；王者，喻后天之心，其体则一，其用则二。盖性主无为，寂然不动，安处神室；心主有作，感而即通，斡运天经。如此则火候之进退，罔不中节矣，故曰："皇上览视之兮，王者退自改。"天道关键，全在南北二极，北极出地三十六度，南极入地三十六度，一低一昂之象，周天璇玑，昼夜不停。南北二极，虽主运旋，而常不离其所，是以经纬顺序，害气不生。吾身天关地轴，一低一昂，正应南北二极，运火之时，须要关键牢密，是为天关在手，地轴由心，到此周身阴气，自然剥落无余矣，故曰："关键有低昂兮，害气遂奔走。"天一生水，弥漫大地，赖有巨海，为之归宿，方免泛滥之灾。凡人一身内外，莫非阴滓，即众水所流注也。昆仑之巅，有元海焉，为众水之所朝宗。惟南北二极，关键既密，促百脉以归元，自然氶归元海，若河淮之朝宗于海，而不至泛滥矣，故曰："河淮之枯竭兮，水流注于海。"此段首以天上玄沟，喻炉鼎之法象；继以天星行度，喻火候之准则。失度，则召洪水之灾；得宜，则获归元之庆。一得一失，火候于是可准，乃通章挈领处。

天地之雌雄兮，徘徊子与午。寅申阴阳祖兮，出入复终始。循斗而招摇

① 儆，底本作"敞"，据校本改。

兮，执衡定元纪。

此节言坎离交姤，配合之法象也。子为六阳之首，应乎冬至，午为六阴之首，应乎夏至，子午二候，一阴一阳，南北互为纲纪，正水火交会之地，日月到此，必徘徊而不遽进退。所以太阳当中天，古人谓之“停午”，即徘徊之意也。丹道水火升降，只在子午二候。坎中真火上升，一阳初复，阳炁尚微，宜闭关以养潜龙之萌；离中真水下降，一阴来姤，阴炁初萌，宜系柅以防履霜之渐。造化之妙，全在午后子前，亦当以真意徘徊其间，故曰：“天地之雌雄兮，徘徊子与午。”阳火虽胎在子，到寅方生；阴水虽胎在午，到申方生。太阳得火之精，故出于寅，而没于申。太阴得水之精，故出于申，而没于寅。可见寅、申，是阴阳之祖乡，造化出入之门户也。丹道亦然，坎中一阳，虽复于子，直到寅位，真火才得出地；离中一阴，虽姤于午，直到申位，真水才得长生。一出一入，终而复始，方见真阴、真阳，同出异名之宗祖，故曰：“寅申阴阳祖兮，出入复终始。”招摇一星，在梗河之北，有芒角，芒角一动，便主兵革。北斗第五星，名衡，即斗柄也，主布政天中，临制四方，或指子午，或指寅申，以定木金水火之位，以分春秋冬夏之时。招摇本不妄动，惟循斗杓而动，则动必应时，不失其纪。丹道法天，全仗天心斡运，斗柄推迁，天心居北极之中，兀然不动，惟视斗杓所指。斗杓指于子午，则水火为之徘徊；指于寅申，则金木于是交并。亦犹招摇之循斗而动，以定周天之纲纪也，故曰：“循斗而招摇兮，执衡定元纪。”

此段言水火之所以交，金木之所以并，全仗斗柄斡旋，盖坎离交姤之初功也。坎离配合，真种乃生，至一阳初动，斗柄建子，然后可加烹炼之功矣。

升熬于甑山兮，炎火张设下。白虎倡导前兮，苍液和于后。朱雀翱翔戏兮，飞扬色五采。遭遇罗网施兮，压之不得举。嗷嗷声甚悲兮，婴儿之慕母。颠倒就汤镬兮，摧折伤毛羽。漏刻未过半兮，龙鳞狎鬣起。五色象炫耀兮，变化无常主。潏潏鼎沸驰兮，暴涌不休止。接连重叠累兮，犬牙相错距。形似仲冬冰兮，阑干吐钟乳。崔巍而杂厕兮，交积相支拄。阴阳得其配兮，淡泊而相守。

此节言乾坤交姤，煅炼之法象也。前面坎离交姤，真种已生，再加配合之功，金丹大药，养在坤炉中，故谓之“熬”，即上篇所谓“熬枢”也。炉中温养已足，一阳初动，正子时到，急发火以应之，必须猛烹极炼，加以吸、舐、撮、闭之功，逼出炉中金液，令之上升，趁此火力，驾动河车，自尾闾穴，逆流上昆仑顶，有“升熬甑山”之象。《翠虚篇》云：“子时气到尾闾关，夹脊河车透甑山。”此之谓也。故曰：“升熬于甑山兮，炎火张设下。”西方金精，为白虎；东方木液，为苍龙。龙阳主倡，虎阴主和，今者虎转在前作倡，龙转在后作和，此皆“五行逆旋，阴阳颠倒”之象，故曰：“白虎倡导前兮，苍液和于后。”此乃大交时，塞兑闭户，吹音吸神作用，与前面坎离交姤迥别，细辨之。朱雀，是南方火精，位镇离宫，即上文所云“炎火”也，其性飞扬不定，一遇前尘，幻色相感，即翱翔而去，不可控制，故曰：“朱雀翱翔戏兮，飞扬色五采。”朱雀本性，极其飞扬飘举，一切不能制之，惟一见北方玄武，方才束手受制。乾坤交姤之时，火从下升，水从上降，玄武擒定朱雀，互相钤束，抵死不放，如遭罗网压住，不能举翼矣，故曰：“遭遇罗网施兮，压之不得举。”火本炎上之物，一时被水压住，其性情急欲升腾，有如失母婴儿，悲鸣哀慕，其声嗷嗷，故曰：“嗷嗷声甚悲兮，婴儿之慕母。”火腾水降，主宾颠倒，朱雀之与玄武，相吞相啗，一时闭在鼎中，无由复出，譬若毛羽摧折，永不复飞扬矣，故曰：“颠倒就汤镬兮，摧折伤毛羽。”水火既相擒制，龙虎亦必降伏，金木水火四象，攒聚鼎中，固济不泄，只消片刻之间，结而成丹。鼎中既备五行之气，变化自生，如神龙行空，鳞动鬣扬，五色炫燿，变化之象，不可名状，故曰：“漏刻未过半兮，龙鳞狎鬣起。五色象炫耀兮，变化无常主。”当其升熬于鼎之际，龙争虎斗，撼动乾坤，霎时金晶贯顶，银浪滔天，若甑中蒸饭将熟，鼎内之水，百沸不休，滂沱四涌，故曰：“潏潏鼎沸驰兮，暴涌不休止。”正当沸驰不止，再加火力以足之，接连重叠，相继薰蒸，直到火足气圆，鼎中真炁，自然絪缊充满，若犬牙之相错矣，故曰：“接连重叠累兮，犬牙相错距。”交姤既毕，金鼎汤温，玉炉火散，一点落于黄庭，先液而后凝，渐凝渐结，凝而至坚，有如仲冬之冰，又如阑干石中迸出钟乳，故曰：“形似仲冬冰兮，阑干吐钟乳。”鼎中真液，一炁循环，轻清者凝于泥丸，重浊者归于炁穴，有“崔巍杂厕”之象；真种既凝，无质生质，有“交积支拄”之象。故曰：“崔巍而杂厕兮，交积相支拄。”以上俱一时得药成丹法象。盖因乾坤大交之时，真阴、真阳，匹配无差，故有如上之证验也。从此罢战守城，全用文火，勿忘勿助，静守中黄，所谓“送归土釜牢封固”是也，故曰：“阴阳得其配兮，淡泊而相守。”此段是“乾坤交姤”一时事，前面言煅炼之法，中间言结聚之象，末了言温养之功，乃是通章关键处。

青龙处房六兮，春华震东卯。白虎在昴七兮，秋芒兑西酉。朱雀在张二兮，正阳离南午。三者俱来朝兮，家属为亲侣。本之但二物兮，末乃为三五。三五并为一兮，都集归一所。治之如上科兮，日数亦取甫。先白而后黄兮，赤色达表里。名曰第一鼎兮，食如大黍米。

此节言四象五行并而归一，乃结丹之法象也。前面大交之时，青龙、白虎、朱雀三家，俱颠倒逆旋，此则复还其本位矣。青龙本位在东，东方房宿属木，数应八，而云房六者，盖六为水之成数，木生在亥，木液原从坎水中流出，即《入药镜》所云“铅龙”也。东方之龙，于时为春，于卦为震，于辰为卯，木旺在卯，草木发而为华，故曰：“青龙处房六兮，春华震东卯。”白虎本位在西，西方昴宿属金，数应九，而云昴七者，盖七为火之成数，金生在巳，金精原从离火中煅出，即《入药镜》所谓“汞虎”也。西方之虎，于时为秋，于卦为兑，于辰为酉，金旺在酉，谷实结而生芒，故曰：“白虎在昴七兮，秋芒兑西酉。”朱雀正位在南，南方张宿属火，二即火之生数也。南方朱雀，于时为夏，于卦为离，于辰为午，火旺在午，能燔木而镕金，故曰：“朱雀在张二兮，正阳离南午。”交会之时，一东、一西、一南，俱来朝拱天心北极，三家会成一家，异骨成亲，忻乐太平，故曰：“三者俱来朝兮，家属为亲侣。”此处木、金、火三象，正与前段相应。前后俱不及玄武者，盖玄武本位在北，上直斗枢，三者既朝拱北极，则玄武在其中矣，即中篇“九还七返、八归六居”之意也。本是真阴、真阳相配，然一龙一虎，并南方之火，便成三家，木与火为侣，金与水为朋，并中央之土，便成五行。究其根株，只是两物，化出枝条，乃为三家，为五行，合成三五十五之数，故曰：“本之但二物兮，末乃为三五。”其初自本而之末，原从一个根株上化出，一分为二，二分为三，三分为五，是谓常道之顺；其究自末而返本，还从一个根株收来，五返为三，三返为二，二返为一，是为丹道之逆，故曰：“三五并为一兮，都集归一所。”并为一者，一是先天一炁，指真种也。归一所者，所是中央正位，指黄庭也。三五为一，乃是从上圣师，心心相印，如科条之不可违，依此修治，决定成丹。但非一日之功，日积月累，方得成就，仍取第一转时，最初一点真种为根基，故曰："治之如上科兮，日数亦取甫。"日数者，三载伏食之功；甫者，始也，指第一转起手处。丹之初结，本是乾金，更加种在乾宫，其色纯白，及至落到黄庭，送归土釜，以坤母之气含育之，渐渐变成黄色，彻始彻终，取南方离火煅炼而成，其色赫然而赤，乃称还丹，故曰："先白而后黄兮，赤色达表里。"丹以一转应一鼎，九鼎应九转。然一转之中，即具九转，故九鼎之功，全在第一鼎。乾坤交姤之后，加以沐浴温养，鼎中黍珠自结矣。《度人经》云："元始悬一宝珠，大如黍米，在空元之中，天人仰看，惟见勃勃，从珠口中入。"即此旨也。故曰："名曰第一鼎兮，食如大黍米。"此段言四象五行，并而归一，乃结丹之证验。

自然之所为兮，非有邪伪道。山泽气相蒸兮，兴云而为雨。泥竭遂成尘兮，火灭化为土。若蘗染为黄兮，似蓝成绿组。皮革煮成胶兮，曲蘗化为酒。同类易施工兮，非种难为巧。

此节言还丹成功，本出自然之道也。如上交姤结丹，一切作用，总是真阴、真阳自相匹配，以返我先天虚无一炁耳。虽云有作，实则无为，俱出天机自然。非若旁门小术，搬运采补，种种捏怪，以欺世而惑众，即太上所谓"道法自然"也，故曰："自然之所为兮，非有邪伪道。"丹道自然之妙，与造化人事，无不合符。二气交感薰蒸，化成真液，犹之山泽通气，自然蒸而为云，洽而为雨，故曰："山泽气相蒸兮，兴云而为雨。"泥性重滞，似与尘非类，及乎暴干枯竭，自然化而为尘矣；火性飞扬，似与土非类，及乎烟消熠冷，自然化而为土矣。至如蘗色本黄，染采自然成黄；蓝色本绿，染组自然成绿。皮革者，胶之所自出，自然煮而成胶；曲蘗者，酒之所藏，自然酿而成酒。此皆系同类之物，各归其元，故功化自然，不犯纤毫造作。还丹亦然，坎中真火，本出于乾，其性恒欲上归于乾；离中真水，本出于坤，其性恒欲下归于坤。且龙吟则云自起，虎啸则风自生，二气相感，各从其类，安得不灵？所谓"欲作伏食仙，宜以同类"者，岂孤阴寡阳、一切非类者，可比哉？故曰："同类易施工兮，非种难为巧。"此段言丹道成功之由，只在"自然"二字，其自然之妙，又只在"同类"二字。惟真种本来同类，故交感出于自然，不可不知。

惟斯之妙术兮，审谛不诳语。传与亿世后兮，昭然自可考。焕若星经汉兮，昺如水宗海。思之务令熟兮，反覆视上下。千周灿彬彬兮，万遍将可睹。神明忽告人兮，心灵乍可悟。探端索其绪兮，必得其门户。天道无适莫兮，常传于贤者。（此章世本误在“圆三五”之前，失其次序。今特正之。）

此节乃通章之结尾也。言此同类相求，自然交感之妙道，系从上圣师心印，潜行密证，并无一字虚设，故曰：“惟斯之妙术兮，审谛不诳语。”大道无古今，无前后，千百世以上，千百世以下，此心此理，无不合同，读其书，即如亲见其人，故曰：“传与亿世后兮，昭然自可考。”火候之秘，备载此书。在天应星，如众星之经历河汉；在地应潮，如众水之朝宗大海。毫发不差，涓滴无漏，故曰：“焕若星经汉兮，昺如水宗海。”此两句，又与上文“河鼓星纪”“河淮注海”等句遥应。篇中火候，学者不但口诵，须要心惟；不但心惟，须要身体。身中阳火、阴符，时时周流反覆，刻刻升降上下，惟不视以目而视以神，斯得之矣，故曰：“思之务令熟兮，反覆视上下。”上下反覆，循环不停，始于一周，究竟直到千周；始于一遍，究竟直到万遍。所谓常转如是，经千百亿卷，非但一卷、两卷是也，故曰：“千周灿彬彬兮，万遍将可睹。”管子曰：“思之思之，又重思之；思之不得，鬼神将通之。”寻常参究之功，皆当如是，矧此火记灵文，不视以目而视以神乎？千周万遍之余，心灵忽尔开悟，慧性自然朗彻，世出、世间之事，无不洞明，若鬼神之来告矣，故曰：“神明忽告人兮，心灵乍自[①]悟。”金丹大道，有端有绪，有门有户，真阴、真阳，同类相感，此其端绪也；坎离会而产药，乾坤交而结丹，一内一外，两般作用，此其门户也。后学能探之索之，端绪既得，庶可以窥大道之门户矣，故曰：“探端索其绪兮，必得其门户。”此处“门户”二字，正与第一章“乾坤者，易之门户”，首尾相应。此事本人人俱足，个个圆成，然大道万劫一传，必须择人而授。遇人不传，有闭天道之愆；传非其人，又有泄天宝之谴。必也忠孝净明，仁慈刚直之士，更能割舍世间恩爱，摆脱一切尘劳，才承当得此道起，所谓“有圣贤之心，方可行神仙之事”也，故曰：“天道无适莫兮，常传于贤者。”仙翁既备述火候之要，篇中叮咛[②]反覆，惓惓于择人而授，乃见至广至慎之心矣。

---

① 自，《参同契》正文作“可”。

② 叮咛，底本作“丁宁”，校者改。

此章虽述火候法象，实所以结括全书。盖前章是全书总结，此则其乱辞也。二章首尾相足，御政、养性、伏食三家要旨，悉在其中，段段可以印证，正所谓“三相类”也，明眼者自当知之。

三道由一章第三十四

此章言御政、养性、伏食，三者殊途同归，本出一道也。

《参同契》者，敷陈梗概。不能纯一，泛滥而说。纤微未备，阙略仿佛。今更撰录，补塞遗脱。润色幽深，钩援相逮。旨意等齐，所趋不悖。故复作此，命《三相类》，则大易之情性尽矣。

此言三道由一之原委也。《参同契》一书，原本《河》《洛》，敷陈羲象。盖示人以先天心易也，然必本黄老宗旨，假炉火法象，三家相参，同归于一，方契尽性至命之大道。但前两篇于一道中，凿然分出三家，未免文义参差，纲宗隐覆。所以复作下篇，特发相类之意，即“炉鼎妙用”“火候全功”两章，已通其条贯矣。三道由一之旨，尚未剖露，魏公复言《参同契》中，前两篇正文，不过敷陈梗概，未能纯一，且多泛滥之辞，而纤微旨趣，往往阙略未备，此补塞遗脱之章，所以不能已于撰录也。故于前面正文中，幽深者，润色之；散布者，钩援之，庶乎三家宗旨归于一，而趋向不至于悖谬耳。然则御政也、养性也、伏食也，总括之，则曰“三相类”；一言以蔽之，则曰“大易性情”而已。盖日月为易，只是坎离二物，一阴一阳，一性一情，究不过“身心”两字。更能以中黄真意，和合身心，两者归中，便足冒天下之道。黄老之所养，养此而已；炉火之所炼，炼此而已。此其所以为《三相类》也，此《三相类》之所以为《参同契》也。观“炉鼎”章中，但言炉鼎，而药物、火候，已自毕举；“火候”章中，但言火候，而药物、炉鼎，亦复全该。即知《三相类》之大旨矣。

大易情性，各如其度。黄老用究，较而可御。炉火之事，真有所据。三道由一，俱出径路。枝茎花叶，果实垂布。正在根株，不失其素。诚心所言，审而不误。

此节正言三道之归于一也。世人但见《参同契》中篇分三段，界开御政、养性、伏食，便以为真有此三家。说到大《易》，便认作常道阴阳，流入采补；说到养性，却认做肉团身心，泥定存守；说到炉火，又认做伏砂干汞，流入烧炼。三家相执，各不相通，真是万古长夜，一部《参同契》，沉埋九地，不见天日者，千四五百年矣。天不爱道，今为剖而明之，所谓“大易性情”，正指坎离二物也。日月为易，真精互藏，“情性”二字，即一金一木也，一水一火也，一魂一魄也，一龙一虎也，一男一女也，其实则一身一心也。身心两者，天然配合，打成一片，岂非金丹之药物乎？故曰：“大易情性，各如其度。”所云黄老养性，似言黄帝、老子清净无为之旨。不知头有九宫，黄庭在中，为中央黄老君之所居，《黄庭经》云“中部老君治明堂”是也。黄庭，即系“中黄正位”，或名“神德居”，或名“道舍庐”，或名“大渊”，或名“规中”，大约是先天祖窍。识得祖窍，元神方有所归，便知养性之用，其用全赖真意。得此真意，和合身心，把柄在手，岂非金丹之炉鼎乎？故曰：“黄老用究，较而可御。”至于炉火之事，假外象以喻内功也。药物既入炉中，即当用火煅炼，或配之为龙虎，或配之为汞铅，或配之为流珠、金华、黄芽、姹女，种种异名，仍是身心两物。以两物相制而言，谓之“伏”；以两物交并而言，谓之“食”。仍是以真意和合身心耳，一伏一食，乃成金丹。炉火之事，其理确然可据，岂非金丹之火候乎？故曰：“炉火之事，真有所据。”有药物，不可无鼎炉；有鼎炉，不可无火候。三者本同条共贯，举其一，即三者全具，虽分三段，其用未尝不合。要知篇中所举药物，种种异名，即一物也；炉鼎种种异名，即一处也；火候种种异名，即一时也。若明此一物，方知蠢动含灵，总是一物；若明此一处，方知山河大地，总在一处；若明此一时，方知元会运世，只此一时。盖一物，即一处；一处，即一时；一时，即一物也。此之谓会三归一，此之谓“得其一，万事毕”。故曰：“三道由一，俱出径路。”本来原是一道，析之却成三条，譬如草木之类，至春而抽茎发枝，至夏而开花布叶，至秋而结果成实，究其发生之源，只在一点根株，直到穷冬之际，剥落归根，方显硕果生生之妙，故曰：“枝茎华叶，果实垂布。正在根株，不失其素。”素，即太素之素，返本还原之意也。夫由一道，发为三条，有枝、茎、花、果之象，即所谓“露见枝条”也；由三条复归一道，有“正在根株”之象，即所谓“隐藏本根”也。前两篇各分三段，虽似枝条，然根株之一，未尝不贯其中。但言者，即出一片诚心，读者必须再三详审，直到万遍千周，神明忽告，方知三道之果出于一，庶不为旁门所赚误耳，故曰:“诚心所言，审而不误。”此章是《三相类》之关键处，魏公恐人错认一道为三条，又恐人错认三条不是一道，特为指出，直截根源，归重“正在根株”二句。究竟根株，是何物？一阳初动，见天地心，造化之妙，具在其中。此三道之所以殊途同归，而《参同契》之“一言可蔽”者也，故紧接“象彼仲冬节”章。

按：世本此章，有《五相类图》，牵合《河图》，五位相得，而各有合，起于彭晓，诸家因之，牢不可破。细推魏公此章本旨，明明说御政、养性、伏食，三道由一，乃三相类，非五相类也。盖东三南二合成一家，北一西四合成一家，中央五十自成一家。举三相类，则五位相得有合之妙，已在其中矣，何必添蛇足乎？矧三道由一，不但贯彻前后数章，实系全书关键所在，岂更有别义可搀入乎？且其所谓浮左沉右、世金世银等说，一切傅会，流入炉火旁门，与全书大义相背之极。其于前后血脉，尤为不贯，参校古本，并无此图，乃知是彭晓杜撰添入，非魏公本文也，特削之。

四象归根章第三十五

象彼仲冬节，草木皆摧伤。佐阳诘商旅，人君深自藏。象时顺节令，闭口不用谈。天道甚浩荡，太元无形容。虚寂不可睹，匡廓以消亡。谬误失事绪，言还自败伤。别序斯四象，以晓后生盲。

此节言四象混合，复归无极，直示人以无上至真之道也。世人但知后天四象，不知有先天四象。乾、坤、坎、离，便是后天四象；四者混沌，复返虚无，方是先天四象。后天四象，有形有名，言之可得而尽也，正所谓“枝茎华叶”也；先天四象，无形无名，言之所不得而尽也，正所谓“根株”也。一部《参同契》，处处发挥乾、坤、坎、离，几于尽言尽意矣。魏公恐人登枝亡本，故于篇末，特示人以无文之言，无象之意，从上章“正在根株，不失其素”来。盖世间一切草木，枝茎长于初春，花叶敷于盛夏，果实结于正秋，三者虽具，尚未归根。直到仲冬之时，天地闭塞，重阴冱寒，所有枝茎花果之类，剥落无余，但剩一根株耳。在造化为藏用之会，在吾身即“归根复命”之时也，故曰：“象彼仲冬节，草木皆摧伤。”一阳初动，万物未生，虽动而未离乎静，邵子所谓“一动一静之间，天地人之至妙至妙”者也。此时一点天地之心，深藏九渊，关键牢密，内者不出，外者不入，即“至日闭关，商旅不行，后不省方”之象，故曰：“佐阳诘商旅，人君深自藏。”商旅驰逐喜动，喻耳目之发用；人君端拱无为，喻真人之退藏。真人潜处深渊，不出不入，一切驰求之念，永息而不复起，若商旅之被诘，而不敢行矣。闭关之象，所以应冬至之时，虽动而不离乎静，顺其节令之自然也。此时但当闭塞其兑，抱一守中，岂可犯“多言数穷”之戒乎？故曰：“象时顺节令，闭口不用谈。”金丹大道，与天道同其造化，天道有元亨利贞，循环无端，浩浩渊渊，莫可穷究。元亨主发育，为造化之出机，所谓“显诸仁”者也；利贞主归藏，为造化之入机，所谓“藏诸用”也。当其归藏之时，上无复色，下无复渊，迎之无首，随之无尾，所谓“玄冥难测，不可画图”者也，故曰：“天道甚浩荡，太元无形容。”天地为太虚之真胎，日月为太虚之真息，时当仲冬亥子之交，天地媾精，日月撢持，日月之真息，藏于天地真胎中，不可见，不可闻，璇玑停轮，复返混沌。此时，也无天，也无地，也无日，也无月，也无乾坤门户，也无坎离匡廓，消归一片太虚，是为真空，是为妙有，是为羲皇未画之《易》，是为老子“无名”之道，是为“上天之载，无声无臭”，是为“威音以前，本来面目”，故曰：“虚寂不可睹，匡廓以消亡。”夫混沌中之天地，即一乾一坤也；混沌中之日月，即一坎一离也。无象之象，乃是真象；无言之言，乃是至言。明眼者，从此参取先天心易，直可不设一象，不烦一言矣。然此道，惟上根利器，触着便会，其余中下之流，但知有象之《易》，岂知无象之《易》乎？但知有形有名之乾、坤、坎、离，岂知无形无名之乾、坤、坎、离乎？若闭口不谈，诚恐笼统颟顸，以致差别未明、作用未究，令后学一切谬误，何所证据？若妄生支节，又恐头上安头，骑驴觅驴，令后学一切穿凿，未免反伤其根本，故曰：“谬误失事绪，言还自败伤。”于此反覆思维，不得已而篇分三段，段分各章，分别而次序之曰：此“乾坤门户”也，此“坎离匡廓”也，此“乾坤炉鼎”也，此“坎离药物”也，此所谓“大易性情”也。会而通之，则黄老之所养，亦此乾、坤、坎、离也；炉火之所炼，亦此乾、坤、坎、离也。无非为盲夫指路，费尽周折。若为明眼者说，不烦种种分别矣，故曰：“别序斯四象，以晓后生盲。”然既云“四象”，即非“根株”矣；既云“别序”，即是根株之破而为枝茎花叶矣。岂若“混沌忘言”之为，至妙至妙哉？

此章是《参同契》中，最后叮咛之辞，极为吃紧。但从来谬误颇多，不可不辨。陈显微注本，移此一节在“太阳流珠”章，“子当右转，午乃东旋”之前，以下文子午卯酉应四象。俞玉吾注本，又移在“仲尼赞鸿蒙”章，“阳气索灭藏”之下，以下文七八九六应四象。殊不知，子午卯酉、七八九六，俱属后天有形有名之四象，与“深藏闭口”“匡廓消亡”之义有何干涉乎？陈观吾注本，序次庶不大差，却又连上“大易性情”为一章，不知上章明说三道，此章明说四象，文虽相承，义则迥别，岂可混而为一？诸公于文义章句，尚未融会，敢云得作者之意乎？盖《参同契》全文，无处不发明四象，然四象既有形、有名，已落第二义。恐后学采其枝叶，忘其根本，先天心易，几乎息矣！魏公故于绝笔之余，直指混沌归根，最上一乘之道，盖溯四象而归两仪，溯两仪而归太极，即太极而返无极也。或云“太玄”，或云“虚寂”，或云“深藏”，或云“匡廓消亡”，层见叠出，总是发明返本还原，未生以前消息。得此消息，方知笔未下时，原有一部《参同契》，在天地间。乾、坤、坎、离触处，昭布森列，开眼即见，闭眼亦未尝不见；倾耳即闻，塞耳亦未尝不闻。《道德经》所谓“有物混成，先天地生”者，此也;《系辞传》所谓“神无方而易无体”者，此也；邵子所谓“画前原有易”者，此也；周子所谓“太极本无极”者，此也。不特此也，仲尼一生删定赞修，不遗余力，却云:“予欲无言，天何言哉？”岂非“言还自败伤”之旨乎？释迦说法四十九年，却云“并未曾说一字”，末了传衣，只传得一个“拈花”公案，岂非“闭口不用谈”之意乎？又何疑于《参同契》乎？祖师著书立象，本欲晓后生之盲，无奈千四五百年来，书虽传而盲者如故，或妄援大易之阴阳而为采补，或错认黄老之养性而为独修，或傅会炉火之伏食而为烧炼，一盲引众盲，相将入火坑，纵遇真师指点，仍冥然不信，哀哉！祖师于绝笔之余，惓惓欲结舌忘言，盖逆知后世之多盲夫矣。此《参同》中，末后全提之句也，谁肯泄露到此？信乎，天不爱道矣。读者请具只眼，庶不空过。

自叙启后章第三十六

此章魏公自叙其作书之意，兼隐名以俟后世也。

郐国鄙夫，幽谷朽生。挟怀朴素，不乐权荣。栖迟僻陋，忽略利名。执守恬淡，希时安宁。晏然闲居，乃撰斯文。

此节魏公自言其隐处著书之意也。按《列仙传》：真人魏伯阳者，会稽上虞人也。世袭簪裾，惟公不仕，修真潜默，养志虚无，博瞻文辞，兼通纬候，恬淡守素，惟道是从，每视轩冕如糠粃焉。从阴长生真人，得受金丹大道，依法伏炼成真，乃约《周易》撰《参同契》三篇。

此处自叙一段，与《传》中所称引，大略仿佛，盖实录也。魏公本会稽人，而托言古郐国，殆亦隐文耳。

歌叙大易，三圣遗言。察其旨趣，一统共论。务在顺理，宣耀精神。神化流通，四海和平。表以为历，万世可循。序以御政，行之不烦。

此节言《参同契》一书，原本大《易》，即御政之旨也。盖《易》更三圣，画卦、系辞、作翼，无非示人以尽性致命之功。魏公察其旨趣之所在，外参造化，内印身心，统括而究论之，不出坎离二用。其体为性命，其用则为精神，性命之理既顺，精神之用方全，故曰："务在顺理，宣耀精神。"穷神知化，《易》之妙也。惟一故神，惟两故化，以此治心，则神化藏于中黄，而有通理之验；以此治世，则神化布于四海，而著和平之功。故曰："神化流通，四海和平。"子南午北，互为纲纪，建纬卯酉，璇玑循环，即历法之祖也，故曰："表以为历，万世可循。"君主无为，臣主有为，明堂布政，国无害道，即治世之准也，故曰："序以御政，行之不烦。"盖《易》道便是治道，治道便是丹道，内圣外王，一以贯之。此段专结御政宗旨，即所谓"大易性情，各如其度"也。

引内养性，黄老自然。含德之厚，归根返元。近在我心，不离己身。抱一毋舍，可以长存。

此节言养性自然之旨也。以外象言之，清净无为之道，本诸黄帝、老子；以内象言之，人身九宫之中，有丹扃黄庭，为中央黄老君之所治。内藏祖性，天真自然，所谓养性者，养此而已，故曰："引内养性，黄老自然。"祖性，即上德也，本来无丧无得，不减不增，学人若洞明此性，当下可以归根复命，返本还原，故曰："含德之厚，归根返元。"祖性本是一体，分为两用，便属身心二物。但心非肉团之心，即本来妙有中真空；身非四大之身，即本来真空中妙有。此两者，人人具足，一切修证，不离当体，故曰："近在我心，不离己身。"祖窍是真中，身心两家，会归祖窍，便是真一。人能守中抱一，须臾弗离，则长生久视之道得矣，故曰："抱一毋舍，可以长存。"此段专结养性宗旨，即所谓"黄老用究，较而可御"也。

配以伏食，雌雄设陈。挺除武都，八石弃捐。审用成物，世俗所珍。

此节言炉火伏食之旨也。以内象言之，本是真性、真命，一阴一阳之大道；以外象配之，喻为真铅、真汞，一雌一雄之两物。以魂魄相制而言，则谓之伏；以龙虎相吞而言，则谓之食。乃是金液还丹作用，迥非旁门所谓服食也，故曰："配以伏食，雌雄设陈。"世人闻说炉火，定猜作五金八石；闻说雌雄，定认作雌黄、雄黄。不知此皆有形有质、后天渣滓之物，真人所除弃而不用者也，故曰："挺除武都，八石弃捐。"既已弃捐矣，何故配以伏食？良以烧铅干汞，点铜成金，从来有此方术，世俗贵术而不贵道，往往于此极其珍重，祖师再三审度，知世俗所最珍重者，黄白之物，故借假说真，寓言金丹伏食之妙用，则信从者众矣，故曰："审用成物，世俗所珍。"武都，在凉州西数千里，产雌黄、雄黄。魏公言我之所谓"雌雄设陈"，非武都所产之物也。《悟真篇》云"休炼三黄及四神"，即此意。此段专结伏食功用，即所谓"炉火之事，真有所据"也。

罗列三条，枝茎相连。同出异名，皆由一门。非徒累句，谐偶斯文，殆有其真，砾硌可观。使予敷伪，却被赘愆。命《参同契》，微览其端。辞寡道大，后嗣宜遵。

此章总结三道由一，乃《参同契》之所以得名也。盖大易性情，隐藏坎离药物；黄老养性，隐藏中黄炉鼎；炉火伏食，隐藏煅炼火候。露其枝条，藏却根本。究而言之，即身、心、意之三家也，亦即精、气、神之三元也。枝茎虽列三条，根本实为一致，三家相见，便结圣胎；三元合一，便归太极。惟三者相参，金丹之作用乃备，故曰："罗列三条，枝茎相连。"然三条之中，举一即三，会三即一，处处合同，确然一贯，即太上所云"同出异名"，而为"众妙之门"者也，故曰："同出异名，皆由一门。"三条罗列，枝茎虽繁，然非抽黄对白，谐世俗之文辞也。实有至真之道，隐乎其中，外契造化，内契身心，天人性命之理，无不相印，若合符节，如璞玉之藏石中，剖出即现，故曰："殆有其真，砾硌可观。"若谓敷陈谬妄之辞，诳惑后学，此如附赘悬疣，岂不反被天谴？初心之所不敢出也。此书之成，特命之曰《参同契》者，正以三家相参，同出一门，乃契无上至真之妙道耳。学者能探厥端绪，方知其辞虽寡，其道甚大，尽性至命之道，毕出其中。后世法嗣，可不遵守之乎？此段特发《参同契》所以命名之意，所谓"三道由一，俱出径路"也。

委时去害，依托邱山。循游寥廓，与鬼为邻。化形而仙，沦寂无声，百世以下，遨游人间。敷陈羽翮，东西南倾。汤遭厄际，水旱隔并。柯叶萎黄，失其华荣。吉人乘负，安稳长生。

此节魏公于著书篇终，隐名以俟后世也。十六句中，离合成文，藏仙翁姓名在内。"委时去害"四句，合成"魏"字；"化形而仙"四句，合成"伯"字；"敷陈羽翮"四句，合成"阳"字；"柯叶萎黄"四句，合成"造"字。言《参同契》全文，乃魏伯阳所造也。仙翁本遁世之士，不欲自著其姓名，却又不肯尽晦，故为漫辞隐语，半藏半露，以庶几后人之我知。正犹一句根本，藏在三篇枝叶之中，含吐隐跃，以庶几后人之自悟耳。仙翁隐名之意，即前章"闭口不用谈"之意也。知其解者，旦暮遇之，初不得觌面蹉过。

上篇末章，有"吾不敢虚说，仿效圣人文"等句，中篇末章有"吾甚伤之""定录此文"等句，俱述著书垂训之意。语意尚未了，至于下篇末章，自叙启后，发明"三道由一"，乃《参同契》之所以作。上承先圣，下启后贤，为穷理、尽性、致命之准则，故知此章不特结三相类，实全书之总结也。

《参同契》一书，最不易读，盖其初以一句，分为三篇；其究以三篇，合为一句，而句本无句也。但分合之间，神奇变化，虽有离朱之目鲜不眩，师旷之聪鲜不聋矣。今得吾师，尽发其覆，正如千年暗室，一灯能照，岂非羲《易》之指南，而《参同》之慧炬哉！

悟真篇阐幽

北宗云阳道人朱元育　口授

弟子卜静渊、刘静源、潘静观　述

弟子许静笃　校

弟子庄骞　梓

序

嗟夫！人身难得，光景易迁，罔测修短，安逃业报？不自及早省，甘分待终，倘临期一念有差，立堕三途恶趣，动经尘劫，无有出期。此时，虽悔何及？故先圣设教，开方便门，教人了性命以脱生死。释氏以了性为宗，顿悟圆通，则直超彼岸，如习漏未尽，尚徇生趣；老氏以了命为本，得其枢要，则立跻圣位，如未明本性，犹滞幻形。稽之儒典，《周易》有“穷理尽性至命”之辞，《鲁论》有“毋意必固我”之训，此又仲尼极臻乎性命之奥也。至于庄生推穷逍遥之乐，孟子善养浩然之气，皆切近之矣。迨汉魏伯阳引《易》道，作《参同契》，以明大丹作用；唐忠国师于《语录》序老庄言，以显至道本末。岂非教虽分三，道乃归一乎？惜后世缁黄缝掖，各执专门，互相诋毁，遂令三家宗要，不能一致而同归矣。人但知道门主修命，不知修命之法，实分两途：有易遇而难成者，有难遇而易成者。如炼五芽之气，服七曜之光；注想按摩，纳清吐浊，存神闭息，补脑还精，以至服炼金石草木之类，皆易遇而难成者。又有取精气为二物，脏腑为五行，指心肾为坎离，肝肺为龙虎，不识浮沉，宁分主客？何异认他财为己物，呼别姓作亲儿？岂知金木相克之幽微，阴阳互用之奥妙？欲结还丹远矣。此所谓易遇而难成者也，不亦难乎？若夫难遇而易成者，其惟金液还丹乎？还丹之道，会三性于元宫，攒簇五行，和合四象，龙吟虎啸，夫唱妇随，玉鼎汤煎，金炉火炽，始得玄珠成象，太乙归真。都来片饷工夫，永保无穷逸乐。至若防危虑险，慎于运火抽添；养正持盈，要在守雌抱一，自然剥阴杀之形，返阳生之炁。直到节气既周，自然脱胎神化，名登仙籍，位证真人，此乃大丈夫功成名遂之时也。

仆幼而好道，涉猎三教，以至医卜战阵、天文地理之术，靡不留心。惟有金丹一道，阅尽群书，终不知坎离铅汞，是何着落；火候法度，是何指归。加以后世迷途，恣其臆说，将先圣教典，妄加笺注，不惟紊乱真诠，抑亦眩惑误后学。仆至道难逢，寝食不安，惶惶自愧。至熙宁己酉岁，随龙图陆公入成都，夙志不回，参求愈恪，遂感至人，得授还丹秘诀，其言甚是简要，指流知源，举一悟百，有如雾开日莹，尘净镜明，校之《周易》、丹经，若合符契。

既遇真诠，安敢隐覆？罄所得，成诗八十一首，号曰《悟真篇》，内七言四韵一十六首，以表二八之数；绝句六十四首，按《周易》卦数；五言一首，以象太乙之奇；续添西江月一十二首，以周岁律。又一首，以象闰月；绝句五首，以象五行。一切鼎器尊卑、药物斤两、火候进退，悉备其中。但恐立命之功，讨论已详，而于本源觉性，有所未究，遂援佛经，及《传灯录》，作歌颂诗曲杂言三十五首，附之篇末。盖性地廓彻，命功乃圆，无上至真之道，尽于此矣。若夫见末而知本，舍妄以从真，一闻千悟，是所望于同志者。

宋熙宁乙卯岁天台张伯端平叔自序

张真人本末

紫阳真人，姓张，天台缨络街人。先名伯端，字平叔，后改名用成。少时无书不学，肄业辟雍，累试不第。因玩佛书，忽生繁竹之感，顿悟无生，直超真空，清净性海。晚年浪迹云水，留心金丹之道，孜孜访问，遍历四方。熙宁中，龙图陆公铣镇成都，乃依以游蜀。于己酉，始遇青城丈人刘君，传金丹药物火候之秘，仍戒之曰："他日有与汝脱缰锁者，当直授之。"既而三传匪人，每罹灾患，乃深自悔责，遁世忘言。著《悟真篇》八十一章，尽述金丹之秘。其著书大旨，深嫉世之学者，各立专门，三教异流，不能究异派同源之理，故务在会通，方有补于大道，天下传诵之。元丰间，与刘奉真之徒广宣佛法，以无生留偈而入寂。奉真之徒，焚其遗蜕，获舍利千百，色皆绀碧。后七年，奉真到王屋山，复会仙翁如故，此又示其形神俱妙，性命两全之妙也。政和中，谒尚书黄君冕仲于延平。黄公素传容成之道，且酷嗜炉火，年加耄矣，语不契而去。既而使人寓书于黄，叙述甚异。平叔自谓与黄，皆紫微天官，号九皇真人，因校劫运之籍有误，遂谪于人间。今垣中可见者，六星而已，潜耀者三：平叔、冕仲、洎维扬于先生也。平叔曰紫阳真人，冕仲曰紫元真人，于公曰紫华真人。一时被谴官吏，皆已复于清都矣。今平叔又证上仙，独冕仲沉沦于宦海，当为人者凡十世，今九世矣。来世苟复背觉合尘，则沦坠异趣，无复升仙之期。平叔明叙仙契，力欲振拔，黄公竟不契而没，惟自号曰紫元翁而已。

石薛二真人纪略

紫贤真人，名式，字道源，一字道光，陕西鸡足山人也。尝为僧，云游长安，参开福寺长老修岩，岩示以道眼因缘，金鸡未鸣时，如何没这音响？又参僧如环。问："如何是超佛越祖之谈？"环曰："糊饼圆陀陀地。"参讯有年，一日闻桔槔有省悟，作颂曰："轧轧相从响发时，不从他得豁然知。桔槔说尽无生曲，井底泥蛇舞柘枝。"二老然之。自尔顿悟无上秘密圆明真实法要，机锋迅速，宗说兼通，积有年矣。一日，复悟如上皆这边事，辩论纵如悬河，不过是说禅谈道，尚未了手，遂有志金丹修命之道，竭力参访。

崇宁丙戌冬，寓郿县佛寺，适遇杏林道人石泰得之，时年八十五矣，绿发朱颜，夜事缝纫。紫贤密察焉，心窃异之，偶举张平叔诗句为问，石攫然曰："识斯人乎？吾师也。"因语其故，曰："平叔先生，旧名伯端，始于成都遇异人，授以丹诀，故名用成。后因妄传获天谴，触凤州太守怒，按以事，坐黥窜。经由邠境，会天大雪，与护送者俱饮酒村市。吾适村肆中，遂邀同席会饮。问其故，具以告。吾曰：'邠守，故人也，乐善忘势，不远百里。'平叔恳为先容，护送者亦许之。遂相与诣邠，一见获免。平叔德之曰：'此恩不报，岂人也哉？且吾师授记，有解缰脱锁者，方堪授道之谶，真其人矣。今将丹法传子，子可依之修炼以成道。'吾遂再拜，受付嘱焉。"

紫贤一闻是语已，即发信心，稽首皈依，请卒业大丹，得之悉以口诀授之，且戒之曰："此非有巨公外护，易生谤毁，可疾往通都大邑，依有德有力者图之。"紫贤遂弃僧伽黎，幅巾缝掖，来京师，混俗和光，方了此事。薛道成后，以丹法授陈楠翠虚，陈授白玉蟾紫清，总是南方人，并紫阳、杏林，共五代，所谓南宗五祖也。

悟真篇阐幽卷之上

《悟真篇》者，宋紫阳真人天台张平叔所撰也。紫阳出海蟾刘祖派下，为南宗第一祖，悯世人不知金丹大道，堕落旁门，特作此书，令学者穷理尽性，以至于命耳。此书源头，出自《阴符》《道德》两经，其作用则略仿《参同契》，大抵是恐泄天机，不敢直说，故有药物、炉鼎、火候之法象，有乾坤、坎离、龙虎、铅汞之寓言。奈何言之愈谆，世人愈加茫昧。孰知真者，即人人具足之真性命也。性命在先天，本来一体。在后天必须全修，大约有为之功，所以了命，无为之道，所以了性。性命俱了，适还其具足之本来，有为即无为，后天即先天也，所谓无上至真之道也。篇中种种法象寓言，迷之即一切皆妄，悟之即一切皆真。盖言真，则性命在其中；言悟，则穷理尽性，以至于命，悉在其中矣。书中大约分性命两宗，性宗是无圣无凡妙觉本源，人人可以与闻；命宗乃是超凡入圣金丹作用，非真师无由启发。兼之近代旁门，妄加笺注，迷误后学，下者甚至流入炉火、彼家，高者亦不过独修一物，祖意晦塞久矣。天不爱道，愚敢尽泄师授真传，以阐其幽焉？此书本有次第，多为后人所乱，以致漫无头绪，失其元初面目矣。谨参藏本，悉依金液还丹工夫次第而校正之。

七言四韵十六首

（以表二八一斤之数）

其一

不求大道出迷途，纵负奇才岂丈夫？
百岁光阴石火烁，一生身世水泡浮。
只贪名利求荣显，不觉形容暗瘁枯。
试问堆金等山岳，无常买得不来无？

此章言一切凡夫，无常迅速之可畏也。

其二

人生虽有百年期，夭寿穷通莫预知。
昨日街头犹走马，今朝棺内已眠尸。
妻财抛下非君有，罪业将行难自欺。
大药不求怎得遇？遇之不炼是愚痴。

此章言人当勤炼大药以出世也。此与首章是祖师特地警策世人，为金丹大道发端。首章言生死事大，无常迅速，不论寿夭穷通，一切难逃生死，轮回业报；次章言世人欲脱生死、超轮回、消罪业，非炼大药不可。首章所云大道，统言穷理、尽性、至命之事；次章所谓大药，盖指金丹也。大道言其统体，大药言其作用。度世之方，惟有金丹最为捷径。然则人之出世求师，以炼金丹大药者，救死而已，其可缓乎？

其三

学仙须是学天仙，惟有金丹最的端。
二物会时情性合，五行全处虎龙蟠。
本因戊己为媒聘，遂使夫妻镇合欢。
只候功成朝玉阙，九霞光里驾翔鸾。

此章特揭金丹，为学道者作指南也。首章所云“大道”，次章所云“大药”，俱指“金丹”而言，语意尚引而不发，此章特明揭之。世人才说“学仙”二字，除却黄白男女，便以吐纳导引、搬精运气当之，至为浅陋可笑，不必言矣。又闻道家说有五等仙，天地神鬼，优劣判然；佛家说有十种仙，寿千万岁，报尽还堕。学道之士，茫茫多歧，莫知适从，岂知无上至真之道，只有天仙一路而已。此仙非五等仙中留形住世十洲三岛之仙，亦非十种仙中不修正觉报尽还堕之仙，乃无上仙也。此天非凡夫欲界、色界有漏之天，并非外道非想、非非想定住无色界、销碍入空，与夫穷空不归、八万劫终毕竟轮转之天，乃第一义天也。稽之《周易》，乾象为天。乾者，纯阳之体，纯粹以精，坚刚不朽，即金刚长住之法性，万劫不坏之元神也。以天体纯阳，故喻之曰“乾为天”，而非三界诸天之可比；以金性坚刚，故喻之曰“乾为金”，而非世间凡金之可伦。乃知天仙即金仙也，从修学金丹大道而得之者也。金者，不坏之法身；丹者，圆成之实相。金丹大道，从有为以入无为，即了命而兼了性，方是形神俱妙，尽性至命之极则。学道者，第一步便须从此立定脚根，才知端的下手处，故曰“学仙须是学天仙，惟有金丹最的端”。金丹下手，彻始彻终，只是坎离二物。后天之坎离，即先天之乾坤也。在先天为性命，在后天又为性情，究而言之，只是“身心”两字而已。心本纯阳，先天乾性也，中有至阴之精，感物而动，性遂转而为情，离中之阴，即火中之木也；身本纯阴，先天坤命也，中有至阳之气，寂然不动，命乃转而为性，坎中之阳，即水中之金也。坎离一交，则情性自然会合矣。金性猛烈而难犯，其象为虎；木情柔和而利物，其象为龙。水火，乃坎离之体；金木，乃坎离之用。金木并，水火交，两物会于中宫，则五行之气全矣，故曰“二物会时情性合，五行全处虎龙蟠”。身心一内一外，不能遽合，须得中黄真意以和合之。戊己二土，即真意也。真意既到，身心才打成一片，二物之情性，欢然和合矣。此与媒人勾引，两姓合欢何异？故曰“本因戊己为媒聘，遂使夫妻镇合欢”。自此三家相见，结成圣胎，金丹成矣。再加温养工夫，炼之又炼，九转功圆，金丹赫然发光，自太玄关逆流到天谷穴，直入太清圣境，岂非朝玉阙驾翔鸾，而游戏于九霞之表乎？此乃金丹脱胎换鼎法象，非若世俗飞升之说也。所谓天仙之道，惟有金丹最的端者，如是而已。此章揭出金丹为通部纲领，下乃详言金丹作用。

其四

三五一都三个字，古今明者实然稀。
东三南二同成五，北一西方四共之。
戊己自居生数五，三家相见结婴儿。
是知太乙含真气，十月胎圆入圣基。

此章言金丹造化不出《河图》也。盖金丹作用，即阴阳五行以超出阴阳五行。上章言二物会合，全赖戊己，三五之象昭昭矣，然岂无所本哉？《参同契》云：“圆三五，寸一分。”又云：“三五并为一兮，都集归一所。”此“三五一”三个字之所自来。往古来今，学道者如牛毛，知此三字者不啻如兔角。孰知其渊源，出自《河图》哉？以《河图》参之，东三之木，在人为魂；南二之火，在人为神。木火为侣，两者合成一家，阳内藏阴，其中虚灵，具有心象，故曰“东三南二同成五”。西四之金，在人为魄；北一之水，在人为精。金水共处，两者合成一家，阴内藏阳，其中满实，具有身象，故曰“北一西方四共之”。中宫之土，兼摄木火金水，总持精神魂魄，自成一家，独而无偶，真意之象，身心会合而归中黄，三家相见之象，于是真种生，圣胎结矣，即《参同契》所谓“三物一家，都归戊己”也，故曰“戊己自居生数五,三家相见结婴儿”。夫后天之心，即先天元精也；后天之身，即先天元气也；后天之意，即先天元神也。其初太极涵三，浑然一中而已。自一分为二，并中宫为三家；二分为四，并中土为五行。从此千变万化，生生不穷，顺之斯为常道不免轮回，逆之便名金丹超凡入圣。盖金丹一道，到得三家相见，自然并两归一。两即归一，则四象五行、六气七政、八卦九宫之类，无不归一，而名“太乙含真气”矣。再加向上温养煅炼工夫，至于胎圆气足，岂难超凡以入圣哉？故曰“是知太乙含真气，十月胎圆入圣基”。此章总括《河图》，贯串《周易》，与《参同契》相为表里，是全书提纲挈领处。

其五

草木阴阳亦两齐，若还缺一不芳菲。
初开绿叶阳先倡，次发红花阴后随。
常道即斯为日用，真源返此有谁知？
报言学道诸君子，不识阴阳莫乱为。

此章言性命之功，必须全修也。盖造化之妙用，不出三五。三五之渊源，皆起于一。一者，无极而太极也。太极动而生阳，静而生阴，自一分为二，阴阳之变合，遂不可胜穷矣。大而天地，细而万物，莫不有阴有阳，即如草木无情之物也，亦必阳倡阴和，然后花叶齐敷，著其芳菲。叶之开也，其色绿似乎属阴，不知惟阳为之倡，叶始微开，是则阳统阴而处其最先也；花之发也，其色红似乎属阳，不知惟阴为之随，花乃大放，是则阴从阳而居其略次也。征诸《河图》，天一生水，地以六数包之，外阴内阳，即绿叶之象；地二生火，天以七数包之，外阳内阴，即红花之象。人身亦然，坎外虚而中实，身象也，此非四大假合之身，乃真空中妙有也；离外实而中虚，心象也，此非六尘缘影之心，乃妙有中真空也。一切凡夫，身逐根而生尘，心缘尘而起识，顺以出之，日用不知，遂致流浪生死。学道之士，贵在逆而返之，取坎中真阳，点化离中真阴，身心打成一片，而先天之真源复矣。只此一阴一阳，顺之即凡，逆之即圣。道本一源，功须兼致。或执幻形为身而著于有，或执顽空为心而偏于无，皆由不识真阴、真阳，妄作妄为者也，奚啻北辕而南其辙乎？祖师儆策一切学人：访求真师，穷究性命根源，必须洞晓阴阳，深达造化，切不可独修一物，瞎炼盲参。“阴阳”二字，即《系辞传》所谓“一阴一阳之谓道”也。在先天为乾坤，于人为性命；在后天为坎离，于人为身心。究竟坎离即乾坤，身心即性命也。以造化喻之，曰日月、曰水火；以物类喻之，曰铅汞、曰虎龙；以人身喻之，曰魂魄、曰心肾；以人伦喻之，曰男女、曰夫妇。有等旁门，见篇中阴阳、夫妇、男女等字面，遂附会作女鼎之说，诳惑下愚，助其邪淫，不惜丧身失命。更有援女鼎邪说，以注此书者，定入无间地狱，或变厕中蛆虫，永劫难出头矣。哀哉痛哉！

其六

阳里阴精质不刚，独修一物转羸尪。
劳形按引皆非道，服气餐霞总是狂。
举世漫求铅汞伏，何时得见虎龙降？
劝君穷取生身处，返本还源是药王。

此章言独修一物之非道，当直穷性命根源也。承上两章，言一阴一阳是谓大道，三家相见乃结圣胎，外此总落旁蹊，非真种子矣。有等学人，未遇明师，错认离中阴精，以为本性，更不求坎中真阳点化，纵使执心不起，到得澄澄湛湛田地，终是无量劫来识神，难免生死轮回，岂能证金刚不坏之身乎？此独修一物者，所以偏枯而羸尪也。又有索诸身内而为劳形按引，若熊经鸟伸之类；索诸身外而为服气餐霞，若吞日精月华之类。正如穷子觅珠、怖头狂走，较彼独修一物者，去道弥远矣。所以然者，皆由不识“身心”两字耳。离中真阴便是心，坎中真阳便是身。喻以无情之物，强名铅汞；喻以有情之物，强名虎龙。以身心本体而言，强名曰药物；以煅炼身心而言，强名曰火候。旁门既不识先天源本，又岂能降伏其身心哉？故欲降伏身心，必须穷取生身受气之源、父母未生以前。乾坤合德，性命圆成，囫囫囵囵，一个太极而已；及乎出胎以后，乾破为离，坤实为坎，从囝地一声时，两下分开，性命无由返还。学道之士，先当求明师，点破生身受气根源，乃取坎中一阳，返之于离而成乾；即取离中一阴，还之于坎而成坤。复还先天性命，囫囫囵囵，才成得一个人，此便是七返九还金丹大药，而证万劫不坏之身，岂独修一物者所能仿佛乎？然返还之功，非必索诸受气之初也。凡人即眼耳鼻舌合成此身，其机生生不息，会归一心，即所谓“生身处”也。此生生者，顺之即凡，逆之即圣。人能从十二时中，时时收视返听，穷之又穷，一念回机，陡然觉悟，当下便识取父母未生前面目，再加时时保任之功，是谓“返本还源”，而大药从此出。识得心王，便是药王矣。

其七

人人本有长生药，自是迷徒枉把抛。
甘露降时天地合，黄芽生处坎离交。
井蛙应谓无龙窟，篱鷃怎知有凤巢。
丹熟自然金满屋，何须寻草学烧茅？

此章言大药不待外求也。大药之本，无过性命；性命之用，不离身心。父母未生以前，人人具足；生身受气而后，一切圆成。此太上所谓“谷神不死”者，只在当人返之、还之耳。世人为积习所迷，狂惑失性，把大药抛在一边，向外驰求，另觅长生道路，终身役役，至死不悟。倘遇真师，指破迷途，方知人人具足底身心，便是长生大药，并两归一，真种自生，有若甘露之降自天中，黄芽之产在土内。盖甘露从天而降，喻言先天一气，倏然从虚无中来，无中生有，甚是奇特也；黄芽从地而出，喻言二物交会，一点真阳，从坤土中迸出，药苗新嫩而可采也。两象一意，总是坎离交而产药之时也。奈何世人弃真逐妄，见同篱鷃，智若井蛙，不识北海之中自有龙窟，朝阳之地本有凤巢，将人人具足之大药，当面蹉过，所谓“同门出入不相逢”也。岂知丹头一点，铜铁皆金，后天一切渣滓，俱化作先天元气，取之左右逢其源矣。乃抛却此等受用，转向后天渣滓中觅些小勾当，何异抛却满屋黄金，反去寻药草而烧茅弄火乎？

其八

休炼三黄及四神，若寻众草便非真。
阴阳得类归交感，二八相当自合亲。
潭底日红阴怪灭，山头月白药苗新。
时人要识真铅汞，不是凡砂及水银。

此章直指先天药物，以破旁门也。大药既人人具足，不待外求，可见一切后天渣滓，皆非真种矣。何必炼三黄四神，而寻众草乎？三黄四神，俱是炉火家药物，祖师将此以喻后天渣滓者也。大抵以凡精、凡气、凡神为三要者，便是三黄；以心、肾、肺、肝为四象者，便是四神；取周身津液血气为运用者，便名众草。不知一落后天形气，便非虚无至真之大药，所以不当炼也。药之真者，无过坎离二物。离中真水，恒欲下流；坎中真火，恒欲就上。此本天本地之性情也。两者一交，水仍归地，火仍归天，亲上亲下，各从其类矣。天一生水，而成以地六为坎；地二生火，而成以天七为离。今取坎中之一上合离七，离中之二下合坎六，是为二八。二八相当，恰合一斤之数，自然相亲而归一体。此两句指坎离既交，而言其必至之理也。当其欲交未交之时，坎中真阳，涌出北海，如潭底之日，赫然发光，一切阴气邪魔，到此自然消灭。及乎真阳上升，与离中真阴配合，结成金丹，如天上太阴，映太阳以为光，初出庚方之上，到此药苗新嫩，急须采取而烹炼矣。此两句，指坎离初交，而言其自然之象也。大抵坎中阳气为真铅，离中阴精为真汞，坎离即铅汞也，铅汞即身心也，身心之用乃精气也，精气之体乃性命也，两者打合，浑然元神，乃是真中至真。人能洞识此物，方知后天精气，一切非真，庶不为凡砂、水银所诳惑矣。凡砂、水银既非真种，三黄四神之与众草，又可认以为真哉？何时人之瞶瞶也！

其九

此法真中妙更真，都缘我独异于人。
自知颠倒由离坎，谁识浮沉定主宾？
金鼎欲留朱里汞，玉池先下水中银。
神功运火非终旦，现出深潭月一轮。

此章言坎离交而产药，乃金丹之初基也。真铅、真汞，既非凡砂、水银之可拟，学道者能舍此而别求妙法乎？后天身心，即先天性命，人人具足之本真也，何以异于人哉？然归根复命之作用，全在颠倒，同而异矣。不同而同者，先天自然之本体至真也，即内药也；非异而异者，后天颠倒之妙用，乃从妙用而返至真也，即外药也。《老子》云“我独异于人，而贵食母”，此之谓也。就先天而言，本以乾性为主，坤命为宾。自中爻互易为离坎，未免宾反为主，主反为宾。离中木汞，其性飘忽而喜浮，主中宾也；坎中金铅，其情镇重而喜沉，宾中主也。人皆知乾坤颠倒而为坎离，金沉木浮，主宾之位似乎不定。岂知坎离，再一颠倒而还乾坤，金之沉者转浮，木之浮者转沉，乾性依旧是主，坤命依旧是宾，浮沉之用，转而主宾之位定矣。离之匡廓属乾，是名金鼎，其中浮而易走者为朱里汞，宾之位，心之象也；坎之匡廓属坤，是名玉池，其中沉而不迁者为水中银，主之位，身之象也。汞性刻刻流转，顺以出之，易走而难留，不能自主，如欲留之，必须用水中之银；金性镇重，出自坎宫，反来作主，逆以制之，真汞受制，始不飞走，到此身心一片，寂然不动矣。然而调伏身心，全仗真意，妙在“欲留先下”四字。浮沉互换，主宾颠倒之用，恰在其中。二物交会，不出一时，运火神功，无过回光返照，只消刹那间，金丹一粒现出北海大渊之中，如满月轮，赫然光透帘帏矣。坎离初交，便产大药，采取烹炼之功，从此而起，此外药之作用，即还丹之根基也，岂非真中更真者乎？

其十

要知产药川源处，只在西南是本乡。

铅遇癸生须急采，金逢望远不堪尝。
送归土釜牢封固，次入流珠厮配当。
药重一斤须二八，调停火候托阴阳。

此章详言采取温养，乃金丹之火候也。上章言深潭月现，则金丹大药产矣，然未言产自何地、采自何时、养之何法，学者仍茫然无下手处，此火候之不可不知者也。真金出自水底，故取象于川源；大药产在坤土，故取象于西南。且大药之产，实与天上太阴同其造化。月望于东方乾甲之位，后此为艮丙之下弦而魄生，一阴已在巽辛位上，动极而静，光敛于东北，万化归根，丧朋之象也；月晦于北方坤癸之地，后此为兑丁之上弦而魂生，一阳已在震庚方上，静极而动，光现于西南，药苗新长，得朋之象也。既知身中产药之地，即知身中采药之候矣，故曰“要知药产川源处，只在西南是本乡”。大药既产，是名真铅。铅者杳杳冥冥，一味水乡铅也。水有壬癸之分，壬阳水清，癸阴水浊。盖时之子，妙在心传，真意初动为阳，再转即阴，阴一生，而真种失矣。当乘阴之未生而采之，故曰“铅遇癸生须急采”。真铅出水，又名真金。真金者，恍恍惚惚，一点水中金也。金有老嫩之别，其嫩也，象月初望；其老也，象月既望。盖月之圆，存乎口诀。真气初凝，恰当望日，蟾光圆足，时过而真气已失，即望远矣。当乘阴之未散而尝之，故曰“金逢望远不堪尝”，此言活子时到，采取之功也。大药既采，即以真意送之，上升天谷，引入黄庭，牢闭六门，固济而提防之。又当以神光，刻刻回抱，不可须臾间断。盖真铅升鼎，只当得一物，惟急入太阳流珠以配之，则神气相守，心息相依，铅汞相投，身心二物，才打成一片矣，故曰“送归土釜牢封固，次入流珠厮配当”。此言大药入鼎，温养之功也。采取之后，继以温养，大药永无耗散矣。然欲药足而火均，其功岂易言哉？大药不计斤，而云重一斤者，取其至足也。金丹之圆，必合两弦真气以成之，其间金水各半，不及则嫩，太过则老，不先不后之间，可失其平乎？采时谓之药，药中有火焉。真火本无候，而云调停者，取其至均也。两弦既合，必借天然真息以调之，其中文武异宜，意散则冷，念起则炎，不炎不冷之间，可失其准乎？炼时谓之火，火中有药焉。以火炼药，便是以神御气，而金丹之功就矣，故曰“药重一斤须二八，调停火候托阴阳”。此章是金丹底作用关键，不比其他泛论，其中火候之秘，不著于文，须得圣师亲授。然须知采取之妙，全在念头不动处。盖不采之采，是谓真采；不取之取，是谓真取。此又火候之至妙至妙者也。过此以往，便是还丹作用矣。

其十一

虎跃龙腾风浪粗，中央正位产玄珠。
果生枝上终期熟，子在胞中岂有殊？
南北宗源翻卦象，晨昏火候合天枢。
须知大隐居廛市，何必深山守静孤？

此章言乾坤交而结丹，乃还丹之全功也。上章言既得金丹大药，养在黄庭土釜中，神气相守，子母相恋，归根而复命矣。至于静极生动，正子时到，便当驾动河车，聚火载金，自尾闾关，升到天谷穴，猛烹而极煅之，如龙争虎斗，风涛汹涌，撼动乾坤，至于乾坤交姤罢，一点金液，依然落在黄庭中央，故曰“虎跃龙腾风浪粗，中央正位产玄珠”。从此更加温养之功，如龙护珠，如鸡抱卵，默默回光，勿忘勿助，到得玄珠成象，太乙含真，恰似果熟香飘，婴儿自然变化而超脱矣，故曰“果生枝上终期熟，子在胞中岂有殊”？乾南坤北，先天定位，系造化自然宗源，一到后天，则天地不交而反成否矣！今者，乾坤既交，否转为泰，便将周天卦象，通盘翻转，故曰“南北宗源翻卦象”。“晨昏”二字，只是一动一静，一阳动而为复，法当进火，进至六阳，动极而复静矣；一阴静而为姤，法当退火，退至六阴，静极而复动矣。一进一退，循环无端，悉听命于天枢。盖周天之行度，无所不动，只有天枢兀然不动，在人为天谷元神，常应常静者也。一切火候进退，无非合此不动之枢而已，故曰“晨昏火候合天枢”。还丹之功，全在致虚守静，然而静不离动，舍动取静，深山之象也，喻独修一物也；即动而静，廛市之象也，喻还丹作用也。各人有一无位真人，隐在六根门头，时时发用，时时退藏，终日坐千峰顶上，不离十字街头，终日游十字街头，不出千峰顶上，正如天行常转，而天枢兀然不动，岂必沉空守寂，坐在黑山鬼窟，方称大隐乎？故曰“须知大隐居廛市，何必深山守静孤”？此结言还丹作用，性命全功，非独修一物者可比也。

十二首

不识玄中颠倒颠，争知火里好栽莲？
牵将白虎归家养，产个明珠似月圆。
漫守药炉看火候，但安神息任天然。
群阴剥尽丹成熟，跳出樊笼寿万年。

此章言还丹妙用，由颠倒而归自然也。通上数章，坎离交而产药，乾坤交而得丹，总是颠倒妙用，但世人知之者希耳。即如常道阴阳，火生于木，水生于金，顺而出之，欲动忿胜，生转为杀，所谓“五行顺行，法界火坑”也，在《阴符》谓之“祸发必克”；丹道阴阳则不然，水转生金，火转生木，逆而返之，忿惩欲窒，杀转为生，所谓“五行颠倒，大地七宝”也，在佛经谓之“火宅生莲”，故曰“不识玄中颠倒颠，争知火里好栽莲”？火中生木，便名青龙；水中生金，便名白虎。白虎原系乾家真金，落于坤宫而成坎者，今用驱虎就龙之法，取坎中真金，点在离内，金来归性，乃称还丹，而乾体圆矣，故曰“牵将白虎归家养，产个明珠似月圆”，此金丹大药产在坤炉之法象也。再加向上工夫，采取煅炼，金丹乃归乾鼎，而称金液还丹矣。丹既归鼎，仍以炉中真火养之。火候之调，全在真息，非后天呼吸之气也。真息与元神相依，又名神息，天枢兀然，法轮常转，自然出息不随万缘，入息不居蕴界，所谓天然真火也，故曰“漫守药炉看火候，但安神息任天然”。凡人四大一身，无非阴气，从心意识中，幻出种种贪嗔痴慢，未出三界，种种皆樊笼也。得此丹头一点，阴气已转而为阳，从此炼之又炼，剥尽群阴，露出圆陀陀、光烁烁，未生以前面目，顿超三界，永脱樊笼，而证万劫不坏之金身矣，故曰“群阴剥尽丹成熟，跳出樊笼寿万年”。此章言丹道颠倒之极，归于自然，通上数章而结之。

十三首

黄芽白雪不难寻，达者须凭德行深。
四象五行全借土，三元八卦岂离壬？
炼成灵宝人难识，消尽阴魔鬼莫侵。

欲向人间留秘诀，未逢一个是知音。

此章言学道者，当勤修德行，以立丹基也。金丹大道，既可脱樊笼、超三界，是谓无上至真法宝矣。苟非至德，何以凝至道乎？坎中真阳，是名黄芽，离中真阴，是名白雪，即此二物，金丹之真药也。真药必传真人，真人必崇德行，德之与行，非一非二，如车之两轮、鸟之两翼。德之真者，无过净明忠孝，扶植纲常；行之真者，无过济困扶颠，方便利物。若能交修并证，表里如一，自然动天地、格鬼神，遇真师、得真药。倘德行有亏，纵遇真师授真道，决然承当不起，往往半途夭折，末路败亡，《阴符经》所谓“小人得之轻命”是也。征诸《河图》，金水木火为四象，并中土为五行，金水木火皆从中土而生，循环一周，复归中土，起根在此，归根亦在此，故曰“四象五行全借土”。三元者，元精、元气、元神也；八卦者，乾坤并六子也。三元只是一元，八卦只是一个太极，一由中出，从天一中生出真水，实为万化之源，故曰“三元八卦岂离壬”。上句言“中”，在丹道为真意；下句言“一”，在丹道为真铅。中黄真意，寂然不动，身心自然浑合，从虚无生出大药，是名真铅。真铅，即金丹也，即黄芽、白雪二物所会合而成者也。从此炼之又炼，化凡质为灵质，而人莫测；损之又损，消阴气为纯阳，而鬼莫侵矣。自非大药之功，何以得此？然非德行甚深者，又曷克致此哉？此等秘诀，父不得而授之子，臣不得而献之君，必其人德行隆重，夙有仙缘，才承当得起。寥寥天壤，知音者谁？祖师到此，不能不为之三叹矣！叹知音之难逢，正叹积德累行之难其人耳。

十四首

好把真铅着意寻，莫教容易度光阴。
但将地魄擒朱汞，自有天魂制水金。
可谓道高龙虎伏，堪言德重鬼神钦。
已知寿永齐天地，烦恼无由更上心。

此章言金丹之妙，确然可以度世也。承上言，德行既足立基，大药本非难致，当汲汲以求真铅矣。真铅，乃先天一气，从虚无中来，即金丹大药也。此药至灵至妙，不在四大一身中，却又不可身外摸索，须得真意以擒之。真意一到时，入杳冥则真铅自生，得之则命由我立，庶不迁延岁月，虚度光阴矣。真铅虽是一气，其初却因两物结成，并两为一，须用颠倒工夫，先将北方水中之金，擒住南方火中之木，即以南方木中之火，制却北方水中之金，于是金木兼并，水火既济，而真铅得矣。火中之木、水中之金，即天魂、地魄也。魂魄，即龙虎也。身中之真龙、真虎既伏，世间龙虎自无不驯伏矣；身中之阳魂、阴魄既归，世间鬼神亦无不归命矣。此不特道业至高，抑亦德行至重，才能如此。如此道高德重，便可提挈天地，把握阴阳。天地有坏，这个不坏，一切烦恼，悉化为妙明真心，此非断烦恼而证菩提？烦恼，即菩提也。性命俱了，此金丹大道，出世之极则也。

十五首

不识真铅正祖宗，万般作用枉劳功。
休妻谩遣阴阳隔，绝粒徒教肠胃空。
草木金银皆滓质，云霞日月总朦胧。
更饶吐纳并存想，总与金丹事不同。

此章言金丹大道，迥绝旁门也。上章言，真铅之妙，可以超凡入圣，学道者可不识真铅哉？真铅，是先天一气，从虚极静笃中来，虽似有作，其实无为，乃造化之根源，大丹之宗祖，非独修一物者可以并驾，并非搬弄后天精气、一切妄作妄为者，可以幸致也。一阴一阳，各正性命，方称大道，何须休妻？若独修一物，天地不交，真种无由生化矣，此休妻而阴阳否隔之象也。浩然之气，充塞天地，自然不假一毫外物帮补，何消绝粒？若内不足而强绝外缘，未免馁在其中矣，此绝粒而肠胃空虚之象也。草木金银，喻身中浊物，如心肾肝脾之类；云霞日月，喻身中凡气，如精神魂魄之类。此等皆后天渣滓，合之四象五行，不过依稀仿佛而已，与先天一气，有何干涉乎？更有执呼吸为元气者，未免着于吐纳；认思虑为元神者，未免着于存想。岂知真息之息，与不神之神，合为一气，返乎太虚，才是金丹大道，与此等旁门，天渊迥别，不可不明辨也。夫金丹，即真铅也。世人既不识真铅，安识金丹？此章痛扫旁门，极其警策。

惜乎愚夫错认“休妻”一语，又流入采阴旁门，造下地狱种子，恰如避溺而投火矣，哀哉！

十六首

万卷丹经语总同，金丹只此是根宗。
依他坤位生成体，种在乾家交感宫。
莫怪天机都泄漏，只缘学者尽愚蒙。
若能了得诗中意，立见三清太上翁。

此章言金丹大道，为超凡入圣捷径，乃《悟真篇》上卷之结尾也。前章言，金丹作用，迥绝旁门，可见只此一事实，余二即非真矣。岂特此书为然，纵阅尽万卷丹经，亦只言此一事耳。先天《羲易》，提出乾坤坎离，已为丹经开山作祖;《道德》并《清静》诸经，惟宗自然，虽直指无为之道，而金丹作用已在其中;《阴符》及《参同》诸书，要人返本，虽详示有为之功，然作用到头，仍归自然大道。至于关、尹、庄、列之所阐扬，钟、吕、海蟾之所撰述，莫不皆然，无非究性命之根，以定金丹之宗而已。所云金丹最的端者，此其根宗也。金丹作用，篇中言之既详，统而论之，只是产药于坤炉，结胎于乾鼎，两言可尽。以金丹言之，坎离始交而产大药，坤宫事也；至于依时采取，升入天谷，引归黄庭，则属之乾家矣。以还丹言之，采药入炉而用文火温养，坤宫事也；至于聚火载金，交媾煅炼于昆仑顶上，则又属乾家矣。崔公所谓“产在坤，种在乾”是也，故曰“依他坤位生成体，种在乾家交感宫”。祖师剖露到此，可谓直泄天机矣。奈世人尚惑于旁门，或以彼我两家分乾坤，此与无间地狱作因缘者；或以脐上、顶下两地分乾坤，此向黑山鬼窟作活计者。岂非愚蒙之极乎？倘有智慧过人之士，参访勤恪，神明忽告，当下豁然了悟，方知山河大地，总是鼎炉；蠢动含灵，悉皆药物；日用动静，无非火候。三清太上即我本来法身，而立地成真作祖矣，故曰“若能了得诗中意，立见三清太上翁”。三清者，玉清、上清、太清三境真人也。太上者，巍巍尊高，先天真宰也。凡夫一闻三清太上，便惊惶无地，妄谓此乃天上至尊，断无我分，不知我之元精即玉清真人，即佛家所谓圆满报身也；我之元气即上清真人，即佛家所谓千百亿化身也；我之元神即太清真人，即佛家所谓清静法身也。举一即三，是名三清；会三归一，是名太上。非三而三，非一而一，无上而上，真空不碍妙有，故曰“无极而太极”；三本非三，一本非一，上本无上，妙有不碍真空，故曰“太极本无极”。此乃无上至真妙觉之道也。祖师所云《悟真》者，悟此而已。从前一切金丹作用，若炉鼎，若药物，若火候，到此总属筌蹄，何况旁门小乘？呜呼！苟非三教至人，其孰能知之哉？

悟真篇阐幽卷之中

七言绝句六十四首

（以象卦数）

其一

道自虚无生一气，又从一气产阴阳。

阴阳再合成三体，三体重生万物昌。

此章言大道顺生之序也。《道德经》云：“道生一，一生二，二生三，三生万物。”只此数句，包罗万象，该括三教，惜未有知其解者。大道本来无方无体，浑然太虚，不可道，不可名者也，强名之曰“虚无”，曰“自然”，曰“未见气”。然才谓之“虚”即“实”矣，才谓之“无”即“有”矣，才谓之“自然”，即该具因缘矣，才谓之未见气而元气已生，道生一矣，故曰“道自虚无生一气”，周子所谓“无极而太极”是也。一气既分，其中便有清有浊、有动有静。动而清者上浮为天，静而浊者下凝为地，一生二矣，故曰“又从一气产阴阳”，周子所谓“分阴分阳，两仪立焉”是也。从此天气下降，地气上升，二气交感，人生其中，二生三矣，故曰“阴阳再合成三体”，周子所谓“乾道成男，坤道成女”是也。只此一元之气，充周布满，三才既备，品物咸亨，情与无情，莫不各正性命，三生万物矣，故曰“三体重生万物昌”，即周子所谓“万物生生而变化无穷”者也。此章是祖师述《道德经》，特衍而明之，以为中篇六十四章纲领，所谓“顺去生人生物”者也，从此逆而返之，便是金丹大道。

其二

万物芸芸各返根，返根复命即长存。
知常返本人难会，妄作招凶众所闻。

此章言学道者，当知常返本也。道生一,一生二,二生三,三生万物。可见大道，物物具足，矧人为万物之灵，可不思返本还源乎？倘能从日用常道颠倒求之，即此六根门头，根尘相对时，当下斩断意识，意识不行，六用皆息，所谓“一根既返源，六根成解脱”也。从此一切有情、无情之物，无不各返其根，而先天之命复矣。命复而谷神不死者，终古常存矣，即太上所谓“万物芸芸，各归其根。归根曰静，静曰复命”是也。归根复命之功，人人做得，而世人往往当面蹉过者，只为不知常耳。此道本至平而无奇，至澹而无味，不离日用，直造先天，是为大常。人能一念回机，当下便同本得，才知常即返本矣。奈何百姓日用而不知，昧却自家底平常心，往往厌常喜新，向外驰求，做出许多捏怪伎俩，阴阳炉火，无所不至，妄作妄为，自取凶咎，即太上所谓“不知常，妄作凶”也。圣训昭昭，世人岂不闻之乎！此亦本《道德经》而发明之，示人以返本还源之功。

其三

但将死户为生户，莫执生门号死门。
若会杀机明反覆，始知害里却生恩。

此章言杀机转为生机，即反本之功也。《阴符经》云:“生者死之根，死者生之根。恩生于害，害生于恩。”盖世人之生死，皆由于心；心之生死，皆由于物。凡六根门头，一切有漏处，悉皆生死岸头也。何以故？一切有漏之处，世人莫不依此安身立命，所谓“生门”也，即皆恩也；然一切有漏之处，世人莫不从此丧身失命，即所谓“死户”也，即皆害也。倘顺而出之，生门转作死门，而害生于恩矣；惟逆而返之，死户转作生户，而恩生于害矣。害生于恩，是生机反为杀机也；恩生于害，是杀机反为生机也。所谓“杀机反覆”之妙也。此章本《阴符》宗旨而发明之。《道德经》主自然，故直指虚无之体;《阴符经》主作用，故专提生杀之机。然生杀之机，即所以归根而复命也。

其四

祸福由来互倚伏，还如影响相随逐。
会能转此生杀机，反掌之间灾变福。

此章申言生杀之机也。《感应篇》云:“祸福无门，惟人自召。”此太上宝训也。然须知学道人底祸福，与世人所谓祸福迥别，盖知常而返本，即自求之福也；不知常而妄作，即自求之祸也。岂不互相倚伏，如影之随形，响之应声乎?倘能一念回机，则生杀之关立转，一切妄作妄为者，未尝不可知常而返本，其转移之机关，只在反掌间。盖妄既变而为常，即无所不变矣，从此殃可变庆，凶可变吉，灾可变福，宇宙在手，万化生身，而为造物之所不能杀矣。祸福、倚伏，亦本《道德经》，以申言上章“杀机反覆”之意。

其五

要得谷神长不死，须凭玄牝立根基。
真精既返黄金屋，一颗明珠永不离。

此章言转两为一，乃金丹立基之功也。《道德经》云:“谷神不死，是谓玄牝；玄牝之门，是谓天地根。”谷神，即本来面目也。谷取其至虚，神取其至灵，至虚至灵之机，只在当下，当下寂然不动，当下感而遂通，其来无首，其去无尾，谷神本自无生，何有于死?便从此，无生中生生不息，而天地万物，皆从此出，即是“道生一,一生二”，顺而出之，以为生机者也。若要逆而返之，以为杀机妙用，须从玄牝立基，坎中真阳为玄，是名“有中无”，命之寄于身者也；离中真阴为牝，是名“无中有”，性之寄于心者也。两者一合，丹基乃立，谷神自然长存，故曰“要得谷神长不死，须凭玄牝立根基”。玄牝二物，会归中黄，先天至精，妙合而凝，何啻赤水玄珠，得于罔象，一得永得，自然须臾不离，故曰“真精既返黄金屋，一颗明珠永不离”。夫真精既返，玄牝之基立矣。玄珠成象，岂非谷神长不死者乎？此转两为一之初基，即“转杀为生”之妙用也。

其六

玄牝之门世罕知，休将口鼻妄施为。
饶他吐纳经千载，怎得金乌搦兔儿？

此章申言玄牝妙用，非旁门所知也。玄牝之与谷神，其体则一，其用则二，名之以一有一无，象之以一乌一兔，张弛阖辟，旋乾转坤，太上所谓“玄牝之门，是谓天地根”者也。旁门不知其妙，错认“绵绵若存”一句，妄以口吐鼻纳为玄牝作用，谬甚矣。岂知玄牝二物，不过真阴、真阳。离中真阴，象日中金乌；坎中真阳，象月中玉兔，两者会合，主宾颠倒，自然相擒相制而结金丹，《阴符经》所谓“禽之制在气”也。若但以口鼻吐纳为功，纵饶千秋万岁，真阴、真阳依然间隔，怎得金乌搦兔之妙用乎？此玄牝之门，举世所以罕知也。

其七

异名同出少人知，两者玄玄是要机。
保命全形明损益，紫金丹药最灵奇。

此章申言金丹之要，断在玄牝也。《道德经》首章云：“故常无欲以观其妙，常有欲以观其窍。”又曰：“此两者，同出而异名，同谓之玄。”正与玄牝之说，互相发明，但世人知之者希，祖师特为剖析之。常无者，即玄也，阳也，主也，在人为真性；常有者，即牝也，阴也，宾也，在人为真命。一分为二，是为异名；二本乎一，是为同出。学人能从有入无，返乎先天，是为玄玄之要道矣，故曰“异名同出少人知，两者玄玄是要机”。有无之体虽一，作用却分两般。有为所以保命，当加日益之功；无为所以了性，当明日损之妙。损之又损，以至于无，自然形神俱妙，超脱而变化矣，故曰“保命全形明损益，紫金丹药最灵奇”。水火相配，合成紫色，即金丹法象，有无交入，性命齐了，岂非玄玄之妙道乎？

其八

不识阴阳及主宾，知他那个是疏亲？
房中空闭尾闾穴，误杀阎浮多少人？

此章言独修一物之非道也。盖有无同出之谓玄，一阴一阳之谓道，所以金丹之功，必须性命全修。篇中所说阴阳，直指性命而言，只此“性命”两字，在先天为乾坤，在后天为坎离，此两者有宾有主，有亲有疏，学人宜细辨之。世人但知以离为性，不知离中之阴，乃后天识神，逐境流转者也。学人仿佛依违，便以此为见性，何异认贼作儿子，未免以宾为主，应疏而反亲矣；但知以坎为命，不知坎中之阳，即先天乾性，万劫不坏者也。学人未遇真师，转斥此为外物，何异贫子觅衣珠，未免以主为宾，应亲而反疏矣。此毫厘千里之差，不可不辨者也。今世学道者，但闻清静之说，便牢闭六窗，灰心静坐，内不出，外不入，其象为房中空闭尾闾穴，即所谓独修一物是孤阴者也。只因不辨宾主亲疏，未明玄玄大道，并其所守在一物亦非矣，误尽世人，可胜道哉！昔马祖在南岳，一味坐禅，南岳让公启以磨砖岂能作镜，复示以打牛打车之机，始豁然开悟。会得这则公案，便会得此章关键矣。

其九

先且观天明五贼，次须察地以安民。
民安国富方求战，战罢方能见圣人。

此章言复命之功，即金丹作用也。独修一物既非大道，彼金丹大道，何如哉？欲修金丹，必须洞晓阴阳，深达造化。《阴符经》云：“观天之道，执天之行。”又云：“天有五贼，见之者昌。”五贼即五行，天之所以造化万物，即人之所以自造自化者也。若不明互生互杀之妙用，怎得成丹？故欲执天之行，必先观天之道，内观洞然，才好下手。身中造化，不离方寸地，此地兼摄坎离二用，察之则主立矣。主立则六根归元，听命天君，是谓民安；三宝内敛，外邪不生，是谓国富。从此坎离交姤，方结金丹，有龙争虎斗之象。交姤之时，六根大定，意识不行，五贼皆束首，受我驱策，阴魔扫迹，有战胜之象。自此露出本来面目，便是圣胎，而见自己之圣人矣。以复命而兼了性，与天地合其德，方称大道。下章遂言战胜之功用。

其十

用将须分左右军，饶他为主我为宾。
劝君临阵休轻敌，恐丧吾家无价珍。

此章申言金丹作用，当明辨宾主以还真也。战胜而见圣人，金丹之道圆矣。然方战之时，其功不可不慎。左属阳，右属阴，离为太阳，左也，而实阳中之阴，则居左而反为宾矣；坎为太阴，右也，而实阴中之阳，则居右而反为主矣。所谓“用将须分左右军”也。学者以见性为主，离光是也。奈何中藏阴气，识神尚存，实未得为见性。一点乾家真性，寄体坤中，坎中元气是也。以其未即来复也，故谓之他，以其为我家故物，故必须让他作主。彼即作主，我反为宾矣，主宾互换，颠倒之妙也。其初先用离中真阴，回光反照，既而取出坎中真阳，反本还源，识神死尽，真性才得现前，此如大将临阵，先擒其王，真种到手，阴邪自散。但中间进退之宜，全仗调停火候，如大敌之不可轻。倘临炉之时，一念妄动，则坎中真阳，不可得而取，是丧却吾家无价珍也。可不慎乎！此章当与上两章参看，方知宾主颠倒之妙。更有下劣旁门，以此章“轻敌”、上章“战胜”等句，附会作采阴邪说，诳惑世人，丧身失命，生当受雷霆之诛，死当入无间地狱矣。

十一首

三才相盗食其时，此是神仙道德机。
万化既安诸虑息，百骸俱理证无为。

此章申言复命之功，从有为以入无为也。首章原本《道德经》，言“道生一，一生二，二生三”，三才之道备矣。只此三才，顺之即凡，逆之即圣，学道者能窃造化之机而用之，岂难超凡入圣乎？《阴符经》云：“三盗既宜，三才既安。”又曰：“食其时，百骸理。动其机，万化安。”盖大丹造化，以天为鼎，以地为炉，以日精月华为药物，人居其中，运行周天火候，此丹道逆用之三才也。然有两种作用：以小周天而言，当先取坎中之阳，补离中之阴，水火既济，会于中黄，金丹产在炉中矣，其机在候活子时到，以为采取之功；以大周天而言，坤反居上，乾反居下，天地反覆，交在昆仑，还丹收归鼎内矣，其机在候正子时到，以为煅炼之准。两种作用，内外交通，始得参合三才，结而成丹。无非以真意和合身心，使元精、元气妙合而凝，谷神自然长存。人但知为神仙妙诀，不知此乃修德凝道中一段自然机用，即归根复命之要道也。煅炼之后，身心大定，天君坐镇中央，寂然不动，而五官四肢、三百六十骨节、八万四千毛孔，元气周流，一切归命中黄正位。譬如北辰居所，而众星自拱；又如阳回寒谷，大地皆春。可谓各正性命而保合太和矣。岂非万化既安，诸虑尽息，百骸俱理，而得证无为者乎？此章言会三归一，从有为以入无为，正与首章相应，盖即《阴符》之作用，契《道德》之自然，摄用归体，以了命而兼了性者也。

十二首

阴符宝字逾三百，道德灵文止五千。
今古上仙无限数，尽于此处达真诠。

此章标两经宗旨，以示大道之渊源也。大道非师不传，非经不印，经者千圣相传之心印。然三洞真经，不啻数千卷，独推《阴符》《道德》两经开山作祖者，以其道合天人，为穷理尽性至命之真诠耳。然两经宗旨，同而不同，异而非异。《道德》直指自然之本体，其道从无入有，其机主顺；《阴符经》专提归根之作用，其道从有入无，其机主逆。即如篇中所引虚无一气，顺也；继以知常返本，则逆矣。同出异名，顺也；继以察地安民，则逆矣。至于谷神之妙，先从玄牝立基，则顺而未始不逆；相盗之机，究竟无为得证，则逆而未尝不顺。此又见《道德》《阴符》有无不二，性命同源之妙也。然两经文字极其简奥，《阴符》字仅三百，《道德》文止五千，自古上仙大圣，皆从此得大受用。后来著书立说者，终不能出其范围，诚哉其为穷理尽性至命之真诠也已。

十三首

契论经歌讲至真，不将火候著于文。
要知口诀通玄处，须共神仙仔细论。

此章言火候之秘，必假师传也。《阴符》《道德》两经，垂示真诠，为万古学道者作指南针。然其书，乃直指归根复命至真之要道，尚未落丹经诸名相也。至汉魏伯阳真人，始准《易》象作《参同契》，建立鼎炉、药物、火候诸名相。大约以乾坤为鼎炉，以坎离为药物，以余六十卦为周天火候，意玄而语奥，遂称丹经鼻祖。从此接踵而起者，有论、有经、有歌，横说竖说，无非以寓言发明至真之理。其所陈者，卦爻铢两；所用者，年月日时。此特火候之名相耳。至真之诀，虽隐然在中，却又引而不发，其中玄妙，须得圣师口口相授，片言指破天机，则纸上陈言，总是源头活水，紫清真人所谓“都来半句，贯串万卷丹经”是也。不则双眼黑漆漆地，纵有解会，一似镜里观花，水中捉月，从何处着眼？从何处下手哉？

十四首

饶君聪慧过颜闵，不遇师传莫强猜。
只为丹经无口诀，教君何处结灵胎？

此章言金丹大道，非师传不明也。上章言口诀必待师传，信矣。或疑世有聪慧绝人者，似可无待于师，殊不知性由自悟，命假师传，自古到今，未有无师而得证尽性至命之大道者。所以黄帝拜访于崆峒，孔子特询乎柱下，此两圣者，岂非慧过颜闵者哉？彼其求师问道，何其勤勤，正以道妙不可强猜耳。即如《阴符》《道德》两经，所言知常返本、察地观天底道理，只在眼前，然未遇真师，无异水中捉月，镜里观花，令人何处下手？又况后来丹经所述药物、火候之秘，曲譬广喻，名相离奇，有不目眩神惊者乎？明之尚且不易，矧能如法行持，以结圣胎乎？学道者，当急访真师，以求真诀，毋得蹉跎岁月也。然则丹经竟无用乎？曰：真诀原只在丹经中，正如僧繇画龙一般，未经点眼，尚是壁间之龙，一朝点出，便破壁而飞去矣。点眼之妙，存乎真师。

十五首

梦谒西华到九天，真人授我指玄篇。
其中简要无多语，只要教人炼汞铅。

此章言真师口诀，只在汞铅二物也。汞本无质，喻妙有中真空；铅却有形，喻真空中妙有。妙有中真空，即先天祖性，乾是也；真空中妙有，即先天元命，坤是也。在后天性寄于心，故乾破为离，离之中虚者，乃真汞也；命寄于身，故坤实成坎，坎之中实者，乃真铅也。学道者，能取坎中之阳，点离中之阴，才复还先天乾体，此炼后天两物，以成金丹也。到得两物合体，化作先天一气，始号真铅，却又只是一物，此名外药；复加采取而烹炼之，一点落在黄庭，凝结圣胎，此名内药。更须抽铅添汞，炼之又炼，返于虚无，始称真汞。铅尽汞干，才得超凡入圣，此炼先天一气，以成大还丹也。大抵以真铅喻身，真汞喻心，炼真铅所以了命，炼真汞所以了性，性命齐了，大道毕矣，岂非至简至易之真诠乎？我紫阳张祖，当年于西蜀成都青城山，面遇海蟾刘祖，拜授金丹秘诀，后因误传获谴，隐名著书，遂并其师承而隐之。篇中性命微言，皆从刘祖口授，而付之一梦，其意良深。以西蜀为西华，以真授为梦授，以“指玄”二字隐跃《悟真》，无非活句，若作实法会，便作痴人说梦矣！

十六首

用铅不得用凡铅，用了真铅也弃捐。
此是用铅真妙诀，用铅不用是诚言。

此章揭示真铅之妙用也。上章铅汞对举，而此单举真铅者，点出金丹大药，令人知下手处也。盖真铅，是先天一气，从虚无中来者。凡铅，乃凡精、凡气也。然对坎离二物而言，身中凡精、凡气总属凡铅；对先天一气而言，则离中至阴之精、坎中至阳之气，又属凡铅矣。直到二物会合，产出一点真种，才算得真铅。真铅，即金丹也，即所谓“先天一气，从虚无中来”者。学者既识得此真种，采取而煅炼之，是名金液还丹。更加温养乳哺之功，损之又损，以至虚无，消尽后天阴滓，浑然一片先天，法身圆明，与太空同体，是并其真铅而弃捐之矣，况凡铅乎？虽不用铅，其初却又用铅；虽似用铅，究竟又不用铅。从有为而入无为，即了命而兼了性，岂非西华所授之妙诀，即从上诸祖之心印乎？古诗云：“用铅不用铅，须向铅中作。及至用铅时，用铅还是错。”正见用而不用，不用而用，颠倒倒颠之妙。凡篇中所云“真铅”，皆与此同看。

十七首

竹破须将竹补宜，抱鸡当用卵为之。
万般非类徒劳力，争似真铅合圣机？

此章申言真铅，为还丹真种也。真铅固是先天一气，不落形质，然必须后天同类之物有以致之。盖后天不得先天，无以变化；先天不得后天，无以招摄。离中至阴之精，坎中至阳之气，虽属后天，即真铅之所自出也。两者一合，真铅自生。此中招摄之妙，有如用竹补竹，用卵抱鸡，自然无中生有，返本还源，后天形质，才得真铅点化，自然超凡而入圣矣。除却坎离二用，总属非类，何以致真铅而合圣机哉？

十八首

未炼还丹莫隐山，山中前后尽非铅。
此般至宝家家有，自是时人识不全。

此章言真铅作用，不可偏于守静也。坎离两物会合，方称真铅。真铅，即金丹也。既得真铅，再加向上工夫，采取而煅炼之，方称金液还丹。还丹既得，更加九年面壁之功，直到一尘不染，万境皆空，才合隐山法象。还丹未就，且当求之于廛市可也。若便灰心冥目，关闭六窗，隔绝前后，则外药之用，从何而生？故曰“未炼还丹莫隐山，山中前后尽非铅”。真铅之体，产自先天，虽则人人具足，然非真师点破，识之甚难。非金石凡药，非彼家邪秽，并非身中精气。倘离此数者，息心内守，又未免独修一物，落断灭种性边见，如入深山而求铅，必不可得矣。可惜至宝，不遇真师点破，遂致人人觌面蹉过，故曰“此般至宝家家有，自是时人识不全”。此章言复命之功，不专守静隐山之象，甚奇，当与“居廛市”“闭尾闾”两首参看，方知其奥。

十九首

虚心实腹义俱深，只为虚心要识心。
不若炼铅先实腹，且教守取满堂金。

此章言立命之功，先于了性也。《道德经》云：“虚其心，实其腹。”此两句意义深远，举世莫能窥测。盖实腹是有为之功，所以了命；虚心是无为之妙，所以了性。心体本同太虚，空空洞洞，万象俱涵，一物不着，人能一念回机，直下识取本来面目，则心不期虚而自虚矣。此乃高上之士，先了性而后了命者，所谓“修上一关，盖下二关”也。中下之流，到此便无站脚处，不若先做炼铅工夫，以实其腹，命根即固，方可徐徐了性。然真铅亦未易炼也，凡夫心扰欲牵，刻刻向外驰求，耗散本来，如金玉满堂，莫之能守，何以守之？只索收视返听，绝利一源，以招致先天一气而已。六根大定，返乎先天，是为真铅。真铅既得，命基永固，而腹先实矣。炼之又炼，从有为入无为，直到性地圆明，而心亦虚矣。虚心、实腹二义，虽有了性、了命之殊，而未尝不同归，可见圣意虽深远难测，而未尝不可测也。以上数章，俱发明先天真铅之妙，欲炼真铅，必须从取坎填离起手，故下章紧接坎离二物。

二十首

日居离位反为女，月配蟾宫却是男。
不会此中颠倒意，休将管见事高谈。

此章言坎离颠倒之妙，乃真铅所自出也。金丹之要，只在真铅；真铅之用，不出坎离二物。离为日，日乃太阳真火，是先天乾父法象，不知乾破为离，乾父反为中女矣；坎为月，月乃太阴真水，是先天坤母法象，不知坤实为坎，坤母反为中男矣。此先天转作后天，颠倒之妙也。若能再一颠倒，则离中一阴，复归于坤；坎中一阳，复归于乾，亲上亲下，各从其类，后天不又转作先天乎？不会此中颠倒之妙，而高谈阔论，何异以管窥天，可发一笑。世人不知道而妄谈道，祖师所以三叹也。颠倒之妙，详见下章。

二十一首

震龙汞出自离乡，兑虎金生在坎方。
二物总因儿产母，五行全要入中央。

此章言金木之用，总归真土也。丹道以水火为体，坎离是也；以金木为用，震兑是也。究竟四象不离二体，后天震居东，即先天离位，所以震中汞木，出自南方离火，所谓“龙从火里出”也；后天兑居正西，即先天坎位，所以兑中铅金，生自北方坎水，所谓“虎向水中生”也。火反生木，水转生金，母子颠倒，故曰“二物总因儿产母”。东三南二、北一西四，会归中黄真土，始成金丹，故曰“五行全要入中央”。上章言水火以立体，此章言金木以致用，合之而四象全矣。其要，只在中土。

二十二首

坎离若还无戊己，虽含四象不成丹。
只缘彼此怀真土，遂使金丹有返还。

此章言真土之功，能和合四象，而成金丹也。真土者，真意之别名也。当其寂然不动，是为己土；及其感而遂通，是为戊土。其体则一，其用则二。体在中宫，用寄坎离。盖坎中纳戊，离中纳己，若非流戊就己，则金木水火各散，而不能成丹。惟真意一到，才能调和身心，摄伏魂魄，四象合作一家，返本还源，只在刹那间，而金丹大药结矣。真土之功，不亦大乎？

二十三首

火生于木本藏烽，不会钻研莫强攻。

祸发总因斯害己，要须制伏觅金公。

此章言金木相制之功也。上章说四象归于戊己，是总言金丹妙用，此又分而言之。木体，喻人生而静之性；木中生火，喻感物而动之情。情藏于性，本自寂然，只因六根门头，触境逢缘，处处粘着，引起业识，倏生忿欲，忿欲一起，即能焚却太和元气，犹之火藏于木，本自宴然，只因钻木发火，烽烟一发，即能烧却本身矣，所谓“祸发必克”而害己也。此岂可以私智钻研，强为攻治乎？必欲制伏，非水中之金不可。盖木性轻浮，金性镇重，木汞本流走不定，一见金铅，自然受制，六根门头，处处勒转，才得转识成智，返情为性，从此定水湛若，慧火长明。忿不惩而自惩，欲不窒而自窒，而寂然不动矣。金既制木，水即制火，岂复有“祸发必克”之患乎？此即金丹颠倒之妙也。

二十四首

金公本是东家子，送在西邻寄体生。
认得唤来归舍养，配将姹女结亲情。

此章言以铅入汞也。先天《羲易》，本离东而坎西，故取东家西邻之象。金公，是坎中真阳，因乾破成离，而陷坤宫以成坎者，岂不犹东家子而寄养西邻者乎？真阳虽然流落在外，面目依稀，急须认取。倘能以真意为媒，取出坎中真阳，配合离中真阴，二物归于土釜，金情木性，自然两相和协，金丹得就矣，岂不犹配姹女而生婴儿者耶？此亦颠倒之妙也。

二十五首

姹女游行各有方，前行须短后须长。
归来却入黄婆舍，嫁个金公作老郎。

此章言以汞投铅也。离中流珠，喻后天之心，其性喜走，出入无时，流连前境，未肯退藏，若女子之好游。然本自一精，明分为六，和合六根、六尘，随其所向而昼夜奔驰，何时得休歇乎？不知涉境则览物招愆，退藏斯安身得地。

譬如女子在母家之日宜短，在夫家之日宜长，自有一定安身立命底所在，故曰“姹女游行各有方，前行须短后须长”。学道之士，必须刻刻回机，时时返照，把这点流珠，收归中黄神室，即取坎中真阳，以制伏之。若女子嫁夫之后，宜室宜家，克相夫子而不敢妄动矣，故曰“归来却入黄婆舍，嫁个金公作老郎”。离宫取得坎中一阳，返而为乾，老郎之象，此与上章反覆一意。上章言招男以配女，此章言嫁女以配男，总是坎离颠倒法象。祖师以世间法，喻出世法，太煞婆心，令学人易晓耳。切不可泥“男女”字面，流入淫秽，以招上苍重谴也。

二十六首

取将坎位心中实，点化离宫腹内阴。
从此变成乾健体，潜藏飞跃总由心。

此章直言取坎填离，复还乾体，乃金丹之关键也。自“日居离位”章，言乾坤颠倒而为坎离以下，章章说坎离。盖后天之坎北离南，即先天之乾坤也；后天之震东兑西，即先天之坎离也。水火，坎离之体也；金木，坎离之用也。坎中纳戊，离中纳己，是为真土，调水火而和金木者也。金木喻为龙虎，水火喻为铅汞，铅又喻名金公，汞又喻名姹女，真土又名黄婆，千言万语，究只是一坎一离。坎中一阳，依然先天乾体，道心之象也；离中一阴，夹带后天坤质，人心之象也。道心本纯乎天理，人心则未免流入私欲矣。学道之士，观天道而执天行，能取坎中天理之阳，点破离中人欲之阴，是为克己复礼，从此人心悉转为道心，而乾体复矣。盖由惟精以致惟一，即颠倒之妙也。其初，乾坤颠倒而为坎离，先天遂转作后天；其既，坎离颠倒而为乾坤，后天仍转作先天矣。乾体既复，变化乃生，六位之中，或潜或见，或跃或飞，周天火候之枢机，便是乘龙御天之作用，千变万化，一切惟心，所谓乾元用九，乃见天则，而出圣入神之基得矣。取坎填离，为金丹彻底关键。此章结上以起下，又为篇中通身关键，读者急须着眼。

二十七首

先把乾坤为鼎器，次抟乌兔药来烹。

既驱二物归黄道，争得金丹不解生？

此章括言金丹之要道，不离于有作也。上章言取坎点离以还乾体，即金丹之要道也。然使不知安炉立鼎、烹炼药物，则丹道何由而成乎？乾上坤下，为坎离之匡廓，即鼎器也；日乌月兔，乃乾坤之精髓，即药物也。学人于二六时中，先要收视返听，须臾不离，从此身心浑合，自归并中黄神室，故曰“先把乾坤为鼎器，次抟乌免药来烹”。身心既混合而归中黄，三家相见，自然打成一片而结圣胎，火候在其中矣，故曰“既驱二物归黄道，争得金丹不解生”。据星家书，月行有九道，其中央为黄道，日月会合，只在黄道中间。乌兔，即日月也；日月，即坎离也，安炉鼎而抟药物，即上章所云“取坎点离”也；归黄道而生金丹，即上章所云“变成乾体”也。只此四句，而鼎炉、药物、火候无不该具，故曰此括言金丹有作之要道也。下章乃逐节分言之。

二十八首

安炉立鼎法乾坤，煅炼精华制魄魂。
聚散细缊成变化，敢将玄妙等闲论。

此章申言安炉立鼎之妙用也。日中乌为日精，月中兔为月华。日本太阳真火，月为太阴真水。太阴之体，本来黑而无光，映日中太阳真火，乃生其光，其黑而无光处，所谓地魄也；其映日而生光处，即所谓天魂也。两家合成，元是一物，人身之真日、真月亦然。离外阳而内阴，其中一阴，乃太阳之真精也；坎外阴而内阳，其中一阳，乃太阴之真华也。学道之士，必须以离中真火，返照坎宫，坎中之金华，自出而应之，正犹月魄生明，而一阳来复矣。所以金丹下手工夫，必先安炉立鼎，而后煅炼药物。收视返听，乃安炉立鼎之初功；身心一如，则煅炼制伏之妙用也。身心会合，打成一片，真种才得入手，而有细缊变化之证验。孰知天魂、地魄，总是一机；日精、月华，元非两物。其中机窍，至玄至妙，必须真师亲授，岂可看作等闲家具，而高谈阔论乎？孟子所谓“难言”者，此也。此章单言安炉立鼎，而药物、火候已在其中。

二十九首

咽津纳气在人行，有物方能造化生。
鼎内若无真种子，犹将水火煮空铛。

此章申言药物须得丹头也。金丹一道，既知安炉立鼎，便须讨论药物。药物之伪者，人人能行之；一说到真种子，则举世茫然矣。试看咽津纳气，不过旁门小道，其中亦必有主宰底人，行之方验，况金丹大道，乌有其中无物而能自造自化者乎？太上云："有物浑成，先天地生。"此物生天、生地、生人，无所不造，无所不化。在人为未生以前面目，万劫不坏底元神；在丹道为真意，即炼药之丹头也。即如婴儿在母胎时，母呼亦呼，母吸亦吸，浑然而已。及至气足形完，一点灵光入于其中，才得囫地一声而成人。金丹作用，亦复如是，必须真意大定，收取一点元神，安住中宫，然后精凝气聚，结成胚胎，从此归根复命，宇宙在乎手，造化生乎身矣，故曰"有物方能造化生"。物者，浑成之物，即真种子也，即中黄真意也。学者若不知安一点于中宫，则神室中无主人，精气暂结终散，若空铛然，虽强以水火烧煮，而大药之丹头先失矣，故曰"鼎内若无真种子，犹将水火煮空铛"。此祖师提示丹头，吃紧为人之句。须知此处淆讹不少，一切旁门罕知真种，除彼家、炉火而外，有以凡精为真种子者，有以凡气为真种子者，有以昭昭灵灵底识神为真种子者，所谓"无量劫来生死种，痴人唤作本来人"也。昧却本来人，何处更觅真种子乎？此章单言真种，而鼎炉、火候已在其中。

三十首

纵识朱砂及黑铅，不知火候也如闲。
大都全借修持力，毫发差迟不作丹。

此章申言金丹之要，全仗火候也。学道者，既识真种，才用得坎离二物。朱砂，乃离中之汞；黑铅，乃坎中之金，此即金丹药物也。识药犹易，行火甚难。盖火非药不生，药非火不成。若徒知药物，而不知火候，岂能有所就哉？

火候之秘，只在真意，大约念不可起，念起则火燥；意不可散，意散则火冷。只要一念不起，一意不散，时其动静，察其寒温，此修持行火之功，所以倍难于得药也。倘毫发有差，则一刹那间铅飞汞走，大药丧在俄顷矣，可不戒哉？究竟“火候”二字，何所着落？真火者，我之神；真候者，我之息。以火炼药而成丹，即是以神驭气而证道也。此火候之真种子也。此章专言火候，而药物、鼎炉已在其中。须知炉鼎、药物、火候，名虽分三，其实则一，皆是空名而无实义，非圆机之士何足语此？

三十一首

黑中有白为丹母，雄里藏雌是圣胎。
太乙在炉宜慎守，三田聚宝应三台。

此章言三家相见，为金丹至宝也。如上所云鼎炉、药物、火候，分而言之也，此又合而言之。药物之秘，无过坎离，黑中有白，乃坎中赫赫之至阳；雄里藏雌，乃离中肃肃之至阴。此两者，乃金丹之母，而圣胎之本也。两者交通成和，是名太乙含真气，而真种已在炉中矣。学者到此，只消用天然真火，知黑守白，知雄守雌，绵绵若存，勿忘勿助，元精自然化气，元气自然化神，元神自然还虚。身中三宝，会聚三田，而应上天三台之象矣。此言会三归一，以成金丹也。

三十二首

恍惚之中寻有象，杳冥之内觅真精。
有无由此自相入，未见如何想得成？

此章言两弦之气，合而成金丹也。盖金丹大药，非坎离二物交会，无由而成。《道德经》云：“恍兮惚兮，其中有物；杳兮冥兮，其中有精。”恍惚中有物，是谓无中有，指离中真阴也；杳冥中有精，是谓有中无，指坎中真阳也。于恍惚之中而寻有象，杳冥之内而觅真精，此乃不寻而寻，不觅而觅，便是真意作用。打合两家，会归中土，有无从此交入矣。然此恍惚杳冥乃实地，非虚景也，学人须亲见亲证一番，大药才得成就。若未见而想像之，何啻水中捉月，镜里观花，其能成就金丹大药乎？

三十三首

长男乍饮西方酒，少女初开北苑花。
若使青娥相见后，一时关锁在黄家。

此章言金木交并，以结金丹也。丹道以水火为体，金木为用。震是长男，即离中木液也，龙也，汞也；兑为少女，即坎中金精也，虎也，铅也。丹道驱龙就虎，离中木液，先到西方，坎中金精，即出水以应之，故曰“长男乍饮西方酒，少女初开北苑花”。此龙虎初弦之气也。二气将见未交之际，只在一时，须得真意和合，引归中黄正位，从此金木交并，而结一黍之珠矣，故曰“若使青娥相见后，一时关锁在黄家”。青者，东方之色；娥者，少女之象；相见者，震兑始交也。自此以下，俱言并两为一，金丹作用。

三十四首

华岳山头雄虎啸，扶桑海底牝龙吟。
黄婆自解相媒合，遣作夫妻共一心。

此章申言金木交并，以结圣胎也。华岳山是西岳，西为金方，数得四，虎本属阴，雄虎乃阴中之阳，盖言坎中真铅，即金情也；扶桑海是东海，为木位，数得三，龙本属阳，牝龙乃阳中之阴，盖言离中真汞，即木性也。龙吟云起，虎啸风生，两物相交，有夫妇之象，更以真意为黄婆，媒合两象，使木性金情，并而为一，归到中黄，而圣胎结矣。此亦金丹法象也。

三十五首

西山白虎正猖狂，东海青龙不可当。
两手捉来令死斗，化成一片紫金霜。

此章申言金木交并，以产大药也。西山白虎，即“华岳山头雄虎啸”，喻身之不易伏也；东海青龙，即“扶桑海底牝龙吟”，喻心之未易降也。惟能以真意浑合身心，打成一片，此则把柄在手，并两归一，而大药生，自然化成紫金霜矣。与上章大略相似。

三十六首

赤龙黑虎各西东，四象交加戊己中。
复姤自兹能运用，金丹谁道不成功？

此章言和合四象，以成金丹也。以上俱言金木二用。究竟西方兑金，出自北方坎水；东方震木，出自南方离火。言二用已该四象矣，故不曰青龙、白虎，而曰赤龙、黑虎。坎中纳戊，离中纳己，即中央真土也。和合四象，会于真土之中，所谓精神魂魄意，攒簇归坤位，而金丹大药产矣。从此一阳为复，而动荡乎东北；一阴为姤，而收敛乎西南。两弦之气，合而为一，金丹之功，岂不既成乎？

三十七首

月才天际半轮明，早有龙吟虎啸声。
便好用功修二八，一时辰内管丹成。

此章言采龙虎两弦之气，以结金丹也。月圆于既望，人皆知为金丹法象，不知月之所以圆，由两弦之气合成，即《参同契》所谓“二八共一斤”也，用半轮即用一轮也。上弦兑体，象白虎；下弦艮体，象青龙。所谓“以身心分上下两弦”也。身心交会，便有龙吟虎啸之象，即以真意摄伏身心，两弦合成一气，收归坤炉，不出一时辰中，而金丹已成矣。通上数章，俱说打合龙虎两弦之气，以结金丹。不出一时而丹成，见其至简至易也，孰知一时，亦虚象哉？

三十八首

赫赫金丹一日成，古仙垂语实堪听。

若言九载三年者，总是推延款日程。

此章言金丹之妙，道机决于一日也。上章言，取龙虎两弦之气，以结金丹，而一时即成，可见金丹一道，至简至易，虽愚昧凡夫得之，立超圣地矣。奈世人，不知大道之简易，又为丹经中九载三年之说所惑，尚然疑根未净，妄起下劣之见，耽误一生，岂知得丹之候，究竟极其简易乎？古仙云："本来真性号金丹，四假为炉炼作团。"既知金丹是本来真性，则上根利智，当下可以了得。一旦放下身心，不染不着，心地廓然，真性自见，性复而命在其中矣。"金来归性，乃称还丹"，故曰"赫赫金丹一日成"。此即达摩西来，所谓"一念回机，便同本得"；孔子告颜渊，所谓"一日克己复礼，天下归仁"底境界。实乃向上一机，千圣心印，不特古仙垂训，抑亦三教同源，学人所宜直下承当者也。才说九载三年，便是钝根小器，推诿迁延、玩日愒月之曲说，岂笃论乎？彼盖不知真性现前，无可推诿处，无可迁延处也。然则丹经所云"九载三年"之说何居？曰：理须顿悟，如初生孩子，顿具百骸；事以渐修，如长养成人，必经岁月。纵使积累之功，毕竟要到三年九载，何妨于一日之顿具乎？噫！根性猛利者，当从此单刀直入矣。或疑上章既言"一时"，此章何以又换作"一日"？殊不知一时、一日，总虚象也。只要识得迅疾之机、攒簇之妙，一任易时为日，易日为时，无所不可。

三十九首

敲竹唤龟吞玉芝，鼓琴招凤饮刀圭。

近来透体金光现，不与凡人话此规。

此章申言金丹之证验也。上章言金丹成于一日，似乎至简至易，没甚奇特。然其中证验，可与智者道，难与俗人言也。姑以法象言之，仍不外坎离二物。竹者虚中之物，龟乃北方玄武之象，喻坎中一阳；玉芝喻离中真阴，所谓朱里汞也；琴者调和之器，喻黄婆也；凤乃南方朱雀之象，喻离中一阴也；刀圭喻坎中真阳，所谓水中银也。作丹之功，以中宫真意为主，必先放下万缘，虚心内照，倏然唤起坎中真阳，来与离中真阴交会，即以真意调和，招摄离中真阴，自然与坎中真阳相亲相爱，合为一气，故曰“敲竹唤龟吞玉芝，鼓琴招凤饮刀圭”。两弦合体，结成金丹，从此美在中而辉生，宇泰定而光发，透顶透底，放出金色宝光，自然照天照地，函盖乾坤，此等境界，岂一切下劣凡夫，所能窥测乎？彼尚群疑满腹，诸妄塞胸，话之何益？故曰“近来透体金光现，不与凡人话此规”。此系金丹确实证验，非世人一切妄见虚象，可以冒昧承当者，故我祖特地叮咛而赞叹之。

四十首

偃月炉中玉蕊生，朱砂鼎内水银平。
只因火力调和后，种得黄芽渐长成。

此章言并两归一而产药也。以上诸章，言两弦之气，和合为一，而金丹大药产矣。然非火候调停得宜，大药未易生也。偃月炉即玉池也，玉蕊乃坎中真阳，即所谓水中银也；朱砂鼎即金鼎也，水银乃离中真阴，即所谓朱里汞也。两者不可偏胜，贵得其平。然燮理之功，全仗火候调停而和合之，必须一念不起，一意不散，火候既足，真种自生，刹那之间，黄芽渐渐长成，勃然出土矣。此章言产药时，温养火候，不可不细参也。

四十一首

休泥丹灶费工夫，炼药须寻偃月炉。
自有天然真火育，何须柴炭及吹嘘。

此章言产药时真火候也。上章炉鼎对举，而此直曰偃月炉者，正指大药将产，一阳初动之时也。何为偃月？只因坎中真阳，与离中真阴，天然配合，神气相守，息息归根，有如晦朔之交，日月合璧。月魄既受日魂以成胎，至初三日庚方之上，露出一钩金性，乃成偃月之象，在卦象为震仰盂，亦主一阳初动，即大药入炉真法象也。此惟委志虚无，湛然长寂，直到虚极静笃，方可以致之。与后天一切渣滓之物，并一切起炉作灶、杜撰工夫，并没干涉，故曰“休泥丹灶费工夫，炼药须寻偃月炉”。真药既产，须假真火以炼之，所谓真火者，岂有他哉？只是息息归根，一念不起，一意不散，以俟真种之自化自育而已。岂待渣滓一物一毫帮补，与夫矫揉之功一毫费力哉？故曰“自有天然真火育，何须柴炭及吹嘘”。此章紧接上章，明示产药之候，使学人知时而用火耳。

四十二首

前弦之后后弦前，药味平平气象全。
采得归来炉内煅，炼成温养似烹鲜。

此章言大药入炉，当加温养之功也。上章但言炼药须寻偃月炉，孰知两弦之气，便是金丹大药乎？前弦，即上弦也；后弦，即下弦也。上弦金半斤，黑中有白；下弦水半斤，白中有黑。“白者金精，黑者水基。”但上弦之光，前黑而后白；下弦之光，前白而后黑。白处各得半轮，此云“前弦后、后弦前”，盖专取水中之金也。两个半轮，合成一轮，气象各得其平，月斯圆，药斯产矣。由是采归偃月炉中，煅炼而温养之，不敢躁急，不敢扰动，勿忘勿助，绵绵若存，火候既到，大药自然圆熟。《老子》云：“治大国，若烹小鲜。”其此之谓乎？究竟何谓上下两弦？身心是也。以真意和合身心，打成一片，便是煅炼工夫；又于意中忘意，便是温养工夫。切莫添出支节，此系产药时，养火之功，当与下章卯酉沐浴同看。

四十三首

兔鸡之月及其时，刑德临门药象之。
到此金丹宜沐浴，若还加火必倾危。

此章言金丹沐浴之功也。上章只说温养，而沐浴已在其中。此又发明卯酉二用、刑德并会之义，正见不可不沐浴。以法象言之，在一岁为二八两月，在一日为卯酉二时，大约是指点沐浴之候，切不可泥象执文。卯属兔，酉属鸡。木液旺在卯，此时阳中阴半，木中藏金，生处带杀，是德中有刑矣；金精旺在酉，此时阴中阳半，金中藏木，杀处带生，是刑中有德矣。两弦真气交会，只在一时间，此乃大药入炉，金丹凝结之候也。当将凝未凝之间，刑德并临，生杀未定，此时大有危险，片时得药，则刑转为德；顷刻丧失，则德转为刑。行功到此，必须洗心涤虑，放下万缘，一念不起，一意不散，如此沐浴，大药自然圆成。倘或纤毫念起，天真便丧，未免德转为刑，而有倾危之患矣。沐浴之法，不过委志虚无而已，其功只在一刻中，所谓“卯酉特虚比”也，此系金丹第一关键，非圣师亲授不知其妙。

四十四首

欧冶亲传铸剑方，镆铘金水配柔刚。
炼成便会知人意，万里诛妖一电光。

此章言金丹慧剑之用也。与上章沐浴工夫一时并用。祖师到此，忍俊不禁，又突出一奇峰，即世间有形之神剑，喻丹道无形之慧剑。盖铸剑之法，必须金水淬厉而成；结丹之功，亦必由金水煅炼而得。金水两弦真气，一刚一柔，合而成丹，正犹神剑之有干将、镆铘，配而成宝。两弦妙用，必须真师口授，亦犹铸剑神方之必传自欧冶矣，故曰“欧冶亲传铸剑方，镆铘金水配柔刚”。两弦之气，既妙合而凝，又以坤炉中真火淬厉而煅炼之，化成一气，是为吹毛利剑，又名慧剑，此剑锋不可触，触之即丧身失命。妙在“知人意”三字，意者，中黄真宰也。意即是剑，剑即是意，近在目前，远即万里。当大药入炉之时，倘有阴魔来侵，只索用慧剑，劈头一挥，当下即扫踪灭影矣，故曰“炼成便会知人意，万里诛妖一电光”。上两句言慧剑之体，下两句言慧剑之用。非真有慧剑之可用也，仍是先天一点灵光耳；亦非真有妖之可诛也，不过念起即觉，闲邪存诚之别名耳。吕祖云：“吾有三剑，说与世人：一断爱欲，二断烦恼，三断愚痴。”其即此剑也夫。

四十五首

调和铅汞要成丹，大小无伤两国全。
若问真铅何处是？蟾光终日照西川。

此章直指真铅之为丹基也。金丹大药，只是真铅一味，然必须两弦合体，烹炼而成。离中真阴为汞，恍惚中真象也；坎中真阳为铅，杳冥中至精也。阳大而阴小，似乎不均，惟以真意调和之，庶几两弦之气，各得其平，金丹乃成，故曰“调和铅汞要成丹，大小无伤两国全”。两弦合体，方称真铅，与后天之凡铅、凡汞迥别。盖晦朔之交，日月合璧，会于黄道，太阴水魄，吸取太阳金精，有金蟾之象，到初三日一钩现出金方，是为金蟾吐光，而金丹大药产矣，故曰“若问真铅何处是？蟾光终日照西川”。川者，水乡；西者，金体。水中之金是为金丹，终日照者即“赫赫金丹一日成”也。此与上数章，同在一时，盖温养沐浴既到，又得慧剑之用，金丹之功始圆。金丹圆而一阳复，便可采取烹炼，以结大还丹矣。

四十六首

八月十五玩蟾辉，正是金精壮盛时。

若到一阳来起复，便堪进火莫延迟。

此章言大药将产之候，急须采取也。上章云“蟾光终日照西川”，正指水中金而言，此所谓金精也。两弦并到，合成一轮，月乃圆而为望。八月建酉，而金旺于酉，正是金精旺极之时。所以月到中秋，光彩异常。此喻坎离既交，水中之金，赫然顿现，而大药将出炉矣，故曰“八月十五玩蟾辉，正是金精壮盛时”。水中金现，谓之活子时，此言金精壮盛，活子时到矣。纯坤之下，一阳初复，急须下手采取，以作还丹之根基，故曰“若到一阳来起复，便堪进火莫延迟”。此言大药方产，及时采取之作用也。

四十七首

一阳才动作丹时，铅鼎温温照幌帷。

受气之初容易吉，抽添运火却防危。

此章申言采药作丹之时，宜防危虑险也。水中生金，一阳初动，所谓金精壮盛之时，即身中活子时也。此时药苗新嫩，急须采取而烹炼之。吕祖云：“温温铅鼎，光透帘帷。”正指此时而言，故曰“一阳才动作丹时，铅鼎温温照幌帷”。学人到此，当及时进火，一升一降，浮沉老嫩之间，须索十分谨慎。慎之，则片时得药，是为“受气吉”；不慎，则顷刻失丧，是为“防成凶”，故曰“受气之初容易吉，抽添运火却防危”。抽添者，抽铅添汞，采药之作用也；运火者，上升下降，炼药之火候也。上章是候一阳初动而进火，此章便说进火之作用。前后相接如贯珠，章章皆然，读者请着眼。

四十八首

日月三旬一遇逢，以时易日法神功。
守城野战知凶吉，增得灵砂满鼎红。

此章申言金丹入鼎妙用，只在一时也。天上太阴，二十九日有奇而一周天，乃与太阳相会，是为晦朔之交，日月合璧而生明。丹道之妙，簇年归月，簇月归日，簇日归时，产药之与采取，只在一时，其神功妙用，恰与造化合符，故曰“日月三旬始一逢，以时易日法神功”。药之将产也，当虚以待之，是为守城；药之即产也，当动以应之，是为野战。此中火候，不可一毫差错，即《入药境》所谓“受气吉，防成凶”也。运火之际，若能虑险防危，避凶趋吉，则大药出坤炉而升乾鼎，养在黄庭，光明洞达而圆满矣，故曰“守城野战知凶吉，增得灵砂满鼎红”。此章又紧接上两章，言一阳初动而进火，进火而能防危，则大药入鼎，而神光焕发矣。

四十九首

玄珠有象逐阳生，阳极阴消渐剥形。
十月霜飞丹始熟，此时神鬼亦须惊。

此章言金丹脱胎之证验也。上章所云灵砂，即指金丹大药而言，乃先天一气，必须得诸虚极静笃、无思无为中，《庄子》所谓“赤水玄珠，得诸罔象”也。于是采之烹之，炼之养之，守城野战之功既到，剥尽群阴，露出一点乾元面目，金丹从此脱去胞胎，上升乾鼎，而造化之始基立矣。故有十月霜飞、胎圆丹熟之象。鬼者阴灵，神者阳灵，元珠成象，超出阴阳，鬼神莫测其机，乌得而不惊乎？须知金丹脱胎，与还丹脱胎迥别。此章以金丹而言，则阳极阴消，而有十月脱胎之象；以还丹而言，则又当阴极阳生，而为一阳初动之时。此处最要辨得分明，尚有重安炉鼎、再造乾坤一段工夫在后，不可不知也。

五十首

瑶池饮罢月澄辉，跨个金龙访紫微。
从此众仙相识后，海田陵谷任迁移。

此章申言金丹之可以立命也。上章言十月脱胎，明乎金丹大药，固已出坤炉而升乾鼎矣。瑶池，乃金母所居，即坤炉之法象也；紫微垣，乃天中巍巍尊高处，即乾鼎之法象也。金丹妙用，无过先天一气。先天乍到之时，絪缊交合，如登瑶池而饮琼浆，故曰“得之者，长似醉”。金精旺而蟾光盈，由是金丹大药，脱出坤炉，上升乾鼎，地中一阳，直透九天，岂非瑶池饮罢、月色澄辉，跨金龙而访紫微之象乎？金丹升到天谷泥丸，便是郁罗萧台、玉清圣境，百节万神到此，无不聚会，当下与大罗仙众，觌面相识矣。任他沧海成田，桑田成海，高岸为谷，深谷为陵，而我之元神，永无起灭，终不变迁，方信太上所云“谷神不死”，是真实语。上章言神鬼俱惊，此章言众仙并会，方见金丹立命之功，如此其神妙也。

五十一首

休施巧伪为功力，认取他家不死方。
壶内旋添延命酒，鼎中收取返魂浆。

此章括金丹全功，以起还丹作用也。上章言入瑶池、饮琼浆，即所谓“不死方”也。然何谓他家？性为主，我也，内药也；命为宾，他也，外药也。修炼之士，先了命而后了性，须从外药起手，饶他为主，我反为宾，颠倒之妙，篇中言之详矣。一切劳形按引、服气餐霞，总属巧伪小术，徒劳而无功。惟有先天一气，从虚无中来者，才能不落形气，超生脱死，故曰“休施巧伪为功力，认取他家不死方”。当其大药将产，而采归壶中也，是谓归根复命，点既枯之骨而命可延；及其一阳起复，而升入黄庭也，是谓返本还原，收已散之灵而魂可返矣，故曰“壶内旋添延命酒，鼎中收取返魂浆”。主宾颠倒，到此才了得金丹作用，而还丹之功从此起矣。更有下劣旁门，错认“他家”二字，流入采补，其罪可胜诛哉！

五十二首

雪山一味好醍醐，倾入东阳造化炉。
若过昆仑西北去，张骞始得见麻姑。

此章言金液还丹之作用也。前章所云延命酒、返魂浆，俱是金丹大药底证验，既灵且妙矣。然非猛火煅炼，以成还丹，则九转之功未全。还丹妙用，究竟不离水中金，故喻以一味醍醐。《涅槃经》云：“雪山有大力白牛，食肥腻草，粪皆醍醐，无青黄赤白黑色。”雪山，喻金方；白牛，喻金性之纯白；一味醍醐，乃“先天一气，从虚无中来”者，即水中金也。金性不染不杂，坚固圆成，其初产自庚方，既而从西转东，升于乾位，引入黄庭，采取而烹炼之，岂非造化之大炉冶乎？一切延命酒、返魂浆，到此悉化作醍醐上味，无二无别矣，故曰“雪山一味好醍醐，倾入东阳造化炉”，此尚带金丹法象而言；金丹大药，既入在造化炉中，候正子时一到，驾动河车，聚火载金，猛加煅炼，升至昆仑顶上，乾坤相见，交而为泰，一点金液，依然落在黄庭，而圣胎始圆矣，故曰“若过昆仑西北去，张骞始得见麻姑”，此乃大还丹之法象也。张骞是男子穷河源者，麻姑是仙姝。张骞乘槎，逆流直溯河源，过昆仑山顶，始见麻姑，总是颠倒乾坤法象，不必深求。

五十三首

坎电烹轰金水方，火发昆仑阴与阳。
二物若还和合了，自然丹熟遍身香。

此章统言合内外二药，而成大还丹也。金丹作用，专取水中之金，所谓“先天一气，从虚无中来”者。坎电，喻水中之火。白紫清云：“造化无声，水中火起，妙在虚危穴。”金水方，即虚危穴也。火烹雷轰，自此而起，只是采取一阳，引归乾鼎，以结金丹耳，以上俱说外药；直到正子时到，一阳初动，才用猛火煅炼，聚火载金，直达昆仑峰顶，从一阳之复升到六阳而为乾，从一阴之姤降到六阴而为坤，乾坤交姤罢，一点落黄庭，此即内药也。内外两种药物，到此合为一体，再加温养之功，还丹既熟，自然通身透亮，遍体生香，剥群阴而为纯阳，点凡躯而为圣胎矣。此章言内外合一，乃成金液还丹，下章方言温养之功。

五十四首

要知炼养还丹法，自向家园下种栽。
不假吹嘘并着力，自然果熟结灵胎。

此章言还丹入鼎，长养圣胎之功也。乾坤交罢，一点真种已落在黄庭，是为大还丹矣。猛煅极炼之后，急须加温养工夫。然温养之功，别无巧妙，只在自家方寸地上，刻刻护持，时时培植，便是乳哺真种底方法。其功全在真息，必须优游自在，勿忘勿助，如龙养珠，如鸡抱卵，此即天然真火也。真火赫赫长红，何假吹嘘；绵绵若存，何须着力。火力既到，纯亦不已，自然脱胎而神化矣。此言温养还丹之功，与上面煅炼相为表里者也。

五十五首

未炼还丹须急炼，炼了还须知止足。
若也持盈未已心，不免一朝遭困辱。

此章言还丹既得，当守之以无为也。盖有为所以了命，无为所以了性。还丹煅炼之功，正所以了命也。丹基一日未立，命非我有，故曰“未炼还丹须急炼”。然工夫虽妙，终落有作，未返自然，只可借此为渡河之筏。既到彼岸，定须舍筏而见性矣，故曰“炼了还须知止足”。若得丹之后，依然向外驰求，不肯休歇，只管搬弄精魂，在有作、有为上寻活计，何异船到彼岸，尚恋筏而不肯舍乎？此不特性宗未彻，永无解脱之期，并其所得之命宝，亦弗能享用矣，故曰"若也持盈未已心，不免一朝遭困辱"。盖还丹未得，不知下德之有为则落空；还丹既得，不知上德之无为则又着相。此了命之功，所以必兼了性也。

五十六首

否泰才经万物盈，屯蒙受卦秉生成。
此中得意须忘象，若究群爻漫役情。

此章言火候之妙，切不可泥象也。以上数章，俱说大还丹作用，而火候在其中。火候法象，惟《羲易》足以印之。先天之《易》，取定位以立本；后天之《易》，取交感以致用。故乾上坤下之卦，取其不交而为否；坤上乾下之卦，取其交而为泰。乾坤交姤以后，正转否为泰之时也，其间阳火、阴符进退之序，一刹那间，周天数足，诸卦诸爻，无不统摄矣。且乾坤之后，便受以屯蒙序卦者，良有深意。盖天地既交，则盈天地间一切万物，自然莫不生成。震以一阳动乎坎下，象万物之始生而为朝屯；艮以一阳止乎坎上，象万物之既成而为暮蒙。一生一成，即一动一静也。还丹之妙，亦无过一生一成。其初采药物于曲江之下，聚火载之而上升于昆仑，即朝屯之象，即天根之所以生也；其既姤乾坤于天谷之上，周天运之而凝结于丹鼎，即暮蒙之象，即月窟之所以成也。至于三田聚宝，则万物盈满之象，亦在其中矣。然丹道之用卦爻，但取一动一静，互为其根之机，以寓进火、退符之准，贵在得其大意之所在耳。若泥象执文，役役于朝屯暮蒙、一日两卦之序，何啻痴人说梦乎？大约火候之妙，全在"得意忘象"一句，祖师于此特点破之。

五十七首

卦中设法本仪刑，得意忘言意自明。
举世迷人惟泥象，却行卦气望飞升。

此章言"得意忘象"之为真火候也。丹经中鼎炉、药物、龙虎、铅汞种种建立，无非象也，又何疑于火候乎？故文不可执，象不可泥，即如屯蒙、否泰等法象，如虫御木，偶尔成文，何处可执泥耶？圣人立象之妙，譬如以手指月，月自在天，决不在指头上。学人能得意而忘象，得象而忘言，则象中之意，自将朗然洞彻。倘或泥象执文，役役于朝屯暮蒙、一日两卦，如法行持，便指望白日上升，岂非大惑不解之迷人乎？此章与上章略同。

五十八首

天地盈虚自有期，审能消息始知机。
由来庚甲申明令，杀尽三尸道可期。

此章申言卯酉周天之造化也。火候之妙，准乎造化，造化气机，只是一阴一阳，其中自有消息盈虚、与时偕行之妙。周天之大纲，以南北为经，东西为纬，观于先天方位图，乾南而坤北，日东而月西，则消息盈虚之机，概可见矣。大约盈则必消，消者杀机也；虚则必息，息者生机也。阳虚于子，盈于午，一到卯中，生机已不可遏；阴虚于午，盈于子，一到酉中，杀机已不可回。然生中有杀，杀中亦有生，生杀一时并到，此中消息之机，不可不知也，故曰“天地盈虚自有期，审能消息始知机”。还丹之妙，其周天火候，同乎造化，阴极生阳，六阳从地而升于子；阳极生阴，六阴从天而降于午。此南北之经也。有南北之经，自然有东西之纬。盖人身中，一日一月，人人俱足，日东月西，便分出甲木庚金，金木间隔，则水火之功尚未全。故当乾坤大交后，运行周天火候之时，急须用斗柄之机，斡旋身中日月，若璇玑之升降，循环不已，从下到上，从左到右，转而又转，战退群阴，使阴气渐消渐虚，阳气渐长渐盈，自然元精化元气，元气化元神，元神还太虚，身中之三尸自消，九虫自灭，此乃转杀机为生机，而归根复命之道得矣，故曰“由来庚甲申明令，杀尽三尸道可期”。三尸，乃人身中尸虫，一名三彭，相传以庚申日，上诣天曹，诉人罪过，夺命减算。修真之士，能炼还丹，卯酉之正令一行，则阴尽阳纯，三尸不守而自然灭除矣。

五十九首

四象会时玄体就，五行全处紫光明。
脱胎入口通神圣，无限神龙尽失惊。

此章言还丹脱胎之证验也。其初，四象会于中黄，金丹始结，玄珠已成象矣；再加聚火载金之功，逆上乾宫，烹之炼之，又从而温养乳哺之，剥尽群阴，露出乾元面目，直到矿尽金纯，烟消火灭，方成一粒龙虎还丹。五气俱朝于上田，三花皆聚于乾顶，浩气塞乎天地，慧光遍照大千，岂非四象会而玄体就、五行全而紫光明之象乎？斯时也，重立性命，再造乾坤，变种性为真性，转识神为元神，自造自化，不由天地矣。更须忘物忘形，积功累行，时时长养圣胎，直到瓜熟蒂落底时候，灵丹应时脱落，吞入口中，倏然云腾雨施，雷轰电掣，片晌之间，消尽一身阴滓，立地转凡成圣，而为鬼神所震惊、天龙所呵护矣，岂非通灵入圣而神龙失惊之象乎？此处独言入口，故知是还丹脱胎之象，与前面金丹脱胎迥然不同。大约此书已经再三校正，其工夫极有次第。首言大道源委，次言药物炉鼎，次言坎离交而成金丹。有采取温养之功，究言乾坤交而成还丹；有煅炼乳哺之功，一步步鞭，到此才说脱胎神化底证验。先后次第，秩然不乱，读者幸细辨之。

六十首

药逢气类方成象，道在虚无合自然。
一粒灵丹吞入腹，始知我命不由天。

此章言还丹之妙用，可以造命也。盖还丹之功，始于有作，终则无为。有作所以了命，无为所以了性。其初必取真阴、真阳，同类相感，方成大药；到得玄珠成象，太乙归真，乃返虚无而证至道矣。盖道自虚无生一气，一而二，二而三，遂至顺流不穷。今者攒五簇四，会三归二，而复返于一气，岂非自然之道乎？此以了命而兼了性也。炼之又炼，灵丹从昆仑顶上，应时脱落，吞入口中，从此宇宙在手，造化生身，我命在我，生死总不由上天矣。此章紧接上章“脱胎入口”来，确是还丹证验。入口、入腹，虽分两象，实无二义。须知“口”非饮食之口，“腹”非脐腹之腹，遇真师者自知之。

六十一首

大道修之有易难，也知由我亦由天。

若非积行施阴德，动有群魔作障缘。

此章言体道之士，当修德以格天也。灵丹入腹，命由我而不由天，信矣。然此特为了手者言耳。若夫下手之时，有易有难，未可概论，大约以真实心，承当则易；以巧伪心，袭取则难。一心真实，才能上达乎天。若稍涉巧伪，即便隔绝天心，自取魔障。故造命之工夫，虽由乎我，而出世之机缘，实由乎天，此决言阴德之不可不积也。行善而不求人知，谓之阴德。一切方便济人、慈悲及物之事，若《太上感应篇》所载者，学道之士，定当刻刻行持。行持之际，又当心安意肯，无所为而为之，切不可夹带一毫计功谋利、徼求福报底念头。倘或一念夹杂，便违心逆天，堕落魔眷属中，而障却大道因缘矣。盖世间魔障，一切皆从心造，一心积德，自然足以格天办道，其机括仍由我不由天也。然则造命之学，不特在了手后，即在下手时矣。发心担荷大道者，尤当三复此章。

六十二首

了了心猿方寸机，三千功行与天齐。
自然有鼎烹龙虎，何必担家恋子妻？

此章言了心之究竟处也。上章言大道必由功行，学道之士，定当积功累行，上合天心。行须八百，功必三千，似乎累世莫殚，毕生莫究矣。不知八百、三千，一切惟心所造，倘能一念回机，全身放下，方寸中空空洞洞，自然一了都了。三千之功、八百之行，当下立地圆满，而与太虚同体，同其广大高明矣，故曰“了了心猿方寸机，三千功行与天齐”。此即真空而该妙有者也。学者既悟空体，又须功行齐修。若一向空腹高心，拨无因果，自以为无修无证最上一乘法门，便是莽莽荡荡招殃祸矣。高上之士，一朝顿彻，且把这个拨置一边，仍旧去安炉立鼎，采取药物，行持火候，炼成龙虎大丹，空不碍有，其妙如是。既知空不碍有，即知有不碍空。到此地位，根尘识想，一切消落；大地山河，俱同幻影。此身尚非我有，何有于家？又何有于田园、妻子？种种身外之物，世间凡夫苦死守着田园，恋着妻子，一息尚存，不肯放下，岂知凡夫最贪著处，即道人大解脱处乎？此处本自然而然，不假排遣，故曰“自然有鼎烹龙虎，何必担家恋子妻”。此即妙有而该真空者也。到此方知有作无为，如火合火；尽性至命，如空合空。求其合一相，且不可得，何况分而二之乎？此系祖师末后全提之句，旧解多失其意，特为拈出，以告同志。

六十三首

始于有作人难见，及至无为众始知。
但识无为为要妙，谁知有作是根基。

此章结言金丹大道，当从有而入无也。上章已拈提空有不二宗旨，此遂直截指出，以为通篇结尾。世人但知有为所以了命，无为所以了性，不知其中自有缓急、先后之序。有为之功，在乎结丹，一切采取煅炼作用，必须乘时而应机，此其“绝利一源，三返昼夜”之功用，止可冷暖自知而已，人岂得而见之乎？及乎功深力到，百骸理而万化安，身心一如，归根复命，坐收清净无为之效，到此则美在其中，光辉发越，人皆得而知之矣，故曰“始于有作无人见，及至无为众始知”。此言不落有为，方见了手之妙，破世人执有之常见也。到得无为地位，形神俱妙，与道合真，自觉觉他，广宣妙法，谁不望而心折，皈命投诚？孰知其初，结侣入圜，死心煅炼，才得建立丹基。有为之功，若是其专且久乎？故曰“但识无为为要妙，谁知有作是根基”。此言不堕无为，方成起手之功，破世人执无之断见也。盖有作是了命边事，无为乃了性边事。学道者，偏于有作，则着幻相；偏于无为，则落顽空。一部《悟真篇》中，断常俱遣，割截两头，句句全提向上，总是要人身心一如，有无不二，亲证无上至真妙觉之道耳。到此乃双扫双建以结之，是通部一大关键也。

六十四首

（按六十四首卦数）

修行混俗且和光，圆即圆兮方即方。
显晦逆从人莫测，教人怎得见行藏。

此章言俗不碍道，乃出格之妙用也。《道德经》云：“和其光，同其尘。”此两言颇难体会。盖有道而不见其道，有德而不见其德，是为和光。自此与世间愚夫愚妇一般面目，一样举动，入净入垢，无所不可，是为同尘。混俗，即同尘之别名也。大修行人，直到了手后，一尘不沾，六通具足，正好随愿度人，多方利物，即或垂手入廛，游戏三昧，无所不可。以言乎行止，则或圆而或方；以言乎踪迹，则或显而或晦；以言乎机用，则或顺而或逆。天地鬼神，且莫测其行藏，而况于人乎？由是可以出世，可以入世；可以遁世，可以经世；潜见飞跃，总由乎心；仕止久速，各当其可。有如狮子之迷踪、神龙之变化，渊乎妙哉！所以文王系乾爻至用九，而垂无首之象；夫子见太上于柱下，而发犹龙之嗟。呜呼，至矣！

五言四韵一首

（以象太乙之奇）

女子着青衣，郎君披素练。
见之不可用，用之不可见。
恍惚里相逢，杳冥中有变。
一霎火焰飞，真人自出现。

此章统论金丹妙用，乃八十章之总结也。金丹妙用，不过取金木两弦之气合成。震木虽属长男，然从离火中出，女子之象也，且天三生木而地以八数包之，似乎男人女妆，故曰“女子着青衣”；兑金虽属少女，然从坎水中生，郎君之象也，且地四生金而天以九数包之，似乎女人男扮，故曰“郎君披素练”。夫此两弦之气，产于后天，孕在先天，当其形质未兆之时，便可取而用之；及乎形质既萌，已落后天阴气，才有可见，便不可用矣，故曰“见之不可用，用之不可见”。大药将产未产之际，机欲动而未离乎静，阳方生而未离乎阴，以其寂然不动，强名“杳冥”；以其感而遂通，强名“恍惚”。恍惚里相逢，动不离静；杳冥中有变，静极生动。所谓一动一静之间，天地人之至妙至妙者也。此时运火之功，洗心沐浴，只在霎时间，而金丹真种得矣，岂非一霎火焰飞，真人自出现乎？此一段是金丹工夫，再加向上之功，则脱胎神化，自然变现无方，超出轮回而与三清太上同其法身矣。祖师末了，作此以结束八十章，盖由博归约，返乎太乙之真也。

悟真篇阐幽卷之下

西江月

（西者，金之方；江者，水之体；月者，药之用。一十二首以周岁律。）

一

内药还同外药，内通外亦须通。
丹头和合类相同，温养两般作用。
内有天然真火，炉中赫赫长红。
外炉增减要勤功，妙绝无功真种。

此章总括内外二药，乃尽性至命之全功也。大道本无内外，一到金丹作用，便分出内外二药，其中有体有用，有宾有主，然古今知之者希。祖师大煞慈悲，不妨为学人旁通一线，通部《悟真篇》，无非指点内外二药，到此才明明点破耳。内药属先天，外药却须从后天返先天。盖无修无证，天然具足者，谓之内药；有作有为，返本还源者，谓之外药。内药了性，体具中黄，即元神而摄精气者也；外药了命，用寄坎离，即身心而合真意者也。元神本来寂然不动，感而遂通，寂不离感，感不离寂，内外之体同矣。当其寂也，一念不生，似乎无为；及其感也，六根互用，又不碍有为。内外之用通矣，故曰“内药还同外药，内通外亦须通”。先天一点灵光，圆陀陀地，便是大药丹头。高上之士，识此丹头，只消真意不散，元神内凝，身心两家，自然和合而交感矣。此即内以兼外，从源而达流。然内由外而至，仍当以外为要也。中下之流，未易及此，必须炼己立基，筑完城郭，处于中以制其外，制于外以养其内。先要和合身心，元神才凝，此即外以全内，从流而溯源者也。两家作用，殊途而同归，故曰“丹头和合类相同，温养两般作用”。药物既分内外两种，则炉鼎亦分内外两处，而火候亦当分内外两用。大抵内炉专在中黄，外炉兼摄六根；内火候专主无为，外火候兼于有作。学道之士，须令元神坐镇中黄，常应常静，自然真息绵绵，用之不勤，与元神相依相抱，一似炉中火种，昼夜不断，故曰“内有天然真火，炉中赫赫长红”。中黄便是内炉，元神便是内药，真息绵绵便是内火候，此即本体为工夫，不增不减者也，乃先天也。然后天有增有减之功用，即从此而出，凡人泄漏真性，多在六根门头，故二六时中，必须回光返照，时时收拾身心，其功可不勤乎？为学日益，故曰“增”；为道日损，故曰“减”。在工夫须当增之又增，在本体则当减之又减，即增即减，直到无可增减处，自然元精化元气，元气化元神，元神还太虚，而无功真种出矣。盖有增有减，尚属工夫边事，直到无增无减，才是无功之功、无上至真妙道。有增有减底工夫，恰好合着无增无减底本体。此内外二药，体相同而用相通者也，曰“外炉增减要勤功，妙绝无功真种”。盖内炉系中黄神室，元神不动即内药作用也。天然真火，内火候也，体也，主也，了性者也。外炉系坎离二用，和合身心，即外药作用也。增减勤功，外火候也，用也，宾也，了命者也。内外二药，打成一片，体用同源，宾主交参，性命全修，以至形神俱妙，所谓合内外之道，而一以贯之者也。

二

此药至神至圣，忧君分薄难消。
调和铅汞不终朝，早睹玄珠形兆。
志士若能修炼，何妨在市居朝。
工夫容易药非遥，说破令人失笑。

此章言大药至简至易，即内以摄外者也。上章言内外相同，才称金丹大药。然有辨焉：外药，后天之功也，出圣入神，必假作用；内药，先天之体也，即凡即圣，一切圆成。但恐信根浅薄，自家承当不过、消受不起耳。大药之用，无过真铅、真汞，身心是也。身心未易相合，须得真意以调和之。真意之不动处，即先天元神也。元神既复，身心自然打成一片，而玄珠成象矣。到此即神圣功用，当下立证，曾不终朝，所谓“赫赫金丹一日成”者也。奈何世人多信不及，往往劳形苦己，离妻入山，以为修炼。殊不知修炼之功，全在心地，但使心地洁净圆明，一切不染不昧，虽处市朝，何异深山穷谷，所谓大隐居廛市，是真修炼矣。盖身心两字，便是大药；先天一点元神，便是大药底丹头。这个丹头，人人具足，只因未遇真师点破，日用不知，不信大药至迩，工夫至易，而求诸远且难者，遂致当面蹉过，甘作凡夫。一旦点破，方知即此人人具足者，便是金丹大药；即此日用不知者，便是天然真火；即此甘作凡夫者，便可出神入圣，圆通无碍，有不哑然失笑者乎？《老子》所谓“不笑不足以为道”也。此章言即内药以摄外药，直证无为，了性而命在其中，所谓“修上一关，盖下二关”者也。

三

白虎首经至宝，华池神水真金。

故知上善利源深，不比寻常药品。

若要修成九转，先须炼己持心。

依时采取定浮沉，进火须防危甚。

此章言大药必假作为，即外以全内者也。盖内药无为，所以了性；外药有为，所以了命。了性者，即以一以该两，其机关至简至易；了命者，即两以还一，其作用极玄极微。金丹作用，须从和合四象起手。四象者何？地四生金，其象为白虎，中藏天一真水，是名首经而为至阳之宝，故曰“白虎首经至宝”；天三生木，其象为华池，中藏地二真火，是名神水而为至真之金，故曰“华池神水真金”。金木水火，分之名虽有四，合之只是坎离二物，二物逆转，便合成先天一气。先天一气，从虚无中来，源洁流清，绝无纤尘夹杂，《参同契》所谓“上善若水，清而无瑕”是也，故曰“故知上善利源深，不比寻常药品”。离中一阴属己土，己之象也，人心惟危，法当炼而消之；坎中一阳属戊土，心之象也，道心惟微，法当保而持之。炼己持心工夫，久久纯熟，到得虚极静笃，大药方生，即此一时，便全九转之功矣，故曰“若要修成九转，先须炼己持心”。大药一生，必须采取。采取之候，在坎离乍交、一阳初动之时。潭底日红，沉之象也，息念以守之，当虚己以待时；黄芽出土，浮之象也，用意以采之，当乘时而进火。此中消息，冷暖自知而已。候未到而遽采，是谓先时；候已到而不应，是谓不及时。先时则药太嫩，不及时则药太老，毫发差迟，便不作丹而可危矣，故曰“依时采取定浮沉，进火须防危甚”。此章言外药作用，从有作以反无为，了命而性在其中，所谓“从下二关，透上一关”者也。

此处“浮沉”二字，与上卷不同，上卷指坎离交会时说，此处却说采药进火底时候，当细辨之。

四

七返朱砂返本，九还金液还真。
休将寅子数坤申，但看五行成准。
本是水银一味，周流历遍诸辰。
阴阳数足自通神，出入不离玄牝。

此章言大药返还之妙，合内外而言之也。盖内药之体在谷神，不离玄牝；外药之用在二物，须要返还。然七返九还、颠倒逆用之妙，岂易知哉！何谓七返九还？其法象出自《河图》。天一生水，地六成之，坎属水而数得七，已含火象，其中一点实处，本是乾家太阳真火，火结为砂，岂非朱砂之象乎？地二生火，天七成之，离属火而数得九，已含金象，其中一点虚处，本是坤家太阴真水，金化为水，岂非金液之象乎？学道之士，必须取离中这点真阴，还于坎宫而成坤，便取坎中这点真阳，返于离宫而成乾，是谓返本还源，而先天之体复矣，故曰“七返朱砂返本，九还金液还真”。其初以北方之水，返为南方之火；既而以南方之火，还为西方之金。以火炼金，是名金丹；炼成纯乾，是名金仙。彼《河图》之翻作《洛书》，金火互换，先天之转为后天，离居乾位，皆此意也。世人不知造化之妙，遂以自寅顺数到申为七返，自申逆数到子为九还，可发一笑。岂知水火一生一成，乃五行自然之准则乎，故曰“休将寅子数坤申，但看五行成准”。以二物对说，虽分属坎离，其实真铅大药一味而已。究其根源，只以坎中一阳作主。盖天一真水，从中而出，为性命之根源，包罗万化，具足五行。其初一变为铅，在北方坎宫，为亥子水，此真铅之本身也；及乎二变为砂，在南方离宫，为巳午火；三变为汞，在东方震位，为寅卯木；四变为银，在西方兑位，为申酉金；五变为土，在中黄坤宫，为辰戌丑未四土，故曰“本是水银一味，周流历遍诸辰”。此言其顺流而出者也。逆而转之，只此真阴、真阳，便是七返九还之功，到得九转功成，胎圆气足，适合造化九九八十一之阳数，自然脱胎而入神化，即《老子》所谓“谷神不死”者也。然谷神不死，须从玄牝立基。其初，一分为二，从谷神分出玄牝，自内而出外，即一味之流遍诸辰者也；其既，二转为一，从玄牝合成谷神，自外而入内，即二物之返本还真者也。故曰“阴阳数足自通神，出入不离玄牝”。首章全提内外二药，是总纲；次章言至圣至神之功，即内以统外也；三章言炼己持心之要，即外以还内也；此章遂言返还之妙，归本谷神，乃合内外而言之也。

五

牛女情缘道本，龟蛇类本天然。
蟾乌遇朔合婵娟，二气相资运转。
总是乾坤妙用，谁人达此真诠？
阴阳否隔即成愆，怎得天长地远？

此章言二物妙用，不宜间隔也。上章言七返九还，不离玄牝，则坎离之不可不交，明矣。即以物情征之，牛女，天上双星也，必假鹊桥之会；龟蛇，地中两物也，合成玄武之形。至于日中之乌、月中之兔，必至晦朔交会，乃萌滋元气而生明，总是阴阳二气，相资运转，顺去生人生物者，逆之则成丹。盖乾父坤母，资始资生之妙用；即坎男离女，反本还源之真诠。世人独修一物，未免落在孤阴寡阳边。由是火水未济，天地不交，而成否隔之愆。既不能与天地同其功用，岂能与天地同其长久乎？此言了性者必须立命，才合返还妙用，独修一物便非大道。有等旁门，因阴阳否隔字面，流入彼家房术，诳惑愚夫，则又罪不容诛矣！

六

若要真铅留汞，亲中不离家臣。
木金间隔会无因，须用媒人勾引。
木性爱金顺义，金情恋木慈仁。

相吞相啗却相亲，始觉男儿有孕。

此章言坎离始交，金丹之法象也；上章言阴阳否隔，即金木间隔之象。其所以间隔者，由介绍之无其人，未得真土调和耳。水中生金，是名真铅；火中生木，是名真汞。汞性轻浮，极易飞走，惟真铅足以留之，即所谓“金鼎欲留朱里汞，玉池先下水中银”也。然非真土，坐镇中宫，岂能调和两家之情性乎？故欲真铅之留汞，非亲近家臣不可；欲木金之不隔，非媒人勾引不能。家臣、媒人，皆指真土，即所谓黄婆也。盖金情至刚，木性至柔，金能克木，两不相得。金木既未肯相顺，铅汞遂未肯相留。惟得真土和合，则木性不畏金之刚，而转爱其顺义；金情不嫌木之柔，而转恋其慈仁。由此真虎、真龙，相吞相啗，转更相亲，身心打成一片，而元神出其中矣。圣胎圆而真人现，岂非男儿有孕者乎？此言三家相见，以成金丹之法象也。

七

二八谁家姹女？九三何处郎君？

自称木液与金精，遇土方成三性。

更假丁公煅炼，夫妻始结欢情。

河车不敢暂留停，运入昆仑峰顶。

此章言煅炼、交媾，还丹之作用也；前章言坎离交而大药孕，金丹之基立矣。犹未及煅炼之火候也，故即以三家相见者申言之。二八姹女，即木液也；九三郎君，即金精也。其初，两物间隔，无由相通，一遇中黄真土，遂勾引而摄合之，所谓“追二气于黄道，会三性于元宫”是也。勾引虽仗黄婆，调停全凭真火。丁公者，文火也。金木交并之时，须用文火温养之，两家情性，自然和合欢好，大药产矣。大药既产，活子时到，必须采取真铅，送归土釜，仍以文火温养之，此申言金丹作用也；温养既足，正子时到，亟须驾动河车，从尾闾起火，透夹脊，过玉枕，运到昆仑顶上，用武火猛烹极炼，乾坤交姤罢，一点落黄庭，大药始入鼎而凝结矣，此乃言金液还丹之作用也。丹既入鼎，再加乳哺温养工夫，久久纯熟，至于圣胎圆而真人现，九转之功于是乎毕。

八

天地才经否泰，朝昏好识屯蒙。
辐来凑毂水朝宗，妙在抽添运用。
得一万般事毕，休分南北西东。
损之又损慎前功，命宝不宜轻弄。

此章言还丹之功，从有以入无也。上章言河车运火，直上昆仑，则乾坤既已大交，向之乾上坤下而为否者，今坤上乾下而翻为泰矣。然火候之进退，不可不谨。阳动而进火，为朝屯之象也；阴静而退火，为暮蒙之象也。举两卦而六十卦反退之象，一进一退，悉在其中矣，故曰“天地才经否泰，朝昏好识屯蒙”。乾坤交姤罢，一点落在黄庭。先天真种，既已入鼎，后天周身之气，自来归命，有若三十辐之共凑一毂，百川众流之朝宗大海。但须时时抽铅添汞，炼尽阴气，以还纯乾，运用之妙，存乎火候耳，故曰“辐来凑毂水朝宗，妙在抽添运用”。前此金木间隔，火水未济，东西南北，各居一方；到此混而为一，元神坐镇中黄，超然独尊，东西南北，浑然总是一家，得一而万事毕矣，故曰“得一万般事毕，休分南北西东”。功用到此，只求日减，不求日增，只消抱一守中，常应常静，从有作以入无为，即太上所谓“损之又损，以至于无”也。盖从前有作之功，都缘立命，命宝既立，便当了彻性宗，直证无上妙觉。倘只管恋着命宝，搬弄精魂，便落在有为法中，譬如登岸之时，犹然恋筏而不肯舍，纵使寿同天地，一愚夫耳，故曰“损之又损慎前功，命宝不宜轻弄”。此首要学人，直下了性，乃祖师末后全提句也。

九

冬至一阳来复，三旬增一阳爻。
月中复卦朔晨超，望罢乾中姤兆。
日又别为寒暑，阳生复起中宵。
午时姤罢一阴朝，炼药须知昏晓。

此章言攒簇周天，乃火候之法象也。大丹之功，全仗火候；火候之秘，不可以言宣。先圣不得已，寓之易象，复姤之妙，又不可以言宣，姑以年月日时，寓其法象，大约只是阳动、阴静两端而已。以一年计之，十一月冬至，一阳初动为复，每月增一阳爻，十二月二阳临，正月三阳泰，二月四阳大壮，三月五阳夬，直到四月六阳成乾，阳极而阴生矣；五月一阴初静为姤，每月增一阴爻，六月二阴遁，七月三阴否，八月四阴观，九月五阴剥，直到十月六阴成坤，阴极而阳又生矣。此言一年之火候也。古圣恐世人着在年上，乃移一年之火候于一月，以月朔当复卦，一阳初生，上弦适当二阳之兑，至望而成乾，三阳足矣；月望当姤卦，一阴始生，下弦适当二阴之艮，至晦而成坤，三阴足矣。此言一月之火候也。又恐世人着在月上，乃移一月之火候于一日，以子时一阳当复卦，到巳而为六阳之乾；午时一阴当姤卦，到亥而为六阴之坤。一日之中，已具足一月之晦朔，并一年之寒暑。大约取阳动阴静，而金丹之火候，视此以为进退而已。一阳初动，朝晨之象，即年中之冬至，月中之朔日也，当准之而进阳火；一阴初静，黄昏之象，即年中之夏至，月中之望日也，当准之而退阴符。簇年归月，簇月归日，簇日归时，只在一时动静中，自分昏晓而已。故总收之曰“练药须知昏晓”，绝句中“一时辰内管丹成”，即此意也。孰知一时，又簇在一刻哉？又孰知时本无时，刻本无刻哉？噫！此真火本无候，至妙之机关也。

十

不辨五行四象，那分砂汞铅银。
修丹火候未曾闻，早便称呼大隐。
靡肯自思己错，更将错路教人。
误他永劫在迷津，似恁欺心怎忍？

此章言盲师不识金丹之妙，自误以误人也。金丹法象，原本《河图》。盖《河图》以一中，统摄四方。水火木金，分列四方，是为四象；四象会于中五真土，是为五行。造化之妙，一落到当人身上，人人具足，个个圆成。只此造化，顺之则生人生物，逆之则成佛成仙。天机难泄，古人不得已，著为丹经，近取诸身，喻为夫妇男女；远取诸物，喻为砂汞铅银。总之，皆法象也。至于真药、真火之骨髓，万劫一传，非得真师面授，迥无入处。世间有等愚夫，不经师承，猖狂妄行，闯入旁蹊曲径，一切杜撰，不知何者为五行？何者为四象？何者为砂汞、铅银？此辈尚未识药物之面目，况火候乎？然旁门中有数等，最下者，误执砂汞、铅银为点金之术，错认夫妇、男女为御女之方；高者，不过搬弄身中精气；最高者，亦不过见到澄澄湛湛底识性，内守幽闲，独修一物而已。堪笑此辈，自己盲修瞎炼，不肯认错，乃空腹高心，妄称大隐，一日弟子未做，便去好为人师。教者以盲引盲，学者将错就错，引出一班瞎弟子，谤毁正道，指斥真师，无所不至。此辈不遇明眼人点破，生生劫劫，永堕迷津，自误误人，一至于此，其罪可胜诛耶？祖师剖泄金丹大道到此，特为天下后世杜撰盲师，痛下棒喝，大煞慈悲矣！

十一

雄里内含雌质，真阴却抱阳精。
两般和合药方成，点化魂灵魄圣。
信道金丹一粒，蛇吞立变龙形。
鸡餐亦乃化鸾鹏，飞入真阳圣境。

此章言金丹大道，能超凡入圣也。金丹之要，只在坎离二物，故不厌谆复言之。离本太阳真火，阳中含阴，外实内虚，心之象也；坎本太阴真水，阴中包阳，外虚内实，身之象也。火中生木，是为阳魂；水中生金，是为阴魄。金木者，水火之交也，所以魂魄，即寄于身心。心非肉团之心，乃先天凝聚之元精也；身非四大假合之身，乃先天流行之元气也。身心妙合，便是先天元神。但一落后天形气中，身界根尘，役役于外；心缘诸识，憧憧于中。逐妄迷真，遂至魂魄相离，流浪生死，长沉苦海。学道之士，当以真意为媒，和合身心，身心一如，寂然不动，金丹大药，才得圆成。阳魂阴魄，到此一齐点化，合为元神，而至灵至圣矣。得此真种，倏忽之间，便能转形色为天性，点凡胎作圣胎，一切自身中众生，到此立地超脱，不生不灭，湛然长存。只此金丹一粒，蛇吞之而变神龙，鸡餐之而化鸾凤，自然飞入真阳圣境矣。真阳圣境者，乃玉清、上清、太清三境，无极无上大罗天宫也。究竟三境，岂别有哉？即本来元精、元气、元神，会三为一者也。蛇变龙，鸡变凤，总是转凡成圣底法象，切莫向痴人前说梦，亲证道妙者，自当知之。

十二

德行修逾八百，阴功积满三千。
均齐物我与亲冤，始合神仙本愿。
虎兕刀兵不害，无常火宅难牵。
宝符降后去朝天，稳驾鸾舆凤辇。

此章言学道之士，当修德以凝道也。道与德，如形之与影，寸步不可离，所以子思子云："苟不至德，至道不凝焉。"又如《周易》乾坤两卦，乾属道，坤属德，若非君子之厚德载物，岂遽能如圣人乘六龙以御天哉？学道之士，愿力第一要广大：必先度尽一切众生，然后圆满正觉。行修八百，功积三千，皆愿力中事也。《金刚般若》云："是法平等，无有高下。"世人但知天地至广至大，一切蠢动含灵之物，至微至细，孰知天地本来与我同根，谁是胜我者？一切蠢动含灵之物，本来与我同体，又谁是不如我者？究竟到此，何物何我，何亲何冤，管教均平齐一，无高无下，始合神仙度生之本愿矣。功行到头，道与德而并隆，形与神而俱妙，自然虎兕不能伤，刀兵不能害。无常倏忽，我则以谷神为大年；火宅燔烧，我则以露地为安宅。不生不灭，是真宝符；常清常静，是真天堂。脱却羊鹿小乘，便是龙车凤辇。本来如是，尊矣贵矣，岂别有宝符之可降，上天之可朝，琼舆凤辇之可稳驾哉？虽然为上根言，只是"道德尊贵"一句足矣。但中人以下，往往信不及，祖师恐学道人，流入断见，姑现宝几珍御身而为说法耳。

又一首

（以象闰月）

丹是色身至宝，炼成变化无穷。
更能性上究真宗，决了无生妙用。

不待他生后世，眼前获佛神通。
自从龙女著斯功，尔后谁能继踵？

此章言性命全修，一生证果，乃《悟真篇》之总结也。首章言内外二药，便是性命两宗作用，至此摄用归体，直下示人，见性以圆命功也。盖立命之功，全在金丹。金丹大药，本从无中生有，攒五行，簇四象，会三家，并二物，而归一气者，一得永得，坚固不坏，炼之又炼，直到九转功成，上天下地，出幽入明，无所不可。金丹一道，岂非色身至宝，而炼成变化无穷者乎？此关尹子所谓“见精神而久生”者也。虽则千变万化，然生生化化，未有了期，终不脱“长生”二字。更须从此直下一脱，彻见本性，顿证无生。方知山河大地，全露法身；往古来今，不出一息，更有何至宝之难舍、变化之足夸？岂非决了性宗，而彻证无生妙用者乎？此关尹子所谓“忘精神而超生”者也。奈何小乘之仙，未能顿见毗卢本性，往往从劫到劫，难登佛地。不若大心众生，直了无生，一彻俱彻，从此三身具足，六通圆明，以一生圆旷劫之果，现前境界，便与诸佛把手游行，岂待他身后世乎？所云大心众生，若《涅槃》之屠儿、《华严》之善财、《法华》之龙女是也。屠儿以放下屠刀，立证贤劫菩提；善财以遍参知识，会入弥勒楼阁，并称上根矣。至如龙女，以宝珠献佛，刹那之间，转女成男，往南方无垢世界，坐宝莲华，成等正觉，岂非现前获佛神通者耶？后之继踵而起者，宁遂无其人耶？祖师特地叮咛于篇末，若将旦暮遇之矣。夫龙女成佛一案，据李长者《合论》云，此经中表法耳。今即以金丹法象表之，其作用无不合符。大海者，坎地也；女子者，纯阴之象。龙女，表阴中之阳也；八岁，表二八之数也。宝珠价值三千大千世界，表水中之金，乃身中无价至宝也。持以上佛者，还之于乾也；女转成男者，离变为乾，变化无穷之象也。南方者，后天离位，即先天乾位也。宝珠一上，金来归性，脱尽阴滓，炼之即色身至宝，了之即无生妙用也。从此后天之离，依然转作先天之乾，其体则刚健中正、纯粹以精；其用则各正性命、时乘变化，是名无垢世界，而成等正觉矣。《法华》权示龙女公案，以表一乘妙法；《悟真》特取龙女法象，以表金丹妙道。金丹之妙道，非即一乘之妙法乎？此章总收性命二宗，以应首章内外二药，不特为十二章结尾，乃《悟真篇》通部之结尾也；不特为《悟真篇》关键，乃万卷丹经之关键也；不特万卷丹经，并《河》《洛》妙义，《周易》《参同》《道德》《阴符》，一切三洞真经、三藏教典、千八百则公案，无不在其中矣。

绝句五首

（以象五行）

一

饶君了悟真如性，未免抛身却入身。
何似更兼修大药，顿超无漏作真人。

此章言了性必须了命也。真如本性，人人具足，本来无修无证，但在凡夫身中，暂为五蕴所覆耳。若能一念回机，便同本得，当下即了悟矣。然理须顿悟，事以渐修，即如一身之中，六根门头，尚有无始以来种种习气，当煅炼而熏修之，实实落落，当从身上熏修取证。从上诸祖见性之后，潜修密证，身心一如，直到习漏既尽，何难一生证果？所谓“现前获佛神通”者，此也。不则舍身取心，欲速见功，倘回首之时，一毫习漏未尽，不免抛身而入身矣。内典云：罗汉尚有隔阴之迷，如沩山曾三世为国王，几乎忘却本来面目；云门曾三世为国王，便失却神通，可不危哉！修证之捷径，莫若金丹大药。大药妙用，只在以火炼金。若能取日用之猛火，炼本来之真金，直从六根门头，炼之又炼，煅尽无始以来习气，直到矿净金纯，露出无位真人面目。有修有证者，恰合其无修无证之本性，于是从无相而生实相，即法身而成报身，是谓九转功圆，形神俱妙，超出一切有漏因果，永无抛身入身之患，而称大觉真人矣。此祖师为独修一物者，痛下针砭。然篇中所云“了悟”，只指后来一橛禅耳。若从上诸佛诸祖，皆穷理尽性至命，以证无漏妙果者，未可一概而论也。

二

投胎夺舍及移居，旧住名为四果徒。
若会降龙并伏虎，真金起屋几时枯？

此章言小果之不足证也。从古到今，只有金丹一道，可以超脱生死。然大道难闻，小果易就。更兼世人根器大小不同，舍大取小者颇多，往往各执一法，得少为足，一旦大限已到，功行未圆，生怕抛身入身，故作种种伎俩：有习归空之诀而投胎者，有夺死人之舍而更生者，有恐宅舍不坚，长用迁徙之法而为移居者，又有志在留形住世，隐处深山穷谷而为旧住者。总而言之，则曰“四果徒”，皆由未知金丹大道，遂落小果。金丹之要，只在一龙一虎。龙虎，即身心也。若能降伏身心，便是降龙伏虎。真空之身，与妙有之心，浑合无间，自然形神俱妙，此万年不坏之真金，即人人安身立命之本宅也。真金起屋，何时而枯？从此经行坐卧，长住其中，任他沧海成田，我自安然不采，何有破损迁徙之患，而学区区小果乎？

三

鉴形闭息思神法，初学艰难后坦途。
倏忽纵能游万国，奈何屋破却移居。

此章言小道之不可久也。真金起屋，才得不枯，可见一切非真金者，俱不能长存矣。奈何旁门小法，各取其验，世人多为歆动。鉴形者，铸一大镜，时时鉴照已形，久之自忘其形，不觉入镜中矣。或曰即闭目静坐，鉴观己形也亦通；闭息者，闭住呼吸之气，自一息、两息，以至千万息，置鸿毛于鼻端，一毫不动，方称效验；思神者，或默朝上帝，或存想昆仑，久之而神出矣。三者一着于形，一着于气，一着于神，皆落后天渣滓，与金丹大道至简至易者，何啻霄壤？此等小法，初学甚是艰难，其功力既专且久，俱能定中出得阴神，倏忽之间，游遍九州万国，可谓得意之极矣。奈何宅舍难固，形神易离，能无屋破而移居乎？此亦四果之徒，难免无常大限者。学道者，当勤求金丹大药，不可以此自限也。

四

释氏教人修极乐，只缘极乐是金方。
大都色相惟兹实，余二非真漫度量。

此言直指自性西方，令学人知所归宿也。释教有净土法门，劝人念佛，念到一心不乱，寿命终时，佛来接引，往生西方极乐世界，详见《弥陀》等经。世人但执西方之相，罕能穷源，不知此亦古佛应化，一时方便之谈，未可取相昧性，自生窒碍也。盖东方属木，乃造化发育之乡；西方属金，乃造化归藏之地。即《易》象观之，后天乾居西北，便是金方，东方出震之帝，到此才得归根复命，李长者云“佛乃至阳之德”是也。亘古亘今，只有这点乾金，纯粹以精，为人人本来真性。此金其性坚刚，万劫不坏；其质纯白，一切不染。不染不坏，自在长住，岂非极乐世界乎?《维摩经》云:“随其心净，即佛土净。”《坛经》云“但心清净，即是自性西方”是也。夫此金性，非常非断，无色无相，却又能现出丈六金身、三十二相。无色之身，是谓法身；无相之相，是谓实相。妙有真空，一时具足，西方极乐，只在眼前，所谓“只此一事实，余二即非真”者也。若从西方远近、极乐有无、秽净取舍、往生去来上拟议卜度，则去久矣。可见东华之上真，即西方之古佛；金丹之大道，即金仙之极果也。此《维摩》所谓“不二法门”也。祖师恐学人生二见，特为提破。

五

俗语常言合至道，宜向其中细寻讨。
能于日用颠倒求，大地尘沙尽成宝。

此章言至道不离迩言，令学人会无言之意也。祖师著《悟真篇》，到此将搁笔矣，恐人只作玄言妙义会过，枉却一片婆心，故特地叮咛告说：汝等诸人，切勿从俗语常言外，另觅玄言妙义，以为至道也。真正至道，只在十字街头、闹浩浩地俗语常言中，但未向其中细细寻讨耳。至道云何?当初一生二，二生三,三生万物，一切以顺而生，百姓日用而不知者，此也。所谓“五行顺行，法界火坑”，生机转作杀机矣。若能摄万归三，摄三归二，摄二归一,一切以逆而成，圣人洗心而退藏者，此也。所谓“五行颠倒，大地七宝”，杀机转作生机矣。生机、杀机，原非两橛；转与不转，只在当人，故曰“能于日用颠倒求，大地尘沙尽成宝”。大地喻世界，即身是也；尘沙喻众生，即心是也。学人能从日用饮食、七颠八倒中，一念回机，消归自己，到得身心一如，则世界众生，有情无情，彻上彻下，亘古亘今，一切皆成正觉。何有大地尘沙之非七宝乎？又岂有圣凡之可分，净秽之可界，圣贤仙佛之可别乎？颠倒之秘，全在俗语常言中。须知通部《悟真篇》，皆俗语常言也；万卷丹经，亦俗语常言也；三藏十二部、六经、诸子百家，一切俗语常言也。执此求至道不得，离此求至道亦不得。毕竟如何？曰：神而明之，存乎其人。

读《周易参同契》

大丹妙用法乾坤，乾坤运兮五行分。五行顺兮，常道有生有灭；五行逆兮，丹体常灵常存。一自虚无兆质，两仪因一开根。四象不离二体，八卦互为祖孙。万物生乎变动，吉凶悔吝兹分。百姓日用不知，圣人能究本源。顾易道妙尽乾坤之理，遂托象于斯文。否泰交，则阴阳或升或降；屯蒙作，则动静在朝在昏。坎离为男女水火；震兑乃龙虎魄魂。守中则黄裳元吉，遇亢则无位而尊。既未慎万物之终始，复姤昭二气之归奔。月亏盈应精神之衰旺，日出没合荣卫之寒温。本立言以明象，既得象以忘言。犹设象以指意，悟其意则象捐。达者惟简惟易，迷者愈惑愈繁。故之修真之士，读《参同契》者，不在乎泥象执文。

赠白洞刘道人歌

玉走金飞两曜忙，始闻花发又秋霜。徒夸篯寿千来岁，也似云中一电光。一电光，何太速，百年都是三万日。其间寒暑互煎熬，不觉童颜暗中失。纵有儿孙满眼前，却成恩爱转牵缠。及乎精竭身枯朽，谁解教君暂驻延。暂驻延，既无计，不免将身归逝水。但看古来圣贤人，几个解留身在世？身在世，也有方，只为世人没度量。竞向山中寻草木，伏铅制汞点丹阳。点丹阳，事迥别，须向坎中求赤血。捉来离位制阴精，配合调和有时节。时节正，用媒人，金公姹女结亲姻。金公偏好骑白虎，姹女常驾赤龙身。虎来静坐秋山里，龙向碧潭奋身起。两兽相逢战一场，波浪奔腾如鼎沸。黄婆丁老助威灵，撼动乾坤走神鬼。须臾战罢云雨收，种个玄珠在泥底。从此根苗渐长成，随时灌溉抱真精。十月脱胎吞入口，不觉凡身已有灵。此个事，世间稀，不是等闲人得知。夙世若无仙骨分，容易如何得遇之。得遇之，宜便炼，都缘光景急如箭。要取鱼时须结罾，莫待临渊空叹羡。闻君知药已多年，何不收心炼汞铅。休教烛被风吹灭，六道轮回莫怨天。近来世上人多诈，尽著布衣称道者。问他金木是何般，禁口无言如害哑。却云伏气与休粮，别有门庭道路长。君不见《破迷歌》里说，太乙含真法最良。莫怪言辞多狂劣，只教时人难鉴别。惟君心与我心同，方敢倾怀向君说。

石桥歌

吾家本住石桥北，山镇水关森古木。桥下涧水彻昆仑，山下有泉香馥郁。吾归山内实堪夸，遍地均栽不谢花。山北穴中藏猛虎，出窟哮吼生风霞。山南潭底隐蛟龙，腾云降雨山濛濛。二兽相逢斗一场，玄珠隐伏是祯祥。景堪羡，吾暗喜，自斟自酌醺醺醉。醉弹一曲无弦琴，琴里声声教仔细。可煞醉后没人知，昏昏默默恰如痴。仰观造化工夫妙，日还西出月东归。天是地，地是天，反覆阴阳合自然。识得五行颠倒处，指日升遐归洞天。黄金屋，白玉椽，玉女金童日侍前。南辰北斗分明布，森罗万象现无边。无昼夜，要绵绵，聚散周天火候全。若问金丹端的处，寻师指破水中铅。木生火，金生水，水火须分前后队。要辨浮沉识主宾，铅银砂汞方交会。有刚柔，莫逸意，知足常足归本位。万神齐贺太平年，恁时国富民欢喜。此个事，好推理，同道之人知此义。后来一辈学修真，只说存养并行气。在眼前，甚容易，得服之人妙难比。先且去病更延年，用火烹煎变阳体。学道人，去思己，休问傍门小法制。只知目下哄得人，不觉自身暗憔悴。劝后学，须猛挚，但休抛家住他地。妙道不离自家身，岂在千山并万水？莫因循，自贪鄙，火急寻师觅玄旨。此生若不学修行，未知来生甚胎里。既有心，要终始，人生大事惟生死。皇天若负道人心，令我三涂为下鬼。

后　序

人之生也，皆缘妄想而有其身，既有身，则有生老病死之大患。欲免夫患，莫若体乎至道；欲体至道，莫若明乎本心。心者，道之枢也。人能时时观心，则妄想自消，圆明自见，不假施功，顿超彼岸，乃无上至真妙觉之道也。此道直截了当，人人具足。只因世间凡夫，业根深重，种种迷惑，以致贪着幻身，恶死悦生，卒难了悟。黄老悲其贪着，先以修命之术，顺其所欲，渐次导之了道。夫修命之要，在乎金丹；金丹之要，在乎神水华池。始于有作，终于无为，其作用散在丹经。若不亲遇至人，纵揣度百端，莫通其妙，岂非学者纷如牛毛，成者悭如麟角乎？

仆于己酉岁，成都遇师授以丹法。自后三传匪人，三遭天谴。忆师戒云："异日有为汝解缰脱锁者，当直授之，余皆不许。"盖大丹之法，至简至易，虽愚昧小人得之，立超圣地。是以天意秘惜，不许轻传匪人。所授者，必其忠孝仁慈、刚方正直之士。而仆不遵师语，浪泄天机，故屡膺谴责，天之示诫如此之神且速也，敢不恐惧克责。自今以往，当钳口结舌，虽鼎镬在前，刀剑加项，亦不敢轻言矣。

又念此道，终不可秘，故复撰此《悟真篇》。篇中所歌咏，大丹药物、火候细微之旨，无不备悉。倘夙具仙骨者，睹之而玄奥自明，此乃天之所赐，非仆所传矣。其篇末歌颂，专谈见性，即前所谓无上至真妙觉之道也。无为之道，以广度为心，故虽显谈秘密，终无过咎。奈何凡夫，业有厚薄，根有利钝，纵闻一音，纷然异见，故释迦所演法宝，无非一乘，而听者随根会去，不免三乘之差。根性猛利者，一见此篇，便知仆得达磨西来最上一乘妙法。如其夙业尚存，自堕中小之见，则岂仆之咎也哉？

宋元丰戊午岁天台张用成平叔序

周易参同契测疏

东汉魏伯阳真人 著
淮海陆西星潜虚 测疏
新安汪启濩东亭 辑
粤东许启邦杰卿 评点
韩景垚 校刊

序

淮海参学弟子潜虚陆西星长庚　撰

丹经难读难解，古今同之。立言固难，知言亦不易也。言有君，事有宗，夫惟无知，是以不我知，有能得其君宗，知其径要，则庖丁之牛，恢恢乎游刃有余地矣。天下非无上智之资也，乃读此书，大都掩卷中倦，或有口之成诵，而问辄茫然；或有此处稍通，而他方龃龉。乃至邪宗边见，迷执终身，黠识强辞，千人自废，风之斯下，当勿论矣。嗟夫，道之不行，由不明也。所以上阳子云："一字不逗，不能成丹。"逗之一字，岂易言哉！吾闻之精诚不贯，则心花不明；灵扃不开，则义天不朗。思能作睿，畜以成通，事有必至，理固然也。有以粗浮之心，临玄奥之旨；守偏着之见，悟圆通之机。欲其相入，岂不难矣？《管子》曰："思之思之，又重思之，思之未通，神明通之。"斯了义之要枢，会文之肯綮也。予生幼而尚玄，沉潜是书二十年许矣。晚承师旨，一旦豁然，雾廓云披，获睹天日。间尝参读诸家，真一、抱一、玉吾之书，分注错经，互有挂漏，而求其心领神会，以得夫立言之旨者，则惟上阳近之。特其学问渊深，议论闳博，初学之士，骤尔读之，未免厌多而废，苦难而止，盖自某昔者病之矣。经者，径也，径有殊条同归。适市，释经之法则，如携儿入市，十步一顾，犹恐失之；若信步纡回，游涉他物，则去之远矣。如某所述作，会文释义，以义从文，剪去枝蔓，直见本根，详略相因，义由一贯。其宗旨则上阳也，其文则己也，名之《测疏》，相与《阴符》《道德》共成一家之书，非敢传之人人，藏诸石室，运移数周，有知子云者出焉，或可免于覆瓿耳。

隆庆三年岁在己巳重九日

周易参同契测疏上篇

周易参同章第一

（准上阳分章，篇目间有更定。）

乾坤者，易之门户，众卦之父母。坎离匡廓，运毂正轴。牝牡四卦，以为橐籥。覆冒阴阳之道，犹御者之执衔辔，有准绳，正规矩，随轨辙。处中以制外，数在律历纪。月节有五六，经纬奉日使。兼并为六十，刚柔有表里。朔旦屯直事，至暮蒙当受。昼夜各一卦，用之依次序。既未至昧爽，终则复更始。日辰为期度，动静有早晚。春夏据内体，从子到辰巳。秋冬当外用，自午讫戌亥。赏罚应春秋，昏明顺寒暑。爻辞有仁义，随时发喜怒。如是应四时，五行得其序。

天地定位，日月运行，二曜交光而万物生焉；阴阳消息，寒暑往来而万物成焉。此天地之丹法也。圣人观天之道，执天之行，则而象之，故亦以乾坤为鼎器，以乌兔为药材，阴阳得类，药物匀平，然后采之炼之，养之伏之，应以四时，顺之寒暑，以为作丹之火候。是以圣人之道，与天地合其德，与日月合其明，与四时合其序。而其身也，亦能形神俱妙，而与道为之合真。夫圣人之所以能形神俱妙者，丹之力也。“丹”之为字，取象日月，《契》亦有言：“推类结字，日月为易。”是知易道、丹道，通一无二。魏公洞晓阴阳，深达造化，故尝以此参合相同，乃作是书，名曰《周易参同契》。

《参同契》者，言易道、丹道，参之而相同如契也。首言易道以准丹道，故曰：“乾坤者，易之门户，众卦之父母。”何谓乾坤者，易之门户，众卦之父母？《易》曰：“有天地，然后万物生焉。”盈天地间，森罗万象，洪纤高下，莫非阴阳变化之所为。圣人仰观俯察，有见乎此，故于画卦之初，只以乾坤两画，相摩相荡，而六十四卦，皆由此生。众卦既生，则天地万物之撰，尽于此矣。易即众卦本其所自出者而言，故谓之曰“门户”，又谓之曰“父母”。然而众卦之中，坎、离二卦，阴中有阳，阳中有阴，乃乾坤相交之后，继体而生，邵子所谓“阴阳之精，互藏其宅”者，此间却有妙理。故夫乾坤定上下之位，坎离列左右之门，是谓天地设位，日月运行，循环昼夜，如匡廓之周遭，交光照曜而万象生焉。丹法亦以乾坤合体，日月交光而生造化，然其中必有机轴，以为主宰。运毂者，先正其轴，邵子云：“天向一中分造化，人于心上起经纶。”此天地人之大机轴也，可不正乎？下此一句，便见意有指归，文有转合，古人构思之巧，不得轻易看过。“牝牡四卦，以为橐籥。”四卦者何？乾坤坎离是也。橐者，冶人鼓气之鞲囊；籥，其管也。《老子》曰：“天地之间，其犹橐籥乎？虚而不诎，动而愈出。”只此四卦，以为橐籥，往来阖辟，生出不穷，真可覆冒阴阳之道，无余蕴矣。圣人知其如此，故尝奉其绳墨，以准丹法。犹之御者，执衔辔而定准绳，正规矩而随轨辙，优游处中，以制乎外。何谓处中？中者，吾人之正轴也。仙翁于此急下“中外”二字，令人着眼。故夫药自外来，丹由中养。养之之法，自有度数，故曰“数在律历纪”。律历纪者，作丹之规矩、绳墨也。夫丹采时谓之药，养时谓之火。律者，律此者也；历者，历此者也；纪者，纪此者也。天地之化，虽无终穷，然不过阴阳消息两端而已。作丹之火候则之，故其升降进退，无不与天合度。月节有五六者，五日为候，六候为节，而丹法之经纬奉之。何谓经纬？经者，前后长短之定位；纬者，往来运行之妙用。经纬奉日，此一年之火候也。又以六十卦，兼并于一月之中，而用刚、用柔，各有表里。朝屯进火，则用刚也；暮蒙退符，则用柔也。刚者为表，则柔者为里，昼夜两卦，一表一里，各依次序而用之。以至既未昧爽，终而复始，此一月之火候也。若以日辰为期，则火之动静，又分早晚。从子到巳，阳以渐长，则为春、为夏，而据内体；自午讫亥，阴以渐长，则为秋、为冬，而当外用。内体外用，亦指卦爻而言，盖内体即朝屯也，外用即暮蒙也。内体主动，外用主静，一动一静而不失其早晚之时，此一日之火候也。然一日即一月也，一月即一年也，奚以异哉？魏公详而论之，欲使学者引伸触长，以尽火候之细微。又总之以“赏罚应春秋，昏明顺寒暑，爻辞有仁义，随时发喜怒”。赏罚、喜怒者，文武惨舒之用；春秋、寒暑者，升降进退之宜。夫惟顺之四时，准之易象，毫发不差，然后吾身五行之气，皆得其序，而还丹可成矣。否则五纬错顺，四七乖戾，所谓隆冬大暑，盛夏霰雪，群异旁出，过咎岂小小哉？

魏公首章铺叙作丹之旨，药物、火候，大段分明。学者于此，诚能句句精透，字字贯串，则以后诸章，皆如破竹，数节之后，可以迎刃而解矣。

乾坤二用章第二

天地设位，而易行乎其中矣。天地者，乾坤之象也；设位者，列阴阳配合之位也。易谓坎离，坎离者，乾坤二用。二用无爻位，周流行六虚。往来既不定，上下亦无常。幽潜沦匿，变化于中。包囊万物，为道纪纲。以无制有，器用者空。故推消息，坎离没亡。

天地设位，而易行乎其中矣。《易传》之言也。魏公引此一句，又自注云："天地者，乾坤之象也。设位者，列阴阳配合之位也。"易谓坎离，坎离者，乾坤二用。何谓二用？坎离者，乾坤之交而成者也。乾交于坤，中乃虚而成离，坤以时行中，或动而成坎，虚实相承，有无相生，千变万化，皆从交易而生妙用。观夫天地设位，日月运行，昼夜交光而生万象，居可知矣，故曰："坎离者，乾坤二用。"既谓之用，则何往非爻，何往非位？往来上下，周流六虚，何往而非坎离之匡廓乎？但其精互藏，故幽潜沦匿，而不可见。《老子》曰："恍兮惚兮，其中有物；窈兮冥兮，其中有精；其精甚真，其中有信。"故夫阴阳之精，互藏于坎离之中者，窈冥恍惚，视之不可见，听之不可闻，抟之不可得，何潜匿也？然其中却有变化，故能包囊万物，而为道之纪纲。潜匿则无也，变化则有也，是谓以无而制有，以虚而造实，故《老子》曰："有之以为利，无之以为用。"又曰："天地万物生于有，有生于无。"观于"器用者空"，得非"以无制有"之谓乎？然空非断空也，无非寂灭也，但幽潜沦匿，互藏其宅而不可见耳。不可见，故不可推。所可推者，消息之运而已。推其消息，则朝屯暮蒙，以至既未、朔旦、昧爽，终而复始，又何坎离之可见哉？是谓坎离没亡，不用而用之以通，此所以"二用无爻位，周流行六虚，往来既不定"，而"上下亦无常"也。

魏公此章，所论坎离二用，本不难解，但学者不得师传，意见揣度，求之身中，恐不识坎离何物，所藏何处，作用何似耳？

中宫土德章第三

言不苟造，论不虚生。引验见效，校度神明。推类结字，原理为征。坎戊月精，离己日光。日月为易，刚柔相当。土王四季，罗络始终。青赤白黑，各居一方。皆禀中宫，戊己之功。

魏公准《周易》而作《参同》，岂敢造言虚论，以误后人？故尝引见乎效验，校度乎神明，而又推类结字，以观象形，乃知丹道至理所寓、其所取证，一理而已。且夫坎离水火，二者相当，不相涉入，却能和合中宫，以成造化者，戊己之功也。坎纳戊，戊乃阳土，月之精也；离纳己，己乃阴土，日之光也。戊己二土，分纳于坎离之中，勾引调和，以成交媾。故日月为易，而变化之道行，刚柔相当，而彼此之情恋，戊己之功，于是为大矣。且土之为德也，分王四季，以罗络一岁之始终，故木得之以荣，火得之以藏，金得之以生，水得之以止。青赤白黑，各居其方，而皆禀德中宫，以施神化，造化之妙，有如此者，故吾所以引验见效，校度神明，而信至理之可征者，此而已矣。《悟真篇》云："离坎若还无戊己，虽含四象不成丹。只缘彼此怀真土，遂使金丹有返还。"又云："木金间隔会无因，须仗黄婆勾引。"意盖出此。然真土、黄婆，更是何物？学者须要识得。

日月神化章第四

易者，象也。悬象著明，莫大乎日月。穷神以知化，阳往则阴来。辐辏而轮转，出入更卷舒。

此条魏公借引《易传》，以明坎离二用，无甚深旨。中间"神化"二字，要人识得。张子曰："一故神，两故化。"又曰："气有阴阳，推行有渐为化，合一不测为神。"皆坎离之妙用也。而悬象著明，莫大乎日月，能穷其神，则知晦朔合符之妙，而往来转辏，采之可以为药矣。能知其化，则知动静、早晚之期，而出入卷舒，运之可以为火矣。噫！非洞晓阴阳，深达造化者，不足以语此。

朔受震符章第五

易有三百八十四爻，据爻摘符，符谓六十四卦。晦至朔旦，震来受符。当斯之时，天地构其精，日月相撢持。雄阳播玄施，雌阴统黄化。浑沌相交接，权舆树根基。经营养鄞鄂，凝神以成躯。众夫蹈以出，蠕动莫不由。

此章通论卦爻，以准造化。易有三百八十四爻，除牝牡四卦，则三百六十，其常数也。据爻摘符，则以一爻当一时，一月周而三百六十尽之矣。魏公复自注曰“符谓六十四卦”，谓卦中起爻，爻中摘符，凡一爻一时，两爻一日也。且以时日而言，晦至朔旦，则震卦初爻，当来受符矣。晦至朔旦，其时则亥子也，其节气则冬至也，其直符则朝屯也。屯下起震，震之初爻，一阳始动。于斯时也，鸿蒙始判，天地相遇而构精，日月合璧，乌兔相搦而撢持，雄阳播施，雌阴统化，两者混沌，交接相连，生天、生地、生人、生物之根，权舆于此。此造化之生机，邵子所谓“天根”是也;《阴符》所谓“盗机”，盗乎此者也；紫阳所谓“铅遇癸生”，生于此者也。故作丹者，急于此时，经之、营之，采此动机以立命基，以养鄞鄂。鄞鄂，即命蒂也。而养之之道，何如？不过凝吾之神，以成其躯而已。躯，非血肉之躯，乃圣体也。《丹髓歌》云：“昔日遇师亲口诀，只要凝神入气穴。”盖神凝则炁回，炁回则丹结，养之之久，自尔脱胎神化，身外有身，而血肉之躯，始为委蜕矣。是道也，百姓日用而不知，故曰：“众夫蹈以出，蠕动莫不由。”顺之则人，逆之则丹，无二道也，但有仙凡净秽之不同耳。魏公至此，盖已直泄天机，无所顾忌。读者不得师指，直将轻易看过，其于所谓震来之符，不知何指，一切认为自己身中阳生，下手便欲采之以立丹基，岂不误哉？

天心建始章第六

于是仲尼赞鸿蒙（此二字，宜在乾坤之下），乾坤德洞虚。稽古当元皇，关雎建始初。冠婚气相纽，元年乃芽滋。故易统天心，复卦建始初。长子继父体，因母立兆基。圣人不虚生，上观显天符。天符有进退，诎伸以应时。

消息应钟律，升降据斗枢。（此章颇有错简，今为顺之。“圣人不虚生”四句，旧本在“故易统天心”之上。）

承上文而言，晦至朔旦，震来受符，造化之妙，有如此者。于是仲尼首赞乾坤鸿蒙洞虚之德，曰：“大哉乾元，万物资始；至哉坤元，万物资生。”乾元、坤元之德，鸿蒙洞虚尽之矣。鸿蒙者，以炁而言；洞虚者，以量而言也。盖非此鸿蒙，无以播玄施；非此洞虚，何以统黄化？《易》首乾坤，而仲尼赞之，良有以也。载稽古之元皇，礼重关雎，以立人道之始，亦以冠婚相纽，男女相求，生人、生物之原，萌蘖于此，故礼始于夫妇。芽滋于元年，元年者，履端之首，受符之初先也，肇万物之始炁，为天下之母炁。然元年，即震也，即震即复也。孔子曰：“复，其见天地之心乎？”“故易统天心，复卦建始初”，是天心之元年也。复之为卦，下体为震，上体为坤，坤为母，震长男也，长子继父，必须因母以立兆基。魏公至此，又别就二体立义，以尽复卦之蕴，以阐造化之秘。仲尼赞《易》，亦不到此。盖丹有子炁，有母炁。母炁者，先天之始炁也；子炁者，人身中所生后天之炁也。子炁在人会有奔蹶，必得履端之始，先天母炁以伏之。然后相亲相恋，自然怀胎结婴，体化纯阳，而子继父体矣。故因母立基，老圣谓之食母、守母，此圣人作丹之第一义也。圣人于世，岂虚生哉？盖其聪明之德，本于天赋，故能洞晓阴阳，深达造化。观天符而知进退之妙，据斗律而知气候之分，诎伸以应之，消息以合之。采取知时，火符应候，是以中和交应而丹道可成也。圣人将以此道而继天心、开万世，岂虚生哉？

日月始终章第七

日含五行精，月受六律纪。五六三十度，度竟复更始。原始要终，存亡之绪。

此条旧本在“御政”章“各典所部”之下，意义不属，鄙意移置于此，以为“三日出庚”之发端。日含五行精者，日为太阳元精，中含五彩，万物得之而成五色。《太阳元精论》中所谓：“分霞布彩，逐气生灵。”皆五行之精所化也。月为太阴，其体白而无光，每借光于日，以去日远近而为晦朔弦望。月与日会，一月一度，而六律、六吕由之以生，故曰“月受六律纪”。五行皆含于日，故日之数五；六律皆起于月，故月之数六。以五乘六，以六含五，共成三十之度，度更而日月合璧。然终而复始，未尝更也。原始要终，以究存亡之绪，则生明于震，丧明于坤，节尽相禅，继体生龙，曷有既乎？

药生象月章第八

三日出为爽，震庚受西方。八日兑受丁，上弦平如绳。十五乾体就，盛满甲东方。蟾蜍与兔魄，日月气双明。蟾蜍视卦节，兔者吐生光。七八道已讫，屈折低下降。（降，平声）

此章仙翁指示药生之候，而以月夕征之，欲人洞晓阴阳，深达造化也。夫人身中先天真乙之炁，是为大药之宗，还丹之本，名为阳火，亦曰真铅，寄于西南之位，产于偃月之炉，名之玉蕊，又曰金精。《悟真》之诗有云："蟾光终日照西川。"如此名号，种种不一，然亦不过白虎初弦之炁而已。是炁也，生之有时，采之有日，当其水源至清，有气无质，得而采之，然后药嫩而可取，否则金有望远之嫌，而不适于用矣。故"三日出为爽，震庚受西方"，象药之始生也。何谓三日出为爽？自月而言也。月无光，借日之光以为光，故朔后三日而生明，乃阳之复也。昏见西方，出为爽者，言即此昏见之期，作为昧爽之义，所谓晦去朔来，其符若此。八日则象兑受丁，而上弦如绳矣；十五则乾体已就，而甲东盛满矣。夫月之阳光以渐而长，则人身阳火亦当以渐而生，所谓药材老嫩，正在此分。《石函记》云："与君说破我家风，太阳移在月明中。"我师云"月夕炉中药"，盖言此也。今之称月者，其名不一，有曰蟾蜍者，曰兔魄者，而不知蟾蜍之与兔魄，亦当有辨。盖蟾蜍者，月之精；而兔魄者，月之体也。今夫月之光，本借于日，故日月之气，必待双对，而明始生，乃阴阳含孕，自然之理。然而阳生以渐，故蟾蜍之生也，惟视乎卦节。卦下之阳渐长，则蟾蜍之精渐生，而后兔者吐之，以生光明。若七八之道已讫，则屈折下降，必至于渐亏渐灭而后已，亦自然之理也。七八者，少阴、少阳之数，七八合而成十五，则盛满之极也，阳极则其道讫矣。七八九六，无甚深义，故不必解。

阴符转统章第九

十六转受统，巽辛见平明。艮直于丙南，下弦二十三。坤乙三十日，东方丧其明。节尽相禅与，继体复生龙。壬癸配甲乙，乾坤括始终。七八数十五,九六亦相当。四者合三十，易象索灭藏。

十六，则转而受统。统者，统制于阴之义，乃阳消之初候也，于象为巽，平明见于辛位；二十三，则直于丙南，而下弦成艮矣，阳消之中候也；三十日，则阳消已尽，于象为坤，故丧明于东方之乙位。迨夫卦节既周，物极而返，则晦去朔来，复生庚月，所谓“晦至朔旦，震来受符”，故“节尽相禅与，继体复生龙”。龙者，震也。盖尝论之，阳生震兑乾，阴生巽艮坤者，阴阳消长之象也。震纳庚，兑纳丁，乾纳甲，巽纳辛，艮纳丙，坤纳乙者，八卦纳甲之法也。晦朔弦望者，日月亏盈之理也。三者本不相涉，魏公比而同之。若合符节者，盖道本一原，理无二致，苟能洞晓而深达之，则取之左右，皆逢其源，然非欲一一而合之也，特立象以尽意，使人得意而忘象耳。且夫月见之方，苏于庚，亏于辛，盛于甲，丧于乙，而上下弦于丙丁，独不及于壬癸者，其故何哉？盖纳甲之法，壬癸已配甲乙，分纳于乾坤之下矣。乾坤括纳甲之始终，此所以壬癸配甲乙而兼纳之也。如此则盛于甲者，未始不为盛于壬；而丧于乙者，未始不为丧于癸矣。然此特论纳甲云者，无甚意味。而魏公必补言之者，言无偏枯，理无渗漏，当如是也。又举《易》数而言，以明“丧明”之义。七八数十五,九六亦相当。易之策数，少阳得七，少阴得八,七与八合，是十五也；太阳得九，太阴得六,九与六合，亦十五也。合四者之数，而得三十，则数尽而无有矣。故《易》之四象，索然而灭藏，易象如此，天象亦然。是以月数既周，遂丧明而成晦也。夫月之生明，既有准于卦节；而月之丧明，又有准于策数。有如此者，魏公旁喻曲证，可谓无余蕴矣。

象彼仲冬章第十

象彼仲冬节，草木皆摧伤。佐阳诘商旅，人君深自藏。象时顺节令，闭口不用谈。天道甚浩广，太玄无形容。虚寂不可睹，匡郭以消亡。谬误失事

绪，言还自败伤。别序斯四象，以晓后生盲。

此条旧本误于后序中，林屋山人移置于此，义亦相协，今依此解之。象彼仲冬节者，言前列序四象，合为三十，而易象已灭藏矣。即此灭藏之象，乃一月晦尽之候也。于象为坤，阴极阳生，故晦去而朔当复来。《契》曰："晦朔之间，合符行中。"丹法所谓冬至，正在于此。是宜安静恬养，闭口勿谈，以待其复可也。彼天道浩广，至虚至寂以难言；太玄无形，匡郭消亡而莫睹，故《老子》曰："恍兮惚兮，其中有物；窈兮冥兮，其中有精。"苟非慎密以侦之，静默以伺之，其不至于谬误而失事者几希？

下篇魏公以关键三宝，为临炉采药之诀，叮咛之意，亦深切矣。

推度符征章第十一

八卦布列曜，运移不失中。元精眇难睹，推度效符征。居则观其象，准拟其形容。立表以为范，占候定吉凶。发号顺时节，勿失爻动时。上察河图文，下序地形流，中稽于人心，参合考三才。动则依卦变，静则循彖辞。乾坤用施行，天下然后治。

八卦布列曜，陈万象森罗，八方周匝，而其运移，未尝离此辰极。辰极者，天之中极也，人亦有之。《契》云："辰极处正，优游任下。明堂布政，国无害道。"邵子云："天向一中分造化，人于心上起经纶。"苟或不能立此中极，则运动之际，乖戾舛错，非轻而失臣，则躁而失君，元神昏佚，而元精愈不可得矣。且元精之为物也，幽潜沦匿，藏于杳冥恍惚之中，非可视之而见、听之而闻、抟之而得者所可推度，独在内之效验，与在外之符征耳。《契》云："证验自推移，心专不纵横。"是故观象以拟之，则以月亏盈而知药材之老嫩；立表以候之，则以日早晚而为火候之消息。所以拟之、候之，如是之审密者，欲得乎爻动之时也。爻动则时至而事起，天运而人从，天人合发而万化之基定矣。又尝上察星河，而知天之应星也；下序地流，而知地之应潮也；中稽人心，而知情之归性也。所以察之、序之、稽之，如是之慎密者，欲合乎三才之道也。道合，则动可以盗机，静可以观复，依变循辞，而乾坤之用神矣。如是而吾身之天地，焉有不治者哉？乾坤之用，坎离是也。

此章仙翁教人推证见效，视履考祥，以成大道。至运移而不失乎中，发号而不失乎时，意益加密矣。

御政之首章第十二

可不慎乎，御政之首。管括微密，开舒布宝。要道魁柄，统化纲纽。爻象内动，吉凶外起。五纬错顺，应时感动。四七乖戾，誃离仰俯。文昌统录，诘责台辅。百官有司，各典所部。或君骄溢，亢满违道；或臣邪佞，行不顺轨。弦望盈缩，乖变凶咎。执法刺讥，诘过贻主。辰极处正，优游任下。明堂布政，国无害道。（誃，改也，音移）

御政之首，志士炼丹入室之初也。夫既知药生之候，得爻动之时矣。是宜虚心应物，管括微密，而关键乎三宝。开舒布宝，而慈惠以使人。如是则内不失己，外不失人，而有求以得矣。此二句，乃临炉采药之要诀。而要中之要，则又在于魁柄。魁柄者，斗柄也。天以北斗斟酌元气，在人则为统化之纲纽。纲纽安在？吾人之辰极是也。故爻象动乎内，则吉凶见乎外，可不慎乎？若使辰极不正，则运移失中，而吾之枢纽脱矣。是以应时感动之余，或水火溢节而金木之不交，牛女乖张而交泰之道失。上不降而下不升，天不氤而地不氲，妙用从何而生哉？故曰“五纬错顺，应时感动。四七乖戾，誃离俯仰”也。且入室炼丹以窃造化，非常人之所为，故圣人谨之以为大事，有文昌以为护持之主，有台辅以为辅弼之臣，其诸百官有司，各典所部，准则刻漏，挨排火候，以尽有相之道，可谓密矣。若也君或骄溢而亢满违道，臣或邪佞而行不顺轨，弦望失盈缩之度，乖变招凶咎之虞，执法诘过，咎将谁归？由主人也。可不慎欤？君臣，即《悟真》所谓“主宾”之意，而诘过贻主，又宾中之主人也。盖不能管括微密，故臣邪佞；不能开舒布宝，故君骄亢。辰极处正，则无邪佞之私矣；优游任下，则无骄亢之失矣。优游者，如如自然之义。《复命篇》云：“北斗南辰下，眉毛眼睫边。灰心行水火，定息采真铅。”四句深可玩味。明堂布政，国无害道，布政，即御政之意，言能辰极处正，一正君而国定矣。以此布政于明堂，所谓百辟其刑之，又有何害道之有哉？

此章上阳注本，“御政之首”下，有“鼎新革故”一句，深有旨趣。“日含五行精”六句，意义不属，故僭窜之“三日出庚”之上。

内以养己章第十三

内以养己，安静虚无。原本隐明，内照形躯。闭塞其兑，筑固灵株。三光陆沉，温养子珠。视之不见，近而易求。黄中渐通理，润泽达肌肤。初正则终修，干立末可持。一者以掩蔽，世人莫知之。

此章仙翁备论内养之道，以立炼丹入室之根基，上阳子所谓“炼己立基”是也。然养与炼，亦当有辨。炼者，事来识破，境来勘过，洗心涤虑之谓也；养者，优柔厌饫，澡雪柔埏，勿忘勿助之谓也。上阳子曰：“宝精裕炁，养己也；对境忘情，炼己也。”有文武之道焉。安静虚无，此四字者，乃养己之要诀，千圣万真，同此一旨。《老子》曰：“致虚极，守静笃，万物并作，吾以观其复。”司马真人《坐忘论》云：“心安而虚，道自来居。”夫人生而静，天之性也；感于物而动，性之欲也。既有欲矣，则耳淫于声，目夺乎色，口爽乎味，真性既迷，而元精、元炁因以耗失，而大命随之。故养己者，以“安静虚无”为本焉。安静虚无云者，无劳尔形，无摇尔精，一念不起，万缘皆空，心若太虚，一物不着。虚靖天师云：“若得身中神不出，莫向灵台留一物。物在心中神不清，耗散真精损筋骨。”学者试能穷究本初，回光而内照之，则知清净之中，一物无有，而所谓安静虚无者，我得之矣。由是闭塞其兑，而筑固乎灵株，三光陆沉，以温养乎子珠。灵株者何？灵根是也。《黄庭经》云：“玉池清水灌灵根。”子珠者，性珠也。神为子炁，得阳火以炼之，则子母相抱，而成玄珠。盖兑塞，则炁不上泄，故柢固而根深；光沉则神不外驰，故性定而明湛。然所谓灵株、子珠者，视之虽不可见，近在己身，的有可求之理。果能收视返听，闭口勿谈，则心息相依，神炁相守，自能打成一片，而和顺积中，英华外辔矣，故曰：“黄中渐通理，润泽达肌肤。”不言老翁丁壮、耆妪成姹者何？非阳丹故也。夫内炼至此，则始正而终可修，干立而末可持矣。夫然后临炉采药，而行一时半刻之功。且采药者，采取先天真乙之炁，归复而成丹。所谓一者，即真乙也。老子曰：“得其一,万事毕。”上阳子曰：“一者，坎之中爻也。”一者掩，则聚精会神；一者蔽，则分灵布炁。人能知一，则宇宙在乎手矣；人能得一，则万化生乎身矣。一之为妙，非师莫悟。世人不知“一者掩蔽”之妙，执言内炼可以成道，而独修孤阴之一物。至论药自外来，一切认为房中采战之术，岂不误哉！此章上阳注，明切可诵，解内多引其说。

知白守黑章第十四

上德无为，不以察求；下德为之，其用不休。上闭则称有，下闭则称无。无者以奉上，上有神德居。此两孔穴法，金气亦相须。知白守黑，神明自来。白者金精，黑者水基。水者道枢，其数名一。阴阳之始，玄含黄芽。五金之主，北方河车。故铅外黑，内怀金华。被褐怀玉，外为狂夫。金为水母，母隐子胎；水者金子，子藏母胞。真人至妙，若有若无。仿佛太渊，乍沉乍浮。进退分布，各守境隅。采之类白，造之则朱。炼为表卫，白里真居。方圆径寸，混而相拘。先天地生，巍巍尊高。旁有垣阙，状似蓬壶。环匝关闭，四通踟蹰。守御固密，阏绝奸邪。曲阁相连，以戒不虞。可以无思，难以愁劳。神气满室，莫之能留。守之者昌，失之者亡。动静休息，常与人俱。（阏，音遏。下章“勤而行之”五十六字，当移置于此。）

上德者，全体道德之士，混沌未凿，故不以察求，而行无为之道。察求者，辨庚甲而知水源之清浊，象屯蒙而为火候之消息，是察察之事也。下德，则太朴既散，故不得不假有为，以行归复之道，故曰：“下德为之，其用不休。”老子曰：“上德无为，而无以为；下德为之，而有以为。”魏公之意，盖本于此。上闭以下，皆言有为之事。何谓上闭？上者，阳也，坎也，戊也，情也；下者，阴也，离也，己也，性也。闭者，勿发之意。上闭者，坎中先天未扰之铅，朕兆未萌；下闭者，离中后天久积之汞，固塞勿发也。然虽朕兆未彰，而杳冥有精，其中有信，故“上闭则称有”；内以养己，安静虚无，故“下闭则称无”。无者以奉上，上有神德居，奉者，小心慎密，恭敬奉持之意；神德者，神明之德，真乙之炁是也。今夫真乙之炁，居于坎戊之宅，来而称“有”，而“无”者慎密以伺之，恭己以迎之，如臣之奉君，不敢有一毫之差谬，是始焉能存无而守有，终焉自推情而合性，而有为之能事毕矣。夫此两者孔穴作用之法，非师莫明。老子曰：“常有欲以观其徼。”又曰：“玄牝之门，是谓天地根。”钟离有言：“生我之门，死我之户。”此皆一穴两分，所谓异名而同出者。此中金炁相须之殷，而相济之足，知其相须，则可察而求之，奉而守之矣。故“知白守黑，神明自来”。所谓神明，即神德也。白者金精，黑者水基，所谓金精，即金炁也。五行之气，金能生水，而还丹造化，先天白金，却生于坎水之中。故作丹者，惟虚心恭己，奉坎以求铅。迨夫时至机动，神明自来，则“忽然夜半一声雷，万户千门次第开”，而相须之妙用见矣。且水之所以能生金者，何也？试原本而论之：水者道枢，其数名一。盖天一生水，阴阳始交，日月照耀于玄冥之地，而生黑铅，即坎水也，中有乾金，可作大丹，故曰“玄含黄芽”，是五金之主，北方之河车也。何谓河车？盖以坎水能载金而上行，故曰河车。故铅外黑，内怀金华。外黑，则北方之色也；金华，则乾金之精也。如人被褐怀玉，而外为狂夫者然。被褐则黑也，怀玉则白也。所谓知白，知此而已；所谓守黑，守此而已。且夫金能生水，而黑铅居于坎位，是“母隐子胎”也；水者金子，而金中至清之水，却在西川，是“子藏母胞”也。天地造化，除此坎中一点先天之炁，余二非真，故号之曰真铅，而又谓之真人。真人至妙，若有若无何？恍惚也。仿佛太渊，乍沉乍浮何？窈冥也。太渊者，重阴之下，深昧不测之所，此金重而常沉，激其浮而采之，则水源至清，及其进退分布，合而成丹，则各守境隅，而东家西邻不相涉入矣。是丹也，采之则金也，炼之则火也，故曰：“采之类白，造之则朱。”然必先于炼已以为表卫，使之城郭完固，然后可以奉此神德而居之。神德来居，则还丹成矣。且丹居神室，方圆径寸而混沌相拘，先天地生而巍巍尊高，岂凡物之可比哉！伊欲造之，要当环匝关闭，使管括之微密，守御严固，而阏绝乎奸邪，庶使白里真居，永无虞失。《契》云：“三者既关键，缓体处空房。委志归虚无，无念以为常。”“可以无思，难以愁劳”，盖谓是也。然无思者，非顽空断灭、寂然无思之谓也，有勿忘勿助之义焉。故神气满室，莫之能留。守之则昌，失之则亡。而守之之道，则惟动静休息，常与人俱。老子曰：“载营魄抱一，能无离乎？”盖能如此，则庶乎专炁致柔，神炁相守，而还丹可望其成矣。

道术是非章第十五

是非历藏法，内视有所思。履斗步罡宿，六甲次日辰。阴道厌九一，浊乱弄元胞。食气鸣肠胃，吐正吸外邪。昼夜不卧寐，晦朔未尝休。身体日疲倦，恍惚状若痴。百脉鼎沸驰，不得清澄居。累土立坛宇，朝暮敬祭祀。鬼物见形象，梦寐感慨之。心欢而意悦，自谓必延期。遽以夭命死，腐露其形骸。举措辄有违，悖逆失枢机。诸术甚众多，千条有万余。前却违黄老，曲折戾九都。明者省厥旨，旷然知所由。勤而行之，夙夜不休。服食三载，轻举远游。跨火不焦，入水不濡。能存能亡，长乐无忧。道成德就，潜伏俟时。太乙乃召，移居中洲。功满上升，膺箓受图。（“勤而行之”以下五十六字，愚意欲移置于前章“常与人俱”之下。）

道法三千六百，皆属旁门，穷年皓首，讫以无成。惟此金丹大道，法象天地，准则日月，符合卦爻，逆转生杀，乃上圣登真之梯筏。黄帝之《阴符》，老子之《道德》，皆述此意。明者省厥旨趣，勤而行之，结之以片饷，养之以三载，阳神出壳，身外有身，则轻举远游，水火不能厄，生死不相干，道成德就，济人功满，膺箓受图，而身为帝臣，此大丈夫功成名遂之日也。或疑服食之说，以为神丹，误矣，误矣！此章玉吾注可诵。

二八弦炁章第十六

偃月作鼎炉，白虎为熬枢。汞日为流珠，青龙与之俱。举东以合西，魂魄自相拘。上弦兑数八，下弦艮亦八。两弦合其精，乾坤体乃成。二八应一斤，易道正不倾。铢有三百八十四，亦应卦爻之数。（首窜《火记》二句。）

此章仙翁分别二八龙虎两弦之炁，以表药材铢两。无名子曰：“偃月炉，阴炉也，中有玉蕊之阳气，虎之弦炁是也；朱砂鼎，阳鼎也，中有水银之阴气，龙之弦炁是也。”丹法以此初弦之炁，和合而成玄珠，故曰：“偃月作鼎炉，白虎为熬枢。”熬枢者，虎铅阳火也。《契》云：“升熬于甑山兮。”以其为真汞之枢纽，故曰熬枢。汞日为流珠者，离宫之汞，飞走不定，其在东家，配为青龙之弦炁，故曰“青龙与之俱”。今夫龙居于东，虎居于西，虽则各守境隅，却有感通之理，故举东方之魂，以合西方之魄，则龙虎自然交媾，相钤相制，而大药成矣。举东以合西者，驱龙以就虎也；魂魄自相拘者，推情而合性也。《复命篇》云：“师指青龙汞，配归白虎铅。两般俱会合，水火炼经年。”知此，则药物在是矣。既知药物，当识斤两。《悟真篇》云："前弦之后后弦前，药物平平气象全。"盖上弦值兑，兑数得八；下弦值艮，艮数亦八。八者，两弦去朔望各八日也。此时阴阳匀平，火数不燥，水铢不滥，方可合丹，故两弦合精，乃成乾坤之体；二八匀平，方得阴阳之正，故曰"易道正不倾"也。然非真有斤两也，不过欲其阴阳两齐，配合相当耳。《复命篇》云："方以类聚物群分，两岸同升共一斤。"一斤之数，为铢者三百八十有四，亦应卦爻之数。丹道、易道，吻合之妙有如此者。

金火含受章第十七

金入于猛火，色不夺精光。自开辟以来，日月不亏明。金不失其重，日月形如常。金本从日生，朔旦受日符。金返归其母，月晦日相包。隐藏其匡郭，沉沦于洞虚。金复其故性，威光鼎乃熺。

此章仙翁发明金火含受之妙。世人不识"金火"两字，妄意猜度，不得其旨。盖金即铅也，火即汞也，知金火则知铅汞矣。今人皆谓火能克金，而不知金入猛火，不夺其光，不失其重，所以不相烁而反相受者，则何故哉？盖以金，乾体也。乾乃太阳真火，奔入坤中，实而成坎，位居北方，谓之水金，其性刚健，本藏火德，故得火而融，两相含受，犹之日月焉。日譬则火也，月譬则金也。自开辟以来，日月之明不亏，而形亦如常者，亦以金本从日，故不相射而反相受耳。何谓金本从日生？盖月者，太阴之精也，本体纯黑，必借耀于日，而后生明。先儒谓月无光，借日之光以为光，故自合璧之后，晦尽朔来，禀受日符，至三日而生庚，八日而上弦，十五而望满，二十有三而下弦，三十而成晦。晦朔弦望，皆自日生。与日相包，则隐明而不见；去日渐远，乃相耀而生明。月晦则犹金返归其母也，生明则犹金复其故性也。返归其母者，金在坎中，上下两画，皆属于坤，坤为土，土能生金，以坤为母，故曰归母；坎中一画，原属于乾，故曰故性。归母，故沉潜沦匿而不可见；复性，则种入乾家交感之宫，而金来归性矣。《契》云："金来归性初，乃得称还丹。"意盖如此。丹成则鼎有威光，熺然而炽盛矣，何者？金入于火，精光焕发也。此章上阳注，深可玩味。

二土全功章第十八

子午数合三，戊己数居五。三五既和谐，八石正纲纪。土游于四季，守界定规矩。呼吸相含育，伫息为夫妇。黄土金之父，流珠水之母。水以土为鬼，土填水不起。朱雀为火精，执平调胜负。水盛火消灭，俱死归厚土。三性既合会，本性共宗祖。

此章言真土妙用。承上文金火虽相含受，必得真土调和，乃克有济。真土者，戊己二土也。盖坎水数一，离火数二，各居子午之方，其数合而成三，而坎离中戊己二土，自居五数。戊为铅情，己为汞性，金来归性，则三者会合归于元宫，是谓三五和谐，而八石之纲纪正矣。八石者，丹家药品也。五金八石，皆非真正药物。惟此三五和谐，乃为正品。或曰：八石者，以象八方之义，丹居中宫，则四面八方之气，皆来归之，其妙用在一“和”字。盖丹者，和气之所成也。《契》云：“和则随从，路平不邪。”圣人致中和，而天地位焉，万物育焉。纲举目张，自然之效也。且土之为德，周游四季，罗络始终，故金得以生，木得以荣，水得以制，火得以藏，各守四方之界限，以定规矩，所以正八石之纲纪者在是。《契》云：“青赤白黑，各居一方。皆禀中宫，戊己之功。”盖谓是也。故夫阴阳升降，一呼一吸，而皆归于中宫，以相含育。迨夫铅汞同炉，则真息自定，而相合相和，如夫妇之和谐，含育于中宫，伫息于中宫，和合于中宫。中宫者，戊己之宫也，和气之所归也。土之为德，其盛矣乎！且夫先天造化，还丹之宗，坎中一画乾金而已，中纳戊土，戊土为先天之金，故曰“黄土金之父”。上阳子曰：“黄土者，戊土也。”此金居于坎位，又名金水，其母则流珠也。流珠者，太阳流珠，日汞是也。日有三照，南照生砂，北照生铅。水之金精，皆太阳元精所化，故流珠为水之母。自其相生而言，金以土为父；以其相制而言，水又以土为鬼，盖水得土则止而不流。今也坎宫既纳戊土，则水为土填伏而不起，故须朱雀火精，执平衡而调之，则水得火而沸腾，其金自随水而上矣。朱雀者，南方火精，己土是也；执平者，二八相当之意。调，调停也。水火互有盛负，平调则大小无伤，而两国可全。迨夫金水涌沸，腾入离宫，则离火又为坎水所灭。火灭之后，汞既不走，铅亦不飞，加以火候温养，汞日以添，铅日以抽，二者俱死，归于厚土。二者相合，而成刀圭。《契》云："泥竭遂成尘兮，火灭化为土。"此之谓也。今夫坎中先天未扰之铅，幽潜沦匿，是土填水不起也。吾以离中己汞，调而致之，得药归鼎，点化己汞，而成大丹。以汞求铅，是朱雀平调也；以铅干汞而成大丹，是水胜火灭而俱死归土也。故水、土、火三性会合，而还丹之道毕矣。夫三性之所以能会合者，何哉？以与本性共宗祖故也。本性，即己性也，皆自元始祖炁而分，一变而为水，即金水也，为先天之铅；二化而为火，即己性也，为后天之汞；五变而成土，即戊己也，为水火两性之性情。是皆同宗共祖，一炁而分，故同类相从而其性易合也。学者不得师旨，不知三性何物，妄以意见揣度，郢书而燕说之，岂不惜哉？

金丹妙用章第十九

巨胜尚延年，还丹可入口。金性不败朽，故为万物宝。术士服食之，寿命得长久。金砂入五内，雾散若风雨。熏蒸达四肢，颜色悦泽好。发白皆变黑，齿落生旧所。老翁复丁壮，耆妪成姹女。改形免世厄，号之曰真人。（"长久"下窜"土游于四季"二句。）

巨胜、胡麻二种，常服可以延年，故服食者尚之，况金液还丹乎？盖金液者，先天乾金，生于坎位，寄体西邻，唤来归舍，故称还丹。且金之为性，万劫不坏，故为世宝。况此先天乾金，有气无质者乎！志士炼而服之，其长生也久矣。"金砂入五内"以下，备言服食之效。

同类相从章第二十

胡粉投火中，色坏还为铅。冰雪得温汤，解释成太玄。金以砂为主，禀和于水银。变化由其真，终始自相因。欲作服食仙，宜以同类者。植禾当以黍，覆鸡用其卵。以类辅自然，物成易陶冶。鱼目岂为珠，蓬蒿不成槚。类同者相从，事乖不成宝。是以燕雀不生凤，狐兔不乳马，水流不炎上，火动不润下。

此章言炼丹服食之事，欲求合体，须以同类。胡粉者，铅之所成；冰雪者，水之所结。而其返本还源，则复合为一体。金丹大药，以砂为主。陶公埴云："砂者，铅中之至宝。炼士先须诱取金砂，以为服食之药祖。"禀和于水银者，原其所自出也。《悟真》云："本是水银一味，周流遍历诸辰。"陶公又云："黑者水银，非世间银。"是其证也。以此返还归复，合而成丹，亦犹化胡粉而为铅，释冰雪而成水，其必然也明矣。所以然者，以变化由其真，故终始相因也。真，即真乙之真。人皆禀此真乙之炁而生，混沌既凿，此真奔蹶，逸于坎中，故以真补真，乃可长存。《悟真篇》云："竹破须将竹补宜，覆鸡当用卵为之。万般非类徒劳力，争似真铅合圣机。"学者不知何为真铅？何为同类？不肯虚心参访，妄以意见猜度，纽合非类，以冀其成，岂不难哉？故下文遂言其弊。

背道迷真章第二十一

世间多学士，高妙负良才。邂逅不遭遇，耗火亡资财。据按依文说，妄以意为之。端绪无因缘，度量失操持。捣治羌石胆，云母及礜磁。硫磺烧豫章，泥汞相炼飞。鼓铸五石铜，以之为辅枢。杂性不同类，安肯合体居。千举必万败，欲黠反成痴。侥幸讫不遇，圣人独知之。稚年至白首，中道生狐疑。背道守迷路，出正入邪蹊。管窥不广见，难以揆方来。（豫章无解，疑即樟木脑，与硫同性者。）

玉吾注云："饶君智慧过颜闵，不遇真师莫强猜。只为丹经无口诀，教君何处结灵胎？"世间高才好学之士，不为无人，而求其遇真师、得正传者，寡矣。彼有烧炼三黄、四神之药，妄意以为道在于是。殊不知五金八石，乃世间有形有质之物，种类不同，性质各异，安肯合体而共居哉？凡为此术者，莫不千举万败，欲黠成痴，何为？端绪无因缘，度量失操持故也。《指玄篇》云："访师求友学烧丹，精选朱砂作大还。将谓外丹化内药，原来金石不相关。"盖神仙金液大丹，乃无中生有之至药，而所谓朱砂、水银者，不过设象比喻而已。奈何世人不识真铅汞，将谓凡砂及水银，往往耗火费财，讫无成功，卒至皓首茫然，反起虚无之叹。甚至得正传而中道生疑，出正入邪者，亦有之矣。之人也，背大道而守迷路，管窥天而不广见，乌足与论方来无穷之玄奥哉！

抱一子注云：金丹之理，妙夺造化，迥出思议之表。不遇至人，徒劳测度；

若用外物，尤甚狂妄；守邪背正，又非贤才。往往学道之人，不肯坚心，寻师访友，苦志勤求，或有始无终，或狐疑中道，蹉跎白首，衰老无成，是皆以管窥天，自满自高者之过也。然明明日月，荡荡乾坤，寒往暑来，朝昏相代，无非大道方来之理。不遇至人，难以揆度。学者宜先积行累德，以祈感遇，切勿自欺，到此宝山，空手归去。

愚按：二公之言，明透警切，无可赞一词矣。故备录之，以示同志。

三圣前识章第二十二

若夫至圣，不过伏羲，始画八卦，效法天地。文王帝之宗，循而演爻辞。夫子庶圣雄，十翼以辅之。三君天所挺，迭兴更御时。优劣有步骤，功德不相殊。制作有所踵，推度审分铢。有形易忖量，无兆难虑谋。作事令可法，为世定此书。素无前识资，因师觉悟之。皓若褰帷帐，瞋目登高台。《火记》不虚作，演《易》以明之。《火记》六百篇，所趣等不殊。文字郑重说，世人不熟思。寻度其源流，幽明本共居。窃为贤者谈，曷敢轻为书？若遂结舌瘖，绝道获罪诛。写情著竹帛，又恐泄天符。犹豫增叹息，俛仰辄思虑。陶冶有法度，未忍悉陈敷。略述其纲纪，枝叶见扶疏。（此中“补《火记》不虚作”二句。）

此章魏公原本作《契》之意，盖欲以上继往圣，下开来学也。玉吾注可玩。

金火铢两章第二十三

以金为隄防，水入乃优游。金计有十五，水数亦如之。临炉定铢两，五分水有余。二者以为真，金重如本初。其三遂不入，火二与之俱。三物相含受，变化状若神。下有太阳气，伏蒸须臾间。先液而后凝，号曰黄舆焉。岁月将欲讫，毁性伤寿年。形体为灰土，状若明窗尘。捣治并合之，驰入赤色门。固闭其济会，务令致完坚。炎火张于下，昼夜声正勤。始文使可修，终竟武乃陈。候视加谨慎，审察调寒温。周旋十二节，节尽更须亲。气索命将绝，体死亡魂魄。色转更为紫，赫然成还丹。粉提以一丸，刀圭最为神。

此章仙翁准则金火铢两，以定临炉采取之妙用，而始之所发端，与终之所极致，备载于此。特其文隐奥，莫可寻详，考之诸家，其说不一，惟上阳子注，颇得其旨，今复申而论之。以金为隄防者，炼丹之要，莫先于金水。金水者，先天未扰之铅也。此金水者，生于二八之门，产于虚无之窟，故炼丹者，先置此金以为内药之隄防。盖己之离汞，飞走不定，若得此金以制之，则如水之有隄防，不至溃决矣。水入乃优游，水即金水也。金水之生，自有真候，仙家谓之阳火。阳火柔弱，优游入内，法当优游和中，以俟其入。凡言入者，自外来也。《契》有之曰："辰极处正，优游任下。"此之谓也。金计有十五者，金体如月，十五则金精壮盛，故所生之水，亦如其数，应潮而至，喻如二七之期，真铅始降，吾侦其期而求之，临炉以定铢两，则五分之水，已自有余矣。盖水有五分者三：自晦朔之间，积五分而生庚；又积五分而上弦；又积五分而盛满。盛满固有望远之嫌，生庚亦非冬至之候，故五分有余。而五分之中，二者始为真候，而其三遂不入也。入，即上文水入之意。水必二分者，取水源至清，有炁而无质也。然金之重，必如本初者，盖金必十五，然后炁足精全而生真水。若金数不满，则真水不生，而临炉无可采之药矣。方其二分水至之时，吾急以二分之火合之。二分之火，一时半刻之火也。上阳子曰："一时三符，比之求铅，止用一符之速是也。"火迎水入，相含相受于戊己之宫，则三性会合，自然龙吟虎啸，而变化之状，斯若神矣。下有太阳气，伏蒸须臾间。须臾，即半刻也。太阳气者，离宫汞火也。伏蒸其下，则金水为火所蒸，自然腾沸于其上矣。尔其贯尾闾而通乎泥丸，下重楼而入乎紫庭，周游上下，至其所止之处而休焉。先则为液而逆流，后则为丹而凝结，故圣人名之曰"还丹"，而号之曰"黄舆"焉。黄舆者，以其随河车而上行于黄道之中，故曰黄舆。若夫炁回丹结，火候既足而攒簇之，岁月将讫，急宜罢火守城，否则丹体有伤，而寿龄反促矣。毁性者何？性乃丹体也。《契》曰："性主处内，立置鄞鄂。"性毁，则命亦从而毁矣。何者？金来归性，性源未彻，少有毁伤，金复何附？所谓藏锋之火，祸发必克，年寿之伤，无足异者。所以老圣垂知止、知足之戒，紫阳有"一朝殆辱"之忧，《入药镜》亦云："火候足，莫伤丹。天地灵，造化悭。"盖谓是也。且夫神仙丹诀，无过用铅、用火而已。不知用铅，则药物失其铢两；不知用火，则始终乖其节度。仙翁悲悯后生，垂慈特切，形体以下，又以申明用铅、用火之诀。形体为灰土，状若明窗尘者，言查滓无用，惟当择其轻清者而用之。明窗尘者，窗外日光浮动，尘影微细之极也。此盖借之以明轻清之义。或者不知，以为明窗尘乃外丹飞结于鼎盖之上者，遂以此章认为炉火，痴儿说梦，殊可嗤笑。今夫明窗尘，即二分轻清之水也。捣合并治，驰入赤色之门，则丹可成矣。曰并、曰合，火二与之俱也。驰入者，驰有道路，入有门户。赤色门，所入之门也。赤色门者，乾门也，乾为大赤，故曰赤色门。《入药镜》云："产在坤，种在乾。贯尾闾，通泥丸。"如此，则门与道两得之矣。固塞以下，又言用火之诀，结丹、养丹，全在于此。固塞其济会者，守御固密，阏绝奸邪也；炎火张于下，昼夜声正勤者，朝屯暮蒙，周天运火也。火不同，有文有武。始也求铅，则用文火，故曰"始文可使修"；终也结丹，则用武火，故曰"终竟武乃陈"。王道《龙虎经注》云："文火乃发生之火，武火乃结实之火。"深为得旨。盖优游任下，是文火也；固塞完坚，炎火勤张，是武火也。《鼎器歌》有云："首尾武，中间文。"读者至此，不能无疑。今为诀破：《歌》中所言文武，乃"阴阳"二字之义，盖首之炼己，终之养丹，皆属阴火，惟有中间一符阳火，乃真铅之炁，故首尾属武，中间属文，与此不同。候视加谨慎者，寤寐神相抱也；审察调寒温者，昏明顺寒暑也；周旋十二节，节尽更须亲者，度更终复始，更须亲历也。如此翕聚精神，调停火候，直待铅抽已尽，己汞亦干，魄死魂销，群阴剥尽，化为纯阳，故色转更为紫，赫然成还丹。读者至此，又认以为外丹，不知金液还丹，虽称外药，却非自炉火中出者，若天元则称神丹矣。"还"之一字，认尚不明，可谓具眼哉？粉提以一丸，刀圭最为神者，喻言丹成药就，其体至微，其用甚妙。仙翁措辞立意，多托寓言，读者不能以意逆志，而求之言语文字之外，徒尔执象泥文，胡自揣度，乌能心领神会，以得夫立言之旨哉？

水火情性章第二十四

推演五行数，较约而不繁。举水以激火，奄然灭光明。日月相薄蚀，常在晦朔间。水盛坎侵阳，火衰离昼昏。阴阳相饮食，交感道自然。名者以定情，字者缘性言。金来归性初，乃得称还丹。

此章论金来归性，乃阴阳交感自然之道。盖金即水也，性即火也。五行之数，水火有相灭之理。水火之义，譬诸日月：其在晦朔之间，每以相感而成薄蚀，故水盛则坎月侵阳，火衰则离日昼昏，如举水激火，而光明奄灭者然，然非相害相悖也。一阴阳饮食，交感自然之道而已。还丹之道，亦犹是也。且夫还丹之道，一物而已，分而为二，则有两者之名，犹人之有名、有字者然。吾将以情定为名，性定为字，则情也，金也，水也，名之谓也；性也，火也，字之谓也。今也作丹之法，推情合性，转而相与，则是金来归性矣，水来激火矣，坎来侵阳矣，故不相悖，而反相为用，要亦阴阳饮食、交感自然之道而已矣。道则一，而有阴阳水火之分；人则一，而有性情名字之别。不可谓之全别，不可谓之全同，不可全别无全同，不可全同无全别，于此识得，方为洞达。

古今道一章第二十五

吾不敢虚说，仿效古人文。古记题龙虎，黄帝美金华。淮南炼秋石，玉阳嘉黄芽。贤者能持行，不肖毋与俱。古今道由一，对谈吐所谋。学者加勉力，留念深思惟。至要言甚露，昭昭不我欺。

仙翁自谦，言己之著书，不敢虚说，皆效仿古人已垂之典，已试之事，如轩辕之题《龙虎》，黄帝之美金华，淮南之炼秋石，玉阳之嘉黄芽，皆是道也。是道也，惟贤者而后乐此，故贤者能持行，而不肖者无与之俱。昔者鬼谷子，从子华子游十有二年，业成而辞归，子华子送之曰："今汝之所治，吾无间然矣。然子之志，则广取而泛与也。恐汝之后，夫择者也，其将有剥汝之外郛，而自筑之宫廷者矣。登汝之车，而乘之以驰骋于四郊者矣；取汝之所以为璧者，毁裂而五分之者矣。夫道固恶于不传也，不传则妨道；又恶于不得其所传也，不得其所传则病道。今汝则往矣，而思所以慎厥与也，则于吾无间然矣。"读之至此，令人洒淅，且古今无二道，圣人无两心。所以无二道者，一故也。一即真乙之一，得此一，则万事毕矣。佛语有云："除此一乘法，余二则非真。"仙师对谈吐谋，至言甚露，岂欺我哉？学者当留念思惟，勉力策励，以报深恩，否则甘于暴弃，一不肖之子耳，安足与议于道哉！

周易参同契测疏中篇

乾坤精炁章第二十六

乾刚坤柔，配合相包。阳禀阴受，雄雌相须。偕以造化，精气乃舒。坎离冠首，光耀垂敷。玄冥难测，不可画图。圣人揆度，参序元基。四者混沌，径入虚无。六十卦用，张布为舆。龙马就驾，明君御时。和则随从，路平不邪。邪道险阻，倾危国家。

此章之旨，备言鼎器、药物、火候大略，与上篇首章相似。乾刚坤柔，配合相包者，即“乾坤者，易之门户”；坎离冠首，光耀垂敷者，即“坎离匡廓”也。何谓配合相包？盖天之形，常包乎地之外，而其气尝行乎地之中，故阳主禀与，阴主翕受，如人物之雄雌相须者。然相须，则偕以造化，而精炁乃舒矣。《易》有之曰：“精炁为物。”是精炁也，互藏于阴阳之宅；坎离者，冠阴阳之首者也。坎外阴而内阳，中有真炁；离外阳而内阴，中有至精。坎离之象，配诸日月，日月交光，一禀一受，而万物生焉。丹法亦犹是也。然是道也，玄冥难测，不可画图。圣人洞晓阴阳，深达造化，故揆度参序，以立元基。元基者，丹基也。作丹之法，不过以此阴阳精炁，交媾于混沌之初，凝结于虚无之室，而以六十卦火养之，故六十卦用，张布为舆。为舆者，取运毂之义；龙马就驾者，乾为龙马，坤为大舆，乾就坤驭，和则随从。“和”之一字，最为肯綮。广成子告黄帝曰：“我守其一，以处其和。”然必明君御时，然后能致中和，而天地位，万物育。况此大道，路平不邪。老子所谓：“大道甚夷，而民好径。”彼邪道险阻，倾危国家。金丹大道，至易至简，岂邪道哉？

入室休咎章第二十七

君子居其室，出其言善，则千里之外应之。谓万乘之主，处九重之室。发号施令，顺阴阳节。藏器待时，勿违卦日。屯以子申，蒙用寅戌。六十卦用，各自有日。聊陈两象，未能究悉。在义设刑，当仁施德。按历法令，至诚专密。谨候日辰，审察消息。纤芥不正，悔吝为贼。二至改度，乖错委曲。隆冬大暑，盛夏霰雪。二分纵横，不应刻漏。风雨不节，水旱相伐，蝗虫涌沸，山崩地裂。天见其怪，群异旁出。孝子用心，感动皇极。近出己口，远流殊域。或以招祸，或以致福，或兴太平，或造兵革。四者之来，由乎胸臆。动静有常，奉其绳墨。四时顺宜，与气相得。刚柔断矣，不相涉入。五行守界，不妄盈缩。易行周流，屈伸反覆。

此章备言入室休咎。“君子居其室，出其言善，则千里之外应之。”魏公断章取义，引之以言入室之事。谓居室者，入室也，喻如万乘之主，处九重之室。夫主言万乘，重之至也；室言九重，密之至也。古之君子，以炼丹为一大事也。故藏器于身，待时而动，侦爻动以盗机，而勿违夫卦日，法屯蒙以运火，而一顺乎阴阳。屯以子申，使水有生而有旺；蒙用寅戌，则火有生而有库。以至六十卦用，各有其日，聊陈两象，则其余可例推矣。故在义设刑，当仁施德，文武火候，各适其宜，其要只在“至诚专密”，以候其日辰、察其消息而已矣。“至诚”二字，最为肯綮。《入药镜》云：“但至诚，顺自然。”盖至诚则心志自专，心专则功行自密。故至诚感物，则人自归心；至诚格天，则神明默佑。炼丹之士，可以不诚乎哉！若乃纤芥之微，念虑不诚，则吾之辰极，不得其正，将见悔吝为贼，而灾变随之。故二至改度，而失其节序之常，或隆冬而大暑，或盛夏而霰雪；二分不应，有乖于中和之气。或风雨不时，而水旱相伐；或蝗虫涌沸，而地裂山崩。天见其怪，地产其妖。如上咎征，皆喻临炉之时，一差百错，总因炼己无功。夫不重其事，是不重其身者也；不爱其宝，是不爱其身者也。不重其事，与不爱其身者，均为不孝。孝子用心，则不如此。盖孝子者，重其事而爱其身者也。能继天之志，而述天之事者也。其用心，何心哉？至诚专密而已矣。至诚而不动者，未之有也。故能感动皇极，而自天佑之，吉无不利。

夫言者，心之声也。近出己口，尚能远流乎殊域，况天道不远，而吾以至诚之心格之乎！所以曰:“君子居其室，出其言善，则千里之外应之。”盖言速也。且夫祸福无门，惟人所召，福至则身乐太平，祸生则横罹兵革，四者之来，由乎胸臆而已。可以不诚乎哉？诚能动静有常，以奉卦爻之绳墨，则四时顺宜，自然与吾二炁相得，而刚柔无凌犯之愆，五行无盈缩之妄，屈伸反覆，莫非易用之周流矣。此章玉吾注，深可玩味，但彼不知药，一切认之自身，殊可惜耳！

晦朔合符章第二十八

晦朔之间，合符行中。浑沌鸿蒙，牝牡相从。滋液润泽，施化流通。天地神明，不可度量。利用安身，隐形而藏。始于东北，箕斗之乡。旋而右转，呕轮吐萌。潜潭见象，发散精光。昴毕之上，震出为征。阳气造端，初九潜龙。阳以三立，阴以八通。故三日震动，八日兑行。九二见龙，和平有明。三五德就，乾体乃成。九三夕惕，亏折神符。盛衰渐革，终还其初。巽继其统，固济操持。九四或跃，进退道危。艮主进止，不得逾时。二十三日，典守弦期。九五飞龙，天位加喜。六五坤承，结括终始。韫养众子，世为类母。上九亢龙，战德于野。用九翩翩，为道规矩。阳数已讫，讫则复起。推情合性，转而相与。循据璇玑，升降上下。周流六爻，难以察睹。故无常位，为易宗祖。

此章魏公以天象卦爻，双明药火，与上篇“三日出庚”章大意颇同。夫先天阳火，在人身中，炼时则谓之药，养时则谓之火，其理无二，然皆起绪于晦朔之间。盖晦朔之间，乃天地阴阳之交会也。以月而言，则曰“晦朔之间”；以时而言，则曰“亥子之半”；以气运而言，则曰“贞元之会”；以性情而言，则曰“动而未形，有无之间”。天地于此时开辟，日月于此时合璧，人身之阴阳于此时交会，乃天、地、人之至妙至妙者。神仙于此时，盗其机而作丹，则内真外应，若合符节矣，故曰:“晦朔之间，合符行中。”浑沌鸿蒙，牝牡相从者，天地媾其精，日月相撢持，而混沌相交接也；滋液润泽，施化流通者，雄阳播玄施，雌阴统黄化，而权舆树根基也。天地神灵，不见其迹，莫知其然，其不可度量，有如此者。是以君子利用安身，隐形而藏。安身者，安静虚无，炼己以待时也；隐藏者，管括微密，夷明而养晦也。如是则可以得夫至静之原，而不失乎爻动之时矣。且以药火之符而言之，悬象著明，莫大乎日月，观其合璧之时，始于东北，箕斗之乡，旋而右转，以至昴毕之上，于时三日出庚，阳气造端，呕轮吐萌于庚方之位，于卦为震。震者，阳之动也。在人则为一阳来复，在爻则为乾之初九。初九潜龙，未堪用火，《大成集》云“复卦起潜龙，戊己为媒未可攻”是也。阳以三立，阴以八通。通者，阳自三日始萌，至八日而与阴和通；三，阳数也；八，阴数也。八日上弦，于卦为兑，二阳渐长，在人则为身中阳火之半，在爻则为乾之九二。九二见龙，和平有明。和平，言火力匀调也。三五德就，乾体乃成，在人则为三阳盛满，要当慎以持盈，在爻则为乾之九三。九三夕惕，亏折神符，此时三五道讫，屈折下降。至于十六，阴符继统，盛衰渐革，于卦为巽。巽者，一阴下生，在人则为阴符起绪，在爻则为乾之九四。九四或跃，进退道危，法当固济操持，常使阴符包裹阳炁。二十三日，则下弦之期，丹至此时，金水又均，在人又为阴符之半，于卦为艮。艮者，二阴一阳，主于进止，在爻为乾之九五。此时火候将足，还丹已成，位乎天位以中正也，故云“加喜”。六五三十，奄然丧明，在人则为神气归根，寂然不动，于卦为坤，结括始终，韫养诸卦，以为更始之端。世为类母者，阴能生阳，晦能成朔，世为气类之母也。在爻则当乾之上九，上九亢龙，极亢则战，法当振刷精神，以俟起绪，否则火冷而丹又将散矣。如上火符，乃阴阳升降，自然之理，象以易卦，准以乾爻，无不吻合。有志之士，当细味精研，庶当机应事，无有差错。然二六时中，工夫缜密，有心则助，失念则忘，当知火候难调，更有要诀，不过曰“绵绵若存，顺其自然”而已。《入药镜》云：“但至诚，顺自然。”《阴符经》云：“自然之道静，故天地万物生。天地之道浸，故阴阳胜。阴阳相推，而变化顺矣。圣人知自然之道不可违，因而制之。”且夫真火无候，大药无斤，如《契》所云，不过欲人知药火之分数而已。苟得其言意于象数之外，则所谓“不刻时中分子午，无爻卦里别乾坤”，而用易之道，莫此为善矣。且夫《易》之为道，阳数用九，其以乾卦六爻，潜、见、惕、跃，翩然下复，足为丹火之规矩。故阳数已讫，讫则复起，推情合性，辗转相与，岂有多术？不过以炁合神，以神驭炁，以成其岁功而已。是道也，上据璇玑，同斗枢之升降；中参《易》数，符卦爻之动静。虽若一定可求，而实则杳冥恍惚之中，造化玄微，难可察睹，初何常位之有？上篇云："故推消息，坎离没亡。"此所以独超象数之外，而为易道之宗祖也欤！

卦律火符章第二十九

朔旦为复，阳炁始通。出入无疾，立表微刚。黄钟建子，兆乃滋彰。播施柔暖，黎烝得常。临炉施条，开路生光。光耀渐进，日以益长。丑之大吕，结正低昂。仰以成泰，刚柔并隆。阴阳交接，小往大来。辐辏于寅，运而趋时。渐历大壮，侠列卯门。榆荚堕落，还归本根。刑德相负，昼夜始分。夬阴以退，阳升而前。洗濯羽翮，振索宿尘。乾健盛明，广被四邻。阳终于巳，中而相干。姤始纪绪，履霜最先。井底寒泉，午为蕤宾。宾服于阴，阴为主人。遁世去位，收敛其精。怀德俟时，栖迟昧冥。否塞不通，萌者不生。阴伸阳诎，毁伤姓名。观其权量，察仲秋情。任蓄微稚，老枯复荣。荠麦芽蘖，因冒以生。剥烂肢体，消灭其形。化气既竭，亡失至神。道穷则反，归乎坤元。恒顺地理，承天布宣。玄幽远眇，隔阂相连。应度育种，阴阳之原。寥廓恍惚，莫知其端。先迷失轨，后为主君。无平不陂，道之自然。变易更盛，消息相因。终坤始复，如循连环。帝王承御，千秋常存。

"天上分明十二辰，人间分作炼丹程。莫言刻漏无凭信，不合玄机药未成。"魏公此章，复以卦气、律吕相配一年，以明药火消息，大旨与前章相同。朔旦为复者，言阳火起绪之初，自朔旦始，然非以月之初一为朔旦也。人身中自有朔旦。于卦为复，于十二辰为子，律应黄钟。钟者，踵也，又曰种也，言此中黄之炁，踵踵而生，以种万物。此时剥尽纯坤，一阳来复，如月之晦去而朔来。以其阳气始通，未堪用火，但当出入无疾，以立表其微刚而已。出入无疾者，乃复之卦辞，魏公断章取义。盖出入者，呼吸之义，乃乾坤阖辟、日月运行之象也。《黄庭经》云："出日入月呼吸存。"今夫一阳来复之时，含光默默，真息绵绵，出入以踵，则一身之中，一万三千五百气息，三百六十骨节，八万四千毫窍，得此柔暖播施，自然融和顺适而得其常道矣，故曰"黎烝得常"。黎烝，犹言众庶也。丹法以身为国，以精气为民，故曰"黎烝"。渐至二阳，于卦为临，于月为丑，律应大吕。吕者，侣也，又曰助也。太阳得侣，相助以进。炼丹之士，既得真侣，临驭丹炉，施条接意，开辟道路，以生光耀，此时耀景日长，阳火渐长，故当开路以致之，语有之曰“吹彻重关借巽风”，即开路之意也。临炉之诀，“结正低昂”四字，最为肯綮。结者，环匝周遭，守御固密之谓也；正者，正心诚意，念念无邪之谓也；低昂者，颠倒坎离，柔上刚下之谓也。故天地相交，仰以成泰。仰，即昂也；泰，则三阴三阳，刚柔并隆。并隆者，即二八相当之义。于时阴阳交接，小往大来，铅至汞迎，阳施阴受，而生造化。于月为寅，律应大簇。簇者，凑也。万象萌此，阳气辐辏而生，是宜运火趋时，不得怠缓。《大成集》云：“交得三阳逢泰卦，便堪进火法神功。”此之谓也。或疑：“采药之诀，铅遇癸生，便当急采，迟则度于后天。今自子至寅，渐历三辰，方言进火，无乃缓乎？”曰：不然。作丹之法，以日易月，以时易日，而一时之中，又分三符六候，比时采取，只用二候，不尽一符之顷，何其速也。魏公此言，盖以发明造化、阴阳、进退消息之理，而吾身之药火象之。若夫攒簇卦火于一时半刻之中，则天机閟密，丹经往往靳而不言，在人以意会之而已。《悟真篇》云：“日月三旬一遇逢，以时易日法神功。守城野战知凶吉，增得灵砂满鼎红。”又云：“此中得意休求象，若究群爻漫役情。”此之谓也。渐历大壮，四阳盛长，于月为卯，律应夹钟。夹者，侠也。阴阳气平，侠列生物，刑德相负，德中有刑，故万物甲坼而榆荚反堕。此时昼夜始分，阴阳平等，加火则有偏重之虞，丹法于此，立为卯酉沐浴之法。紫阳云：“兔鸡之月及其时，刑德临门药象之。到此金丹宜沐浴，若还加火必倾危。”五阳一阴，于卦为夬，于月为辰，律应姑洗。洗者，冼也。阳升而前，冼濯羽翮，一阴宿垢，振索立去，此时丹经沐浴，倍增精彩。至于乾健，则阳火盛明，广被四邻矣。于月为巳，律应仲吕。仲者，中也。日中则昃，中而相干。于时盛极当衰，阴符继统，故姤始纪绪，一阴下生。喻如坚冰之兆于履霜，寒泉之生于井底。于月为午，律应蕤宾。宾者，宾也。阴方萎弱，来而为宾，此时阳方退位，故宾服于阴，而以阴为主焉。阴为主人，则阴符用事矣。二阴成遁，遁者，阳遁而去位也。于月为未，律应林钟，此时阴方浸长，阳当去位，故当收敛其精，怀德俟时，而以幽栖乎昧冥。三阴成否，否，闭塞也。于月为申，律应夷则。夷者，伤也。物伤则萌者不生。申者，伸也。阴伸则阳毁名姓，以至四阴成观。观其权量，以察仲秋之情，则阴阳之气，至此又平。于月为酉，律应南吕。南者，任也。万物至此，有妊娠之象焉。任蓄微稚，则麦以芽滋；老枯复荣，则荠以萌孽。此谓刑中有德。丹法至此，又当沐浴。沐浴之后，火库归戌，火愈细微，五阴成剥。剥者，烂也。言化气既竭，而至神亡失也。神谓神火，于月为戌，律应无射。无射之义，于《契》不言。或曰"失"当作"佚"，亡佚，即无射也。射者，终也。终而无终，绵绵不绝，道穷则反，归乎坤元。归坤，则纯坤用事矣。此时，丹乃归静，静曰复命，复命曰常，故恒顺地理，以承天施。于月为亥，律应应钟。亥，隔阂也。亥子之交，又为晦朔之间，冬至之候，故阴阳之气，虽相隔绝，而实则相连，万物又复应此而种种生育，故律曰应钟。应钟者，言应度而育种也。是为阴阳之元，二气之始，藏于廖廓恍惚之中，其端倪朕兆，微妙若此，自非圣人，孰从而知之哉？载观坤卦之辞，有"先迷后得"之语，魏公复断章取义，以为"先后"二语，乃造化始终，存亡之绪。盖返乎坤元，则轨道已终，故为失轨；朔旦为复，则阳气又通，而主人将复兴矣，故"后为主君"，失轨则先迷也，为主则后得也。归坤之妙，有如此者，所以然者，一自然而已。《阴符经》云："自然之道静，故天地万物生；天地之道浸，故阴阳胜。"故无平不陂，无往不复，变易更盛，而消息之相因，终坤始复，而连环之相循。圣人既大明乎终始，而又能时乘以御天，则丹有不成而身有不仙者哉！故曰"千秋常存"云。

或问：进火、退符之说，曰火为神火，予固已知之矣。阴符何物，抑亦有可言者乎？曰：吾闻之仙师七返九还之说，曰七乃火数，九乃金数，以火炼金而成丹，即以神驭炁而成道也。由是观之，作丹之法，始终妙用一火而已。进则谓火，退则谓符。符者，合也。言升降进退，表里符合也。当其运火之时，神炁相守，抱一无离，绵绵若存，一火而已，曷有所谓阴符可用哉？故《契》于姤、于遁、于否、于观、于剥、于坤，曰宾服、曰去位、曰毁伤、曰亡失、曰归元，皆主阳退而言，正如月望之后，阳以渐消，其光自亏，渐消渐减，以至于晦，又乃复苏而为朔，是皆主阳而言，非论阴也。若论阴，则当言进符矣。由是观之，吾身之中，曷有所谓阴符可用者哉？

仙翁此章，语奥旨深，所谓卦律之类，有直指示人者，有借字用意者，有借义用意者，或隐或显，各随其文义之所驱。直指而示者，如朔旦为复、仰以成泰、渐历大壮、姤始纪绪、夬阴以退，与黄钟建子、丑之大吕、午为蕤宾之类也；借字用意者，如临炉施条、乾健盛明、遁世去位、否泰不通、观其权量、剥烂肢体之类也；借义用意者，如辐辏于寅、侠列卯门、洗濯羽翮、中而相干、毁伤姓名、任蓄微稚、亡失至神、应度育种、隔阂相连之类也。此非熟读详味，不能得其意旨，而诸家之注，率多疏略，予故详而论之，读者更宜细玩。

性命根宗章第三十

将欲养性，延命却期。审思后末，当虑其先。人所秉躯，体本一无。元精流布，因炁托初。阴阳为度，魂魄所居。阳神日魂，阴神月魄。魂之与魄，互为宅室。性主处内，立置鄞鄂；情主营外，筑完城廓。城廓完全，人物乃安。于斯之时，情合乾坤。乾动而直，炁布精流；坤静而翕，为道舍庐。刚施而退，柔化以滋。九还七返，八归六居。男白女赤，金火相拘。则水定火，五行之初。上善若水，清而无瑕。道之形象，真乙难图。变而分布，各自独居。类如鸡子，黑白相符。纵广一寸，以为始初。四肢五脏，筋骨乃俱。弥历十月，脱出其胞。骨弱可卷，肉滑若饴。

魏公此章，欲人穷取生身之初，以修性命。将者，且然未必之辞。言人将欲养性延命，以却死期，当知性命根宗，性何由来，命何由立？《圆觉经》云："一切众生，皆以情欲而正命本。"人有此身，却是所禀父母之气而生，浊骨凡胎，会有涯尽而不可久。吾生也有涯，而化也无涯。故炼丹者，以无涯之元气，续有限之形躯，而无涯之元气，乃先天真乙之炁，所谓"体本一无"者也。然一，即真乙也；无，即无极也。周子曰："无极之真，二五之精，妙合而凝，而人生焉。"所谓无极，即先天真乙之炁，在人为性者也；所谓二五之精，即后天阴阳，精气为物，在人为命者也；二者妙合，而人始生。列子[①]所谓："有生者，有生生者，生之所生者死矣，而生生者未尝死。"盖生者，形也；所以生生者，炁也。故曰："元精流布，因炁托初。"知托初之炁，则知性为吾人立命之原，而不可以不养矣。知流布之精，则知命为吾人有涯之生，而非术不延矣。然其所

① 列子，底本作"庄子"，考其所引，出于《列子·天瑞》中。

谓性者，乃先天道朴，不落有无，不属指拟。落于形质之中，于是始有阴阳之分。然而阴阳之精，互藏其宅，故阳神日魂，乃藏于阴，阴神月魄，乃藏于阳，而魂之与魄，互为宅室。互为，即互藏也。庄子云："天地有官，阴阳有藏。"非深达造化，不足语此。自其魂为魄之室也，在人则为性而主处乎内；自其魄为魂之宅也，在人则为情而主营乎外。主乎内者，安静虚无，归根而复命也；营乎外者，关键三宝，积精而裕气也。归根复命，则鄞鄂立矣；积精裕气，则城廓完矣；夫其城廓全，而人民安也。然后可以配合乾坤，而行采药之功。且乾之为性，其动也直，动则炁布而精流；坤之为性，其静也翕，静则为道之庐舍。动主敷施，静主滋化，迨夫刚施而退，而柔以承之，则自然和合，中宫产至真，而五行四象之炁，一时辐辏而归之鼎中。故九者还，七者返，八者归，六者居。九八七六者，金木水火之数也。六之言居者，北方坎位，乃真铅之本乡，丹常居此，则如北辰不动，而众星拱之。然所谓还者、返者、归者、居者，乃自四方之炁而言，约而言之，则九还七返尽之矣。盖九乃金数，七乃火数，金火相拘，乃成丹道。何者？坎男中白，是曰白金，金即水也；离女内赤，是为赤汞，汞即火也。丹法则水定火，常使铢两无差，则金火自是相拘，而返还之道在是矣。然而铅至汞留，水激火灭，其功皆归于水者，盖水为五行之初先，故其用甚大，老子所谓"上善若水"，盖谓是也。然水之所以为善者，乃取其清而无瑕，稍有查质，则度于后天而不可用。是水也，何水也，而妙用若是？乃先天真乙之炁，互藏于坎位而寄体于西邻者也，即所谓"道"也。夫道也，恍惚窈冥，何可图象？及其变而分布也，则一水、二火、三木、四金，各居一方，而成五行之气。是五行也，顺而行之，百姓日用之道也；逆而修之，丹道也，仙道也。丹之为象，亦有可言者乎？类如鸡子，黑白相符。纵广一寸，以为始初。一寸者，丹之神室也。四象和合于此中，五行攒簇于此中，故肢藏、筋骨无不完具，如婴儿然。弥历十月，火候数足，脱出其胞，骨弱肉滑，迥异凡体，是乃身外之身，无质之质，体本一无，因炁托初，而成圣体。吕师所谓："九年火候俱经过，忽尔天门顶中破。真人出现大神通，从此天仙可相贺。"至是而宇宙在乎手，万化生乎身，性命之理得矣，圣修之能事毕矣，丈夫之志愿遂矣！

二气感化章第三十一

阳燧以取火，非日不生光。方诸非星月，安能得水浆？二气且悬远，感化尚相通。何况近存身？切在于心胸。阴阳配日月，水火为效征。

此章仙翁指言阴阳二炁感化之理，以明同类之易于相从。《契》所谓“引验见效，校度神明”者也。夫日中有火，而欲得火者，则以阳燧取之；月中有水，而欲得水者，则以方诸取之。阳燧、方诸，何物也？玉吾注云：“阳燧，木燧也；方诸，阴燧，大蛤也。”夫以日月丽天，相去悬远，以物致之，尚可以得其水火之精，是知一气感通，神化若此，何况近存乎身，切在于心者乎？“身心”二字，最可玩味。紫阳《金丹四百字·序》云：“以身心分上下两弦。”盖身属坎情，心属离性，性情相感，自然会合而成还丹。紫阳所谓“阴阳得类归交感，二八相当自合亲”者。故阴阳之义，配诸日月，取水、取火以为效征，乃知“同类易相亲，事乖不成宝”也。仙翁引证见效，可谓深切而著明矣。

关键三宝章第三十二

耳目口三宝，固塞勿发通。真人潜深渊，浮游守规中。旋曲以视听，开阖皆合同。为己之枢辖，动静不竭穷。离炁纳营卫，坎乃不用聪。兑合不以谈，希言顺鸿蒙。三者既关键，缓体处空房。委志归虚无，无念以为常。证验自推移，心专不纵横。寝寐神相抱，觉悟候存亡。颜色浸以润，骨节亦坚强。排却众阴邪，然后立正阳。修之不辍休，庶炁云雨行。淫淫若春泽，液液象解冰。从头流达足，究竟复上升。往来洞无极，怫怫被容中。返者道之验，弱者德之柄。耘锄宿污秽，细微得条畅。浊者清之路，昏久则昭明。

此章仙翁备言炼丹入室之密旨，可与上篇“御政之首”参看。耳目口三宝，固塞勿发通者，入室之际，大用现前，必须六根大定，而后可以采炼，故以耳目口三者，尊为三宝。《阴符经》云：“九窍之邪，在乎三要，可以动静。”所谓三宝，即三要也。是用闭塞管括，勿令发通，庶外者不入，内者不出，真炁收敛，精神翕聚，而可以行此一时半刻之功。然所谓固塞者，又非蠢然之闭塞也，旋曲侦候，有静而能应之道焉。真人潜深渊，浮游守规中，何谓真人？即真乙之炁也。《契》云："真人至妙，若有若无。仿佛大渊，乍沉乍浮。"所谓大渊，即深渊也。今夫真乙之炁，沉潜沦匿于重阴深昧之地，视之不可见，听之不可闻，抟之不可得，然却有动机，故当守其浮游于规中。浮游者，爻动之时，浮游之炁也；规中者，造化之窟，真炁所产之处也；所谓守者，至诚专密，旋曲而视听之也。旋曲视听，则见气机之动，一开一阖，与吾之真机，皆相合同，合同则欢忻交通、感应相与，而相亲相恋之妙，不言可知矣。不惟合同，又且为己之枢辖。所谓己者，己土也。己土猖獗，得此戊土以为枢辖，然后动有可求，静有可养，而吾之动静，庶不至于竭穷。凡吾所以关键三宝者，欲得戊土以为枢辖也。故收视于目，则离炁内营矣；返听于耳，则坎不用聪矣；兑合不谈，则鸿蒙施化，而吾以希言顺之矣。夫惟三者，善于关键，然后缓体以处空房。缓体者，优柔和中，将有所俟也；处于空房，言入室也。委志归虚无，无念以为常者，得丹之后，当情境俱忘，人法双遣，不可沉着于有为事相之中，所谓"一念不起，万缘皆空"。以此为常，功深力到，则证验推移，立竿见影矣。然所谓无念者，非顽空断灭之谓也，乃无杂念之谓也。心专不纵横，则无杂念矣。以心专不纵横言之，寝寐而神气相抱，觉悟而候其存亡，则心专矣。若夫证验推移，则颜色浸润，骨节坚强，以下云云，是其证也。排却众阴邪，然后立正阳者，炼去己私，然后得药归鼎，归鼎之后，朝屯暮蒙，修之不辍，则和气充溢，周匝一身，蒸蒸然如山云之腾太虚，霏霏然似膏雨之遍原野，淫淫然若春水之满四泽，液液然如河冰之将欲释，往来上下，百脉冲融，畅于四肢，被于容中，拍拍满怀都是春，而状如微醉也。《入药镜》云："先天炁，后天气，得之者，浑似醉。"又以其验而言，则反者为道之验。何谓之反？反者，复也。张子曰："生而后有气质之性，善反之，则天地之性存焉。"夫人有此性，落于形质之中，六尘缘影，依幻而生，诱而忘返。今也，克己功深，尽忘我相，则气质消融，查滓浑化，所谓无生之生，真性湛然，而道其在是矣，故曰"反者道之验"。至于大用现前，则应务之顷，又当以弱为柄，老子所谓：曰慈、曰俭、曰不敢为天下先。又曰："知其雄，守其雌，为天下谿；知其荣，守其辱，为天下谷。"又曰："不敢进寸而退尺。"皆濡弱之谓也。其曰复归于朴、复归于婴儿、复归于无极，即"善反"之谓也。夫善反，则鼎新革故，而宿秽耘耡矣；濡弱不争，则太和充溢，而细微调畅矣。宿秽除，细微畅，则宜乎不浊，其又有时而浊者，非真浊也。得炁之后，百脉归源，如上篇所谓“气索命将绝，体死亡魄魂”者。故混混沌沌，莫知其然，久则昭明，而这回大死今方活也。老子云“孰能浊以静之徐清”，意盖如此。自颜色浸润以下，皆以申明证验推移，自非仙翁真造实诣，乌能形容如此之亲切而有味哉！

旁门无功章第三十三

世人好小术，不审道浅深。弃正从邪径，欲速阏不通。犹盲不任杖，聋者听宫商。没水捕鸡兔，登山索鱼龙。植麦欲获黍，运规以求方。竭力劳精神，终年不见功。欲知服食法，事约而不繁。（阏，音遏。）

仙翁铺叙大道二炁感化之理，引验见效，历如指掌。重悯世人偏好小术，不审浅深，不辨邪正，不求同类，妄意作为，迄无成效。殊不知服食之法，至易至简，一涉烦难，则非大道。学者诚能办深信心，具智慧眼，于此《参同》千周万遍，又何浅深之不明，而邪正之不我辨哉？

珠华倡和章第三十四

太阳流珠，常欲去人。卒得金华，转而相因。化为白液，凝而至坚。金华先倡，有顷之间。解化为水，马齿阑干。阳乃往和，情性自然。迫促时阴，拘蓄禁门。慈母养育，孝子报恩。遂相衔咽，咀嚼相吞。严父施令，教敕子孙。（原本有“遂相衔咽，咀嚼相吞”二句，在“报恩”之下，紫阳窜入别章，今当返此。）

此章仙翁指示真铅伏汞，乃阴阳情性之自然。太阳流珠，离宫之真汞也。此汞在人，飞走不定，故常欲去人。《灵源大道歌》云：“此物何尝有定位，随时变化因心意。在体感热则为汗，在鼻感风则为涕。在肾感合则为精，在眼感悲则为泪。”八门九窍，无往而非灵汞游走之处，凡人之所以有老病死苦者，流珠去人之故也。卒得金华，转而相因，则化为白液，而凝为坚固不坏之宝，何者？金华者，金之精华，水金是也。水中之金，号曰真铅。今夫金华先倡于爻动之时，不过一炁而已，有顷之间，则化而为水，既乃凝结，而成丹砂。古歌云：

“好丹砂，白马牙。”故色如马齿，状若阑干，所谓“化为白液，凝而至坚”者，意盖如此。然非真有此物也，不过设喻以明黄芽初就之象耳。然阳本主倡，而今曰“往和”者，何也？阳者，乾也，男也。他为主，则主倡；以我为宾，故主和。情性自然者，情来归性，一交感，自然之道静，故万物生。静者，时之阴也。静极则动，而一阳来复矣。法当促之、迫之于静极之时，然后动机可得。何谓促迫？“巽风常向坎中吹”，即促迫之意也。及乎得药归鼎，则拘之、蓄之于禁密之门。禁门者，环匝关闭，守御密固，如万乘之主，处九重之室也。何谓慈母育养，孝子报恩，严父施令，教敕子孙？先天乾金，寄体于坤母之中，实而成坎，赖此慈母养之、育之，唤来归舍，反伏己汞，由是衔咽相吞，有反哺之义焉，是犹慈母养育，而孝子报恩也；及乎得药归鼎，日运神火，以温养之，丹得火化，日滋月长，以底于成，是犹严父施令，教敕子孙也。然此子孙者，即报恩之子孙，夫惟母以养之，父以教之，然后人道成，家道正，丹道之妙，亦犹是也。仙翁引喻设譬，其旨深哉！

五行逆克章第三十五

五行错王，相据以生。火性销金，金伐木荣。三五与一，天地至精。可以口诀，难以书传。

此章仙翁言丹道五行，皆以逆克而成妙用。五行错王者，无极之先，混元一炁而已。分为阴阳，则一变一合，而生水火木金土。此五行者，质具于地，气行于天。以其气而语其行之序，则木王于东，火王于南，金王于西，水王于北，各以四时之序，而相错以王。然而五行之气，互有生克，故相对则相克，相据则相生。据，依凭也。玉吾本作“椐”，有戟据勾连之义焉。今夫水能克火，而水之子反能生火；金能克木，而金之子反能生木。是皆相连相据，藏至恩于至怨之中。使生而不克，则生者有余；克而不生，则克者不足，皆非造化之妙也。丹法以汞求铅，是以火销金也；得药归鼎，是以金伐木也。火销金，则宜金受其克矣，而金反和融；金伐木，则宜木受其伤矣，而木反荣盛。则何故哉？盖以五行之气，本一炁也，以其相对而言，似曰相克；以其合一而言，则实相成。故一分为五，则相克相生，乃常道也；五合为一，则相亲相恋，乃丹道也。《悟真篇》云："三五一都三个字，古今明者实然稀。东三南二同成五，北一西方四共之。戊己自居生数五，三家相见结婴儿。"三家相见，则三五归一，和合中宫产至真，而天地之至精，孕于此矣。如斯之秘，以口诀之，恐尚失之于赘；以书传之，则执象泥文者抑又多矣。

龙虎主客章第三十六

子当右转，午乃东旋。卯酉界隔，主客二名。龙呼于虎，虎吸龙精。两相饮食，俱相贪并。遂相衔咽，咀嚼相吞。（此二句在"孝子报恩"之下，朱紫阳定之在此。今以章法而论，则紫阳之定亦未为当，还之本处可也。）荧惑守西，太白经天，杀气所临，何有不倾？狸犬守鼠，鸟雀畏鹯，各得其性，何敢有声？

此章仙翁正方位、定主客，以明丹法，亦承上文"三五与一"之义而言。盖天地之有子午卯酉，即水火金木四正之炁也。子午者，阴阳之首也；卯酉者，阴阳之界也。故子当右转，则金公寄体于西邻，而虎向水生矣；午乃东旋，则离火藏锋于卯木，而龙从火出矣。故夫子午旋转，卯酉界隔，水火之精，互藏其宅。大要主客二名，丹家之最所当辨者也。故作丹之际，饶他为主，我反为宾，龙呼于虎，则以汞而求铅；虎吸龙精，乃以铅而投汞，二炁交感混合，自然相饮相食、相并相吞而成还丹。所谓"火性销金，金伐木荣"，是皆转杀机而逆用之。拟之天象，则如荧惑守西，太白经天，杀气所临，何有不倾者乎？拟之物类，则如狸犬守鼠，鸟雀畏鹯，各得其性，何敢有声者乎？荧惑、太白者，天之金、火二星。火入金乡，则为"荧惑守西"；金来伐木，是谓"太白经天"。凡杀气所临之处，则伐无不克，丹法之妙，亦犹是也。"狸犬"二句，又言铅汞相伏之性。

不得其理章第三十七

不得其理，难以妄言。竭殚家产，妻子饥贫。自古及今，好者亿人。讫不谐遇，希有能成。广求名药，与道乖殊。如审遭逢，睹其端绪。以类相况，揆物始终。

此结上文。如上所言，阴阳五行之理，在人须当洞晓深达，睹其端绪，揆其终始，以相比况。不得其理而言之，则自取僭妄；不得其理而为之，则立见饥贫。凡从古及今，好之者多，成之者寡。非道之难成也，不明造化，不审遭逢，不知同类之易为功，而以非种施巧耳。仙翁每于章末言之，其悲悯后生之意，亦至哉！

父母滋禀章第三十八

五行相克，更为父母。母含滋液，父主禀与。凝精流形，金石不朽。审专不泄，得成正道。

前章以五行逆克而分主客，此又以五行逆克而分父母，皆所以发丹道未尽之蕴。盖阴阳男女之道，施者为父，受者为母，故母含滋液以统化，父主禀与而播施。作丹之法，金受火销，火炎水沸，是木火主施，而金水主受也；得药归鼎，金来伐木，水来灭火，是金水主施，而木火主受也。受则为母，施则为父。前则迭为主客，此则更为父母，皆非常道。如此盗机逆用，而成还丹，则凝神成躯，而万劫不坏矣，故曰："凝精流形，金石不朽。"凝精之道何如？其要在于审专不泄而已。审专者，至诚专一，宁其神也；不泄者，管括微密，固其宝也。正道不过阴阳得类，盗机逆用而已，岂有他术？审能修之，其效可立而见也。故下文遂言其效。

药物至灵章第三十九

立竿见影，呼谷传响。岂不灵哉，天地至象。若以野葛一寸，巴豆一两，入喉辄僵，不得俯仰，当此之时，虽周文揲蓍，孔子占象，扁鹊操针，巫咸扣鼓，安能令苏，复起驰走？

夫立竿见影，呼谷传响，影自何来？响自何出？立竿呼谷，为之自我虚无之中，自成影响。丹法无中生有，虚里造实，亦复如是。丹成之易有如此者，得而服之，则长生久视，轻举远游，理之自然，无足怪异。试以野葛一寸，巴豆一两，与人服之，则入喉辄僵，圣哲不能复苏。今人皆知世有死人之药，而于长生大药，漫不加信，一何昧哉！

天元配合章第四十

河上姹女，灵而最神。得火则飞，不见埃尘。鬼隐龙匿，莫知所存。将欲制之，黄芽为根。物无阴阳，违天背元。牝鸡自卵，其雏不全。夫何故乎？配合未连。三五不交，刚柔离分。施化之道，天地自然。犹火动而炎上，水流而润下。非有师导，使其然者。资始统政，不可复改。观夫雄雌，交媾之时，刚柔相结，而不可解。得其节符，非有工巧，以制御之。若男生而伏，女偃其躯。禀乎胞胎，受炁元初。非徒生时，著而见之。及其死也，亦复效之。此非父母，教令其然。本在交媾，定制始先。

此章仙翁极论阴阳配合自然之道，以明铅汞相制之理。“河上姹女”八句，与前“太阳流珠”意同。河上姹女者，离宫之灵汞也。午分三河，故曰河上。何谓黄芽？黄者，中黄之炁；芽者，爻动之萌，即真铅也。今夫真铅制汞，乃阴阳自然之道，故物无阴阳，则违天背原矣。牝鸡自卵，则其雏不全矣。何者？阴阳失类而配合未连，三五不交而刚柔离分也。且夫阳施阴化，天地自然，犹之火动而上炎，水流而下润，非有师导使其然者。用是而知天地之道，资始统政，不可复改，故天不变则道不变，道不变则丹亦不变。圣人知自然之不可改也，因而制之。观夫结丹之际，玄黄交媾，二炁纽结，而不可解者，得其节符，非有工巧以制御之，一自然而已矣。是道也，顺之则人也，逆之则丹也，奚以异哉？学者于此，苟能洞晓而深达之，则知一阴一阳之谓道，而可以破独修一物之愚矣。

日月含吐章第四十一

坎男为月，离女为日。日以施德，月以舒光。月受日化，体不亏伤。阳失其契，阴侵其明。晦朔薄蚀，掩冒相倾。阳消其形，阴凌灾生。男女相须，含吐以滋。雄雌错杂，以类相求。金化为水，水性周章；火化为土，水不得行。男动外施，女静内藏。溢度过节，为女所拘。魄以钤魂，不得淫奢。不寒不暑，进退合时。各得其和，俱吐证符。

此章仙翁法象日月，义取含吐，以准丹法。坎为男为月，离为女为日，此《易》象也。丹术著明，莫大乎日月。即举日月而论，日施阳德，月借日光，月受日化而有晦朔弦望之分。然亏而复盈，绝而复苏，终不至于亏伤，阴含阳精，阴得阳助故也。故丹法移太阳于月明，专以借光为义。盖自晦朔之间，合符行中，此时自有符契可以造丹，苟或不能乘时盗机，致阳失其契合之符，则金嫌望远，药度后天，渐消渐减，屈折下降，以至阴侵其明，而受统于巽，掩冒相倾而薄蚀于朔，阴凌生灾而丧明于坤，如此阴盛阳消，岂丹道耶？故夫人道之所以有生、有死者，凡以阳失其契故也；丹体之所以常灵、常存者，凡以月受日化故也。丹道不过日月交光，阴阳得类而已。故男女相须，而一施一受，即日月之含吐也；雄雌错杂，而以类相求，即阴阳之得类也。知相须，则知顺而成人，逆而成丹矣；知以类，则知孤阴不生，独阳不成矣。且以丹法而言，作丹之际，以火销金，金化为水，化则和融而周章，所赖以制之者，得无土乎？离宫己土，自火而化，用此意土，克水求丹，水受土制，乃不妄行，而自来归性。此丹法也。故坎水为男，动而外驰；离火为女，静而内藏。含而吐之，以滋造化。溢度过节，而为女所拘，是水受土制而性不周章也；魄以钤魂，而不得淫奢，是为女所拘而俱死归土也。由是运以符火，准以卦爻，不寒不暑，而进退之合时，则各得其和，而证符之俱吐矣。药生曰符，药成曰证，皆自和气而生。《契》云："和则随从，路平不邪。"广成子之告黄帝云："吾守其一，以处其和。"今夫仙翁法象日月，平调水火，而以"和"之一字终之，渊乎微哉！

四象归土章第四十二

丹砂木精，得金乃并。金水合处，木火为侣。四者浑沌，列为龙虎。龙阳数奇，虎阴数偶。肝青为父，肺白为母。心为赤女，脾黄为祖。肾黑为子，子五行始。三物一家，都归戊己。

此章言四象不离二体，五行全入中央。丹砂木精，得金乃并者，砂中有汞，汞从东转，乃木之精，得金制之，则相吞相并而成还丹。《契》云"太阳流珠，常欲去人。卒得金华，转而相因”是也。今夫丹家四象，金木水火而已。金能生水，水中产金，是金水合处也；木能生火，砂中含汞，是木火为侣也。谓之合处，则一而不分；为侣，则有彼此附丽之义焉。丹经下字，义意精密，大率类此。凡此四者，皆自混元一炁而分，故合之则浑浑沌沌，谓之先天无极之真；分之则列为龙虎，谓之二八初弦之炁。其实一而已矣。故龙从火出，位于东方，木数得三，是龙阳数奇也；虎向水生，居于西位，金数得四，是虎阴数偶也。凡此龙虎奇偶象数，则然执而泥之，终成疣赘。其又配之后天，木炁在肝，其色青，其人父；金炁在肺，其色白，其人母；火炁在心，其色赤，其人女；土炁在脾，其色黄，其人祖；水炁在肾，其色黑，其人子。肝肺所以为父母者，以其能生水火也；脾黄所以为祖者，以其能生金木也。其以生出之序言之，天一生水，则子水又为五行之初先，以是四者合处其侣，混而一之，同归戊己之宫，则三物一家矣。一家则和合中宫产至真，而丹体就矣。上篇云：“青白赤黑，各居一方。皆禀中宫，戊己之功。”意盖类此。

阴阳反覆章第四十三

刚柔迭兴，更历分部。龙西虎东，建纬卯酉。刑德并会，相见欢喜。刑主杀伏，德主生起。二月榆死，魁临于卯。八月麦生，天罡据酉。子南午北，互为纲纪。一九之数，终而复始。含元虚危，播精于子。

此章仙翁备言丹法颠倒互换之妙。盖金丹逆用，自与常道不同。故语成质，则乾刚坤柔，理之常也；取互藏之精，则刚中用柔，柔中用刚，而刚柔迭兴矣。语分部，则龙东虎西，理之常也；论合丹，则龙往于西，虎来居东，而迭更分部矣；语建纬，则卯东酉西，理之常也；论交媾，则以汞求铅，以金伐木，刑德并会而相见欢喜矣；语生杀，则刑主杀伏，德主生起，理之常也；论并会，则生中有杀，杀中有生，二月榆死，而八月麦生矣；语月将，则天罡在辰，河魁在戌，理之常也；论拱合，则八月而天罡据酉，二月而河魁临卯矣；语定位，则子南午北，理之常也；论交泰，则北斗面南观，而子南午北，互为纲纪矣。是皆东入西邻，西归东舍，女居男位，坎在离乡，如此颠倒反覆，更易互换，迥异常道，所谓掀翻斗柄，逆转璇玑，非止一端。仙翁备而言之，不过欲人洞晓深达，远求近取，求以得夫先天真乙之炁而已。且夫真乙之炁，一变而为水，二变而为火，三变而为木，四变而为金。一为水数，九为金数，即此金水互相含育，遍历诸辰，循环卦节，莫非此炁之妙用，故一九之数，终而复始。其交会之际，则含元于虚危。虚危者，天地亥子之间，日月合璧，龟蛇蟠结之所也。所谓贞元之会，亥子之交，冬至之半，正在于此，少焉时至机动，则忽然夜半一声雷，万户千门次第开，而雄阳播施矣，故曰“播精于子”。上章所谓“子五行始”，意盖如此。“一九”以下四句，乃丹经之肯綮，天机閟密，尽泄于此，读者宜深味之。

牝牡相须章第四十四

关关雎鸠，在河之洲。窈窕淑女，君子好逑。雄不独处，雌不孤居。玄武龟蛇，蟠虬相扶。以明牝牡，竟当相须。假使二女共室，颜色甚姝，苏秦通言，张仪合媒，发辨利舌，奋舒美辞，推心调谐，合为夫妻，弊发腐齿，终不相知。若药物非种，名类不同，分剂参差，失其纲纪，虽黄帝临炉，太乙执火，八公捣炼，淮南调合，立宇崇坛，玉为阶陛，麟脯凤腊，把籍长跪，祷祝神祇，请哀诸鬼，沐浴斋戒，妄有所冀。亦犹和胶补釜，以硇涂疮，去冷加冰，除热用汤，飞龟舞蛇，愈见乖张。

此章引《诗》以明同类相从之意。盖金丹之道，不过一阴一阳，盗机逆用而已。孤阴不生，独阳不成，观之人物，莫不皆然。世人不能洞晓阴阳，深达造化，执着清净无为之道，谓彼身中阴阳，人人有之，吾不知何者而后谓之孤独也？故仙翁《参同》之作，发明牝牡相求之理，日月交光之义，反覆晓譬，言言一旨，至引《关雎》之诗，直指明示，学者须当深味。淑女、君子，以圣配圣，若徒狃于日用之凡情，而妄有作为，则失好逑之义，而非金丹之旨矣。

周易参同契测疏下篇

继往开来章第四十五

惟昔圣贤，怀玄抱真。伏炼九鼎，化迹隐沦。含精养神，通德三元。精溢腠理，筋骨致坚。众邪辟除，正气长存。累积长久，变形而仙。忧悯后生，好道之伦。随傍风采，指画古文。著为图籍，开示后昆。露见枝条，隐藏本根。托号诸名，覆谬众文。学者得之，韫椟终身。子继父业，孙踵祖先。传世迷惑，竟无见闻。遂使宦者不仕，农夫失耘，商人弃货，志士家贫。吾甚伤之，定录此文。字约易思，事省不烦。披列其条，核实可观。分两有数，因而相循。故为乱辞，孔窍其门。智者审思，以意参焉。

此章仙翁自叙启后之意。先以古之至人，修炼成仙之事而言。夫丹列三元，仙分九品。三元者，天元、地元、人元之谓也。天元者，谓之神丹。神丹者，神室之中，无质生质，伏炼九鼎而成神符，朱子所谓："刀圭一入口，白昼生羽翰。"乃高圣上真，神化莫测之事也。人元者，谓之大丹。大丹者，阴阳得类，盗机逆用，含精养神，铢积寸累，十月胎圆，婴儿显相，乃志士大贤，返还归复之道也。地元者，谓之灵丹。灵丹，则炉火点化之事，其法可以助道，而不可以轻身。三元之道，其理一致，至于化迹变形，则天元、人元之道，此其选也。古之圣贤，既以此道，自成其身，又不忍于独善，忧悯后生，好道之伦，不遇真师，无从印可，于是随傍风采，指画古文，如《龙虎》《阴符》之类，著为图籍，开示后昆，续往圣之心灯，作将来之道眼。然又不敢直泄，故露枝藏本，托号变文，以寓其意。奈何传世既久，迷惑转深，以盲引盲，同落坑堑，遂使四民失业，志士家贫。仙翁又重伤之，故作此书，以为定录。又恐天机轻泄，模仿古人，托号变文之意，故为乱辞，孔窍其门，智者诚能精思熟究，而以意参焉，则可以得其旨趣之攸归，而窥大道之堂奥矣。

丹法全旨章第四十六

法象莫大乎天地兮，玄沟数万里。河鼓临星纪兮，人民俱惊骇。晷影妄前却兮，九年被凶咎。皇上览视之兮，王者退自后。关键有低昂兮，害炁遂奔走。江河无枯竭兮，水流注于海。天地之雄雌兮，徘徊子与午。寅申阴阳祖兮，出入终复始。循斗而招摇兮，执衡定元纪。升熬于甑山兮，炎火张于下。白虎唱导前兮，苍龙和于后。朱雀翱翔戏兮，飞扬色五彩。遭遇罗网施兮，压止不得举。嗷嗷声甚悲兮，婴儿之慕母。颠倒就汤镬兮，摧折伤毛羽。漏刻未过半兮，龙鳞甲鬣起。五色象炫耀兮，变化无常主。潏潏鼎沸驰兮，暴涌不休止。接连重叠累兮，犬牙相错拒。形如仲冬冰兮，阑干吐钟乳。崔巍以杂厕兮，交积相支拄。阴阳得其配兮，淡泊自相守。青龙处房六兮，春华震东卯。白虎在昴七兮，秋芒兑西酉。朱雀在张二兮，正阳离南午。三者俱来朝兮，家属为亲侣。本之但二物兮，末乃为三五。三五并为一兮，都集归一所。治之如上科兮，日数亦取甫。先白而后黄兮，赤色通表里。名曰第一鼎兮，食如大黍米。自然之所为兮，非有邪伪道。若山泽气蒸兮，兴云而为雨。泥竭遂成尘兮，火灭化为土。若檗染为黄兮，似蓝成绿组。皮革煮为胶兮，麯蘖化为酒。同类易施功兮，非种难为巧。惟斯之妙术兮，审谛不诳语。传于亿世后兮，昭然而可考。焕若星经汉兮，昺如水宗海。思之务令熟兮，反复视上下。千周灿彬彬兮，万遍将可睹。神明或告人兮，心灵忽自悟。探端索其绪兮，必得其门户。天道无适莫兮，常传与贤者。

此章仙翁备言金丹法象，始终条理，错落可观，盖以总括一经之全旨，乃所谓《小参同》一部是也。法象莫大乎天地者，金丹之道，法天象地，其以天象而言，则自尾箕之间，以至柳星之分，有玄沟焉，南北斜横，界断天盘，吾不知其几千万里也，世人谓之天汉，观其低昂以分寒暑。人亦有之，任督二脉是也。人能通此二脉，则真炁升降，上下灌注，百脉流通，而无有乎壅滞之患矣。“河鼓临星纪兮，人民俱惊骇。”河鼓者，河边星名，位在牛斗之间；星纪者，天盘之丑位也。盖河鼓临于星纪，乃丹家采药行火之候，于时造化争驰，虎龙交媾，一身之中，神兵百万，当自惊骇。若夫得药归鼎，养以符火，准以卦爻，不得毫发差殊，妄其进退，否则晷影誃离，群异旁出，而九转之功亏矣。九年，即九转也；前却，即进退也。皇上览视之兮，王者退自后，何谓皇上？神火是也；何谓王者？真人是也。览视之者，旋曲周遭之意。今夫作丹之法，宾迎主入，罢功守城，专赖绛宫神火，周遭包固，以养鄞鄂，犹皇上日日览视万机，而王者养蒙毓德，优闲退处于邃密之宫。丹道、君道，通一无二。"关键有低昂兮，害炁遂奔走"者，运火之法，前短后长，各随关键之低昂以为升降。若乃火候失调，一害其炁，则丹遂奔溃而走。何者？丹者，和炁之所成。害其炁，是失其和也。于此防危虑险，可不慎乎？江河无枯竭兮，水流注于海者，江河以气脉而言，海以宗源而言。言江河之所以无枯竭者，以水有宗源，流注于海故也。丹法运火之际，绵绵不绝，气归元海，徘徊子午，循关键之低昂；出入寅申，随阴阳之终始。又何火力之不调而害炁奔走之足患哉？"循斗而招摇兮，执衡定元纪。"元纪者，元辰之十二纪也。天以斗柄斟酌元炁，而十二辰次由之以分，故斗有七星：一曰枢，二曰璇，三曰玑，四曰权，五曰衡，六曰开阳，七曰摇光。自一至四为魁，自五至七为杓。执衡招摇者，执其杓而转之也。执其杓而转之，则十二元辰，各随所指，而建此天之大枢纽也。人亦有之，故运火之妙，存乎一心。《悟真篇》云："潜藏飞跃总由心。"意盖如此。"升虎熬于甑山兮，炎火张于下。"何谓甑山？昆仑是也。熬，即"白虎熬枢"之"熬"，言采药之际，升虎熬于甑山者，以炎火张于下也。炎火者，武火也。今夫铅为火煆，逼出金华，滃然而蒸，升炁于顶，峰回路转，降入中宫，则白虎导于前，而苍龙和于后矣。一唱一和，虎啸龙吟，铅为汞留，汞因铅伏。汞性飞扬，类朱雀之翔舞；铅能伏汞，喻罗网之施张。始则嗷嗷声悲，既乃羽毛摧折，其以一时半刻之候而言，震来受符，龙鳞奋起，金华炫耀，五色无常。潏潏鼎驰兮，上河车而逆转；接连重叠兮，同错拒之犬牙。渐采渐结，先液后凝，钟乳阑干，交积支拄。丹之成象，尽露斯言，是皆阴阳得类而成。欲养圣胎，无过淡泊。淡泊者，委志归虚无，而无念以为常也；相守者，载营魄，抱一而无离也。且金丹之道，不过三五之炁，混合归一而已。以五行而言，房宿六度，青龙居之，于时为春，于卦为震，于位为东，于辰为卯；昴宿七度，白虎居之，于时为秋，于卦为兑，于位为西，于辰为酉；张宿二度，朱雀居之，于时为正阳，于卦为离，于位为南，于辰为午。本之则水火二物，分布则各为三五。故三者来朝，并与危一，集归一所，凝结而成还丹。一所者，还丹凝结之处；危一者，真铅所产之乡也。治丹之法，如上所科，无余法矣。若夫进火工夫，则日数亦复取是，要皆起绪于虚危，然后朝屯暮蒙，以足周天之数。且丹在身中，有何色相？以其得五行之炁而言，则先液为白，归土成黄，火包内外，赤通表里，名之第一之鼎，而无等无伦，食如黍米之珠，而至微至细。经云："元始有一宝珠，悬于虚空，大如黍米。"盖是物也。是物也，何物也，而妙用若是？一自然所为兮，非有邪伪道也。以自然之道言之，若山泽气蒸兮，兴云而为雨也；若泥竭遂成尘兮，火灭化为土也；若蘖染为黄兮，似蓝成绿祖也；皮革煮为胶兮，曲蘖化为酒也。请细论之：夫炎火下张，升熬甑山，即山泽之蒸气也；化为玉浆，降下重楼，滋液润泽，和通表里，即兴云为雨，而洗濯乾坤，皆成明润也。故蒸气，则白云朝于顶上；化雨，则甘露洒于须弥。及乎铅为火煅，日以渐抽，化为窗尘，片片飞浮而去，是泥竭而成尘；汞为铅擒，死归厚土，烟消烬灭，冷于寒灰，是火灭化为土也。仙翁旁引曲证，至为精密。又恐学者不得宗旨，泥于自然之说，兀坐蒲团，以为功课，复结之云：凡吾所谓自然者，以同类为功，而不以非种施巧也。非种则为邪伪，而非阴阳自然之道矣。既复叮咛数语，言如斯之妙术兮，审谛不诳语，言吾所谓是实语者，不妄语者，不异语者，故传之亿世，昭然可考，焕若星之经汉而经纬有章，昺如水之宗海而源流共一。学人于此，果能千周万遍，熟究精研，精诚所通，或有神明告于梦寐之间，心灵悟于恍惚之顷。又况天道无亲，常与善人，安肯靳而不传以绝道脉？顾在我之贤否如何、精诚之翕聚如何？学人更当勉于修德，以为凝道之基，决不可谓遭际之难偶，至道之难闻，而自生懈退也。

鼎器歌第四十七

夫鼎立悬胎，炉安偃月，假名立号，在人得意忘言。执象泥文，徒尔按图索骥，在古仙垂"鼎鼎无鼎"之训，似若可凭；而《阴符》著"爰有奇器"之文，岂终无说？乃至仙翁此歌，剂量尺寸，较定短长，认为炉火则文义不蒙，求之身心则支纽难合，然诸家注疏，亦涉朦胧，非以名不可名，象而罔象，今为臆说，大义粗陈，或不悖于圣师，兼以就正于有道云耳。

圆三五，径一分。口四八，两寸唇。长尺二，厚薄匀。腹齐三，坐垂温。阴在上，阳下奔。首尾武，中间文。始七十，终三旬，二百六，善调匀。阴火白，黄芽铅。两七聚，辅翼人。赡理脑，定升玄。子处中，得安存。来去游，不出门。渐成大，性情纯。却归一，还本元。善爱敬，如君臣。至一周，甚辛勤。密防护，莫迷昏。途路远，极幽玄。若达此，会乾坤。刀圭霑，净魄魂。得长生，居仙村。乐道者，寻其根。审五行，定铢分。谛思之，不须论。深藏守，莫传文。御白鹤兮驾龙鳞，游太虚兮谒仙君，受图箓兮号真人。（径，诸本作寸，准玉吾作径。）

圆三五，径一分，言鼎也，谓以五寸为度而规圆之，径得三分之一，是为阳鼎；口四八，两寸唇，言炉也，谓口分四寸八分，而又有两寸之唇以环口外，是谓阴炉。盖鼎在炉中，炉包鼎外。三五与一，阳之数也；四八与两，阴之数也；有围有径，奇之象也；有口有唇，偶之象也。阴阳奇偶，尽露斯言，学人以意参之，可以得之象数之外矣。“长尺二，厚薄匀。”匀者，药物匀平，二八相当，无偏胜也；尺二者，十有二月，卦气循环，无差纽也；腹脐三者，腹脐之下三分；匀，停，定其居也；坐垂温者，默坐垂帘，以观阳复，候其气也；阴在上，阳下奔者，采药之时，地天交泰，而阴中之阳，奔于下也；首尾武，中间文者，炼己、养丹，皆属之武，而中间一符，属之文也；始七十，终三旬，二百六，善调匀者，调停火候托阴阳，而卦气周天，功圆数足也；阴火者，白也；黄芽者，铅也。白，乃白雪之号；铅，乃金华之称。两七聚，辅翼人者，龙东虎西，各居七宿，同聚中宫，辅翼人道，以成仙道也；赡理脑，定升玄者，脑居上田，为诸髓之海，脑实而诸髓皆实也。《黄庭经》云：“子欲不死修昆仑。”意盖如此。子处中，得安存者，子者，子丹，婴儿是也。身中有宝，然后安乐而长存，然脱胎之后，又当时时顾諟，不可纵其远游，及乎渐成大而情性纯矣。于是抱元守一，而行三年九载之功。善爱敬，如君臣，尊之至也；至一周，甚辛勤，谨防护，莫迷昏，慎之至也。是道也，路极遥远，不可一蹴而至；理极幽玄，不可常情而测。若能达此，则宇宙可以在手，万化可以生身，而乾坤之理，于我而得之矣。刀圭霑，净魄魂者，还丹入口，而阴气为之消铄也；得长生，居仙村者，心远地偏，而人境与之俱胜也。夫乐道者，寻大道之根宗，审五行之顺逆，定药物之铢分，则此歌尽之矣。谛而思之，不须阐之以辞；深而藏之，不必传之以文，可也。迨夫功成道备，身外有身，则驾鹤骖龙，而神游乎寥廓之表；膺箓受图，而天锡以真人之号，是谓圣修之极功，而丈夫之能事毕矣。仙翁篇末，而以是终之，其歆动学人之意，亦深切矣哉！

序第四十八

《参同契》者，敷陈梗概。不能纯一，泛滥而说。纤微未备，阔略仿佛。今更撰录，补塞遗脱。润色幽深，钩援相逮。旨意等齐，所趣不悖。故复作此，命《三相类》，则大易之情性尽矣。大易情性，各如其度。黄老用究，较而可御。炉火之事，真有所据。三道由一，俱出径路。枝茎华叶，果实垂布。正在根株，不失其素。诚心所言，审而不误。郐国鄙夫，幽谷朽生。挟怀朴素，不乐权荣。栖迟僻陋，忽略利名。执守恬淡，希时安平。宴然闲居，乃撰斯文。歌叙大易，三圣遗言。察其所趣，一统共伦。务在顺理，宣耀精神。神化流通，四海和平。表以为历，万世可循。序以御政，行之不繁。引内养性，黄老自然。含德之厚，归根返元。近在我心，不离己身。抱一无舍，可以长存。配以服食，雄雌设陈。挺除武都，八石弃捐。审用成物，世俗所珍。罗列三条，枝茎相连。同出异名，皆由一门。非徒累句，谐偶斯文。殆有其真，砾硌可观。使予敷伪，却被赘愆。命《参同契》，微览其端。辞寡意大，后嗣宜遵。委时去害，依托丘山。循游寥廓，与鬼为邻。化形为仙，沦寂无声。百世一下，遨游人间。敷陈羽翮，东西南倾。汤遭阨际，水旱隔并。柯叶萎黄，失其华荣。各相乘负，安稳长生。

序者，《鼎器歌》之序也，亦仙翁所自作，下章“赞序”则后人为之。言己所作《参同契》者，敷陈其概而已，未尝成片诀破，又或泛滥而说，未能悉备纤微。如此阔略仿佛，恐未足以尽大道之精蕴，故复撰此《鼎器》之歌，补塞词旨之遗脱，润色道理之幽深，钩援相连，旨意等齐，所趣不悖，命之《三相类》，则大《易》之情性尽矣。(《三相类》乃依玉吾本，其义颇胜，故从之。）何谓三相类？言黄老、炉火、大易之道，三相类也。今夫《契》之所言，皆黄老性命之学，未尝一及炉火；而此言及之者，正所以补塞遗脱也。况《歌》中首言尺寸、厚薄、长短之规，皆自吾身中悬胎、偃月之数而裁定之，已为外炉法象之张本矣。古之至人，通德三元，故能得一以贯万，因此而识彼。何者？道由一门，理无二致故也。且夫大易情性，不过一阴一阳而已。故黄老盗之以作丹，炉火遵之以炼药，各如其度，然后丹可成，药可就，而成神化莫测之功，故三道由一，俱出径路。明大易者，黄老、炉火，一以贯之，无余法矣。其又取譬而言之，则炉火者，木之枝茎华叶也；黄老者，木之果实也；大易情性者，木之根株也。正在根株，则枝叶敷、果实就，而不失其素矣。是盖诚心所言，审谛不误者也。吾乃郐国鄙夫，幽谷朽生，抱朴栖迟，而忽略乎名利；甘守恬淡，而愿见乎太平。当此闲居，不欲无补于时，自同朽腐，乃撰斯文，以继往圣，以开来学。凡歌序中，所言大易者，乃伏羲、文王、孔子三圣之遗言，本圣人作之，以开物成务，以冒天下之道，察其所趣，殆与三元丹法，一体共伦。务在顺其理而行之，则精神宣耀，神化流通，而四海和平之治，可复见矣。四海，以吾身而言，且吾所谓大易之道，与三乘丹法，一体共伦者，何以见之？盖大易之道，乃阴阳造化之理，表以为历，则卦节周天，万世可循也；序以御政，则至易至简，行之不烦也；引以养性，则归根复命，可以长存也；配以服食，则雄雌设陈，而武都之物可捐（雄黄、雌黄，出武都山），八石之类可弃也。是黄老之道，一大易之道也。审而用之，以成药物，则二物相投，文武并用，定其浮沉，知其老嫩，功圆药验，点化金石而成世珍。是炉火之事，一大易之道也。是故罗列三条，则枝茎相连，异名同出，而俱由[①]于一门，所谓一体共伦者，意盖如此。且吾之成是书也，岂徒累叠章句，谐偶斯文以为观美哉？殆得其真，故砾硌可观耳。使予敷伪，则赘愆之罪，孰得而辞诸？凡吾所以命此书为《参同契》者，盖亦微览大道之端绪，故辞虽寡陋，意实闳大，诚后嗣所宜遵也。曰微、曰寡，乃魏公之谦辞。“委时去害”以下，乃魏公名字之隐语，玉吾注为得之。

① 此下，至下章“至桓帝时”处，底本脱漏，据《方壶外史》本补足。

赞序第四十九

《参同契》者，辞陋而道大，言微而旨深。列五帝以建业，配三皇而立政。若君臣差殊，上下无准；序以为政，不至太平；服食其法，未能长生；学以养性，又不延年。至于剖析阴阳，合其铢两，日月弦望，八卦成象，男女施化，刚柔动静，米盐分判，以易为证，用意健矣。故为立注，以传后贤。惟晓大象，必得长生，强己益身。为此道者，重加意焉。

此赞序，乃后人立注者之所作。彭注云：魏公密授青州徐从事，令其笺注，徐乃隐名而注之。至桓帝时，复授同郡淳于叔通，遂行于世。疑此序为徐从事所作，注亡而序存焉。今按：此书有四言、五言、散文之不同，而上、中二篇，复多有文义相类者，疑其简帙散乱，经、传混淆，理或宜然。近世姑苏有杜一诚者，不知何据，直分四言、五言、散文为魏公与徐、淳三人所作，名为《参同古文》。按彭序不过谓桓帝时传于淳于叔通耳，未尝令其笺注也，淳于叔通安得而有作哉？予尝以《春秋传》疑郭公夏五之事而观，则今之不逮于古也，盖已远甚，姑存其旧焉可也。

紫阳真人读《周易参同契》文

大丹妙用法乾坤，乾坤运兮五行分。五行顺兮，常道有生有死。五行逆兮，丹体常灵常存。一自虚无兆质，两仪因一开根；四象不离二体，八卦互为子孙。万象生乎变动，吉凶悔吝兹分。百姓日用不知，圣人能究本源。顾易道妙尽乾坤之理，遂托象于斯文。否泰交，则阴阳或升或降。屯蒙作，则动静在朝在昏。坎离为男女水火，震兑为龙虎魄魂。守中则黄裳元吉，遇亢则无位而尊。既未慎万物之终始，复姤昭二气之归奔。月盈亏，应精神之衰旺；日出没，合营卫之寒温。本立言以明象，既得象以忘言。犹设象以指意，悟其意则象捐。达者惟简惟易，迷者愈惑愈繁。故知修真上士，读《参同契》，不在乎泥象执文。

夫金丹之道，法天象地。天地，不外乎阴阳。阴变阳合，而生水火木金土，五气顺布，四时行焉。而凡在二五陶铸之中，莫不顺之以为生死，此常道也。丹道则举水以灭火，以金而伐木，每以逆克而成妙用，故曰："五行顺兮，常道有生有死。五行逆兮，丹体常灵常存。"要之，丹之所以常灵常存者，得一故也。一者何？先天真乙之炁，自虚无来者也。老子曰："道生一，一生二。"故曰"一者虚无所兆之质"，而两仪则因一以开其根，两仪立矣，四象生焉。四象者何？阴阳老少也。太阳为火，太阴为水，少阳为木，少阴为金，是皆阴阳变化而成，故曰："四象不离二体，八卦互为子孙。"何也？八卦者，四象之所因也。乾生三男，震、坎、艮；坤生三女，巽、离、兑。丹法震兑归乾，巽艮还坤，则兑属之乾，而艮属之坤矣；离东坎西，则离属之乾，而坎属之坤矣，故曰"互为子孙"。又乾为金，金生水，则坎为子，而震巽之木为孙；坤为土，土生金，则乾为子，而坎水为孙；离为火．火生土，则艮坤为子，而乾为孙；坎为水，水生木，则震巽为子，而离为孙。推此，则八卦可知矣，亦曰"互为子孙"云。万象生乎变动，吉凶悔吝兹分。何以故？卦爻之吉凶悔吝，皆生乎动，丹法纤芥不正，悔吝为贼，爻动之时，可不慎乎？且夫金丹之道，一阴一阳而已。日用而不知者，百姓也；知之而修炼者，圣人也。圣人洞阴阳之本原，夫既修之以善其身矣。于是作为丹经，以开来学，以为尽乾坤之理者，莫过于《周易》，故《参同》拟《易》，莫不以乾坤为鼎器，以坎离为药物，以屯蒙、既未为符火，要皆托象于《易》，以明阴阳消息之理。故否泰交，则阴阳之升降也；屯蒙作，则动静之朝昏也。坎离，则男女之水火也；震兑，则龙虎之魄魂也。至若采药行火之际，其言元吉者，即六五黄裳，中而且顺也；其亢悔者，即上九战德，无位而尊也。慎其终始，则屯蒙、既未不爽于毫厘，象其归奔则复往姤来，一循乎卦节。月盈亏，应精神之衰旺，言精神而药物可知也；日出没，合荣卫之寒温，言荣卫而火符可准也。此《参同》拟《易》之大旨也。然其要，不过识阴阳互藏之精，盗其机而逆用之耳。举其要，则惟简惟易；迷其宗，则愈烦愈难。学人苟能因其文以会其意，捐其象而不泥其文，则庶乎理与心融，文从义顺，而无开卷嚼蜡之患矣。

周易参同契口义

东汉魏伯阳真人　著
淮海陆西星潜虚　口义
新安汪启濩东亭　辑
粤东许启邦杰卿　评点
韩景垚　校刊

周易参同契口义初稿引

《参同契》，予旧有《测疏》，贯串经旨，断络章句，自谓庶几不悖作者之意，然非敢说郢书、陈瞽奏也。先师有教，小子述之，范我驰驱，畴敢誃戾，侮圣裂道，罪不容诛，予盖惧焉！黦蚀改窜，将易数稿，又后五载，新帝改历，内子抱瘠，将还造化。予乃僦地北里，俟命晨夕，容膝之下，倚木焚香，展予书而读之，则见曩者，大义虽明，而微言未晰，将使后昆，一字不逗，衷怀贰疑，纵予不咎，宁无歉乎？于是伸纸濡毫，信手成句，纷解义意，补塞遗漏，不复润色辞藻，名之《口义》。方尔尘谈，起草于孟夏之望，阅月余乃就绪，存之草创，相与《测疏》之书，互相参订。嗣我后者，好道之伦，苟能精思而玩索焉，庶乎诵言知味，而无开卷嚼蜡之患矣。

万历元年仲夏十有八日

周易参同契口义上篇

周易参同章第一

乾坤者，易之门户，众卦之父母。坎离匡廓，运毂正轴。

作《参同契》，最难下手，伯阳仙翁真有肯綮。首言乾坤者，易之门户，便是以乾坤为鼎器；坎离匡廓，便是以乌兔为药物；运毂正轴，便见万事、万化皆生于心。而“正”之一字，又肯綮中之最肯綮者，盖不正，则有作有为，悉归邪妄矣。

牝牡四卦，以为橐籥，覆冒阴阳之道。

牝牡四卦，乾坤、坎离是也；橐籥者，配合乾坤，运行离坎，其中真气往来消息，如冶人之橐籥，一开一阖，直与天地之气相为流通。然四卦者，即六十卦之纲领。四卦运，则六十卦，皆在其中。而是药者，又即是火矣。覆冒阴阳之道者，丹道不外乎阴阳，阴阳不离于药火，药火不出乎四卦。

犹御者之执衔辔，有准绳，正规矩，随轨辙，处中以制外。

犹御者，是借上文运毂之义而立言；运毂者，在马则有衔辔准绳，在行则有规矩，在途则有轨辙，皆一定不易之成度，要在处中之人，六辔在手，执之有法，则自然可以制外，而动无覆败之虞。丹法亦然。故下文遂言准绳、规矩、轨辙之度。而“中外”二字，分明露出“药自外来，丹由中结”之义，读者所宜深味也。

数在律历纪，

数，成算也。言丹道，虽若玄之又玄，然其运用之法，却有成算。律历纪者，丹法之成算，犹御者之准绳、规矩也。天地之化，虽无终穷，然亦不过一阴一阳，往来消息而已。圣人则之，十二月以为历，积之十二年以为纪，而又取其声气之元，候之十二管以为律，皆一义也。学者苟能曲畅旁通，而各极其趣，则作丹之法，亦不外是而得之矣。

月节有五六，经纬奉日使。

月节有五六者，每月五日一候，六候一节，而五与六共三十日也。如立春之节，五日而鸡乳，五日而征鸟厉疾，又五日而水泽腹坚，是为雨水之中气。又五日而东风解冻，又五日而蛰虫始振，又五日而鱼陟负冰，然后交二月之节气，是月节五六，一月之定候也。经纬奉日使者，经者，南北长短之位，即《悟真》所谓“前行、后行”也；纬者，东西往来之用，即《参同》所谓“龙西虎东，建纬卯酉”也。一经一纬，皆药火自然之运用。奉日使者，玄化之宰，每日必以使者直符。比之丹法，则以屯直朝符，蒙直暮符，而一经一纬，无不奉之日使。奉则五候六节，皆可积日而成矣。自此以下，皆详“经纬奉日”之义。

兼并为六十，刚柔有表里。朔旦屯值事，至暮蒙当受。昼夜各一卦，用之依次序。既未至昧爽，终则复更始。

此举一月之火候，以见“经纬奉日”之义。兼并为六十者，运火之法，一日两卦，三十日凡用六十卦也；刚柔有表里者，丹法六时进火，六时退符，进火是用刚也，退符是用柔也。刚者为表，则柔者自当为里。“表里”二字，亦取阴阳符合之义。用火之法，朝屯暮蒙，各依次序，卦数既终，自宜更始。既未者，既济、未济，卦数之终也；昧爽者，来月之朔旦也。朔旦，则屯又值事矣。此举一月之火候，以准一年。

日辰为期度，动静有早晚。春夏据内体，从子到辰巳。秋冬当外用，自午讫戌亥。

上言丹法既以卦数受直矣，至其温燠凉寒之度，又以日辰准之。盖火候之有温燠凉寒，乃阴阳进退自然之消息。一日之中，六时进火，自子至巳，即四时之春夏也；六时退符，自午讫亥，即四时之秋冬也。进则为动，退则为静。内体，即卦之朝屯也；外用，即卦之暮蒙也。举一日之火候，则一月一年，居可知矣。

赏罚应春秋，昏明顺寒暑。爻辞有仁义，随时发喜怒。如是应四时，五行得其序。

又总结之，以明丹道之与天道、易道，无不相准。盖赏罚喜怒者，火候文武惨舒之用也。天道，春一嘘而万物以生，秋一吸而万物以肃。《易》书爻辞，喜而扶阳，怒而抑阴，莫非消息自然之理。丹法进火、退符，一准是道，故昏则宜寒，为罚为怒；明则宜暑，为赏为喜。一日之中，而四时之气，莫不毕备。要皆顺其自然，而非有所矫揉造作于其间者，如是则吾身之五行，各得其序，而丹道可望其成矣。

乾坤二用章第二

天地设位，而易行乎其中矣。天地者，乾坤之象也；设位者，列乾坤配合之位也。易谓坎离，坎离者，乾坤二用。

首句是《易·大传》之辞，魏公引之，又自注云："天地者，乾坤之象也；设位者，列乾坤配合之位也。易谓坎离。"分明是申上章"乾坤者，易之门户，众卦之父母，坎离匡廓"之义。坎离者，乾坤二用，何谓二用？盖坎离者，乾坤之交而成者也。邵子曰："阴阳之精，互藏其宅。"深得坎离二卦之旨。盖乾交于坤，中乃虚而成离，坤以时行中，或动而成坎，乾坤立配合之体，坎离妙运行之用。观之天地设位，日月交光，而森罗万象，皆由此出。无坎离，是无日月也。天地不能无日月，丹法不能外坎离。其在吾人，则恍恍惚惚，其中有物者，离之精也；杳杳冥冥，其中有精，其精甚真，其中有信者，坎之精也。如此指示，太煞分明，要在吾人盗其机而逆用之耳。

二用无爻位，周流行六虚。往来既不定，上下亦无常。幽潜沦匿，变化

于中。包囊万物，为道纪纲。

六十卦用之，则有爻位，如朝屯暮蒙，各有次序。惟此坎离二用，是药是火，往来上下，莫非二者之周流，但幽潜沦匿，隐秘而不可见。虽不可见，而其中却有变化。故顺之则人，包囊万物；逆之则丹，为道纪纲。二用之妙，有如此者。论至于是，则坎也、离也，不在爻，不在位，不在易，而在吾人矣。

以无制有，器用者空。

潜匿则无也，变化则有也，是谓无中生有，虚里求实。故以无制有，乃先天丹法之妙用。观于器用者空，得非以无，制有之谓乎？器用者空，言器之所以为器者，皆以空中而生妙用。老子曰："三十辐，共一毂，当其无，有车之用；埏埴以为器，当其无，有器之用；凿户牖以为室，当其无，有室之用。故有之以为利，无之以为用。"意盖如此。然又须知空之与器，本不相离，使离器以求空，又非空矣。故法身无相，终不离于色身之中。二用无常，亦岂外于互藏之宅？

故推消息，坎离没亡。

消息者，火候之运也。推其消息，以准火候，则朝屯暮蒙，以至既未，终而复始，莫非六十卦爻之妙用，又何坎离之可见哉？惟不可见，所以既谓之无，而又谓之空也。盖坎离是药，消息是火，药则互藏而难见，火则一定而可推也。

中宫土德章第三

言不苟造，论不虚生。引验见效，校度神明。推类结字，原理为征。

天地设位，日月交光，而生万物，此效验之实体，神明之至德也。魏公作《契》，有见于此，而又引申其类，以考古人结字之原。如叠"日月"而成"易"，合"日月"而成"丹"，皆不外此交光之义。乃知神仙丹道，至理所寓，其所取证，一理而已。然则，言岂苟造，而论岂虚生者哉？

坎戊月精，离己日光。日月为易，刚柔相当。土王四季，罗络始终。青赤白黑，各居一方。皆禀中宫，戊己之功。

其以日月交光之义而言：坎中纳戊，戊即月精也；离中纳己，己即日光也。载观古人结字之意，每以“日月”为“易”，“易”则有交光之义焉。坎与离，皆刚柔相当者也。相当而何以成易也？赖此戊己之土焉耳。土，冲炁也。物必相和而成交易，坎离之中，各有冲气，是以相亲相恋，而成大丹。且造化五行，土无定位，各分王于四季之中，以罗络一岁之终始。故木得之以荣，火得之以藏，金得之以生，水得之以止。青白赤黑，各居一方，以司岁运，而皆禀德于土，以成岁功。造化如此，丹道可知。《悟真篇》云：“离坎若还无戊己，虽含四象不成丹。只缘彼此怀真土，遂使金丹有返还。”意盖出此。然真土，更是何物？古仙以意当之，精矣。

日月神化章第四

易者，象也。悬象著明，莫大乎日月。穷神以知化，阳往则阴来。辐辏而轮转，出入更卷舒。

易者，象也，三句皆《易传》之文，魏公错综引之，以见己意。盖谓易之取象，乃日月交光之义，其中神化，未易窥测，要在学者穷而知之。何谓神化？张子曰：“气有阴阳，推行有渐，为化合一，不测为神。”又曰：“一故神，两故化。”盖观日月往来，出入卷舒，是其化也；晦朔合符，辐辏轮转，是其神也。能穷其神，则可以得采药之符矣；能知其化，则可以知运火之妙矣。噫！非洞晓阴阳，深达造化者，不足以语此。

朔受震符章第五

易有三百八十四爻，据爻摘符，符谓六十四卦。

此章之旨，专论震符，以立采药之准。先言“易有三百八十四爻”，除牝牡四卦，凡为爻者三百六十，据一爻以当一时之火符，则一月周而三百六十爻象，尽之矣。盖一日两卦，一时一爻也。符，爻符也。魏公不曰“爻符”，而复注云“符谓六十四卦”，何也？盖卦则可名，而爻则不可名，故举卦以该爻，不能因一爻以见卦也。然不言六十卦，而言六十四卦，又何也？牝牡四卦，不用而用之以通也。此盖统论火符，正与首章兼并为六十，终则复更始之意互相发。

晦至朔旦，震来受符。当斯之时，天地媾其精，日月相撢持。雄阳播玄施，雌阴统黄化。浑沌相交接，权舆树根基。经营养鄞鄂，凝神以成躯。众夫蹈以出，蠕动莫不由。

此段仙翁密指采药之候。晦至朔旦，乃晦朔之间，亥子之交，冬至之日，中间一符，乃先天药生之候，在人身中，一日止有一时，此天机之最秘者。于此盗其机而逆用之，则仙道毕矣。何谓震来受符？震，以一阳动于二阴之下，所谓爻动之时，正与天心复卦相为表里。又况此时，朝屯值符，屯下起震，首时正值震之初爻，一阳来复，正好求铅于斯时也。乾坤交泰，合体而构精；乌兔相持，交加而纽结。坎播玄施，离统黄化，混沌之气，交接相连。造化之根基，权舆于此；吾人之鄞鄂，树立于此。鄞鄂者，花之蒂，喻命蒂也。命蒂既立，所贵经营以养之，而养之之道，不过凝吾之神，以成其躯而已。神，神火也。丹从中结，神火周遭十月，功圆脱胎神化，自然身外有身，而吾之圣体就矣。是道也，逆之则仙，顺之则人，非有二也，故曰："众夫蹈以出，蠕动莫不由。"但百姓日用而不知耳。知之修炼，谓之圣人。

天心建始章第六

于是仲尼赞鸿蒙（此二字，当在乾坤之下。）**，乾坤德洞虚。稽古当元皇，关雎建始初。冠婚气相纽，元年乃芽滋。故易统天心，复卦建始初。长子继父体，因母立兆基。**

此章之意，归重元年、建始，亦承上章"朔旦震符"之意。盖朔旦之符，吾人之始炁也。其在造化，则为乾元、坤元。是以仲尼赞《易》，首以"大哉、至哉"称之。盖以鸿蒙洞虚之德，可以生始万物，丹之祖炁，亦犹是也。载稽古之元皇，礼重关雎，亦以人道之始，起于冠婚，生育之原，萌蘖于此，故曰"元年芽滋"。然元年，即震也，即复也。孔子曰："复其见天地之心乎？"知复，则知元年矣。"故易统天心，复卦建始初。"是知复卦者，天心之始初，滋芽之元年也。以复卦言之，上坤下震，地势重阴之下，忽有一阳来复，乃复之正义。

魏公别取一义，以尽丹道之蕴。盖复，上坤下震，坤为母，震为长男。丹道长子继父，必须因母以立兆基。子者，子炁；母者，母炁；父，纯乾也。人身中所有者，皆后天子炁。子炁会有奔蹶，而不能久，必得先天母炁以伏之，然后怀胎结婴，体化纯阳，而子继父体。而先天母炁，乃履端之初，元年之始炁也，故因母立基。老子谓之“食母、守母”，其义甚精。而上阳仙翁，往往有“西南得朋”之说，学者当以意参之，则得之矣。

圣人不虚生，上观显天符。天符有进退，诎伸以应时。消息应钟律，升降据斗枢。（此章颇有错简，“圣人”四句，旧本在“易统天心”之上，今为正之。）

《阴符经》云：“观天之道，执天之行，尽矣。”今夫天地之阴阳升降，日月之晦朔盈亏，岁序之寒暑往来，日辰之昏明早晚，莫非天符之显然者。圣人上观天符，则交泰天地，进退符火。月盈亏，象药材之老嫩；日早晚，为火候之寒温。一消一息，又复与钟律相应；而一升一降，据斗枢以运之。盖天以北斗斟酌元气，而惟视其斗枢之所指以为月建；其在吾人，用火亦当据而运之，则内外符合，而真气之升降、盈亏，与天合度矣。《悟真篇》云：“晨昏火候合天枢。”意盖如此。此章分为二段，前段指药符，后段言火候。

日月始终章第七

日含五行精，月受六律纪。五六三十度，度竟复更始。原始要终，存亡之绪。（此条在《御政章》“各典所部”之下，文义不属，今移置于此，以为下章发端。）

此数句，是言日月往来、辐辏轮转之义。日含五行精，日者，太阳元精，中含五行，照耀万物，而成五色。许旌阳公所谓：“分霞逐彩，布气生灵，皆五行之精之所化也。”月本无光，其体全白，必借光于日，每以去日远近而成晦朔弦望。晦则合璧，朔则复苏。一年之中，周天三百六十五度，凡月与日会者，十有二度，分为十有二月，而圣人以十二律吕纪之。不言十有二律，而言六律者，举阳以该阴也。然日含五行，则日之数五；月纪六律，则月之数六。以五乘六，以六乘五，恰得三十之数，故三十之日，日月乃合璧焉。此但言其数之适相准者，非真有所谓五六相乘也。若以正义而言，则月与日会之度，良由日行速而月行迟。每日周天，日则过天一度，月不及日者十三度有奇，积之三十日，则月之退数，适与日之进数相值，乃合璧而成晦，此《契》中所不言者，漫为及之。度竟复更始者，言合璧之后，乃复苏而成朔也。合璧，则终也；复苏，则始也。终则丧明而似亡，苏则生明而复存。绪者，如丝之有绪，相续不绝也。夫日月运行，辐辏轮转，无有停机，然后气序推迁，寒暑往来，而岁功可成。吾人苟能观天之道，执天之行，以神驭炁，而无一息之间断，则丹之道，其尽之矣。

药生象月章第八

三日出为爽，震庚受西方。

此章指示药生之候，而以月夕征之。三日出者，自月而言之也；爽，谓昧爽言。即此三日昏见之期，作为朔旦昧爽之气，正是晦尽朔来，阳炁始复，阴下起阳，于卦为震，此月乃现一符阳光，于西方之庚位，是谓铅遇癸生，药材正嫩，而可采者。过此，则度于后天，而不可用。或者不知“为爽”二字，中有深味，直以三日为期，不知“晦朔之间，合符行中”，去之三日，则非晦朔之间矣。此中别有真诀，敢谓世人所未喻者。

八日兑受丁，上弦平如绳。

八日，则阳以渐长，一阴二阳，于卦为兑，此月乃现半轮之光，于南方之丙位，平如张弓之弦，曰如绳者，绳，即弦也。是谓金水平分，各得半斤之数，乃虎之弦炁也，《悟真》所谓“药味平平气象全”者，意盖指此。

十五乾体就，盛满甲东方。

十五，则三阳盛满而成乾体，此月现于东方甲位，《悟真》所谓“十五蟾辉、金精壮盛”，正谓此也。问：三者皆指药材，既以庚月为嫩，余皆度于后天，将焉用之？曰：庚者，象其嫩；丁者，象其平；甲者，象其盛。盖不盛则药不生，而不平则二八不能相当，而有偏胜之患矣。合而论之，自不相悖也。

蟾蜍与兔魄，日月气双明。蟾蜍视卦节，兔者吐生光。

予作《测疏》云：今之称月者，有曰蟾蜍者，有曰兔魄者，其名不一。不知蟾蜍之与兔魄，亦当有辨。盖蟾蜍者，月之精；兔魄者，月之体也。今夫月之光，本借于日，故日月之气必双对，而明始生，乃阴阳含孕自然之理。然而阳生以渐，故蟾蜍之生也，惟视乎卦节。卦下之阳渐长，则蟾蜍之精渐生，然后兔者吐之，以生光明。卦节，即震、兑、乾也；蟾蜍月精，即卦下之阳画。

七八道已讫，屈折低下降（平声）。

七八，十五数也。十五则盛满，而阳道讫矣。讫，犹终也。阳道终，则阴将继统，故升者降，伸者诎，必至于渐亏渐灭而后已也。

阴符转统章第九

十六转受统，巽辛见平明。

十六，则阳道屈折下降，转受阴统。统者，统制之义。一阴生于二阳之下，于象为巽，平明见于西方之辛位。

艮直于丙南，下弦二十三。坤乙三十日，东方丧其明。节尽相禅与，继体复生龙。

二十三，则平明，直于丙南，于象为艮。艮者，二阴渐长，金水又平，是为下弦，乃龙之弦炁。后天久积之汞，如此方足，而与药平。三十日，则阴乃盛长，于象为坤，与日合璧而丧明于东方之乙位。丧明者，合璧之后，不受阳光，若丧之也。然丧而不丧，故节尽相禅，继体生龙，所谓"晦至朔旦，震来受符"。龙，即震也。前云"度竟更始"，此云"节尽继体"，其义相似。

壬癸配甲乙，乾坤括始终。

月现之方，震下纳庚，巽下纳辛，兑下纳丁，艮下纳丙，乾下纳甲，坤下纳乙。卦节既周，而十干尚余壬癸，则以壬癸而配甲乙，复分纳于乾坤之下，是乾坤括纳甲之始终也。夫乾纳甲，而复纳壬，则盛于甲者，未始不为盛于壬；

坤纳乙，而复纳癸，则丧于乙者，未始不为丧于癸矣。然而不言离纳己、坎纳戊者，何也？土居中央，流行则无定位，故不言耳。

七八数十五，九六亦相当。四者合三十，易象索灭藏。（此条当作“象彼仲冬”之首。）

此于丧明之义，而以易数准之。盖易之策数，少阳得七，少阴得八，太阳得九，太阴得六。七与八，是十五也；九与六，亦十五也。合四者之数，而得三十，则数尽而无有矣。数尽，故易象灭藏。易象如此，天象亦然。是以月数既周，遂丧明而成晦也。此魏公旁喻曲证，以尽丹道之蕴，有如此者。

象彼仲冬章第十

象彼仲冬节，草木皆摧伤。佐阳诘商旅，人君深自藏。象时顺节令，闭口不用谈。天道甚浩广，太玄无形容。虚寂不可睹，匡廓以消亡。谬误失事绪，言还自败伤。别序斯四象，以晓后生盲。（四象，即七八九六。予故谓当联属成章者，以此。）

仲冬之节，晦尽朔来之时，于卦为复，先王以至日闭关，商旅不行，后不省方。盖示人以安静养阳之义。作丹之士，乘此爻动之时，是宜关键三宝，闭塞其兑，不得多言谬误，以取伤败。盖临炉采药之诀，莫要于此，读者详之。

推度符征章第十一

八卦布列曜，运移不失中。

八卦布于方位，列曜陈于周天，然其运移，未尝离此辰极，人亦有之。《契》云“辰极处正，优游任下”是也。至邵子之诗有云：“天向一中分造化，人于心上起经纶。”更明切矣。

元精眇难睹，推度效符征。

元精者，元阳也。《石函记》云：“元阳即元精，发生于玄玄之际。”老子所谓“窈窈冥冥，其中有精；其精甚真，其中有信”者。又“视之而不可见，听之而不可闻，抟之而不可得”，故云“眇难睹”。然却有效验可知，符征可据。如云：“金砂入五内，雾散若风雨。”“先天炁，后天炁，得之者，浑似醉。”是其效也。符征者，如“三日出庚”之类，是其符也。皆指先天药祖而言。

居则观其象，准拟其形容。立表以为范，占候定吉凶。

象以拟形，则知药材之老嫩；表以测时，则知火候之消息。吉凶者，火候中之休咎也，如隆冬大暑、盛夏霰雪之类。

发号顺时节，勿失爻动时。

爻动，指震符而言。

上察河图文，下序地形流。中稽于人心，参合考三才。

仰观天文，如玄沟之低昂，星宿之经纬，斗枢之旋转；俯察地理，如山泽之通气，潮汐之盈缩；中稽人心，如牝牡之相求，性情之相归。皆一阴一阳，往来消息，以成三才之道者也。作丹者，皆当参而合之。

动则依爻变，静则循彖辞。乾坤用施行，天下然后治。

不过是言动静，皆准于易之意。作丹之要，盗机逆用，法其自然而已。何变可依、何彖可循也？乾坤用施行，坎离者，乾坤二用；天下，亦指一身而言。此章“中”字、“时”字，最为肯綮。

御政之首章第十二

可不慎乎，御政之首。管括微密，开舒布宝。要道魁柄，统化纲纽。

御政之首，志士炼丹入室之初也。一本有“鼎新革故”四字，在“御政之首”之下，义更精密。管括微密者，关键三宝，固塞勿发也。盖炼丹之要，其神贵凝，其气贵固。管括微密者，凝其神以固其气也。《契》云：“固塞其济会，务令致完坚。”意盖如此。开舒者，推心置腹，舒气改颜而畜之以慈也；布宝者，不自吝吝，从其所好而使之以惠也。如是则内外交诱，可以得其归性之情，而有求以获矣。此二句者，乃临炉采药之要诀，而要中之要，则又在于魁柄。魁柄，即斗柄也。盖魁柄者，乃造化统摄元化之纲纽，其在吾人辰极是也。若使辰极不正，则运移失中，而举动之际，过咎随之矣。

爻象内动，吉凶外起。五纬错顺，应时感动。四七乖戾，誃离仰俯。

爻象内动，爻动之时也，或致太平，或兴兵革，只在毫发之间，可不慎乎？且炼丹之士，当此爻动之时，盗机逆用，能使五纬错顺，感动于应时之顷。四七乖戾，誃离于仰俯之度，所谓"人发杀机，阴阳反覆"，岂细故哉？所以当慎职在于此。五纬，纬星也；四七，二十八宿，经星也。五纬错顺者，丹法举水以灭火，以金而伐木，皆行逆道，故曰"错顺"；四七乖戾者，子南午北，龙西虎东，一时璇玑皆为逆转，故曰"乖戾"。誃，改移也。誃离仰俯者，阴阳易位，柔上而刚下也。所谓丹法逆用，意盖如此。予前《测疏》以为咎征，近觉非是。

文昌统录，诘责台辅。百官有司，各典所部。

统录者，护持之主；台辅者，辅弼之官。其诸百官有司，则皆准则刻漏、挨排火候之人。盖所以尽有相之道，以共成圣事者也。炼丹入室，其事悉备，有如此者。

或君骄溢，亢满违道；或臣邪佞，行不顺轨。弦望盈缩，乖变凶咎。执法刺讥，诘过贻主。

君谓虎铅，臣谓龙汞，即《悟真》所谓"主宾"之意。君骄溢而亢满违道者，情不归性也；臣邪佞而行不顺轨者，动不以正也。弦望盈缩，谓二八之不当；乖变凶咎，则铅飞而汞走。如上过差，总因持心不定，炼己无功，故执法刺讥，诘过于主。执法者，谏诤之官，亦自君臣之喻而立言，正与统录台辅之意相同，非真有是官也。

辰极处正，优游任下。明堂布政，国无害道。

辰极者，吾之主人也；处正，则无邪佞之私；优游者，水入优游，自来归性，无骄亢也。以此布政于明堂，又何害道之有哉？国，指一身而言；害道，即凶咎体变。

内以养己章第十三

内以养己，安静虚无。

此章备言养己之事，以立临炉采药之基址。盖己者，离宫己土也。己之为性，飞走不定，故必炼之、养之，使之入于大定，然后临炉之际，大用现前，保无虞失。而养之与炼，亦当有辨。上阳曰："宝精裕炁，养己也；对境忘情，炼己也。养己，则主于静；炼己，则兼乎动矣。"老子曰："致虚极，守静笃。万物并作，吾以观其复。"司马真人《坐忘论》云："心安而虚，道自来居。"虚靖天师《大道歌》云："要得心中神不出，莫向灵台留一物。"广成子告黄帝云："无劳尔形，无摇尔精"。皆安静虚无之意义也。养己之诀，四字最为肯綮。

原本隐明，内照形躯。

原本者，穷取生身受炁之处，隐明而内照之；隐明者，即沉光也。隐明内照，则神入气穴矣。

闭塞其兑，筑固灵株。

闭塞其兑者，闭口勿谈也；灵株，即灵根，即上所谓气穴，乃真气所归之处。盖兑塞，则气不上泄，故柢固而根深。

三光陆沉，温养子珠。

沉光，即隐明也；子珠者，性珠也。神为子炁，故曰子珠。光沉，则神不外驰，故性定而明湛。

视之不见，近而易求。黄中渐通理，润泽达肌肤。初正则终修，干立末可持。一者以掩蔽，世人莫知之。

然所谓灵株、子珠者，视之虽不可见，近在己身，却有可求之理。苟能修之，则和顺积中，而英华外鬯矣。初正、干立者，尽养己之事也；终修、末持者，行采药之功也。世之人，只知内养可以成丹，而不知“一者掩蔽”之妙，未免独修孤阴之一物，故仙翁急为点破。盖一者，先天真乙之炁，坎中一画，先天乾金，所谓元始祖炁是也。老子曰：“得其一,万事毕。”自夫窍凿混沌之后，此之真一溃决而不存。修丹之士，洞晓阴阳，深达造化，故于互藏之宅而求其所谓真乙者，以为我之掩蔽，是谓取坎填离，以炁补炁，长生久视之道，端在于此。世人不知“一者掩蔽”之妙，至论药自外来，一切认为房中九一之术，则又误矣。

知白守黑章第十四

上德无为，不以察求；下德为之，其用不休。

上德者，全真体道之士，混沌未凿，故不以察求，而行无为之道；察求者，辨庚甲而知水源之清浊，象屯蒙为火候之消息，是皆察察之政，不得已而用之者也。上德则无用为此矣。若夫下德之人，道德既失，故不得不假有为，以行归复之道，故曰：“下德为之，其用不休。”不休者，绵绵若存，不敢有一息之间断也。今天下之称上德者，能几人哉？此圣人所以有教也。

上闭则称有，下闭则称无。

此二句，颇难解。盖上、下二字，与上德、下德之意不同，各有所指。盖上，指在上者而言，颠倒用之，虎铅是也；下，指在下者而言，颠倒用之，龙汞是也。上闭者，先天未扰之铅，朕兆未萌；下闭者，后天久积之汞，固塞勿发也。然虽朕兆未彰，而恍惚有物，窈冥有精，故可称之曰“有”；虽固塞勿发，而太虚之中，一物无有，故可称之曰“无”。称无，则无欲而可以观其妙矣；称有，则有欲而可以观其徼矣。

无者以奉上，上有神德居。

求铅之法，存无守有而已。奉者，恭敬捧持之意。盖坎中之铅，来而称有，而无者慎密以伺之，恭己以迎之，非过劳也。盖以神明之德，居于上有之中，少有差谬，则情不归性，而吾之大事去矣。故修丹之士，奉坎以求铅者，谓其有神德也。神德，即下文所谓“神明”，乃先天真乙之炁。

此两孔穴法，金气亦相须。

凡此药物所藏之处，一穴两分，老子所谓“玄牝之门”，钟离公所谓“生我之门、死我之户”，皆异名而同出者。正如一穴两孔，其中金气相须之殷，而相济之足，知其相须，则可察而求之，奉而迎之矣。

知白守黑，神明自来。白者金精，黑者水基。

承上文，遂言金炁。盖坎水之内，中有乾金。坎水，黑体也；乾金，白金也。奉坎者，但守其黑。盖晦尽之期，朔当自来，守之之久，自尔震来受符，而神明之德见矣。（老氏所谓“知白守黑”，意盖如此。）

水者道枢，其数名一。阴阳之始，玄含黄芽。五金之主，北方河车。故铅外黑，内怀金华。被褐怀玉，外为狂夫。

又承上文，遂言水金。天地既判，阴阳始交，一变生水，居于北方，其数一，其色玄，于卦为坎，中间一画，乃乾金也，故玄含黄芽，为五金之主。然此金必得此水，然后能载而上行，故又为北方之河车，象之以铅，则外黑而内怀金华，是其征也。象之以人，又若被褐怀玉，而外为狂夫者。然被褐则黑也，怀玉则白也，水之为德，有如此者。

金为水母，母隐子胎；水者金子，子藏母胞。

金水之妙，母子互藏。金为水母，而先天乾金，居于坎位，是母隐子胎也；水者金子，而后天兑金，能生真水，是子藏母胞也。盖此金水配位于北，而寄体于西，其妙有如此者。学者苟能会而通之，则产药之川源，不外是而得之矣。或问：乾金、兑金？曰：乾金，水金也；兑金，鼎金也。宜细思之。

真人至妙，若有若无。仿佛太渊，乍沉乍浮。进退分布，各守境隅。

真人者，坎中水金也，谓之真铅。以其藏于重阴不测之所，恍惚窈冥，不可为象，故曰“若有若无”，而仿佛太渊也。乍沉乍浮者，动机也。此金重而常沉，激其浮而取之，则水源至清。及其进退分布，合而成丹，则东家、西邻，各守境隅，不相涉入矣。

采之类白，造之则朱。炼为表卫，白里真居。

是丹也，采之则金也，炼之则火也，故曰：“采之类白，造之则朱。”然必先于炼己以为表卫，使之城郭完固，然后可以奉此真人而居之。近观“炼为表卫”一句，是足“造之则朱”之意。炼为表卫者，神火周遭于外，所以护卫真气，而使白里真居，保无虞失也。下文见意。

方圆径寸，混而相扶。先天地生，巍巍尊高。旁有垣阙，状似蓬壶。环匝关闭，四通踟蹰。守御固密，阏绝奸邪。曲阁相连，以戒不虞。可以无思，难以愁劳。

此明炼为表卫之意，亦借天元神室以见义。盖垣阙四通、曲閤相连，喻如人之八门九窍，是必管括微密，使外邪不入，然后白里真居，保无虞失。然所谓警戒不虞者，又非过于畏慎，而以勤劳自苦也。故急以“可以无思”一句足之。《契》云：“三者既关键，缓体处空房。委志归虚无，无念以为常。”意盖如此。

神气满室，莫之能留。守之者昌，失之者亡。动静休息，常与人俱。

此又申明上义。守者，守御固密也。丹居神室，不得神火周遭，则母子不能相抱，故守之则昌，失之则亡。而守之之道，要惟动静休息，常与之俱而已。老子曰：“载营魄抱一，能无离乎？”意盖如此。

勤而行之，夙夜不休。服食三载，轻举远游。跨火不焦，入水不濡。能存能亡，长乐无忧。道成德就，潜伏俟时。太乙乃召，移居中洲。功满上升，膺箓受图。（此段在后章，愚意当移置于此。）

勤而行之，即上文“动静休息，常与人俱”之意。夫丹结之以片饷，养之以三年，功圆之日，身外生身，自能轻举远游，入水火而无患，长生久视，超生死而独存。道成德就，济人功满，膺箓受图，而身为帝臣，此大丈夫得志之日也。或疑服食以为天元神丹，误矣，误矣！

道术是非章第十五

是非历藏法，内视有所思。（此言存想。）履斗步罡宿，六甲次日辰。（此法无考。）阴道厌九一，浊乱弄元胞。（此言采战。九一，即九浅一深。）食气鸣肠胃，吐正吸外邪。（此言吐纳。）昼夜不卧寐，晦朔未尝休。身体日疲倦，恍惚状若痴。百脉鼎沸驰，不得清澄居。（此即今之炼魔法。）累土立坛宇，朝暮敬祭祀。鬼物见形象，梦寐感慨之。心欢而意悦，自谓必延期。遽以夭命死，腐露其形骸。（此即汉武祷祀之法。）举措辄有违，悖逆失枢机。诸术甚众多，千条有万余。前却违黄老，曲折戾九都。明者省厥旨，旷然知所由。（前却，即进退之义；九都者，九幽之府。戾九都者，言取罪戾于九都，言幽有鬼责也。）

二八弦炁章第十六

偃月作炉鼎，白虎为熬枢。

此章仙翁分别二八龙虎弦炁，以定药材铢两。偃月炉，阴炉也，中有玉蕊之阳炁，虎之弦炁是也。丹法以偃月为炉，而其中虎之弦炁实为熬枢。熬枢者，阳火也。《契》云:“升熬于甑山兮。”是其证也。以其为真汞之枢纽，故曰“熬枢”。

汞日为流珠，青龙与之俱。

汞日者，离宫汞火也。离宫之汞，飞走不定，故曰“流珠”。《契》云:“太阳流珠，常欲去人。”是其证也。青龙与之俱者，其在东家，配为青龙之弦炁，而“龙从火里出”也。

举东以合西，魂魄自相拘。

东，东家也；西，西邻也；举东以合西者，驱龙以就虎也。魂，日魂也；魄，月魄也；魂魄自相拘者，推情以合性也。今夫龙居于东，虎居于西，虽则各守境隅，而作丹之际，举以合之，自然龙虎交媾，而东方之魂与西方之魄，相钤相制，而大药成矣。尝思魂、魄二字之义，予意以为日魂属西，取太阳元精奔入坎中之义；月魄属东，取借日为光之义。而诸书皆不然者，姑存之以备参考。

上弦兑数八，下弦艮亦八。两弦合其精，乾坤体乃成。二八应一斤，易道正不倾。铢有三百八十四，亦应卦爻之数。

上既明指药物，此又准则铢两。独取二八两弦者，贵匀平也。盖上弦直兑，自朔计之，其数得八；下弦直艮，以望计之，其数亦八。此时火数不燥，水铢不滥，药物平平，可以合丹。故两弦合精，乃成乾坤交媾之体；二八一斤，乃应阴阳气类之正。而一斤之铢，又合爻数，丹道、易道相为吻合，其妙有如此者。（铢，廿四铢为一两。）

金火含受章第十七

金入于猛火，色不夺精光。自开辟以来，日月不亏明。金不失其重，日月形如常。金本从日生，朔旦受日符。

此章即月借日光之义，以明金火含受之妙。盖金，即铅也；火，即汞也。知金火，则知铅汞矣。今人皆谓火能克金，而不知金入猛火，不夺其光，不失其重者，以其气相含受故也。犹之日月焉，所以并行而不相悖者，月借日光也。故自开辟以来，日月之象，不亏其明，而形亦如常。金譬则月也，火譬则日也。月中之光，本借于日。盖自朔旦之后，禀受日符，故三日而生庚，八日而上弦，十五而望满，二十有三而下弦，三十日而成晦。晦朔弦望，皆自日生，故曰“金本从日”。然不曰月本从日，而曰金本从日者，何也？月不从日，而月下之金，则从日也。知日月，则知金火含受之妙矣。

金返归其母，月晦日相包。藏隐其匡郭，沉沦于洞虚。金复其故性，威光鼎乃熺。

金在坎中，上下两画，原属于坤，坤为母，故曰“返归其母”。归母，则幽潜沦匿而不可见，犹之月晦而与日相包也。迨夫金来归性，则大药圆成，而鼎有威光，熺然而炽盛矣。犹之月借光，盛满而成望也。故性者，坎中一画，原属于乾，种入乾家交感之宫，则为复性，又爻动之时，亦复性也。复性，则为金入猛火，而精光焕发矣。

二土全功章第十八

子午数合三，戊己数居五。三五既和谐，八石正纲纪。

承上言，金火虽相含受，必得真土调和，乃克有济，故此归功戊己。夫丹有五金八石之类，皆非纲纪之正；惟此水、火、土三者和谐合会，乃为正道。盖水数得一，居于子位；火数得二，居于午位；戊己自居五数，纳于水火之中。戊为铅情，己为汞性，金来归性，则三五自然和谐，而八石之药材方为真正。

土游于四季，守界定规矩。呼吸相含育，伫息为夫妇。

三五和谐，土之力也。以土言之，天干则居于中宫，地支则游于四季，各守四隅，以定木火金水之规矩。至于和谐之际，则一呼一吸，皆入戊己之宫，而自相含育。迨夫真气既回，则真息自定，宛如夫妇之交畅，而丹药成矣。土德之妙，有如此者。（上二句，原本十九章“寿命得长久”之下，今窜入此。）

黄土金之父，流珠水之母。水以土为鬼，土填水不起。朱雀为火精，执平调胜负。

此正言二土妙用。盖坎纳戊土，乃黄土也，以其为先天乾金，故曰金之父；离纳己土，乃流珠也，以其北照生铅，故曰水之母。五行之炁，土能克水，而坎纳戊土，则土填水不起矣，必须朱雀火精，执平衡而调之，则水得火而沸腾，其金自随水而上矣。朱雀、火精，乃己土也。此处分明点出以汞求铅，而“平调”二字，亦见“二八相当”之义。

水盛火消灭，俱死归厚土。

水为火沸，腾入离宫，则离火又为坎水所灭，二者俱化为土而成刀圭。到此方为三五和谐，三性会合也。

三性既合会，本性共宗祖。

水、火、土三性之所以能合会者，何也？以其与本性共宗祖也。本性，即己性，皆自元始祖炁而分。一变而为水，即金水也，为先天之铅；二化而为火，即己性也，为后天之汞；五变而成土，即戊己也，为水火两性之性情。是皆同宗共祖，一炁而分，故同类相从，而其性易合也如此。

金丹妙用章第十九

巨胜尚延年，还丹可入口。金性不败朽，故为万物宝。术士服食之，寿命得长久。金砂入五内，雾散若风雨。熏蒸达四肢，颜色悦泽好。发白皆变黑，齿落生旧所。老翁复丁壮，耆妪成姹女。改形免世厄，号之曰真人。（此章无深解。巨胜，胡麻二物。）

同类相从章第二十

胡粉投火中，色坏还为铅。冰雪得温汤，解释成太玄。

言物之同类者，则能返还，以况丹道。胡人以粉饰面，故曰胡粉。太玄，水也。

金以砂为主，禀和于水银。变化由其真，始终自相因。（和，去声。）

砂，指离宫真汞；水银，即水金也。《悟真篇》云："玉池先下水中银。"金丹之道，以砂为主者，先积离宫砂汞，炼己待时；迨夫金华先倡，吾乃和之。然后两者返还归复，而成大丹。所以然者，变化由其真也。紫阳云："真土擒真铅，真铅制真汞。"如此始终相因，皆本一炁。亦犹胡粉之与铅，冰雪之于水，未有不可返还者。使或一有不真，乌能以成变化耶？

欲作服食仙，宜以同类者。植禾当以黍，覆鸡用其卵。以类辅自然，物成易陶冶。鱼目岂为珠，蓬蒿不成槚。类同者相从，事乖不成宝。是以燕雀不生凤，狐兔不乳马，水流不炎上，火动不润下。

此亦无甚深解。

背道迷真章第二十一

世间多学士，高妙负良才。邂逅不遭遇，耗火亡资财。据按依文说，妄以意为之。端绪无因缘，度量失操持。捣治羌石胆，云母及礜磁。硫磺烧豫章，泥汞相炼飞。鼓铸五石铜，以之为辅枢。杂性不同类，安肯合体居。千举必万败，欲黠反成痴。侥幸讫不遇，圣人独知之。稚年至白首，中道生狐疑。背道守迷路，出正入邪蹊。管窥不广见，难以揆方来。（此章无甚深解。豫章，疑即樟木脑；五石铜，疑二物；羌，石胆所产之处。）

三圣前识章第二十二

若夫至圣，不过伏羲，始画八卦，效法天地。文王帝之宗，循而演爻辞。夫子庶圣雄，十翼以辅之。三君天所挺，迭兴更御时。优劣有步骤，功德不相殊。制作有所踵，推度审分铢。有形易忖量，无兆难虑谋。作事令可法，为世定此书。素无前识资，因师觉悟之。皓若褰帷帐，瞋目登高台。《火记》不虚作，演《易》以明之。《火记》六百篇，所趣等不殊。文字郑重说，世人不熟思。寻度其源流，幽明本共居。窃为贤者谈，曷敢轻为书？若遂结舌喑，绝道获罪诛。写情著竹帛，又恐泄天符。犹豫增叹息，俯仰辄思虑。陶冶有法度，未忍悉陈敷。略述其纲纪，枝叶见扶疏。（此章无甚深解。）

金火铢两章第二十三

以金为隄防，水入乃优游。

此章予《测疏》注之甚详。金，鼎金也。修丹之士，先置此鼎金，以为内药之隄防，而鼎中所生之水，当优游以俟其自入。《契》云“辰极处正，优游任下”是也。

金计有十五，水数亦如之。

十五，是准月数而言，所谓“八月十五玩蟾辉，正是金精壮盛时”。盖必有十有五分之金，然后能生十五分之水。若金数不足，则真水不生，而临炉无可采之药矣。此在鼎金，则为二七之期，天真之气始降。

临炉定铢两，五分水有余。二者以为真，金重如本初。其三遂不入，火二与之俱。

水有五分，亦自十五分而三分之。盖自朔旦之后，积五分而生庚，又五分而上弦，又五分而盛满。五分水有余者，言生庚之水，已非晦朔之符矣，故言有余；而五分之中，只用二分，乃为真水，而其三者遂不入也。金重如本初者，金必十五也；火二与之俱者，二分之水，须以二分之火合之也。盖二分之火，乃一时半刻之火。上阳子曰“一时三符，比之求铅，止用一符之速”是也。如此指示，太煞分明，而迷者犹求真水于三十时辰之后，又乌知有炁无质之妙，非度于后天者所可伦哉？

三物相含受，变化状若神。

三物，即前章所谓“三性”，乃水、火、土也。此盖得药归鼎，会于元宫，故此三者，相含相受而生变化。

下有太阳气，伏蒸须臾间。先液而后凝，号曰黄舆焉。

此明以汞求铅之义。太阳气，离宫汞火也；须臾间，一时半刻也。作丹之法，乘其爻动之时，运一点真汞以迎之，则火蒸水沸，其金自随水而上矣。尔其贯尾闾，通泥丸，下重楼，入紫庭。先则气化为液，而有醍醐、甘露之名；后则液凝为丹，乃有黄舆之号。黄舆者，以其循河车而逆上，行于黄道之中，如车舆然，故以名之。到此则金公归舍，还丹始成。

岁月将欲讫，毁性伤寿年。

岁月者，攒簇之岁月也。丹法攒年成月，攒月成日，攒日成时，而一时之中，分为三符，求铅之候，只用一符。所以如此之速者，知止知足也。故岁月将欲讫之时，不能持盈守满，忽尔姹女逃亡，是谓毁性。金来归性，性既毁矣，金复何附？所谓藏锋之火，祸发必克，年寿之伤，无足异者。

形体为灰土，状若明窗尘。

此明用铅之诀。形体为灰土者，言查质无用；状若明窗尘者，言当择其轻清者而用之；明窗尘者，窗外日光，浮动尘影，微细之极也。以药论之，二分之水则是。

捣治并合之，驰入赤色门。

以此二分之水，合以二分之火，然后种入乾家交感之宫。盖乾为大赤，故曰“赤色门”。或曰赤色门，即离宫也，亦通。驰入赤色门，则丹结矣。

固塞其际会，务令致完坚。

此下言用火之诀。固塞其际会者，关键三宝也。必固塞完坚，然后精神翕聚，而炎火可张。采药养丹，首尾皆当如此。

炎火张于下，昼夜声正勤。始文使可修，终竟武乃陈。

炎火勤张者，朝屯暮蒙，周天运火也；始文，乃求铅之火；终武，乃结丹之火；文者，优游任下，濡弱不争之意；武者，守御固密，阏绝奸邪之意。始文只有一时半刻，终竟则连十月之功，皆在其中。

候视加谨慎，审察调寒温。周旋十二节，节尽更须亲。

候视加谨慎者，寤寐神相抱，觉悟候存亡也；审察调寒温者，赏罚应春秋，昏明顺寒暑也；周旋十二节，节尽更须亲者，度竟终复始也。皆言火候。

气索命将绝，休死亡魄魂。色转更为紫，赫然成还丹。粉提以一丸，刀圭最为神。

结丹之候，二气纽结，于时璇玑、玉衡，一时停轮，如人之气索而命将绝者，将绝欲绝而未绝也。功圆之候，铅抽已尽，己汞亦干，魄死魂销，群阴剥尽，如人之体死而亡魄魂者。于是色转为紫，赫然而成还丹。惟此还丹，有气无质，其体至微，其用甚大，故曰“粉提以一丸，刀圭最为神”也。以甲撮物曰提。

水火情性章第二十四

（题仍上阳之旧）

推演五行数，较约而不繁。举水以激火，奄然灭光明。日月相薄蚀，常在晦朔间。水盛坎侵阳，火衰离昼昏。阴阳相饮食，交感道自然。

此言铅之伏汞，而以水火、日月明之。盖铅即水月也，汞即日火也。丹法以铅求汞，则汞因铅伏，自然不飞不走，而死归厚土。正如火因水决而光灭，离为坎侵而昼昏，其相薄相蚀，理之自然，无足异者。然而日月薄蚀，常于晦朔之间，盖不合璧、不交光也。造化之符，其一定不易，有如此者。作丹之士，不求所谓晦朔之间，以为药生之符，又安能僭夺造化耶？“常在晦朔间”一句，最为肯綮。

名者以定情，字者缘性言。金来归性初，乃得称还丹。

金丹一物而已，乃有铅、汞两者之名。铅者，同类有情之物也，故铅为情；汞者，所禀以生之灵光也，故汞为性。情之与性，正如名之与字，虽则号称各别，其实一人也。吾将以情定为名，性定为字，而作丹之际，推情合性，转而相与，则金来归性矣。归性则丹道乃成，而谓之曰还者，正归之义也。然既名之曰丹，则不可谓之铅情，不可谓之汞性。所谓以两而化者，以一而神矣。“金来归性初”一句，道出丹髓，非魏公不能也。

古今道一章第二十五

吾不敢虚说，仿效古人文。古记题龙虎，黄帝美金华。淮南炼秋石，玉阳嘉黄芽。贤者能持行，不肖无与俱。古今道由一，对谈吐所谋。学者加勉力，留念深思惟。至要言甚露，昭昭不我欺。

此段无甚深旨。

周易参同契口义中篇

乾坤精炁章第二十六

（题仍上阳之旧）

乾刚坤柔，配合相包。阳禀阴受，雄雌相须。偕以造化，精气乃舒。

此篇大略与首章相似，疑即首章之疏义也。乾刚坤柔，配合相包。乾坤者，鼎器之法象也。以其形而言之，常包乎地之外；以其气而言之，复包于地之中，故曰相包。相包则阳主禀与，阴主翕受。如人物之雄雌相须者，然一禀一受，偕以造化，则无中生有，虚里造实，精气舒布而品物流形矣。《易》有之曰："精气为物。"造化如此，丹道亦然。

坎离冠首，光耀垂敷。

其以精炁之互藏者而言，则莫外于坎离。坎象为月，离象为日，日月冠万物之首，而光耀垂敷于其下，形形色色，何莫而非日月照耀之所生。故观日月交光，一禀一受而万物生，此造化之丹法也。作丹之士，洞晓阴阳，故于互藏之宅，而求其所谓坎离精炁者，以为药物，则其偕以造化，亦与造物者无以异矣。

玄冥难测，不可画图。圣人揆度，参序元基。

玄冥，指丹道而言。言是道也，杳冥恍惚，不可图象，圣人洞晓阴阳，深达造化，故揆度其配合交光之理，参序其往来消息之次，以立丹基，此《参同契》之所以作也。

四者混沌，径入虚无。六十卦用。张布为舆。龙马就驾，明君御时。和则随从，路平不邪。邪道险阻，倾危国家。

四者，即乾坤坎离。言丹法以此阴阳精炁，交媾于混沌之初，凝结于虚无之室，而以六十卦火养之。张布为舆者，亦取首章“运毂”之义。又乾为龙马，坤为大舆。乾就坤驭，和则随从。“和”之一字，最为肯綮。《契》云：“不寒不暑，进退合时。各得其和，俱吐证符。”意盖如此。路平不邪者，言此阴阳正道，非有邪秽。若涉邪秽之私，则是自临险阻，而国家几于倾覆矣。国家，指吾一身而言。

入室休咎章第二十七

君子居其室，出其言善，则千里之外应之。谓万乘之主，处九重之室。发号施令，顺阴阳节。藏器待时，勿违卦日。

此举《易传》之辞，而借之以明入室之事。古之圣人，以炼丹为一大事，故尊主以万乘，喻室为九重，比火符为号令，无非欲其慎重谨密，不敢轻忽之意。“藏器待时”四字，亦是借《易》之辞。器谓鼎器，时谓爻动之时。勿违卦日者，朝屯暮蒙，进退合度也。

屯以子申，蒙用寅戌。六十卦用，各自有日。聊陈两象，未能究悉。（若以子申寅戌，作水火生旺、归库之意为解，则于第二日需、讼上又如何说？予故不取。）

此言卦日，子申寅戌，乃妆卦浑天甲子之法，无甚取义。两象，即屯蒙两卦，聊举一日直事之卦，余三十日，可依次第而推也。

在义设刑，当仁施德。按历法令，至诚专密。谨候日辰，审察消息。

丹法六时退火，此在义也；六时进火，此当仁也。设刑者，其气肃；施德者，其气舒。《契》云：“刑主杀伏，德主生起。”魏公言此，不过以象火候消息之用而已。究而言之，则绵绵若存，顺其自然而已。何刑可设、何德可施也？“至诚专密”四字，最为肯綮。《入药镜》云：“但至诚，法自然。”《契》云：“心专不纵横。”又云：“守御固密，阏绝奸邪。”此足以相发明矣。

纤芥不正，悔吝为贼。二至改度，乖错委曲。隆冬大暑，盛夏霰雪。二分纵横，不应刻漏。风雨不节，水旱相伐。蝗虫涌沸，山崩地裂。天见其怪，群异旁出。

此下咎征，盖言入室之顷，持心未熟，炼己无功，不能至诚专密而致之然。二至改度，火候不调也。不调，故隆冬而大暑，盛夏而霰雪。二分纵横，君骄臣佞也。不应刻漏者，水溢火燥，多寡不匀也。不应，故风雨不时而水旱之相伐，虫蝗沸涌而蟊贼之互起。高者崩，下者裂，天见其怪，地产其妖，失其阴阳之和而乖变出矣。纤芥不正，其咎如此。

孝子用心，感动皇极。近出己口，远流殊域。

孝子者，能继天之志，述天之事者也。其用心，何心哉？一正而已矣，一诚而已矣。皇极者，天有中黄八极，感动皇极，言感动天心也。夫君子居其室，出其言善，则千里之外应之，近出己口，尚能远流于殊域，况孝子用心，既诚且正，而有不能感动皇极者哉？

或以招祸，或以致福，或兴太平，或造兵革。四者之来，由乎胸臆。

丧宝为祸，得宝为福；为而不为，曰兴太平；轻敌强战，曰造兵革。四者皆由于心之诚与不诚、正与不正而已。

动静有常，奉其绳墨。四时顺宜，与气相得。刚柔断矣，不相涉入。五行守界，不妄盈缩。易行周流，屈伸反覆。

动静，谓火候之早晚；绳墨，谓卦爻也；四时，谓寒热温凉；气，谓阴阳二气。盖指吾身中而言。刚柔断矣，不相涉入者，无凌犯也；五行守界，不妄盈缩者，无乖错也。如是则屈伸反覆，无往而非易用之周流矣。屈伸反覆，上下河车也。真气于此而周流，乃日月运行之黄道。火候既调，则法轮自转。

晦朔合符章第二十八

（题仍上阳之旧）

晦朔之间，合符行中。

此章之旨，是以月夕乾爻，双明药火，亦与首篇“三日出庚”之义相为表里。晦朔之间，即亥子之交，冬至之候也。人身之药，生于此时。作丹者，盗其机而用之，则天人合发，而万化之基定矣。合符行中者，谓当合此晦朔之符，而行于其间也。

混沌鸿蒙，牝牡相从。滋液润泽，玄化流通。

混沌鸿蒙，元始初判之炁也。盖此晦朔之间，天机已动，阴阳有相求之情，故牝牡相从，而雄阳播施，雌阴统化，滋液润泽，自相流通。如上篇所谓“混沌相交接，权舆树根基”者，意盖如此。

天地神明，不可度量。利用安身，隐形而藏。

神明，即上篇神明、神德之义；不可度量，言活也。人身中之子时，既活而不可测，不静密以俟之，其不至于谬误而失事者几希。安身，即《养己章》“安静”之义。

始于东北，箕斗之乡。旋而右转，呕轮吐萌。潜潭见象，发散精光。昴毕之上，震出为征。阳气造端，初九潜龙。

箕者，东方七宿之尾；斗者，北方七宿之首；箕斗之乡，正谓亥子之交，晦朔之间。此时阳气造端，见而不见，征以月夕，则旋而右转于昴毕之上，西方庚位，此月呕轮吐萌，乃现一符之阳光，于卦象震，于爻则为乾之初九，深渊之下，有龙潜焉，药则可用而火宜微调者也。“呕轮吐萌”四字要分晓：呕者，尽出；吐者，微出；轮，月之全轮也；萌者，轮下之微光，如草之萌蘖然者。

阳以三立，阴以八通。故三日震动，八日兑行。九二见龙，和平有明。

阳以三立者，三日出庚也；阴以八通者，八日出丁，上弦如绳也。通，谓和通。三日象震，八日象兑。乾卦，则当九二见龙之爻，龙德中正，正象身中药物均平，始当利见，采则已老，而火宜沐浴者也。

三五德就，乾体乃成。九三夕惕，亏折神符。

三五,十五月廓盛满，乃成乾体。此时阳升已极，屈拆当降。乾爻，则当九三夕惕之爻，是宜持盈守满，不得怠纵。

盛衰渐革，终还其初。巽继其统，固济操持。九四或跃，进退道危。

十六，则盛极当衰，渐亏渐减，终当成晦，故曰“还初”。于时阳亏阴长，于象为巽。然而阳退一符，则阴进一符。当此进退改革之际，正应乾爻之九四或跃在渊，可以进而不遽于进，是宜固济操持，常使阴符包裹阳气。或问：火为神火，予固已知之矣。阴符何物，亦有可言者乎？曰：凡人一身之中，皆后天阴气也。阳退一分，则阴自进一分，正如月廓之亏，阳自亏耳。白者，岂别有物？即本体也。可类推矣。

艮主进止，不得逾时。二十三日，典守弦期。九五飞龙，天位加喜。

二十三日，又当下弦之期，二阴一阳，于象成艮。艮者，进而止之之义。于时，阴阳各半，金水又平，法当止火而为沐浴。曰不得逾时者，火不可过也。其在乾爻，则当飞龙之九五，位乎天位，以正中也。丹药至此，可庆圆成矣，故云“加喜”。

六五坤承，结括终始。韫养众子，世为类母。上九亢龙，战德于野。

六五,三十日也。阳尽阴纯，于象成坤，故云“六五坤承”；此时火功已罢，归静之极，少焉，则晦去朔来，复生庚月，又为药火更始之端，故云“结括终始”。韫养众子者，众子，谓震兑诸卦，阳不生于阳而生于阴，故积阴之坤，为能韫养诸阳，待时而动，古人谓十月为阳月，正以其韫养诸阳故也。世为类母者，类即众子也，坤为母，故云“类母”。其在乾爻，则应上九之亢龙，亢则有害，承乃制之患，必有与之战者，故战德于野而奄然丧明也。战德，谓阴盛而与之战。予《测疏》中言："振刷[①]精神，以俟起绪，否则火冷而丹散"，却是余意，非为正解。

用九翩翩，为道规矩。阳数已讫，讫则复起。推情合性，转而相与。循据璇玑，升降上下。周流六爻，难以察睹。故无常位，为易宗祖。

丹道法象，皆取乾九之爻者，以其翩翩而升，翩翩而降，足为丹道之规矩。故观阳数已讫，讫而复起，则丹道之推情合性，转而相与，亦若是焉而已。是道也，上据璇玑，中据卦爻，升降上下，周流六虚，初无常位，不可察也，不可睹也。《易》之所以为易者，其宗祖源流，如是而已。徒以象数测之，常位求之，岂知《易》者哉？

卦律火符章第二十九

朔旦为复，阳炁始通。出入无疾，立表微刚。黄钟建子，兆乃滋彰。播施柔暖，黎烝得常。

上以卦爻而准一日，此以卦律而准一年。要之，一年即一日也。魏公推配以尽其蕴耳。朔旦为复者，言晦去朔来，于卦为复，此时积阴之下，阳炁始通，如人身中静极而动，阳炁甚微，未堪进火，但当出入无疾，以立表其微刚而已。出入无疾者，复卦之辞，魏公借之以明火候。盖人之有呼吸出入，乃用火之橐籥也。疾则火燥，散则火冷，暖则火调，自然之理也。当此阳炁始通之时，正当出入无疾以表之，使之不冷不燥，然后生机不息，绵绵迤迤而渐长可期。是月也，斗杓建子，律调黄钟。钟者，踵也，又曰种也。言此中黄之炁，踵踵而生，以种万物。天地生物之朕兆，至此乃复可见，故曰"兆乃溢彰"。故丹法用火，但当播施柔暖，使一身之中，荣卫和适，得其常度而已。黎烝，犹言众庶。丹法以身为国，以精炁为民，故曰"黎烝"。

① 刷，底本作"制"，依《测疏》改。

临炉施条，开路生光。光耀渐进，日以益长。丑之大吕，结正低昂。

《参同契》文字高古，义理幽深，非得师指，未易讲解。如此条者，是何义味？如曰“临炉施条”，便如此卦为临，借此卦名，作为临炉之意，如《易》卦名“履”，而遂言“履虎尾”也。临炉施条者，上阳子云：“临驭丹炉，施条接意。”盖施条者，所以接意。意者，己土也。施条二字，意在言表。开路生光，光乃阳炁也。开路，则阳炁通矣。阳炁既通，则光耀自当渐进，正如冬至之后，日以益长。是月也，斗杓建丑，律调大吕。吕者，侣也；大者，阳也。言阳得阴助，是谓真侣。得此真侣，临炉施条。施条之诀，结正低昂，尽露玄指。盖结者，“关键三宝，管括微密”之谓也；正者，“辰极处正，至诚专密”之谓也；低昂者，子南午北，柔上刚下之谓也。于此之时，则已进火炼药矣。

仰以成泰，刚柔并隆。阴阳交接，小往大来。辐辏于寅，运而趋时。

仰以成泰，承上“低昂”之义而言。如此颠倒坎离，乾下坤上，则成泰卦。泰者，交泰之义，言阴阳相交接也。于时二八相当，正如此卦之刚柔并隆；汞迎铅入，正如此卦之小往大来。大既来矣，则吾一身之神气自尔翕然归之，如辐之辏毂然者。是月也，斗杓指寅，律调太簇。簇者，凑也。言万物当此之时，辐辏而生也。丹法于此辐辏之际，是宜进火，与时偕行。运而趋时者，“河车不敢暂留停，运入昆仑峰顶”也。此时已得药归鼎矣。

渐历大壮，侠列卯门。榆荚堕落，还归本根。刑德相负，昼夜始分。

渐历四阳，于卦为壮，于月建卯，律应夹钟。夹者，侠也。侠列卯门，则生门之中，已含杀气，故二月榆落，叶归本根。夫春主生物，而榆荚反落者，德中有刑故也。于时阴阳气平，故刑德之气，互相胜负。昼夜始分者，阴阳气平之验也。气平加火，则有偏重之虞，故作丹者立为卯酉沐浴之法。榆荚堕落，还归本根，上阳以为“丹落黄庭”之象，良是德中有刑，德不可过也，故宜止火。榆落，又是刑德之征验。

夬阴以退，阳升而前。洗濯羽翮，振索宿尘。

五阳一阴，于卦成夬，此时阳升而前，律应姑洗。洗者，冼也，有洗涤羽翮之义焉。斗杓建辰，辰者，振也，有振索宿尘之义焉。洗濯，谓沐浴；振索，则前升。盖丹经沐浴，更宜加火。宿尘，指一阴而言。振索尽，则为纯阳矣。

乾健盛明，广被四邻。阳终于巳，中而相干。

六阳成乾，阳火盛明，一身之中，圆满周匝，故曰“广被四邻”。于月建巳，律调仲吕。仲者，中也。日中则昃，故中而相干。干谓阴进干阳，阳当退避也。自此以下，皆言退火之候。

姤始纪绪，履霜最先。井底寒泉，午为蕤宾。宾服于阴，阴为主人。

盛阳之下，一阴始生，于卦为姤。姤始纪绪者，阳极而阴生也。生则渐长，正如坚冰之兆于履霜，寒泉之生于井底。于月建午，律应蕤宾。宾，宾服也。阳本为主，今退而宾服于阴，则阴为主人矣。此阴符用事之候也。

遁世去位，收敛其精。怀德俟时，栖迟昧冥。

二阴成遁。遁者，阳之遁也。敛精怀德，栖迟昧冥，皆取退火之意。于月建未，律应林钟，《契》乃不言。或云：昧，即未也；栖，有林意。射覆之语，汉人多用之。

否塞不通，萌者不生。阴信阳诎，毁伤姓名。

三阴成否。否者，气塞不通之谓也。万物至此，不生萌蘖。于月建申，申者，阴之伸也。阴伸则阳诎，律应夷则。夷者，伤也。阳诎，故毁伤姓名，此时阳火降下半矣。

观其权量，察仲秋情。任蓄微稚，老枯复荣。荠麦芽蘖，因冒以生。

四阴成观。观者，观也。观其权量，以察仲秋之情，则阴阳之气，至此又平。于月建酉，律应南吕。南者，任也，万物至此，有妊娠之义焉。任蓄微稚，则老枯者，当得复荣，观之荠麦，斯可见矣。何也？刑中有德也。此时丹法，又宜沐浴。

剥烂肢体，消灭其形。化气既竭，亡失至神。

五阴成剥。剥者，阴剥阳也。阳受剥，则体烂形消，于月为戌，律应无射。此时造化之气既竭，又火库归戌之时，便宜止火，故曰“亡失至神”。神，为神火。或曰“失”当作“佚”。亡佚，即无射也。

道穷则反，归乎坤元。恒顺地理，承天布宣。玄幽远眇，隔阂相连。应度育种，阴阳之原。寥廓恍惚，莫知其端。先迷失轨，后为主君。

道穷，阳道穷也；归坤，则纯阴用事矣。此时丹乃归静。静者，坤道之常也。老子曰：“归根曰静，静曰复命，复命曰常。”意盖如此。恒顺地理，承天布宣者，言作丹者，当此归静之时，恒顺地理，凝然寂然，迨夫一阳来复，然后承天而布宣之。布宣，言用火也。此盖复表明岁起绪之端。是月也，斗杓建亥，亥有隔阂相连之义焉；律调应钟，又有应度育种之义焉。相连则隔而不隔，育种则绝而复生，造化之妙如此。以况丹法，阴阳之原，虽若寥廓恍惚，莫知端倪，然其先后始终存亡之绪，可推而知也。载观坤之辞曰：“先迷后得。”是知先迷者，道穷而失轨也。失轨则终，终则复始，少焉朔旦为复，则阳炁又通，而主君将复兴矣。主君，谓阳火也。此亦魏公借其辞以明丹道，非正义也。

无平不陂，道之自然。变易更盛，消息相因。终坤始复，如循连环。帝王乘御，千秋常存。

总结上意，急提“自然”二字，以见造化消息相因之妙，乃无心而成化者。作丹者，果能法其自然之运，则如帝王之乘龙御天，而千秋万祀，统纪不绝矣。此章予《测疏》发挥甚明。

性命根宗章第三十

将欲养性，延命却期。审思后末，当虑其先。人所秉躯，体本一无。元精流布，因炁托初。

此章欲人穷取生身受炁之初，以修性命。言人将欲养性延命，以却死期，当思性从何来，命因何立？凡吾人所秉之躯，皆后天查质，浊骨凡胎，会有涯尽，当知体本一无。一者，先天真乙之炁；无，即所谓“无极之真”是也。“元精流布”二句，即“体本一无”之意。元精者，太阳元精也；流布，谓遍历诸辰。盖自鸿蒙一判，此之元精，周历四方，至于兑方而生金水。阴阳既交，此元精者，化为元炁，而人物之生胚胎于此，故曰“因炁托初”也。知托初之炁，则知性为吾人立命之原，而不可以不养矣；知所秉之躯，则知命为吾人有涯之生，而非术不延矣。

阴阳为度，魂魄所居。阳神日魂，阴神月魄。魂之与魄，互为宅室。

然所谓一无之炁者，乃先天道朴，不落有无，不属指拟。初不可以分阴阳，自其落于形质之中，以阴阳为度而分属之。则所谓托初之炁者，乃先天之物，有气无质，魂之谓也；所秉之躯者，乃后天之物，有气有质，魄之谓也。魂，即人之阳神也；魄，即人之阴神也。阳神则为日魂，阴神则为月魄。此日魂者，常居于月魄之中，故月借日则明，魄附魂则灵，而魂之与魄，互为宅室也。

性主处内，立置鄞鄂；情主营外，筑完城廓。城廓完全，人物乃安。于斯之时，情合乾坤。

自其魂为魄之室也，则为在人之性，而主处乎内；自其魄为魂之宅也，则为在人之情，而主营乎外。主乎内者，安静虚无，以正命本，立先天也，故曰“立置鄞鄂”；营乎外者，关键三宝，以裕精气，修后天也，故曰“筑完城廓”。夫其城廓完全，而人物安矣，然后可以配合乾坤而行采药之功。此章所论性情，皆自一人而言，与上篇“推情合性”之旨不同，当细心研究。

乾动而直，炁布精流；坤静而翕，为道舍庐。

承上文情合乾坤，故此遂言乾坤之德。盖乾主敷施，坤主翕受，阴阳男女，莫不皆然。然阴曰精、阳曰炁，而精亦属之乾者，要知此精亦先天元精也。精炁之在先天者，不可分属，炁布则精流矣。为道舍庐者，魄为魂宅也。

刚施而退，柔化以滋。九还七返，八归六居。

刚施而退者，雄阳播玄施也；柔化以滋者，雌阴统黄化也；九八七六者，金木火水之数。得药归鼎，则九者还、七者返、八者归，而总居于水北之位，故曰“六居”。六独言居者，北方水位，乃真铅之本乡，还者、返者、归者，皆聚于此，而丹始凝结。然而九曰还、七曰返、八曰归者，盖有深旨。还者，外来之物也；返与归者，本有之物也。还者还于何处、返者返于何处、归者归于何处？此三者共居于六，非六独居也。

男白女赤，金火相拘。则水定火，五行之初。上善若水，清而无瑕。道之形象，真乙难图。变而分布，各自独居。

丹道虽称七八九六，实则九还七返尽之矣。九，金数也；七，火数也。坎男中白，是曰“水金”；离女内赤，是曰“汞火”。惟此二物，相钤相制，乃成丹道。故丹法则水定火，常使水铢不滥，火铢不燥，则金火自是相拘，而返还之道在是矣。然而铅至汞留，汞因铅结。其功皆归于水者，盖水为五行之初先，故老子曰“上善若水”。然必清而无瑕，乃可用之，使有滓质，则度于后天而不可用矣。是水也，何水也？而上善若是，乃先天真乙之炁。所谓道也，道之形象，本真乙而难图。及其变而分布也，则一变生水，位居于北；二化生火，位居于南；三变生木，位居于东；四化生金，位居于西。各自独居，不相涉入。圣人攒簇而和合之，使之返还归复，乃成丹道。是以不谓之五行，不谓之四象，而谓之曰丹也。

类如鸡子，黑白相扶。纵广一寸，以为始初。四肢五脏，筋骨乃俱。弥历十月，脱出其胞。骨弱可卷，肉滑若饴。

此言丹之为象，类如鸡子。黑白相扶者，阴阳混合也；纵广一寸者，丹之神室也。四象和合于此中，五行攒簇于此中，故肢脏筋骨，无不完具，如婴儿然。弥历十月，火候数足，脱出其胞，骨弱肉滑，迥异凡体，是乃身外之身，无质之质，体本一无，因炁托物而成圣体者。盖金丹之道，逆而成仙，与顺而成人者，理本无二。魏公比而言之，其旨深矣。

二气感化章第三十一

（题仍上阳之旧）

阳燧以取火，非日不生光。方诸非星月，安能得水浆？二气悬且远，感化尚相通，何况近存身？切在于心胸。阴阳配日月，水火为效征。

此章言二气感化，有求必得之理，取以为铅汞相投、金来归性之征。阳燧，木燧也；方诸，大蛤也。或有以阳燧为火珠，方诸为阴鉴者。二物乃引致水火之具。夫日中有火，月中有水，乃阴阳自然之精，以此二物致之，可立而得。亦以二物之中，元含水火，故以精摄精，以炁感炁，隔阂潜通，有莫知其然而然者。舍此二物，则必无可得之理。以况金丹大药，原是我家固有之物，奔蹶之后，乞诸其邻，厥有至理，舍此他求，则为非类，欲其合体而居也，斯亦难矣。仙翁引证见效，类皆若此。中间"身心"二字，最宜着眼。紫阳真人《四百字·序》云："以身心分上下两弦。"意更明切。

关键三宝章第三十二

（题仍上阳之旧）

耳目口三宝，固塞勿发通。真人潜深渊，浮游守规中。旋曲以视听，开阖皆合同。为己之枢辖，动静不竭穷。

此言炼丹入室之密旨，正与首篇"御政之首"，互相发明。耳目口三宝者，道家以精气神三者为三宝，而耳目口乃三者发窍之处，故仙翁亦拟之以为三宝。固塞勿发通者，言管括微密也。盖当入室之际，大用现前，必须六根大定，然后可以临炉施条，而行一时半刻之功。然所谓固塞勿发者，又非蠢然之固塞也。静而能应，有旋曲视听之道焉。旋曲视听，则见真人之潜于深渊者。一浮一游，皆不出此规中之一窍；而一开一阖，无不与己之真气相为合同。己之真气，既与之合，则所以为己之枢辖者在是矣。己谓己土，戊土能制己土，故曰"枢辖"。而戊土者，即深渊之真人也。动静不竭穷者，动静以火之消息而言。不竭穷者，绵绵若存也。此数句，采药行火，其诀悉备，读者详之。

离炁纳营卫，坎乃不用聪。兑合不以谈，希言顺鸿蒙。三者既关键，缓体处空房。委志归虚无，无念以为常。

瞩视、倾听，则摇其精；多言，则丧其气。故当关键三者。顺鸿蒙者，专一翕聚，以俟鸿蒙之施化也。鸿蒙，谓真乙之炁。盖此时得药归鼎，鸿蒙施化，便当优游和缓，无劳尔形，委志虚无，无杂其念，庶乎火力匀调，而九转之功可冀也。“无念”二字，更当分晓，予《测疏》谓得丹之后，当情境两忘，人法双遣，不可沉着于有为事相之中，所谓一念不起，万缘皆空，以此为常，功深力到，则证验推移，立竿见影，其说良是。盖有念者，一时半刻之事；无念者，三年九载之功也，故云“以为常”。

证验自推移，心专不纵横。寝寐神相抱，觉悟候存亡。

证验者，丹之证验；推移者，由浅而深也。证验，非心专则不能觉；纵横，言心驰于外也。驰于外，则心不专矣。寝寐而神，与之相抱，觉悟而候其存亡，非心专而何？然上文既云“无念”，而此复言“心专”者，盖无念者，乃无杂念之谓，非顽空也；心专，则无杂念矣。

颜色浸以润，骨节亦坚强。排却众阴邪，然后立正阳。

此精充气足之外符，所谓证验，此其最著者也。排却众阴邪，然后立正阳者，炼去已私，然后得药归鼎。盖正阳者，乃真乙之炁，其来也甚微，兹欲立之，必须排却身中阴邪之气，庶邪不干正，阴不剥阳，而正炁可留。使邪者方盛，而我无排却之功，则阴之分数多，而欲正阳之立也难矣。

修之不辍休，庶气云雨行。淫淫若春泽，液液象解冰。从头流达足，究竟复上升。往来洞无极，怫怫被容中。

此证验之见于内者。盖得药之后，丹降中宫，于时众气自归，河车自转，蒸蒸然如山云之腾于太空，霏霏然如春雨之遍于原野，淫淫然如春水之满四泽，液液然如河冰之将欲解，往来上下，洞达无穷，百脉冲融，和气充足，畅于四肢，被于容色，拍拍满怀都是春，而状如微醉也。此非亲造实诣，难以语此。

反者道之验，弱者德之柄。

《道德经》云："反者道之动，弱者道之用。"魏公亦借其语，而其意微有不同。盖《道德》所言"反"者，乃反复之"复"，言一阳来复，乃道之动也；此云道之验者，主意似言体道者之验，而反者，乃与物相反之谓，如老子所谓："众人昭昭，我独若昏；众人察察，我独若闷。"如此道情、世情，一一相反，方为体道之验，如前所谓炼己，正是炼此世情。一切与物相反，则道在是矣，故云"反者道之验"也。何谓弱者德之柄？老子云："知其荣，守其辱，为天下谷；知其雄，守其雌，为天下谿。"又云："专气致柔，如婴儿乎？"凡此濡弱不争，乃修德者之所当执持而不可失者，故云"德之柄"也。道、德二字，要当有别：无为者曰"道"，有为者曰"德"；自然曰"道"，反还者曰"德"。不可不知也。

耘锄宿污秽，细微得调畅。浊者清之路，昏久则昭明。

芸锄宿秽者，剥尽群阴也。阴消则阳长，故一身之中细微调畅。宿秽除，细微畅，宜乎不浊。不浊，其有时而昏且浊者何？盖得炁之后，百脉归源，如所谓"气索命将绝，体死亡魄魂"者，故昏昏默默，莫知其然，久之则自昭明，无更虑其昏浊也。老子云："孰能浊以静之徐清。"意亦若此。

旁门无功章第三十三

（题仍上阳之旧）

世人好小术，不审道浅深。弃正从邪径，欲速阏不通。犹盲不任杖，聋者听宫商。没水捕鸡兔，登山索鱼龙。植麦欲获黍，运规以求方。竭力劳精神，终年不见功。欲知服食法，事约而不繁。

此章无甚深旨。

珠华倡和章第三十四

太阳流珠，常欲去人。卒得金华，转而相因。化为白液，凝而至坚。

太阳流珠，离宫真汞也。真汞之性，飞走不定，故常欲去人。去人则幻质非坚，故必得此金华，然后足以伏之、留之。金华者，金之精华，先天水金是也。得而采之，则转而相因，化为白液，而成坚固不坏之宝。《契》曰："先液而后凝，号曰黄舆焉。"以其为金炁所化，故曰"白液"。凝而坚，则不去人矣。

金华先倡，有顷之间。解化为水，马齿阑干。阳乃往和，情性自然。

今夫先天水金，先倡于爻动之时，一炁而已。有顷之间，一时半刻，渡于鹊桥，转于昆山，解化为水，乃有醍醐、甘露之名；下于重楼，降于黄宫，结而成丹，则有马齿、阑干之象。马齿、阑干者，盖借外丹法象而言，非真有是物也。然而金华倡矣，阳乃和之。何谓之？阳，乾也，男也，阳不主倡而乃往和者何？饶他为主，我为宾也。一倡一和，则木性爱金，金情恋木，欢忻交通，自然感应，而丹道成矣。

迫促时阴，拘畜禁门。

时阴者，阴极之时也。阴极则阳将复生，故当此之时，迫之、促之，以感其炁。及夫一阳来复，得药归鼎，则又拘之、畜之于禁密之门，所谓"环匝关闭，守御密固"，即此意也。此八字，丹法尽矣。

慈母养育，孝子报恩。遂相衔咽，咀嚼相吞。严父施令，教敕子孙。

先天乾金，入于坤宫，实而成坎。坤为母，赖此慈母育之、养之，唤来归舍，却入乾家，是慈母育养而孝子报恩也。报恩，谓报乾父之恩，非报慈母也。遂相衔咽，咀嚼相吞者，两相饮食，和合而成丹也。丹结黄庭，复以离宫真火，环匝周遭，丹得火化，日兹月长，以底于成，是谓"严父施令，教敕子孙"。子孙，即报恩之孝子；严父，乃乾父也。离宫之火，乃太阳真火，故曰"乾父"。此皆作者广引曲譬之词，以明丹道之准于家道，如此要而言之，何父母子孙之有哉！

五行逆克章第三十五

五行错王，相据以生。火性销金，金伐木荣。三五与一，天地至精。可

以口诀，难以书传。

太极判，两仪分，阴变阳合，而生水火木金土，此五行生出之序也。错王者，木王于东，火王于南，土王于中，金王于西，水王于北，各依四时之序而专其气，以成岁功。然而错王之中，又各相据以生。据者，依据之意，如木则依水以生，火则依木以生，土则依火以生，金则依土以生，水则依金以生，此常道之顺五行也。其以丹道而言，则以逆克而成妙用，何者？丹法以汞求铅，是以火销金也；得药归鼎，以铅伏汞，是金来伐木也。火性销金，而金反和融；金来伐木，而木反荣盛，则何故哉？盖以五行一炁而已。分而为五，则错王以相生；合而归一，则相亲而相恋。故三五归一，而丹之道尽之矣。何谓三五？东三南二,一五也；北一西四,二五也；戊己自居五数，三五也。合此三五而总归于北一，则丹结矣。然三五如何会归？当有口诀，书不可得而传也，故曰“可以口诀，难以书传”云。

龙虎主客章第三十六

子当右转，午乃东旋。卯酉界隔，主客二名。

如上所言，水火性情，俱已敷陈悉备，但未及于龙虎，此复论之。盖丹有震龙兑虎，各守境隅于卯酉之位。而不知水火之精，互藏于彼，故子当右转，则金公寄体于西邻；午乃东旋，乃离火藏锋于卯木，丹家所谓“黑铅水虎、赤汞火龙”，良有旨也。《契》云:“青龙处房六兮，春华震东卯。白虎在昴七兮，秋芒兑西酉。”如此龙东虎西，界隔卯酉，分为主客，则西者为主，东者为客，盖主客二名，丹家之最所宜辨者也。老子云:“吾不敢为主而为客。”《悟真篇》云:“饶他为主我为宾。”此足以相发明矣。

龙呼于虎，虎吸龙精。两相饮食，俱相贪并。荧惑守西，太白经天。杀气所临，何有不倾？狸犬守鼠，鸟雀畏鹯。各得其性，何敢有声？

龙呼于虎，以汞求铅也；虎吸龙精，则铅来伏汞矣。两者混合中宫，相饮相食，相吞相并，而成还丹。拟之天象，则如荧惑守西，太白经天，杀气所临，何有不倾者乎？拟之物类，则如狸犬守鼠，鸟雀畏鹯，各得其性，何敢有声者乎？荧惑、太白，天之金、火二星。火入金乡，则为“荧惑守西”；金来伐木，则为“太白经天”。凡杀气所临之处，则战无不克，故以象之。又狸犬守鼠，象汞之求铅；鸟雀畏鹯，象铅之伏汞。

不得其理章第三十七

不得其理，难以妄言。竭殚家产，妻子饥贫。自古及今，好者亿人。讫不谐遇，希能有成。广求名药，与道乖殊。如审遭逢，睹其端绪。以类相况，揆物终始。

此章无甚深旨。

父母滋禀章第三十八

五行相克，更为父母。母含滋液，父主禀与。凝精流形，金石不朽。审专不泄，得成正道。

上言五行逆克而分主客，此言五行逆克而分父母，皆旁通曲畅，以尽丹道之蕴。五行相克者，丹法以火销金，以金伐木，皆逆克也。何以更为父母？更者，迭更之意。盖阴阳之道，施者为父，受者为母，《契》云：“雄阳播玄施，雌阴统黄化。”丹法以汞求铅，是以火销金也。如是则木火主施，而金水主受，是木火为父而金水为母也。及乎得药归鼎，以铅伏汞，是金来伐木也。是又金水主施，木火主受，金水为父而木火为母矣。如此二炁五行，交盗互入，乃成丹法。得而修之，则长生久视，万劫不坏，理亦宜然。观之于物，则凡凝精流形如金石者，皆能不朽。何谓凝精？精者，阴阳施受之精。盖自日月交光，照耀下土，凝结不散，则为金为石。人亦有精也，审专不泄，则精凝而宝结矣。审专，即“至诚专密”之意；不泄，即“关键三宝”之意。或以此精为交感之精者，非是。

药物至灵章第三十九

立竿见影，呼谷传响。岂不灵哉，天地至象。太空之中，原无影响，以形声召之，则影响立至，此天地之至灵也。以况先天一炁，来自虚无，召之自我，则无中生有，虚里造实，亦如立竿呼谷而影响随之。丹法之灵，有如此者。

若以野葛一寸，巴豆一两，入喉辄僵，不得俯仰。当此之时，虽周文揲蓍，孔子占象，扁鹊操针，巫咸扣鼓，安能令苏，复起驰走？

此与上条立设譬语，皆言药物至灵之义。盖上是言召摄之至灵，此言服食之至灵也。反言野葛、巴豆，服之皆能杀人，世有死人之药，独无生人之药乎？故毒药入喉，圣哲不能复苏；刀圭入口，羽翰生于白日。理有固然，无足异者。今人于死人之药，则不敢复试，乃至长生大药，漫不加信，一何昧哉？

天元配合章第四十

河上姹女，灵而最神。得火则飞，不见埃尘。鬼隐龙匿，莫知所存。将欲制之，黄芽为根。

姹女，身中灵汞也。此汞属于离宫，午分三河，故云“河上”。得火则飞者，离宫真火一动，则汞自逃走，如感悲则泪，感合则精，感愧则汗，感惧则溺，皆由心君，故云“得火则飞”也。灵汞飞走，逃匿莫知其乡，其神若此。然既谓之曰灵矣，而又谓之曰神者何？盖灵则感而遂通，神则无方无体，正言此汞之在人身，无处不有，无感不通，常欲去人，不可控制，自非黄芽大药，别无他能。黄芽者，真铅之别名也。何谓黄芽？黄者，中黄之炁；芽者，爻动之萌；为根者，言以之为丹基也。前云：“太阳流珠，常欲去人。卒得金华，转而相因。”意亦若此。

物无阴阳，违天背元。牝鸡自卵，其雏不全。夫何故乎？配合未连。三五不交，刚柔离分。

夫铅之所以能伏汞者，阳能制阴也。天下无一物无阴阳，无阴阳则违天背元矣。元者，无极之初，始生一炁，便含阴阳。故邵子云：“无极之先，阴含阳也；有象之后，阳含阴也。”天地万物，岂有无阴阳而成造化者乎？故雌鸡自卵伏之，则其雏不全。何者？无配合也。无配合，则三五不交而刚柔离分矣。

三五，即“三五与一”之三五。三五交，则刚柔合，而万化从此生矣。

施化之道，天地自然。犹火动而炎上，水流而润下。非有师导，使其然也。资始统政，不可复改。观夫雄雌，交媾之时，刚柔相结，而不可解。得其节符，非有工巧，以制御之。若男生而伏，女偃其躯。禀乎胞胎，受炁元初。非徒生时，著而见之。及其死也，亦复效之。此非父母，教令其然。本在交媾，定制始先。（偃，当作仰）

雄阳播玄施，雌阴统黄化，此阴阳施化之道也。是乃天地自然而然，故施者必化，禀者必受，犹之火动必上炎，水流必下润，非有师导而使之然，一自然而已矣。以是知乾元资始，坤元资生，资始统政之道，万古此天地，则万古此施化也。所谓天不变则道不变，道不变则丹亦不变，圣人知自然之不可变也。因而制之，尔其配合阴阳，运行日月，使刚柔之炁，互相纽结而不可解。不可解，则凝而至坚，而还丹成矣。此岂别有工巧以制御之，不过得其节符而已矣。节，谓水火之节；符，谓药生之符。得其节符，此还丹之第一义也。还丹而得其节符，则一时半刻之间，可以立就，直至婴儿现相，脱胎神化，皆出自然，所谓一得永得。定制于先，不可改易。若男生而伏，女仰其躯，生时如此，死复效之，此岂父母使之然哉？亦由受胎之初，所秉之气，有阴阳施化先后之不同，故男伏女仰，一定而不可易耳。以是知顺而成人，亦皆自然而然，不可复改，知人道则知丹道矣。此章意重在“定制始先”，不可复改，以明丹法万古不变之意。

日月含吐章第四十一

坎男为月，离女为日。日以施德，月以舒光。月受日化，体不亏伤。阳失其契，阴侵其明。晦朔薄蚀，掩冒相倾。阳消其形，阴凌灾生。

此章意重阴阳含吐。含吐者，含其精而吐之也。夫坎男为月，离女为日，此易象也。丹术著明，莫大乎日月，即举日月而论，日主施德，月主舒光，月之光吐于日者也。月受日化，而有晦朔弦望之分，然亏而复盈，绝而复苏，其体终不至于亏伤者，以阴含阳，阴得阳助故也。故神仙造丹，专取借光为义。盖指庚方月现，药吐一符，乃阳之契也。得此契而造丹，则丹可立就。苟或后时失事，失此符契，则金嫌望远，药度后天，必至于渐消渐灭，屈折下降，阴侵其明而受统于巽，掩冒相倾而薄蚀于朔，消形生灾而丧明于坤矣。是可以见阳之契不可失也，失其契非盗机矣。

男女相须，含吐以滋。雄雌错杂，以类相求。

丹法之男女相须，借以造化，即日月之含精吐光，滋生万物也。是盖月受日化，坤承天施，乃阴阳自然之理，夫道不过一阴一阳而已。观夫雄雌错杂，其类不一，然其以类相求，含吐之情，无不同也。以是知孤阴不生，独阳不成，顺而成人，逆而成丹，非有二道，贵在夫人能识其含吐之妙，盗其机而用之耳。

金化为水，水性周章；火化为土，水不得行。男动外施，女静内藏。溢度过节，为女所拘。魄以钤魂，不得淫奢。不寒不暑，进退合时。各得其和，俱吐证符。

此下发明男女相须，含吐以滋之义。金化为水者，爻动之时，金初生水也。水之为性，和融周章，必得离宫已土，钤而制之，然后水为土揜，不得滥行，自来归性而成还丹。盖今人皆谓真铅能制真汞，而不知真土能擒真铅，故仙翁此章归重于此。故男动外施，女静内藏，何谓之男？男者，阳也，动而外施者，“雄阳播玄施”也；女者，阴也，静而内藏者，“雌阴统黄化”也。是可以见“男女相须，含吐以滋”之义矣。当夫金化为水之时，未免周章过溢，而此则“则水定火”，制以已土，使不得行，是阳为阴掩，男为女拘，魄以钤魂，而不得淫奢也。《契》云：“阳神日魂，阴神月魄。”凡人四大一身，皆属于阴，而先天真乙之炁，自爻动中来者，是曰“日魂”。魂来归魄，魂为魄钤，彼此相拘，含而吐之，以成造化。由是则以卦爻，运以符火，不寒不暑，而进退之以时，则各得其和，而证符之俱吐矣。药生曰符，药成曰证，皆自和气中来。“和”之一字，最为肯綮，而“含吐”二字，又是一章之大旨，学者更宜细玩。

四象归土章第四十二

丹砂木精，得金乃并。金水合处，木火为侣。四者浑沌，列为龙虎。龙阳数奇，虎阴数偶。

此章言四象五行，各有归并。丹砂者，离宫真汞也。午乃东旋，藏于木中，则为木精。必得西方之金以制之，则木性爱金，金情恋木，和合交并而成还丹。然西方之金中有真水，是金水合处也；丹砂木精，砂中含汞，是木火为侣也。此四象者，分布则各守境隅，混沌则列为龙虎。浑沌者，用先天也。列为龙虎，则龙居东方，木数得三，而龙阳数奇矣；虎居西方，金数得四，而虎阴数偶矣。然阴阳之宅，其精互藏，龙岂真阳、虎岂真阴也哉？会而通之可也。

肝青为父，肺白为母。心赤为女，脾黄为祖。肾黑为子，子五行始。三物一家，都归戊己。

其以后天而论，木炁在肝，其色青，其人父；金炁在肺，其色白，其人母；火炁在心，其色赤，其人女；水炁在肾，其色黑，其人子；土炁在脾，其色黄，其人祖。肝肺之所以为父母者，以其生木火也；脾之所以为祖者，以其生金母也。丹家只论龙虎初弦之炁而已，与此全无干涉，而魏公必指此者，以见后天五行，欲人洞晓深达尔。然既曰肾黑为子，而下即云子五行始者，盖又以先天生出之序而言，天一生水，位居于北，独为五行之初先。子当右转，则金水合处也；午乃东旋，则木火为侣也。并而合之，则同归戊己之宫，而还丹始就，故云：“三物一家，都归戊己。”戊已不独只言中宫，亦有“俱死归后土”之意。一家，是本原一炁而生，故曰“一家”。

阴阳反覆章第四十三

刚柔迭兴，更历分部。（分，去声。）

此章备言丹法逆转互换之妙。刚柔迭兴者，取互藏之精，而阴中用阳，阳中用阴也；更历分部者，谓阴阳各有分部，如龙东虎西、子南午北、三月天罡、九月河魁，皆一定不移之位。丹法逆转互换，则皆更而历之，其义见下。

龙西虎东，建纬卯酉。刑德并会，相见欢喜。刑主杀伏，德主生起。二月榆死，魁临于卯。八月麦生，天罡据酉。

且如震龙居东，兑虎居西，乃阴阳分部之常。丹法更而历之，则东往西邻，西归东舍，而龙西虎东，小往大来矣。天地南北曰经，东西曰纬，卯建于东而主德，酉建于西而主刑，乃阴阳分部之常。丹法更而历之，则德中有刑，刑中有德，而刑德并会，相见欢喜矣。何谓刑德并会？盖刑主杀伏，德主生起，即观造化，二月榆死，此德中之刑也。德中何以有刑？盖以卯与戌合，而月将之河魁，此时临于卯位，戌中辛金，杀气尤存，故榆死于卯，其一征尔；八月麦生，此刑中之德也。刑中何以有德？盖以酉与辰合，而月将之天罡，此时临于酉位，辰中乙木，生气尚存，故麦生于酉，其一征尔。丹法此时立为沐浴，盖亦有见于此。然人身中安得更有榆死麦生，不过欲知刑德相负，此时不宜加火，使有偏重之虞尔。

子南午北，互为纲纪。

其以颠倒坎离而论，则子南午北，皆为更历分部。盖子者，坎水也，坎水居北而翻在南；午者，离火也，离火居南而翻在北。盖柔上而刚下，小往而大来。互为纲纪者，阳为纲，则阴为纪，今皆反之，故曰“互为”也。

一九之数，终而复始。含元虚危，播精于子。

上论丹法，此重丹母。盖一者水数，九者金数。此金水者，乃先天真一之炁，遍历诸辰，终而复始，其交会之际，则含元于虚危。虚危者，亥子之交、晦朔之间也。至子之半，则“忽然夜半一声雷，万户千门次第开”矣，故曰“播精于子”云。

牝牡相须章第四十四

关关雎鸠，在河之洲。窈窕淑女，君子好逑。雄不独处，雌不孤居。玄武龟蛇，蟠虬相扶。以明牝牡，更当相须。假使二女共室，颜色甚姝，苏秦通言，张仪合媒，发辨利舌，奋舒美辞，推心调谐，合为夫妻，弊发腐齿，

终不相知。若药物非种，名类不同。分剂参差，失其纲纪。虽黄帝临炉，太乙执火，八公捣炼，淮南调合，立宇崇坛，玉为阶陛，麟脯凤腊，把借长跪，祷祝神祇，请哀诸鬼，沐浴斋戒，妄有所冀。亦犹和胶补釜，以硇涂疮，去冷加冰，除热用汤，飞龟舞蛇，愈见乖张。

此章无甚深旨，只是明同类相从之意。若药物非种以下，又是言炉火中事，亦要配对阴阳，准则铢两。若与人元大丹，一有不合，希能有成。此章予《测疏》中，发明“好逑”之义甚切，观者详之。

周易参同契口义下篇

自叙启后章第四十五

惟昔圣贤，怀玄抱真。伏炼九鼎，化迹隐沦。

夫金丹之道，古之高真上圣，莫不由之。顾药按三元，仙分九品。伏炼九鼎者，药之上品也，其法则轩辕之《龙虎》，旌阳之《石函》，备矣。其药即服即仙，故能化迹轻举，紫阳所谓“刀圭一入口，白昼生羽翰”者，比之人元大丹积累长久者不同。今《参同》所言，皆人元也。以其为人所易知而易行，且宇宙在手，非若九鼎神丹，系于天地鬼神而不可必得者，故特详以示人耳。然神丹化迹，不曰冲举，而曰隐沦者，服丹之后，更当潜伏人间，以修功行，俟其圆满，然后膺箓受图也。

含精养神，通德三元。精溢腠理，筋骨致坚。众邪辟除，正气常存。累积长久，变形而仙。

含精者，含太阳之元精，先天药祖是也；神，谓自己之元神；养神者，绵绵若存，优游厌饫，以俟药之自化也。此则人元之事。而曰通德三元者，三元之道，殊途而同归者也。冲养之盛，则精溢腠理，而筋骨致竖，以至群阴剥尽，体化纯阳，火足胎圆，真人出现，变形而仙，无足异者。然非积累长久，何以能此？然前云“化迹”，而此曰“变形”，更当着眼。盖变者，化之有渐，而化则变之既成者也。如次而易血，次而易筋，次而易骨，皆谓之变，化则无俟于此。

忧悯后生，好道之伦。随傍风采，指画古文。著为图籍，开示后昆。露见枝条，隐藏本根。托号诸名，覆谬众文。学者得之，韫椟终身。

如上圣贤道成之后，不欲独善其身，随傍往哲之风采，指画上古之文字，著为图籍，以开来学。然又不敢成片诀破，露枝藏本，托号龙虎铅汞、流珠金华、黄芽白雪等名，以覆其文，意在使人得意忘象。学者得之，韫椟终身，守而勿替可也。

子继父业，孙踵祖先。传世迷惑，竟无见闻。遂使宦者不仕，农夫失耘，商人弃货，志士家贫。吾甚伤之，定录此文。字约易思，事省不烦。披列其条，核实可观。分两有数，因而相循。故为乱辞，孔窍其门。智者审思，以意参焉。

传世既久，寖以失真，未免以盲引盲，同落坑堑，遂使四民失业，穷乏终身，非道误人，人自误之也。仙翁重伤此辈，乃复定录此文，发明金丹至易至简之道，指示药物，准则铢两。然亦不敢直陈显说，模仿古人，托号覆谬之意，故为乱辞，孔窍其门，以藏真诀。智者审思，以意参之，则可以得之象数之外矣。此章“审思”二字，最为读《参同契》之肯綮。《管子》曰：“思之思之，又重思之；思之不通，神明通之。”《契》云：“千周灿彬彬兮，万遍将可睹。神明或告人兮，心灵忽自悟。”今人不能熟思详味，便谓此书难读，岂不有负仙翁开示后昆之圣心哉！

丹法全旨章第四十六

法象莫大乎天地兮，玄沟数万里。

此章与后《鼎器歌》，已见《测疏》，兹不复赘。

《参同》字义分属

外

坤女、坎戊、铅情、牝、偃月炉、元精、真人、真乙、金华、黄芽、有、金水、兑虎、西、雄阳、震符、爻动、君、主、黄土、白、熬枢、上弦、水银、明窗尘、文火、阳禀、刚施、命、阳神日魂、动直、孝子、九还、男白、王者、太白经天、神德、男动外施、神明

内

乾男、离己、汞性、牡、河上姹女、太阳流珠、子珠、朱雀火精、无、水火、震龙、东、雌阴、臣、客、赤色门、下弦、丹砂、太阳气、武火、阴受、柔化、性、阴神月魄、静翕、严父、七返、八归、六居、女赤、皇上、荧惑守西、女静内藏

中宫

戊己、厚土

上

甑山

下

大渊、深渊、规中

月节气候卦斗律火总纪

冬至十一月中

斗指子，卦为复䷗，律黄钟。五日鹖鴠不鸣，又五日虎始交，又五日荔挺出。

小寒十二月节

斗指癸。五日蚯蚓结，又五日麋角解，又五日水泉动。于时进一符阳火，戊己微调。

大寒十二月中

斗指丑，卦为临䷒，律大吕。五日雁北乡，又五日鹊始巢，又五日雉雊。

立春正月节

斗指艮，五日鸡乳，又五日征鸟厉疾，又五日水泽腹坚。于时进二符阳火，和平有明。

雨水正月中

斗指寅，卦为泰☷，律太簇。五日东风解冻，又五日蛰虫始振，又五日鱼陟负冰。

惊蛰二月节

斗指甲，五日獭祭鱼，又五日候雁北，又五日草木萌动。于时进三符阳火。

春分二月中

斗指卯，卦为大壮☳，律夹钟。五日桃始华，又五日鸧鹒鸣，又五日鹰化为鸠。

清明三月节

斗指乙，五日玄鸟至，又五日雷乃发声，又五日始电。于时沐浴停火。

谷雨三月中

斗指辰，卦为夬☱，律姑洗。五日桐始华，又五日田鼠化为駕，又五日虹始见。

立夏四月节

斗指巽，五日萍始生，又五日鸣鸠拂其羽，又五日戴胜降于桑。于时进五符阳火，乾健盛明。

小满四月中

斗指己，卦为乾☰，律仲吕。五日蝼蝈鸣，又五日蚯蚓出，又五日王瓜生。

芒种五月节

斗指丙，五日苦菜秀，又五日靡草死，又五日麦秋至。于时进火数足。

夏至五月中

斗指午，卦为姤☴，律甤宾。五日螳螂生，又五日鵙始鸣，又五日反舌无声。

小暑六月节

斗指丁，五日鹿角解，又五日蜩始鸣，又五日半夏生。于时退一符阳火。

大暑六月中

斗指未，卦为遁☶，律林钟。五日温风至，又五日蟋蟀居壁，又五日鹰始挚。

立秋七月节

斗指坤，五日腐草为萤，又五日土润溽暑，又五日大雨时行。于时退二符阳火。

处暑七月中

斗指申，卦为否䷋，律夷则。五日凉风至，又五日白露降，又五日寒蝉鸣。

白露八月节

斗指庚，五日鹰乃祭鸟，又五日天地始肃，又五日禾乃登。于时退三符阳火。

秋分八月中

斗指酉，卦为观䷓，律南吕。五日鸿雁来，又五日玄鸟归，又五日群鸟养羞。

寒露九月节

斗指辛，五日雷始收声，又五日蛰虫坯户，又五日水始涸。于时沐浴停火。

霜降九月中

斗指戌，卦为剥䷖，律无射。五日鸿雁来宾，又五日雀入水为蛤，又五日菊有黄花。

立冬十月节

斗指乾，五日豺乃祭兽，又五日草木黄落，又五日蛰虫咸俯。于时火库归戌。

小雪十月中

斗指亥，卦为坤䷁，律应钟。五日水始冰，又五日地始冻，又五日雉入水为蜃。

大雪十一月节

斗指壬，五日虹藏不见，又五日天气上升、地气下降，又五日闭塞而成冬。于时归根复命，不复用火[①]矣。

按：天地之气候，即人身之火候也。阳长则阴消，阴盛则阳剥，皆自然而然。作丹者，苟能法其自然之运，则所谓进火退符者，其妙用不外是而得之矣。所谓自然，盖亦有说，师语我云："顺自然，非听自然也。"渊乎微哉！

---

① 火，底本误刻为"大"，据广陵本改。

斗建子午将指天罡图

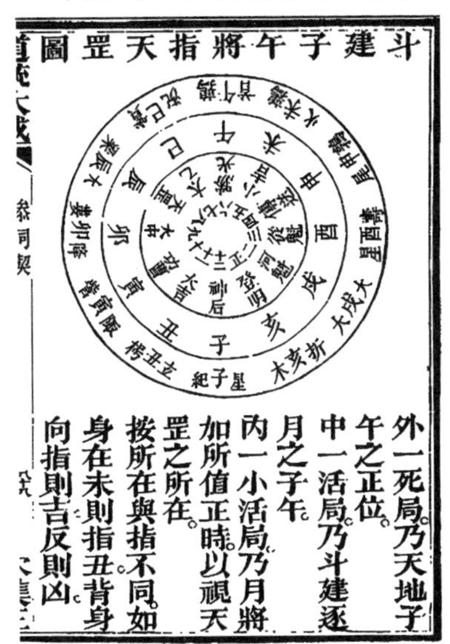

外一死局，乃天地子午之正位。

中一活局，乃斗建逐月之子午。

内一小活局，乃月将加所值正时，以视天罡之所在。

按：所在与指不同，如身在未则指丑，背身向指则吉，反则凶。

《悟真篇》云："晨昏火候合天枢。"天枢者，斗杓所建之极也。天枢一昼夜，凡一周天，而一月一移，如十一月则初昏之夜，斗杓建子。初昏之夜，乃戌时也，便以子加于戌。十二月则以丑加于戌，正月以寅，二月以卯，皆加于戌，故曰"月月常加戌"。然必视太阳已过宫，未过宫者，则加于亥上。以此顺而推之，则知斗建之子午。

天罡亦视太阳过宫，如未过宫，只算前月或以交节气加亥，交中气加戌者，亦是此意。交节气，未必过宫；交中气，或有过宫者矣。然亦有已交中气，而犹未过宫者，亦加亥上。只以太阳过宫为主。

斗建法，且如正月建寅，太阳未过宫，则以寅加亥，至酉建子。正月斗建之子时，乃天地之酉时也。酉为子，则卯为午矣。

已过宫，则以寅加戌，至申建子，至寅建午。推之他月，亦是此例。进火退符，必用午建之子午者，盖以斗之所指则气动，故依斗建运也。《夷门歌》云："十二门中月建移，刻漏依时逐旋布。"此其旨也。（斗之所指则气动，罡之所指则神聚。）

日之子午，因日所历；斗之子午，因戍所建。

日有昼夜，数分子昼午夜。月应时加减，分子生午亏。《悟真篇》云：“晨昏火候合天枢。”盖仙道之晨昏，乃取斗建之子午，非世间日出没之晨昏也。求天罡所在之辰，诀云：“月月常加戍，时时见破军。天罡前一位，只此最为真。太阳宫未过，仍于亥上寻。”加戍与前不同，今为立例：

假以五月某日午时，太阳已过宫，其月建午，即以戍加午上，顺数亥子丑寅卯辰巳，至午为止，得艮八，便于艮八飞入九宫。以离九为左辅，坎一为右弼，坤二为贪狼，震三为巨门，巽四为禄存，中五为文曲，乾六为廉贞，兑七为武曲，艮八为破军，而天罡却在破军之前一位，故曰“时时见破军”也。

九宫八卦图

九宫八卦圖

巳 巽四	午未 離九	申 坤二
辰卯 震三	中五	兌七 酉戌
艮八 寅	坎一 丑子	乾六 亥

昏见图

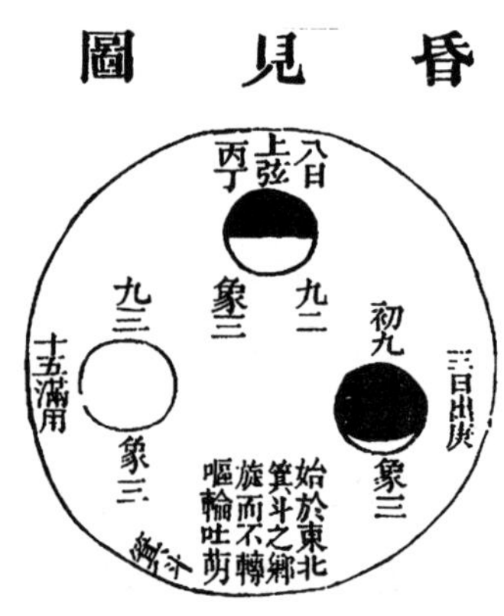

药火象月之图

一月三象，庚象其嫩，弦象其平，满象其盛。

《契》云:“金计有十五,五分水有余，二者以为真。”于此可见。

其以象火，则又参以乾之六爻，震则阳气始通，初九潜龙；兑则九二见龙，和平有明；乾则九三夕惕，亏折神符。

晨现图

晨現圖

阳道至此，渐消渐灭，故不以象药，而以象火，然非有二，但有内外之分耳。巽则九四或跃，进退道危；艮主进止，典守弦期，正应九五飞龙，丹道已就；坤应上九亢龙，罢功韫养。

此图亦可象药，亦可象火，要吾人会而通之耳。

八卦纳甲之图

八卦納甲之圖

乾納甲 壬

坤納乙 癸

艮納丙

兑納丁

坎納戊

離納己

震納庚

巽納辛

纳甲法，是于月生处看出，此在《参同》无甚深旨。

乾纳甲　壬

坤纳乙　癸

艮纳丙

兑纳丁

坎纳戊

离纳己

震纳庚

巽纳辛

含元播精三五归一图

含元播精三五歸一圖

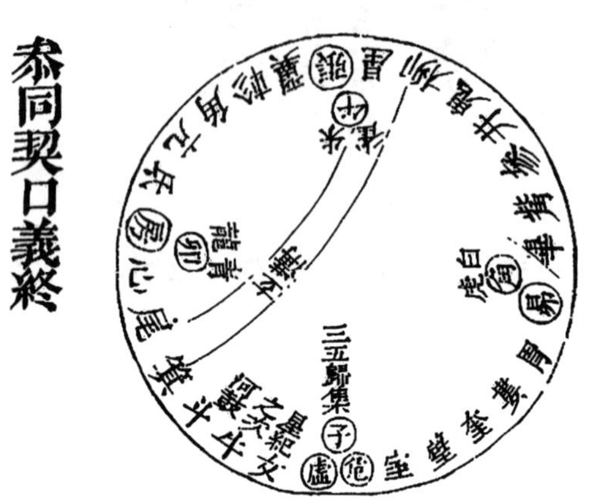

水者，五行之初先也。十二辰为子，含元归集，皆于此处，播精则在此时。

入药镜注解

西汉崔至真真人　著
五真人　注解
新安汪启濩东亭　辑
豫章武九龄鸣皋　评点
曹贞洁　校刊

入药镜注解

沧溟诗曰：先天一炁金丹祖，虚无又是先天母。一炁产时生阴阳，汞是龙兮铅是虎。聚之一炁为元精，散则金木水火土。若知万物凭虚生，始信阴阳无定所。

先天炁，后天气。得之者，常似醉。

潜虚子曰：夫学道之人，大要先识药祖。所谓药祖，乃鸿蒙始判之炁，丹家谓之先天真乙之气者是也。其产也，有川源；其生也，有时节；其采之也，有铢两，有法度，得而用之，以合己汞，然后还丹可成，而神仙之能事毕矣！盖先天药祖，原吾故物，自夫窍凿之后，日改月化，而度于后天，故阳里含阴，其质不刚，势必不能以久存。圣人知其如此，故于同类互藏之中，求其所谓先天真乙者，盗其机而逆用之。丹经所谓“取坎填离”“流戊就己”“推情合性”，旨意皆不出此。既合我身，则吾身之所谓后天气者，亦复与之混合和融，如君臣之庆会、夫妇之谐偶，欢忻交通，畅美和悦，不言可知，故云“似醉”。《参同契》云：“淫淫若春泽，液液象解冰。”《翠虚篇》云：“精神冥合气归时，骨肉融和都不知。”非真造而实诣者，不足以语此。

混然子曰：先天炁者，乃元始祖炁也。此祖炁在人身天地之正中，生门密户，悬中高处，天心是也。神仙修炼，止是采取先天一炁，以为丹母。后天气者，乃一呼一吸、一往一来内运之气也。呼则接天根，吸则接地轴。呼则龙吟云起，吸则虎啸风生。绵绵若存，归于祖炁。内外混合，结成还丹。自觉丹田火炽，畅于四肢，如痴如醉，美在其中，此所以“得之者，常似醉”也。《道德经》云：“谷神不死，是谓玄牝。玄牝之门，是谓天地根。绵绵若存，用之不勤。”《易 · 坤卦》云：“黄中通理，正位居体，美在其中，而畅于四肢。”如斯之谓也。

一壑居士曰：人之未生，混混沌沌。惟脐中一点真炁，与母命蒂相通，母呼亦呼，母吸亦吸。及囝的一声，而炁落丹田矣。呼接天根，吸接地轴，而先天元始祖炁，未尝不充溢于其中。非后天之气，无以见先天一炁之流行；非先天之炁，无以为后天一气之主宰。此炁在人身天地之中，生门密户，藏则为炁，形则为气。崔公《入药镜》以炁为药，故首欲人得此炁。然果何由而得哉？先天之学，自虚化炁；后天之学，以神驭气。先天之炁，采之先庚；后天之气，采之后甲。一得此气，二六时中，如鸡抱卵，如龙养珠，绵绵若存，勿忘勿助。自觉丹田火暖，美在其中，畅于四肢，而如痴如醉矣。学道者甚哉，不可不讲于得之理也。

沧溟"先天炁，后天气"诗曰：先天一炁即真铅，产在虚无太极前。恍惚窈冥中有象，方知造化极玄玄。后天之气为真汞，本与先天一窍生。但得汞铅归一处，自然顷刻产真精。

注曰：此言大药物，真铅汞也。先天一炁，无极也，无中有也。后天之气，太极也，有中无也。即此便是金丹大药，真铅、真汞之祖父母。未生以前，即有先天之炁。既生之后，后天之气即与先天之炁，混合而为一也。太上教人采取先天灵父、圣母之炁，合而炼为大药，无中生有，返本还源，即与先天之炁混合为一也，此外更无觅真铅、真汞处也。铅汞归一窍之中，修炼成九转之药。金液还丹之妙，尽在其中矣。"先后"二字，必有次第，悟者自得之矣。

了真子曰：先天气，乃天元一炁也，在天枢之上注之；后天气，乃地元一气也，在地枢之下注之。人若得斗柄之机斡运，则升降往来，周而复始，与天同运矣。元和子曰：人身大抵同天地也。

沧溟"得之者，常似醉"诗曰：金丹大道极元微，学者纷纷达者谁。一得须知为永得，便宜下手立根基。昏昏默默太虚中，有有无无妙莫穷。方寸壶中倾不尽，自家无日不春风。

注曰：此言得药之后景象也。大道易成，至人难遇。既遇至人，则一得永得矣。既已得之，苟不下手，植立根基，是为自弃大道矣。金液还丹，既吞入腹，点化凡躯，以成真人，便有自然景象。《参同契》云："淫淫若春泽，液液象解冰。从头流达足，究竟复上升。往来洞无极，怫怫被容中。颜色浸以润，骨节益坚强。"是皆美在其中，而睟于面，盎于背，畅于四肢，达于四体。四体不言而喻，是皆自然效证也。

了真子曰：人能得斗柄之机，斡运阴阳之气，则恍恍惚惚，杳杳冥冥，自然身心和畅，如痴如醉，肌肤爽透，美在其中。

日有合，月有合。穷戊己，定庚甲。

潜虚子曰：夫丹有药物，有火候。丹法观天之道，执天之行，悬象著明，莫大乎日月，故药火之消息，于日月各有所合。日有合者，以日之早晚为火候之进退也。《参同契》云“日晨为期度，动静有早晚”是也。月有合者，以月之弦炁定药材之铢两也。《参同契》云“上弦兑数八，下弦艮亦八”是也。然而丹象日月，其义最精，不可一端而取。《参同契》云：“坎戊月精，离己日光。”要知坎纳戊土，即真铅也，是谓兔髓；离纳己土，即真汞也，是谓乌精。丹法以乌兔为药材，非有他物，不过取坎离互藏之精，盗其机而逆用之，使之流戊就己云耳！且坎离之中，各藏真土，是以其光互借而不相铄，以至生庚生甲，递为消长。生庚，则坎戊生铅也；生甲，则离己生汞也。生庚，则震兑还乾也；生甲，则巽艮归坤也。以此观之，则所谓上弦半斤之金，下弦半斤之水，其铢两可定，而屯蒙火候之消息，亦不外是而得之矣！

混然子曰：日月者，太阳、太阴也。天有黄道，为度三百六十五度四分度之一。其运转也，一日一周。日月行乎其间，往来上下，迭为出入，此所以分昼夜而定寒暑也。当冬至之节，一阳生于复，日从北行，月从南行。夏至之节，一阴生于姤，日从南行，月从北行。日行一日一度，至三十度，与太阴会。月本无光，借日之光。月行一日，十二度有零，至三十日，行满周天之度。每月晦朔，与太阳同会，所行之宫，日月合璧。晦象年终，朔象岁首。会而复离，离而复会。月因日以受其明，阳魂渐长，阴魄渐消。至初八日夜，阳半阴半，为上弦。至十五日夜，与日对照，为望，故圆。圆满之极，其理当亏。于是阴魄渐长，阳魂渐消。至二十三日夜，阴半阳半，为下弦。至三十日夜为晦，又复与日同会。此天之“日有合，月有合”也。及求于身，吾身一天地，亦有日月也。以身为乾坤，以坎离为药物，以日月运行为火候，行之吾身，与天地日月无不同也。当作丹之时，运日月之双轮，簇阴阳于一息，日月归鼎，阴阳媾精，烹之炼之，结成圣胎。此吾身“日有合，月有合”也。了真子曰“玉池常滴阴阳髓，金鼎时烹日月精”是也。既明日月之合，必穷戊己之源。戊己者，中央土也。水火分为上下，木金列于东西。木为火母，金为水母。若非戊己之功，水火不能既济，金木不得交并。当施化之际，是用戊土从坎起，进之以阳火。己土从离降，退之以阴符。摄回四象而同炉，此戊己之功也。既穷戊己之理，必定庚甲之方。庚，西方金也，情也，虎也。甲，东方木也，性也，龙也。言人之情，好于驰骋，见物即逐，如虎猖狂，故每伤于性。性被情迷，不能为主，如龙奔腾，故二物间隔。大修行人，制之不难。遇此时，正好下手施功。须仗黄婆媒合，旋斗柄之机。一息之间，即得金木归并，情性合一，龙虎入鼎，心虚湛然，此所以定庚甲也。丹家妙用，宜乎生甲、生庚，学者不可不知也。

一壑居士曰：日月并明，悬象于天，而其实日则魂，月则魄也。每当晦朔，日月交光，晦象年终，朔象岁首。合而复离，离而复合。前十五日，月抽其魄，日添其魂；后十五日，日抽其魂，月添其魄，故曰“日有合，月有合”。日到离生己，离己日光；月到坎生戊，坎戊月精。戊己由日月而生。初三月出庚，日正在甲；十五月满甲，日正在乾，庚甲由日月而定。人身亦然，太阳藏膀胱，太阴藏脾。晦朔之间，太阴、太阳，齐出膀胱气海。初二太阴至脾本位，初三太阴至肺，太阳至肝，是为震纳庚。初八太阴至心，太阳至肺，是为兑纳丁。十五太阴至肝，太阳至心，是为乾纳甲。十六太阴至肺，太阳至胆，是为巽纳辛。二十三太阴至心，太阳至膀胱，是为艮纳丙。至三十太阳从胆没于膀胱，太阴从脾至胆，亦没于膀胱，彼此交光，又齐没而齐出矣。太阴藏戊土，即肾中壬水；太阳藏己土，即心中丙火。水火分为上下，金木列于东西，全凭戊土上行，己土下行，方能水火既济，金木交并，而太阴、太阳，实为戊己二土之源。先庚三日，丁也；后庚三日，癸也。先甲三日，辛生癸也；后甲三日，丁也。信至为庚，潮尽为甲，气至为丁，质生为癸。仙家采药，用炁不用质，而月出、月圆，实为庚甲一定之准则。总之，庚甲不离戊己，戊己不离阴阳，阴阳不离度数。非日月之度数，一月一合，戊己何以穷，而庚甲何以定哉？此修丹之要诀也。

沧溟“日有合，月有合”诗曰：日魂阳髓出东方，为吸阴精西位藏。金水两平逢二八，自然合璧有重光。月魄阴精照兖川，为含阳髓即东旋。后弦前共前弦后，一月相交一次圆。

注曰：此言大丹药物法象之妙用也，日月为金丹之功用大矣。日出东方，月出西位。月自初三日生魄，与太阳之光相近，日近一日，故近日光而生光。至于初八日上弦，恰受太阳之光一半明，月至此，上弦平如绳，而上弦金半斤也。自初八日以后，直至十五日，则受尽太阳之光，与日相望，则月魄光明圆满，照于东方，至此则日月对照也。自十六日以后，月与太阳相远，日远一日，故退日魂而无光。至于二十三日下弦，恰退太阳之光一半明，月至此，下弦平如绳，而下弦水半斤也。自二十三日以后，直至二十九日，则退尽太阳之光，与日不相见，则月魄晦而光灭，乃东北丧朋之时也。至初三日，则复如初，而一月一合璧也，故药物则而象之。修炼大丹，不过按日月盈亏之象，则阴阳消长之机。苟能悟此，则药物在此矣，冬至在此矣，下手在此矣，采取在此矣，火候在此矣，抽添在此矣，沐浴在此矣，凝结在此矣。玄哉玄哉，必须口授，非楮笔之所敢泄也，天谴可不畏乎？

了真子曰：夫月因日以受其明，晦朔合璧之后，魄中生魂，以阴变阳。月晦象年终，月朔象岁首。自朔日受日辰之符，因水生银，至月晦，阳气消尽，即金水两物，情性自相包裹。《参同契》云：“月晦日相包，隐藏其匡郭。”

沧溟“穷戊己，定庚甲”诗曰：戊为真土中宫数，癸是天元真一精。穷取两般能制伏，丹基从此可经营。甲为卯位青龙木，庚是西方白虎金。能使虎龙归一处，黄芽白雪不难寻。

注曰：金丹之道，全仗五行、四象、八卦相资以成也。甲，乃青龙之木；庚，乃白虎之金，盖金木常有间隔之患。戊，为真土中宫之数；癸，乃天元真一之水，乃大丹之基也。还丹之本，莫大乎金水。金水必借戊土，以相制伏，然后丹道立矣。故定庚甲，则知金木有混融之妙；穷戊己，则知水土有制伏之功。造化玄微，天机深远，谁敢轻议？“穷定”二字，乃在我之机也。

了真子曰：金液还丹，非土则不能造化，当穷究其真土。古歌曰：“五行处处有，何处为真土？”紫阳诗曰：“离坎若还无戊己，虽含四象不成丹。”庚，西方金也；甲，东方木也。二物间隔，不能交并，须仗黄婆媒合，金始生水，木始生火，水火既旺，则金木交并矣。高象先歌曰：“庚要生，甲要生，生甲生庚道始明。”西华圣母曰：生甲生庚，堪为大丹之祖。真土者，坤位是也。

上鹊桥，下鹊桥。天应星，地应潮。

潜虚子曰：既知药火，当明采取，而采取之诀，关系天机，微妙閟密，神仙直以口口相传，不立文字。吾今隐而注之，知者自悟。鹊桥者，天河所驾，以通牛女之往来。二七之期，应时而度，取义甚微。人身上下，亦复有此。金公归舍，从此桥而上之；醍醐灌顶，由此桥而下之，是皆百姓日用之中，媟亵而不可致诘者，讵知神仙关键、济渡津梁？舍此而独修一物，则非所以语道矣。何谓"天应星，地应潮"？曰：此药符也。少阳之精，流而为星；大气之动，嘘而为潮。人身之中，亦自应之。故金精发祥，景星呈彩；汛潮将至，白气先驱。以是为符，思过半矣！然而，单符单诀，非师莫传，意见揣摩，终难下手。

混然子曰：人身夹脊，比天之银河也。银河阻隔，而有灵鹊作桥，故有鹊桥之说。人之舌，亦言鹊桥也。凡作丹之时，以黄婆引婴儿上升泥丸，与姹女交会，名曰"上鹊桥"也。黄婆复徘徊，笑引婴儿姹女，同归洞房，必从泥丸而降，故曰"下鹊桥"也。黄婆、婴儿、姹女，非真有也，乃譬喻之说，无出乎身、心、意三者而已。默运之功，内仗天罡斡运，外用斗柄推迁。起火之时，觉真炁腾腾上升，如潮水之初起，直上逆流，故曰"天应星，地应潮"也。丹经云"功夫容易药非遥，拨动天轮地应潮"是也。

一壑居士曰：鼻为金桥，上鹊桥也；舌为红桥，下鹊桥也。鹊桥之路有二：一通银河督脉，上行之路；一通曹溪任脉，下行之路。牛郎、织女，以灵鹊作桥，一年一会；婴儿、姹女，彼此间隔，仗黄婆为媒。引婴儿上升泥丸，自鹊桥与姹女相会，复引婴儿、姹女从泥丸而降，自鹊桥同归洞房，有似牛郎、织女之灵鹊作桥状，故以为喻。人身上为天，下为地。两目之中，藏金光为星；元海之内，气上升为潮。天降地升，一气流通。修丹之士，握天罡，旋斗柄，起火之时，觉真气腾腾上升，如潮水之初，直上逆流，后起前收，俱由鹊桥而运，故曰"上鹊桥，下鹊桥。天应星，地应潮。"又海潮应月，谓之潮信。先天真一之气，五千四十八日归黄道，地应潮而其信不爽，则天应星而彩色自见于眉端矣，此崔公之所谓药。而上鹊桥，下鹊桥，则入药之路也。

沧溟"上鹊桥，下鹊桥"诗曰：高驾虚空峻接天，金乌玉兔自盘旋。分明横驾秋江曲，只在平分上下弦。真土根基叠砌成，蟾光到处水金平。只教婴姹常来往，此外谁堪向上行。

注曰：上鹊桥，指上弦而言也。下鹊桥，指下弦而言也。即此二弦，共合金水二八之数。盖上鹊桥之下，下鹊桥之上，其中乃金水混融之地也。前弦之后，后弦之前，其中乃金水气旺之时也。金丹之妙，不过合二八两弦、金水之气而成，故有上下、前后之别。婴儿居甲乙之乡，姹女处庚辛之地。北限壬癸之水，南隔丙丁之火，两情相慕，瞻望弗及，如牛女阻隔天河也。若欲聚会，必假桥梁，以济往来。故牛女相会，必假鹊桥。而吕祖有云："曲江上，见月华莹净，有个乌飞。"亦是喻上下两弦，月如鹊桥之形象也。既得聚会，则两情相恋，结为夫妇，变化玄珠成象矣。或者指鹊桥之中，为玄关一窍，亦是一说。上下两弦，原出于此也。

了真子曰：此崔公复指上下二源。鹊桥，乃天河也。人能运用，若天河之流转，上下无穷也。

沧溟"天应星，地应潮"诗曰：天上三奇日月星，斗枢昼夜运天经。毫厘进退无差忒，正应金丹火候灵。中秋月魄十分圆，金旺潮洪出海门。内外与潮相应处，自家真炁正朝元。

注曰：此言修炼大丹造化之妙。上稽天文，则应乎星辰；下察地理，则应乎潮候。天罡一曜，随月建以指方；斗枢一星，逐时辰而朝位。如亥时则指西北，子时则在正北。四七二十八宿，环列于天河之上；三百六十五度，经行于分野之中。流转无穷，周而复始，故能成阴阳，界寒暑，定四时，而成岁功也。海潮一日两次往回，随日月之出没，定子午之消长。自初三日，月生为始起，水日盛一日，至月半则极其盛大。自十六日，月缺为下岸，日减一日，至月晦则极其小矣。毫厘不差，时刻不易，故曰"潮信"也。此言人之一身，元炁周流，往来上下，与天星海潮，同一造化。修炼金丹，进退符火，苟能法天星之转动，体海潮之消长，不差不忒，则金液还丹，立可成矣。《元枢歌》云："地下海潮天上月"，至哉言乎！而庐山皇甫真人观潮一词，尤为看破天地造化端的，并录于此，以为证据。《百字令》云："凿开混沌，见钱塘南空，长江银壁。今古英雄吟此景，谁解推原端的？岁去年来，日庚月甲，因甚无差忒。而今说破，要知天地来历。道散有一强名，五行颠倒，互列乾坤历。坎水逆流朝丙户，随月盈亏消息。气到中秋，金能生水，倍涌千重雪。神仙妙用，与潮无个分别。"

了真子曰：在天应星，如斗柄之斡运；在地应潮，如日月之盈亏。《元枢歌》曰“地下海潮天上月”是也。

起巽风，运坤火。入黄房，成至宝。

潜虚子曰：此亦催火入鼎之诀。坤火者，先天药祖也。坤位西南，为产药之川源，故曰“坤火”。巽风者，息也。《易》广八卦，于巽为鼻。鼓巽风者，所以运坤火也。盖冶人之陶铸也，火未炽，急以橐籥鼓之。巽风者，吾人之橐籥也。迨夫真炁既动，运剑追来，疾驾河车，上昆山，下鹊桥，降重楼，过绛宫，入黄房而休焉，则大丹凝而至宝结矣。黄房，即黄庭，乃大丹凝结之处。《度人经》云“地藏发泄，金玉露形”，岂人间凡宝之谓哉！

混然子曰：作丹之法，乃炼吾身真铅、真汞也。铅遇癸生之时，便当鼓动巽风，扇开炉鞴，运动坤宫之火，沉潜于下，抽出坎中之阳，去补离中之阴，成乾之象，复归坤位，而止片饷之间，发火煅炼，铅清汞洁，结成空器金胎，历劫不坏。此所以“入黄房，成至宝”也。《度人经》云：“中理五气，混合百神。十转回灵，万炁齐仙。”萧廷芝云：“大药三般精炁神，天然子母互相亲。回风混合归真体，煅炼功夫日日新”是也。

一壑居士曰：作丹之法，始终不外乎调息，起则为风，运则为火。铅遇癸生之时，鼓动巽风，煽开炉鞴，运起坤宫之火，助肾中真气，使之上升，抽出坎中之阳，去补离中之阴，成乾之象，复归坤位而止。片饷之间发火，煅炼黄庭土釜之中，铅清汞洁，结成空气金胎，永镇丹田，历劫不坏，非至宝而何？上四句言药，此四句言火，药即是火，火即是药。识得火药，大丹了却。

沧溟“起巽风，运坤火”诗曰：采得真铅入鼎中，更须烹炼虎和龙。玄关欲运坤宫火，橐籥须凭巽位风。西南真土是坤宫，大药根源产在中。运用自然文武火，一时凝结圣胎红。

注曰：东南为巽，西南为坤。巽属木，则能生风。坤属土，故有真火。然火无风则不能自运，必须假巽风以吹嘘之。盖东南与西南对，其为吹嘘易矣。钟离祖师云：“炼药凭巽风。”而杏林亦云：“吹嘘借巽风。”杏林之说，其云房之意与？

了真子曰：息者，风也。火不能自炎，须假风以吹之。钟离丹诀云：“炼药凭巽风。”杏林诗曰：“吹嘘借巽风。”运者，动也。坤乃西南之地，水火聚会之源也。

沧溟“入黄房，成至宝”诗曰：天然真土是黄房，采得真铅此内藏。固济更须行火候，炼成一块紫金霜。真汞真铅炼得成，黍珠一粒重如金。此般至宝身中有，莫把旁门向外寻。

注曰：黄房，神室也，金鼎也，玉炉也，玄关也，玄牝也，真土也，鄞鄂也。总而言之，修炼金液还丹之鼎器也。既能采取先天铅汞之药，入黄房之中，起以巽风，运以坤火，依准符候，炼成至宝，大如黍米。既得此丹，可以长生久视，返老还童，点化凡躯，远游轻举，岂非天地至宝乎？黄房、神室，须要认得端的分晓，方可下手修炼。或者铸金刻玉，皆非自然，安能气类相感哉？而《龙虎上经》论至鼎器，则有“磁石吸铁，隔碍潜通”之说，可以默会于胸中矣。须要认得造化生成之巧，切不可以人为而得之。此窍无内无外，大包天地，细无不纳。盖不可执于内有，亦不可必于外无也。识造化者，必于真土中求其根蒂焉，得此则丹道立矣。以真土之色黄，故曰“黄房”，有曲密深邃之义也。

了真子曰：既经起火符之后，则运入黄房之中，结成至宝矣。黄房，亦曰黄华、玄关一窍，乃真土，故曰“黄房”也。

水怕干，火怕寒。差毫发，不成丹。

潜虚子曰：金丹大药，不出水火。水火，即铅汞也。学人临驭丹炉，匀调水火，自有铢两。《参同契》云：“临炉定铢两，五分水有余。二者以为真，金重如本初。其三遂不入，火二与之俱。”盖以药苗方茁，取其至嫩，无过二分之水，急以二分之火合之，甚为轻清，稍有毫发差殊，非太过而燥滥，则不及而干寒。学人知有度于后天之患，未免迎机而取，此时危桥倏度，虎穴方探，疑惧一生，翻成索缩，故火之所怕者寒也。若乃调鼎无功，或君骄亢，天人合发之际，否塞不通，水亦有时而干。要知金液还丹，乃戊己和气纽结而成。若始上不降而下不升，天不氤而地不氲，既失自然之和，或生意外之变，金丹胡自而成哉？

混然子曰：修真内炼之要，鼎中之水不可干，炉内之火不可寒。丹经所谓“金鼎常留汤水满，玉炉不要火教寒”是也。以外丹言之，凡作丹之时，行武炼、文烹之功，大要调和火力。若用之太过，则火燥水干，不及则水滥火寒。务在行之停匀，一刻周天，水火既济，鼎内丹结，自然而然也。若差之毫发，不成丹矣。仙师云："药有老嫩，火有斤两。"学者不可不知。了真子有云："七返九还须识主，功夫毫发不容差。"《悟真篇》云"大都全借修持力，毫发差殊不作丹"是也。

一壑居士曰：肾生气，气中真一之精，为真水；心生液，液中正阳之气，为真火。此天地阴阳二气相交，自然之水火。子进阳火，午退阴符，乃四时日月照耀金庭之水火也。结丹之水火在一时，温养之水火在一年。进火之际，念不可起，起则火燥；意不可散，散则火寒。火寒则水溢，火燥则水干。修丹之士，知药物，不知时候，不能成丹；知时候，不知采取，不能成丹；知采取，不知配合，不能成丹；知配合，不知火候，亦不能成丹。

沧溟"水怕干，火怕寒"诗曰：坎内天元真一精，须知丹向此中成。常教融液无枯涸，伫看黄芽旋旋生。汞铅无火不成丹，要识抽添造化难。鼎内温温常着意，莫教焰灭与灰残。

注曰：此乃造化自然之理也。修丹之要，实在水火。水性润下，故怕干；火性炎上，故怕寒。须要调停，无令有枯涸灰残之患，自然既济升降而成功矣。水火之用，其大矣哉。

了真子曰：修炼金丹，全借火工调燮。添水之时，以救其火之燥也；运火之时，又恐其火之寒也。故水亦怕滥，亦怕干；火亦怕燥，亦怕寒。故有斤两法度，须要调匀，使其不致于太过，亦不致于不及也。

沧溟"差毫发，不成丹"诗曰：毫发差殊炼不成，怎教龙虎媾真精。龟飞蛇舞乖张盛，欲觅长生返害生。铅飞汞走不相投，火自炎空水自流。不得一珠成黍米，更于何处结丹头？

注曰：采取药材，调停水火，全在功夫准绳造化。差之毫厘，谬以千里。反掌有铅飞汞走之患，撚指有虎斗龙争之险。婴儿远去，姹女逃亡。欲要返还，霄壤殊绝。故契云："飞龟舞蛇，愈见乖张。"不知何处可以结丹头也！修炼之士，其可忽诸？

了真子曰：运火之际，细用调燮，毫厘之差，则天地悬隔矣。紫阳诗曰："毫发差殊不作丹。"

铅龙升，汞虎降。驱二物，勿纵放。

潜虚子曰：铅龙者，红铅火龙也；汞虎者，黑铅也。铅汞，乃药物之别名，分属两家，各以东西而称龙虎，故曰“铅龙汞虎”，与“震龙兑虎”其义相通。又有称“虎铅龙汞”者，则以互藏之精言之。铅龙升者，升而就虎也；汞虎降者，降而降龙也。二物，即“铅龙汞虎”。作丹之法，采取知时，铢两既定，驱此二物，交战于戊己之宫，更当慎密持盈，不可纵放，以取虞失。《参同契》云“固塞其际会，务令致完坚”，《悟真篇》云“送归土釜牢封固”，《四百字序》云“铅汞归真土，身心寂不动”，意盖如此。若使天君纵佚，则姹女逃亡，而黄房之宝，终不可就矣！“驱二物，勿纵放”六字，最为肯綮，金丹之道，彻首彻尾，无过此诀。大要识得是谁驱之，全仗黄婆作主。

混然子曰：铅者，坎中一点真阳，谓之龙也。汞者，离中一点真阴，谓之虎也。凡作丹之时，飞戊土抽坎中之铅，木生火而炎，上升泥丸，龙从火里出，故曰“铅龙升”也。用己土摄离中之汞，金生水而流，下降丹田，虎向水中生，故曰“汞虎降”也。擒捉之功，非加武火之力，则铅龙不升。非用文火之力，则汞虎不降。一息周流，妙在坚刚着力。擒龙虎入鼎烹炼，化为玉浆，故曰“驱二物，勿纵放”也，张紫阳云“西山白虎正猖狂，东海青龙不可当。两手捉来令死斗，化成一块紫金霜”是也。

一壑居士曰：铅本沉重，而下坠为白虎。因坎宫真一之精，原自乾宫泄来，铅因得汞，发举真一之水而上腾，故曰“铅龙升”。汞本飞扬，而上腾为青龙。因离宫正阳之炁，原自坤宫换去，汞因得铅，变化纯阳之炁而下坠，故曰“汞虎降”。西山之虎，猖狂难擒。东海之龙，狞恶难制。惟驱龙就虎，驱虎降龙，二物和合，勿使纵放，则龙虎两弦之炁，同归一穴而成丹。

沧溟“铅龙升，汞虎降”诗曰：铅象如龙法最灵，窈冥恍惚本无形。要知采取无中有，只是先天炁上升。汞本西方白虎精，与龙相会便交并。壶中景象般般有，升降阴阳自准绳。

注曰：铅，先天也，其升如龙；汞，后天也，其降如虎。龙升虎降，相遇于中宫，须臾作吟啸之声，顷刻有交媾之象。龙吞虎髓，虎吸龙精，故能于恍惚窈冥之中，产成玄珠之宝。古歌曰：“五行不顺行，虎向水中生。五行颠倒术，龙从火里出。”此乃是造化至妙之机，修炼之士，必先洞明此理，则金液自然返还矣。

了真子曰：铅，火也，龙也，沉而在下；汞，水也，虎也，浮而在上。太白真人歌曰："五行不顺行，虎向水中生。五行颠倒术，龙从火里出。"以法制之，则自然升降矣。

沧溟"驱二物，勿纵放"诗曰：二物无非汞与铅，一时采取向先天。擒来手内明生杀，虎伏龙降软似绵。擒得来时要谨持，莫教容易落危机。龙狞虎恶牢拴系，铅汞同炉永不飞。

注曰：此接上文言也。当其龙虎升降、交媾之时，便当依时采取，以为药物。二物，即铅汞也。既擒入手，龙虎其可以纵放哉？然后闪入黄房之中，牢加拘系，密以提防，使之相吞、相啖于玄关之中，而自然降伏。故紫阳云："西山白虎正猖狂，东海青龙不可当。两手捉来令死斗，化成一块紫金霜。"又云："既驱二物归黄道，争得金丹不解生。"正谓此尔。

了真子曰：当其龙虎升降之时，须要把捉，不可纵放也。紫阳诗曰："既驱二物归黄道，怎得金丹不解生。"

产在坤，种在乾。但至诚，法自然。

潜虚子曰：《悟真篇》云"依他坤位生成体，种在乾家交感宫"，盖乾坤鼎器，药物所产之乡也。乾坤各有所产，而此但云"产在坤"者，盖以先天药祖，西南乃其本乡。而纯阴至静之中，忽有一阳来复，所谓"静极而动，动而生阳"。天心建始，萌于坤下，采而得之，入我中宫，是谓"家园下种"，从此温养栽培，则有十月火功。而火候之法，则"至诚自然"，实为要诀。《参同契》云："按历法令，至诚专密。"《悟真篇》云："谩守药炉看火候，但安神息任天然。"纯阳老师云："丹灶河车休矻矻，鹤胎龟息自绵绵。"盖观天地之道，诚故不息，不息正所以为自然也。金丹之道，法此而已。若乃朝行而暮辍，或助而或忘，非火燥而丹伤，则火冷而丹散，又岂"至诚自然"之谓哉？然所谓自然，更有深旨，师示我云"顺自然，非听自然也"，妙哉！妙哉！

混然子曰：张紫阳云"要知产药川源处，只在西南是本乡"，此所以言吾身西南，乃坤位也。人腹为坤，人首为乾。坤居下为炉，乾居上为鼎。金丹大药，产在坤，种在乾。凡作丹采药之时，必从坤位发端，沉潜尾穴，温养见龙，当加武火，逼逐真阳之炁，逆上乾宫交媾，复还坤位而止，猛烹极煅，结成至宝。

故曰“产在坤，种在乾”。其中复有先天产药之时，观心吸神，握定不泄，皆助火候之力。古仙往往秘而不言，此最上机关，人谁知之？行持之间，或在存诚，野战防危，法天象地，应化自然，故曰“但至诚，法自然”也。

一壑居士曰：金液大丹，本是先天乾金。而先天坤土，又生乾金。及乾体破而为离，坤体遂实而为坎。坎中一点先天真一之炁，虽居北方，而产水之源，则在西南之坤方，故曰“产在坤”。取坎中之一，补离中之二，复还乾体，即为金丹，故曰“种在乾”。但至诚无息，一升一降，法天地之自然；一往一复，法日月之自然，而丹结矣。

沧溟“产在坤，种在乾”诗曰：药产西南正在坤，一轮明月照昆仑。金精壮盛时须采，乌兔从教自吐吞。大药金丹本不难，全凭铅汞入玄关。分明采取坤家种，种向乾宫结大还。

注曰：坤位西南，乾居西北，此乾坤对立生成之象也。药物产于坤宫真土之乡，而坤乃水土长生之地。以坤宫真水，种向乾家老金之宫，而金乃水母，而金又能生水，金水相生而成药祖也。夫乾，阳也，父也，天也；坤，阴也，母也，地也。吾身未生以前，而乾父一点先天之炁，已产于坤母腹内。既生之后，又与我同生于一身之中，即是寄种乾宫矣。吾身，即乾父也。但能于身求母腹内元得一点先天之炁，复种于吾身交感之宫，此乃返本还源之妙道也。紫阳云：“依他坤位生成体，种向乾家交感宫。”其造化深矣，玄妙矣。

了真子曰：药产西南。西南，乃坤地也。产于坤地，则移种于乾宫也。上下二源，其理明矣。

沧溟“但至诚，法自然”诗曰：万般作用谩施功，总与金丹事不同。但要至诚无间断，自然大道在其中。大道虚无法自然，自然之外更无玄。致柔专气婴儿样，饥即求餐困即眠。

注曰：大药还丹，非天下至诚者，其孰能与于此哉？道本无为，有为则非道矣。此喻修丹之士，在主乎一“至诚不息”而行，但取法自然之造化而已。且日月之盈亏，寒暑之来往，星辰之转运，是孰使之然哉？此乃自然之造化耳。学者体此，则大道自然成矣。

了真子曰：真一子云“至诚修炼此药，乃白日飞升之道也”，阴真君曰“不得地，莫妄为。须隐密，审护持”，善保守，莫失天地机。

盗天地，夺造化。攒五行，会八卦。

潜虚子曰：天地定位，日月交光，而万物之生也，终古不易，此天地之丹法也。圣人观天之道，执天之行，故以乾坤为鼎器，以乌兔为药物，而盗其机于互藏之宅，逆而修之，以仙其身。至于火功精密，则回七十二候之要津；攒归鼎内，夺三千六百之正炁。逆纳胎中，无非盗天地之机，夺造化之巧。若乃金水合处，木火为侣，浑沌一家，都归戊己，则五行攒矣。坤生震兑乾，乾生巽艮坤，则八卦会矣。丹法之妙，有如此者。故予尝谓：丹法与天地合其德，与日月合其明，与四时合其序，与鬼神合其屈伸往来，非知道之君子，其孰能识之？

混然子曰：提挈天地，握定阴阳，攒簇五行，会合八卦，此神仙之学也。天地者，即乾坤也。阴阳者，即造化也。五行者，金、木、水、火、土也；八卦者，乾、坤、坎、离、震、巽、艮、兑是也。且夫天地之大，造化之深，五行分布，八卦环列，以何术能盗之夺之、攒之会之？盗者，窃也。夺者，取也。攒者，簇也。会者，合也。此言丹家之法，妙在口传。凡作丹真诀，只在些儿消息。待时至炁化，药产神知，便当闭风关，塞兑户，斡天罡，旋斗柄，运符火之一息，簇三千六百之正炁，回七十二候之要津。颠倒五行，会合八卦，总归土釜，牢固封闭，须臾调变火发，武炼文烹，结成圣胎。所以一刻功夫，夺一年之节候。丹经云："人心若与天心合，颠倒阴阳只片时。"此即一呼一吸，能夺造化。人一日有一万三千五百呼，一万三千五百吸。一呼一吸为一息，则一息之间，潜夺天运一万三千五百年之数。一年三百六十日，四百八十六万息，潜夺天运四百八十六万年之数。于是换尽阴浊之躯，变成纯阳之体，神化自在，聚则成形，散则成炁，出有入无，隐显莫测，岂不奇哉？

一壑居士曰：凡作丹要诀，只在些儿消息。大修行人，入室下功，闭风关，塞兑户，斡天罡，旋斗柄，猛烹极炼，结成圣胎，则一息之火符，盗天地一万三千六百之正炁。一时之功夫，夺造化一年七十二候之要津。阴阳变合为五行，攒金、木、水、火于戊己二土之内。坎离周流于六卦，会震、兑、巽、艮于乾坤相括之中，而天地造化，五行八卦，合而为一矣。

沧溟"盗天地，夺造化"诗曰：窃取乾坤日月精，炼成大药片时灵。其机神鬼难窥测，妙在《阴符》一卷经。时中有刻最玄玄，一刻功夫应一年。夺得真铅归掌握，方知我命不由天。

注曰：黄帝《阴符经》云：“天地，万物之盗。万物，人之盗。人，万物之盗。”又曰：“其盗机也，天下莫能知。君子得之固躬，小人得之轻命。”而崔公乃曰“盗天地，夺造化”，何哉？盖人为万物之灵，故能若是也。夫修炼金丹，全借天地造化，以成其功。采日月之精华，法乾坤之炉鼎，按周天之星象，行卦气之符火，准日月之弦望，接阴阳之子午。故能年中取月，月中取日，日中取时，时中取刻，蹙一年造化，于一日之内；乃于一刻之内，行一年之功。盗天地，夺造化，孰有大于此者？神圣哉！玄妙哉！

了真子曰：修炼莫不盗天地之机，夺造化之妙。运用则符乾坤否泰，抽添则象日月亏盈。定刻漏，分两弦，隔子午，接阴阳，通晦朔，合龙虎。依天地之大数，叶阴阳之化机。阴符阳火，依约卦爻，周而复始，循环互用，不失其时。一鼎之中，造化分明，象天地而运动，发生万物也。倘或火候失时，抽添过度，寒暑不应，进退差殊，即令天地之间，凭何而生万物哉？阴阳之气，凭何而生龙虎哉？

沧溟“攒五行，会八卦”诗曰：青龙白虎定东西，北坎南离造化齐。水火木金并四象，共归真土属刀圭。先把乾坤作鼎炉，坎离药物定錙铢。更将震兑分龙虎，艮巽刚柔合火符。

注曰：攒簇五行，会合八卦，此大药之法象也。五行以土德为宗，八卦以乾坤为祖。东木、西金、南火、北水，皆借中宫之土，以成其用。坎离药物，震兑龙虎，艮巽火符，皆会于乾坤一鼎之内，此造化归中之妙也。而紫阳云：“东三南二同成五，北一西方四共之。戊己自居生数五，三家相见结婴儿。”知此，则攒簇五行、会合八卦之理明矣。

了真子曰：五方以中为主，五行以土为主，位居于中而有土德之尊。故水得土则潜其形，火得土则隐其明，金得土而增其色，木得土而益其润。土无正形，挨排四象，五行既聚，则八卦自然相会矣。

水真水，火真火。水火交，永不老。

潜虚子曰：金丹大药，不出水火。水，即坎宫之真铅也；火，即离宫之真汞也。此乃造化二五之正炁，外是而言药物，则为非类非种，自不可以合体而居，故称之曰“真”，以别于凡。然而水性润下，火性炎上，逆而修之，则水可使升，火可使降，所谓“甘露降时天地合，黄芽生处坎离交”。自尔滋液润泽，施化流通，而长生久视之道，端在是矣！

混然子曰：水居北方，在卦为坎，在身为肾。火居南方，在卦为离，在身为心。水中藏火，火中藏水。人心中一点真液，乃真水也。肾中一点真阳，乃真火也。水火分于上下，何由而交乎？必假戊己真土，擒制逼逐，得其真火上升，真水下降，同归土釜。水火既济，结成金丹，一炁纯阳，与天齐寿，故曰“水火交，永不老”也。

一壑居士曰：真水、真火，解见前。以身中论，则气中真精为真汞，液中真阳为真火；以彼此论，则先天真铅为真水，先天真汞为真火。水下润，火上炎，何由而交哉？必假戊己二土，擒制逼逐，使真火、真水，同归土釜，结成金丹，则一炁纯阳，与天齐寿矣！安得老？

沧溟“水真水，火真火”诗曰：乾坤真水不离身，总在先天着意寻。采得来时元不远，分明坎内一爻金。真火无根本自如，初非钻木费吹嘘。阴符阳火皆由此，坎内阳爻是复初。

注曰：坎，水也。离，火也，皆非真水也，非真火也。坎中藏一画之阳，离中藏一画之阴。坎水之阳，真火也。离火之阴，真水也。斯为真火、真水之源，初非钻木而求、方诸而取者。紫阳云：“取将坎位中心实，点化离宫腹内阴。从此变成乾健体，潜藏飞跃尽由心。”水火之妙，皆是阳中阴、阴中阳也。

了真子曰：离中有阴，则心中之液，乃真水也；坎中有阳，则肾中之炁，乃真火也。此一身之真水火也。

沧溟“水火交，永不老”诗曰：水升火降入黄庭，交媾真精结窈冥。若得玄珠如黍米，龟蛇自是合其形。水火端然合圣机，刀圭入腹寿无期。纵教沧海桑田变，自在壶中总不知。

注曰：火性炎上，水性润下，天地造化，生成不易之理也。今坎中之水却在上，而离中之火却在下，此乃颠倒阴阳之妙也。火升水降，自然交合。盖阳气上升而为火，阴气下降而为水，故能交媾二气，而炼铅汞之丹。譬之地气上升而为雾，天气下降而为露，故能滋生万物，而成造化之功。太上曰：“天地交合，以降甘露。”验之人身，水火周流于一己之内，得其交媾，则龟蛇合形，神气归穴，返老还童，与天地同其长久，庄子所谓“长生上古而不老”者是也。

了真子曰：夫地之炁上腾而为雾，天之炁下降而为露，阴阳相交而成膏雨，滋荣万物者也。一身之阴阳，相交而成真液，滋荣五藏六腑，复归于下田，结而为丹。故万物无阴阳气不生，五藏六腑无津液则病矣。

水能流，火能焰。在身中，自可验。

潜虚子曰：夫水之能流，火之能焰，皆本性之自然。即观人之身中，感合而精，感悲而泪，感愧而汗，感风而涕，周流四大，莫非神水之洋溢。至于五脏之邪，郁而为火，薰炙燔灼，为毒滋深，盖即身中后天以取证验，其理明矣。若乃先天水火，则其流者可以逆转辘轳，焰者可以烹煎金液，虽其药物迥异凡品，而能流能焰之性，则固未始有异也。

混然子曰：水在上，故能流润于下。火在下，故能炎焰于上。此天地水火升降自然之理。人身作丹运用之时，亦复如是，故曰“在身中，自可验”也。

一壑居士曰：水在上，能流而润下。火在下，能焰而炎上。此天地水火升降自然之理。金丹之道，水本下，而壬水上行，反在于上，故能流。火本上，而丙火下行，反在于下，故能焰。其流其焰，在身中，自可验也。

沧溟“水能流，火能炎”诗曰：水性能流北坎乡，提防失节致怀襄。能求真土相擒制，滋养元芽渐渐长。南离真火妙无形，真水相须道乃成。制伏若无颠倒术，汞铅烧竭煮空铛。

注曰：水流火焰，自然性也。水无土而制之，则滥；火无水制之，则燥。使之无太过、不及之患，则在修炼之士调停尔。而《易》曰：“水流湿，火就燥。云从龙，风从虎。”本乎天者亲上，本乎地者亲下，亦各从其类也。能知水火相须相济之妙，则金液还丹之道备矣。崔公至此重叠发明水火之秘，盖欲使学者深切究竟其根源也。

了真子曰：水在上，故能流下；火居下，故能炎上。《参同契》云“水流不炎上，火动不润下”，是此意也。

沧溟“在身中，自可验”诗曰：水火周流在一身，若于外假总非真。却如贪爱他人宝，不识吾家无价珍。人身各有一坤乾，动静无非合自然。毫发不差还可验，不须天外更求天。

注曰：此承上文言也。真水、真火，不离一身之中，初非外而求之。苟不洞明其源，则将有错认之患。夫人一身，自有天地。耳目之视听，手足之运行，血脉之往来，真炁之升降，语默之动静，无非真水、真火之妙用存焉。验之一身，尽在其中矣。

了真子曰：真水、真火，在人一身之中，于修炼之际，自可验也。

是性命，非神气。水乡铅，只一味。

潜虚子曰：然是先天水火，是乃性命之根，神仙了性、了命之学，盖取诸此。必非独修之士，心息相依，神气相守者，所可同语。苟于先天水火，知其宗祖，识其妙窍，动中采之，静中炼之，以故修定于离宫，则寂照现前，常静常应，而性源为之益清矣；求玄于水府，则“混沌相交接，权舆树根基”，而命蒂为之益固矣，是谓性命双修，圣功之极致也。而求其作用之本，不过一味水乡之铅，更无余物。盖水乡铅者，坎中一画之阳，先天乾金也，是谓“真铅”，亦曰“真水”。得而用之，以合己汞，然后命由此立，性由此灵，宇宙在手而万化生身矣。奈何世人，不识真铅何物，直于身中阳生下手，妄意采取，以冀成就，岂不误哉？

混然子曰：性即神也，命即气也。性命混合，乃先天之体也。神气运化，乃后天之用也，故曰“是性命，非神气”也。修炼之士，欲得其性灵命固，从下手之初，必采水乡铅。水乡铅者，坤因乾破而为坎，坎水中有乾金，金为水母，母隐子胎，一点真阳，居于此处。遇身中子时阳动之际，急急采之，紫阳所谓“铅遇癸生须急采”。采时须以徘徊之意，引火逼金，正所谓“火逼金行颠倒转，自然鼎内大丹凝”。只此一味，为大道之根。云房云：“生我之门死我户，几个醒醒几个悟。夜来铁汉细寻思，长生不死由人做。”指此一味，直欲世人于此寻之，方是炼丹之本。丹经云“好把真铅着意寻，华池一味水中金”是也。

一壑居士曰：性即神，命即气。性中之神，在天为电光，在地为水光，在日为阳光，在月为金光，在人为神光。此神光，乃先天乾金之光。无极之始，鸿蒙未判，混混沌沌，止知其为乾。及动而生阳，静而生阴，始知其为乾，又知其为坤。乾坤交媾之后，破乾为离，破坤为坎，而先天之乾，走入坎中。坎中之一，原自乾中泄来真种子。在天者成性，在地者立命，遂有性命之分，故金花真种子，是性亦是命。何者为神？何者为气？若不能见此坎中真一之命，必不能见此离中本来之性。乾金即水中金，金即铅，铅即水。可见能留得性命，只是水乡铅一味而已。云房丹诀云："铅铅水乡，灵源庚辛，室位属乾，尝居坎户，隐在兑边。"生天生地，生人生万物，皆不能外此先天之铅。修金丹者，岂可外此先天之铅，而立性命哉？今人不知性命一原之理，执定修性一边，自谓明心见性，不知非金丹之道性，先离幻躯而逝矣，将何由而得见乎？

沧溟"是性命，非神气"诗曰：性命初非是两门，当知性命互为根。若能修命兼修性，方合金丹大道真。真铅真汞采先天，妙用分明在目前。神气若将为药物，蟾光何事照西川。

注曰：性，火也；命，水也。性命，水火之本源也。或者以气为水，以神为火，似是而实非也。当知性命之理，虽曰两途，其实本同一处。命无性，则何以生？性无命，则何以立？须要性命双修，打成一片，则混合而为一物。性命即铅汞，铅汞即性命。性命即神气，神气即性命。但觉可聚而不可散，可合而不可离。或者指禅家为性宗，指金丹为命宗。性命本一，强分为二，惑矣。但看紫阳《悟真》一书，则知性命有不可偏废之理，其要只在采取真铅、真汞以为药祖，其非神气也必矣。妙用分明，只在眉毛眼睫之边，人不知耳。蟾光即是药物，西川乃金之本乡，药物所产之地也。近世李玉溪《丹房致语》，最说得性命神气之理的当，学者其味之。

了真子曰：左为性，性属离；右为命，命属坎。坤之中阴，入乾而成离；乾之中阳，入坤而成坎。当知离坎，是性命神气之穴也。

沧溟"水乡铅，只一味"诗曰：用铅须用水乡铅，只要身中药物全。流入黄房成至宝，更须火候合周天。真铅一味结丹头，玉汞金砂莫外求。若用其他形象物，自然气类不相投。

注曰：一点先天真炁，即真铅也，产于坎宫真水之中。坎，水乡也。而坎中一画之阳，真铅是也。盖于坎中采取真铅，入于黄房之内，炼成还丹，故曰金液大丹。只此一味而已，更无其他外求非类别物也。若用丹砂水银，五金八石，灰霜草卤之类，则与天地相辽绝矣。《参同契》云："植禾当以谷，覆鸡用其卵。燕雀不生凤，狐兔不乳马。水流不炎上，火动不润下。欲作服食仙，宜以同类者。"乃知水乡一味真铅，只在一身之中，初非求于一身之外也。海蟾云：

“炼丹须用水乡铅。”只此一味，乃还丹之根蒂也。

了真子曰：水乃坎也，铅乃金也，亦曰水中金。云房丹诀曰：“铅居水乡，灵源庚辛，室位属乾，常居坎户，隐在兑边。”刘海蟾诗曰：“炼丹须是水乡铅。”只此一味，乃还丹之根蒂也。

归根窍，复命关。贯尾闾，通泥丸。

潜虚子曰：如上敷陈药火，大段分明，到此方指“玄牝”，令人有所归复。盖以人身虚无之中，自有一窍，名曰玄牝，《老子》所谓“谷神”。《金丹四百字序》云：“人能知此一窍，则药物在此，火候在此，沐浴在此，结胎、脱胎无不在此，乃神气之根，虚无之谷。”故崔公谓之“归根窍”“复命关”。然归根，即复命也。关即窍也，非有二处。《老子》云：“归根曰静，静曰复命。”即此一窍，与任督二脉相为联络，下贯尾闾，上通泥丸，真炁往来，流衍休息。若使铅汞同炉，黄房宝结，加以火功煅炼，自尔熏蒸融液，冲关透顶。《参同》所谓：“修之不辍休，庶气云雨行。从头流达足，究竟复上升。”自在河车几百遭，而玑衡无停轮矣。

混然子曰：作丹妙用，要明玄关一窍。一性正位，万化归根。复命之道，必由三关而转，故曰“归根窍，复命关”也。当复命之时，飞神海底，存火薰蒸，精化为气，拨动顶门关捩，从尾闾徐徐提起，直上泥丸交媾。炼气化为神，神居泥丸为本宫，则有万神朝会，故曰“贯尾闾，通泥丸”也。大师汪真君《奥旨》云：“夹脊三关透顶门，衔花骑鹿走如云。捉花骑鹿踏云去，霍地牛车前面迎。”《黄庭经》云：“子欲不死修昆仑。”《还元篇》云：“悟道显然明廓落，闲闲端坐运天关。”《道德经》云：“归根曰静，静曰复命。”其说是矣。

一壑居士曰：作丹妙用，全在玄关一窍。而问何者为关？何者为窍？则无一人能明者，此仙学之所以难也。崔公直指关窍为二，果有二乎？太上云：“归根曰静，静曰复命。”归根、复命无二理，则关、窍亦无二矣。又云：“谷神不死，是谓玄牝。玄牝之门，是谓天地根。”人之一呼一吸，呼接天根，吸接地轴，息息归根为归根，而玄牝之门为归根窍。息息归根，气入身来谓之生，自能复命。知归根窍，则知复命关矣。盖自发气之源，则曰窍；自气由此而升降，则曰关。自升气上传，则曰玄关一窍，非窍自窍、关自关也。关窍之路有二，一由夹脊，过双关，透顶门，此督脉所行之路；一由玉池，过重楼，入绛宫，此任脉所行之路。知此关窍，则任督二脉河车之路可通。当归根复命之时，飞神海底，存火熏蒸，炼精化气，拨动顶门关捩子，从尾闾徐徐提起，直上泥丸，而炼气化为神矣。泥丸，神之本宫。神居泥丸，则万神朝会。“子欲不死修昆仑”，正此之谓也。

沧溟“归根窍，复命关”诗曰：一窍之中两窍存，金丹还返是归根。其间空洞元无物，虎髓龙精自吐吞。修炼须知复命关，不知此窍亦如闲。大包天地无边际，细纳乾坤黍米间。

注曰：归根窍，复命关，即天地根，玄牝门也。夫此一窍，在人身中，视之不见，听之不闻，搏之不得。恍恍惚惚，窈窈冥冥。至亲至近，动静语默。常与人俱，而人自不知也。此一窍，实分二窍，故曰玄，又曰牝焉。此乃人身中虚灵不昧之地，先天圣父、圣母之灵根系焉。盖采先天一点真铅，实自此出。炼而成丹，复归在内，故曰“归根窍，复命关”。其中空洞无物可容，但有真龙、真虎，自相吞吐真精于其内尔。修炼之士，于此采先天造化之根，以为药祖；炼一粒黍米之宝，以成还丹。使之复归其根，即是返本还元之妙。既归其根，则可复其命矣。太上曰：“夫物芸芸，各归其根，归根曰静。”

了真子曰：既得上下二源，乃归根复命之关窍也。

沧溟“贯尾闾，通泥丸”诗曰：真气周流贯尾闾，曹溪何必用牛车？三关直上皆通透，不是旁门转辘轳。泥丸一窍达天门，直上虚皇玉帝尊。此是真人来往路，时时跨鹤去朝元。

注曰：此言人身中真气周流，下贯尾闾，上通泥丸，循环而毂转也。三宫升降，上下往来，无穷不息，与造化同流转，此乃真铅上升之景象。既知此时，便可采取。过此以往，药物无用。泥丸一穴，即天门也。《黄庭经》云：“天中之宅精谨修，灵宅既清玉帝游。”此言脱胎神化，必自此窍而出入也。

了真子曰：上通泥丸宫，下贯尾闾关，言其一气上下循环而无穷也。

真橐籥，真鼎炉。无中有，有中无。

潜虚子曰：冶人鼓铸，安炉立鼎，必用橐籥，以约火之消息。人身之中，亦复有之。无名子云：“偃月炉，阴炉也，中有玉蕊之阳炁，虎之弦炁是也；朱砂鼎，阳鼎也，中有水银之阴炁，龙之弦炁是也。”神仙合丹，惟此二物，又须橐籥，以调火功，故文武刚柔，准诸真息。《庄子》云“真人之息以踵”，盖橐籥之妙用也。然而炉鼎之中，药物互藏，恍惚窈冥，若至无也，而其中有物，其中有精，其精甚真，其中有信。丹法率以无中生有，虚里造实。《经》不云乎“有之以为利，无之以为用”，至于九年三载，抱元守一，炼神还虚，归于无极，而后始为究竟，故曰“无中有，有中无”。盖无而能有，是谓真空不空；有而能无，然后不落色相，命归极于性，道之妙也如此。

混然子曰：橐者，虚器也，鞲也；籥者，其管也，窍也。言人昼夜一呼一吸之气，气为之风，如炉鞲之抽动，风生于管，炉火自炎。久久心息相依，丹田如常温暖，此吾身有真橐籥也。《道德经》云“天地之间，其犹橐籥乎？虚而不屈，动而愈出”是也。鼎者，乾也，性也。炉者，坤也，命也。既鼓动吾身之橐籥，必采药物以入鼎。采药之时，加火之功，以性斡运于内，以命施化于外。片饷之间，乾坤合一，神气交会，结成还丹，以为圣胎，故曰“真鼎炉”也。既得还丹成象，以文火温养，虚心以守其性，实腹以养其命，恍惚窈冥之中，无中生有，有中生无，此即静极复动，动极复静，故曰“无中有，有中无”也。

一壑居士曰：无底曰橐。橐者，虚器也，鞲也。橐之管曰籥。籥者，行气之具也，窍也。自天地论，地为炉，天为鼎；自人身论，腹为炉，首为鼎。自外丹论，下为炉，上为鼎；自内丹论，坎为炉，离为鼎。真铅无体，而水中生金，无中有也；真汞有形，而见火则飞，有中无也。言人一呼一吸之气，息息归根，如炉鼎中鞲之抽动，风生于管，其火自炎。丹田之中，时常温暖，是为“真橐籥，真鼎炉”。有此真橐籥，真鼎炉，将见真铅自无而成于有，真汞自有而化于无。以有制无，以无制有，而药自生，丹自结矣。

沧溟“真橐籥，真鼎炉”诗曰：玄牝之门自闭开，须凭橐籥运风雷。若将呼吸为关键，怎得黄房结圣胎？真鼎真炉内外通，有根有蒂有无中。须寻造化生成巧，死户生门总不同。

注曰：橐籥，陶铸炉冶、开阖风火之具也。鼎炉，修炼金丹大药之神室也。人身之中，岂有真橐籥、鼎炉焉？乃玄关一窍是也。铅汞之源，造化之根，玄牝之门，尽在此矣。橐则开，而籥则闭。譬之儿在母腹中，随母之气，母呼亦呼，毋吸亦吸，分明如橐籥，自然开阖也。鼎炉，有根有蒂，无象无形，不可以外求，不可以内取。须认得自然生成之巧，则易于用力矣。修炼之要，岂外乎此哉？此言金液还丹，在鼎炉之中，自升自降，上下往来，随玄牝之开阖，如橐籥之运用，自然成象矣。又当知药物根源在乎内，安炉立鼎却在外；抽添运用在乎外，玄珠成药在乎内。此处不可不参究也。

了真子曰：《升降论》曰：人能效天地橐籥之用，开则气出，阖则气入。气出如地气之上升，气入如天气之下降，一气周流，自可与天地齐其长久矣。上曰金鼎，下曰玉炉，然皆人身之真造化也。

沧溟"无中有，有中无"诗曰：先天一炁本无虚，采得来时结黍珠。此是金丹玄妙处，无中有有是真无。大药灵源妙更玄，用之不见即先天。有中无有为真有，只是些儿汞与铅。

注曰：此言先天铅汞之妙也。大药产于虚无空洞之中，求其朕兆无有焉。及其成丹，则能飞腾变化而不可测，即"无中有，有中无"之妙。则知无中有，乃为真有。有中无，乃为真无。紫阳云："见之不可用，用之不可见。"此皆造化至玄之理，不可以言传而可以心悟也。

了真子曰：《金碧经》云："有无互相制，上有青龙居。两无宗一有，灵化妙难窥。"《参同契》曰："上闭即称有，下闭即称无。无者以奉上，上有神德居。此两孔穴法，金气亦相须。"

托黄婆，媒姹女。轻轻运，默默举。

潜虚子曰：姹女者，离宫之真汞，即龙之弦炁也。媒姹女者，谓与姹女为媒，迎金公而嫁之也。黄婆者，己之真意。上阳子云："求丹取铅，以意迎之，收火入鼎，以意送之。迨夫金公归舍，疾驾河车，轻轻而运，默默而举，自然上昆山，下重楼，游绛官，入黄房，而配将姹女结亲情矣。

混然子曰：黄婆、姹女，皆强名也。黄婆者，坤土也，即戊己土也，又言意也。姹女，兑金也。兑为少女，金隐水中。凡作丹，必托黄婆为媒，通姹女之情。以戊土藏火，火逼金行。当起火之初，受气且柔，要当拨转顶门关捩，从尾闾穴轻轻运，默默而举，须臾火力炽盛，河车不可暂停，运入南宫，复还元位，嫁与金公而作老郎。崔公苦口叮咛，以谓世人不达还丹之旨，故喻托以黄婆，媒于姹女，直欲世人晓此理也。《悟真篇》云“姹女游行自有方，前行须短后须长。归来却入黄婆舍，嫁个金公作老郎”是也。

一壑居士曰：黄婆者，坤土也。土色黄，坤为老阴，故曰黄婆。姹女者，离宫地二火也。离为中女，乃宅中之女，故曰姹女。而婴儿，则坎中之一也。姹女阳中之阴，其性尝恋婴儿；婴儿阴中之阳，其情尝恋姹女。为水火间隔，不能相交，惟坎水藏戊，戊土化火，得此戊土，火逼金行，婴儿方能上升离宫。又得离宫已土下行，姹女与婴儿相会，结为夫妇，同归黄庭土釜之中，而金丹结矣。总之，婴儿者，金也，水也，情也。姹女者，木也，火也，性也。黄婆者，戊也，已也，意也。不过运吾之意，使金之情，归水之性；水之情，归火之性而已。当起火之时，受气尚柔，太急恐伤阳，太缓恐伤阴，只宜轻轻用意，而不着意，调息绵绵，随其上下往来，默默而举可也。

沧溟“托黄婆，媒姹女”诗曰：牛郎织女渡银河，间隔恩情岁月多。夫妇欲期欢会处，只须媒合托黄婆。姹女妖娆性最灵，婴儿二八正青春。黄婆媒合为夫妇，产出明珠无价珍。

注曰：婴儿居北，骑白虎以东旋；姹女处南，驾青龙而西转。中被木金间隔，两情相慕，不能自为聚会，必托黄婆媒合，始得男女同居，阴阳相恋，合成夫妇，故得相生，变化无穷。黄婆，即真土也。以其色黄，故名焉。学者切不可泥此，而妄自揣量，向外求也。言真铅、真汞上升之时，必须用意，以法采取，而归之黄房中，至宝成矣。

了真子曰：姹女在离宫也，坎男不能与之交会，须托黄婆而媒合之。黄婆，乃坤土也。

沧溟“轻轻运，默默举”诗曰：汞结铅凝受气初，无为无作是功夫。轻轻不可分毫力，夺得骊龙颔下珠。默默无为只守中，周天火候合参同。无为还自有为得，举动无非合圣功。

注曰：此言得丹之后，进退符火之妙法也。以日论之，朝屯暮蒙，以终既未。以月论之，子复亥坤，运用无穷，周而复始。及其抽添进退之时，沐浴刑德之际，虽鬼神不能测其机，天地不能出其外也。轻轻运动，默默举行，自然成功。无为无作，动合天地之妙，与其他旁门小法，吐纳存想之类，大有径庭矣。

了真子曰：进火之际，当轻轻然运，默默然举也。杏林诗曰“如如行火候，默默运初爻”是也。

一日内，十二时。意所到，皆可为。

潜虚子曰：夫药之生也，自有时日，但窈冥难测，贵在识其先符。故一日之内，十二辰中，莫非生药之时。苟能得其符信，则意之所到，皆可合丹。然而不由师指，此事难知，不可自信，吾意已到，即为阳生，而遂可以下手为也。

混然子曰：意者性之用，即真土也。一日之内，十二时辰，有一年之节候。自子时至辰、巳六时，属阳；自午时至戌、亥六时，属阴。一阳来复，身中子时也。一阴生姤，身中午时也。且夫水火间于南北，木金隔于东西，此四象，何由而合？必假意以通消息。是以天地造化，一刻可夺。一日之内，十二时中，无昼无夜，念兹在兹，常惺惺地动念以行火，息念以温养火，此所以“意所到，皆可为”也。

一壑居士曰：一日十二时，自子至巳为六阳，自午至亥为六阴。此百刻之日时，不刻时中分子午。十二时中，遇一阳来复，即身中一日之子时；遇一阴生姤，即身中一日之午时。修丹之士，年中用月，月中用日，日中用时，时中用刻。随其意之所到，皆可动念以行火，息念以行符，不必拘定子进阳火、午退阴符也。

沧溟“一日内，十二时”诗曰：一日功夫一岁同，晨昏符火定屯蒙。须知更有时中妙，不在全行百刻功。一日平分十二时，阴符阳火莫差池。若能悟得时中刻，片饷功夫立圣基。

注曰：一日之内，十二时辰，自子至巳为阳，自午至亥为阴。修炼之妙，攒一年造化于一日之内，以十二月归于十二辰之时，分毫不差。春夏秋冬，二分二至，无不共焉。故曰：“年中取月不用年，月中取日月徒然。日中取时时易日，时中有刻而玄玄。”乃知采取只在片时，玄妙无过半句，此须盟授，不可妄传。

了真子曰：年中用月，以一月三百六十时准一年；月中取日，则一日十二辰准一月。日中用时，时中用刻，到此微妙莫非口诀。

沧溟“意所到，皆可为”诗曰：此意分明即念头，念头动处便堪修。超凡入圣皆由我，正是归根复命秋。人人有分无差别，个总缘成总不殊。若向此中能用意，神仙都不择贤愚。

注曰：此言一日之内，十二时中，皆可修为也。盖一日之中，自有一年之造化。每日一阳初生之时，皆可下手修炼。阳生，非独指子时也。道光曰："炼药不用寻冬至，身中自有一阳生。"马自然曰："不刻时中分子午，无爻卦内别乾坤。"此乃圣人盗天地，夺造化，至妙之机，故《阴符经》云："知之修炼，谓之圣人。"乃知子午乾坤，周天火候，皆在一日、一时、一刻之中，故一年三百六十日，计四千三百二十时，除卯酉沐浴，共七百二十时，止有三千六百时，乃所以应三百六十日，则是簇三千六百之正气，应乾之策二百一十有六，坤之策一百四十有四。除牝牡四卦，以为六十卦之作用，故乾坤二卦之策，合三千六百。每一时准二十铢，为一两之火。一月除卯酉，合七千二百铢，一年合八万六千四百铢，准一百二十五斤之火。大而包之，小而乘之，则夺八十六万四千之正气，计二千二百五十斤之火，而大丹成矣。然后换尽凡躯，自然神化，故能与三气合德，九气齐并，而与天地相为终始也。乃知人人有分，个个元成。苟悟此机，立跻圣地，岂有贤愚间哉！

了真子曰：一日十二辰内，遇一阳动，皆可下手也。紫阳曰："一刻之工夫，自有一年之节候。"此乃顷刻之周天也。马自然诗曰："不刻时中分子午，无爻卦内别乾坤。"

饮刀圭，窥天巧。辨朔望，知昏晓。

潜虚子曰：刀圭者，丹药之异名，字义"二土"成"圭"，盖以金丹乃戊己二土和合而成。又刀者，金也。金液还丹，化为玉浆，流而入口，故曰"饮"焉。饮刀圭者，窥天之巧者也。天巧，谓生杀有互藏之机，天人有合发之信，于此窥测其机，盗而用之，能使无中生有，虚里造实，与造化同巧。至于朔望昏晓，亦当辨而知之，以准药火之消息。《阴符经》云："观天之道，执天之行，尽矣。"噫！非天下之至巧，其孰能与于此哉！

混然子曰：饮者，宴也。刀者，水中金也。圭者，戊己真土也。言作丹采药之时，必采水中之金。金不得自升，必假戊土化火，逼逐金行，度上泥丸。金至此化为真液，如琼浆甘露，落于黄庭。宴之味之，津液甘美，故曰"饮刀圭”也。窥者，观也。言能观天道运化之功，遂执天而行，旋吾身斗柄之机，一刻之间，能夺天地造化，故曰“窥天巧”也。《阴符经》所谓“观天之道，执天之行，尽矣”，纯阳诗曰“纵横北斗心机大，颠倒南辰胆气雄”是也。辨朔望者，以一岁言之，冬至为朔，夏至为望。以一月言之，初一为朔，十五为望。以一日言之，子时为朔，午时为望。以一时言之，初一刻为朔、正四刻为望。以六十四卦言之，复卦为朔，姤卦为望。以一身言之，尾穴为朔，泥丸为望。子宫进火为朔，午位退符为望。既明此理，又要知其昏晓。昏者，暮也。晓者，朝也。于卦有朝屯、暮蒙之理。一卦六爻，颠倒用之，遂为两卦。朝屯，一阳生于下；暮蒙，一阴生于上。一阳一阴，一进一退，人身运化，与天地同也。达此理者，可以长生久视，与钟吕并驾，同日而语矣！有何疑哉？

一壑居士曰：刀者，水中金也。圭者，戊己二土也。初作丹时，务采水中之金。金不能自升，必假戊土化火，逼逐金行，度上泥丸。金至此，化为真液，如琼浆甘露，一滴落于黄庭，咽之味之，津液甜美，故曰“饮刀圭”。巧莫巧于造化，欲夺造化，先观天道运化之功，遂旋吾身斗柄之机，执天而行，一刻之间，攒簇天地一万三千六百年之造化，巧夺天工，故曰“窥天巧”。朔望者，初一为朔，十五为望，朔进阳火，望退阴符也。然朔望，亦不止在一月。以一岁言，冬至为朔，夏至为望；以一日言，子时为朔，午时为望；以一时言，初一刻为朔，正四刻为望；以六十四卦言，复卦为朔，姤卦为望，故曰“辨”。昏晓者，晓为朝屯，昏为暮蒙，屯进阳火，蒙退阴符也。然昏晓，亦不止在一日。以一岁言，冬至为晓，夏至为昏；以一月言，初一为晓，十五为昏；以一时言，初一刻为晓，正四刻为昏；以六十四卦言，复卦为晓，姤卦为昏。故曰“知”。

沧溟“饮刀圭，窥天巧”诗曰：一粒刀圭炼入神，大如黍米值千金。只消半盏鸿蒙酒，饮处何须更鼓琴。丹成金鼎灿云霞，不比丹砂长汞芽。天巧岂容窥窍妙，成功元不离黄家。

注曰：刀圭，即金丹也。刀圭一粒，大如黍米，结于浑沌之中，鸿蒙之内，火候既足，玄珠成象。于是凿开浑沌，擘裂鸿蒙，方见金丹无中生有之妙，饮之入腹，变化无方。《参同契》云：“巨胜尚延年，还丹可入口。金性不败朽，故为万物宝。术士服食之，寿命得长久。土游于四季，守界定规矩。金砂入五内，雾散若风雨。薰蒸达四肢，颜色悦泽好。白发皆变黑，齿落生旧所。老翁复丁壮，耆妪成姹女。改形免世厄，号之曰真人。”则知金液还丹，不同凡药。苟不凿开浑沌，擘裂鸿蒙，则何以窥见天地之至宝、无中生有之象哉？紫阳云：“敲竹唤龟吞玉芝，鼓琴招凤饮刀圭。近来透体金光现，不与凡人话此规。”《翠虚篇》云：“更将一盏鸿蒙酒，饵此刀圭壮颜色。”则知服饵之深妙矣。然天之所秘，而非人莫泄也。

了真子曰：飞剑自土釜，采而饮之，故曰“饮刀圭”也。上下二源，皆真土也。窥者，观也。《阴符经》曰：“观天之道，执天之行，尽矣。”

沧溟“辨朔望，知昏晓”诗曰：朔望功夫要辨明，须防金水有危倾。履霜必至坚冰渐，谨守新阳一脉生。周天火候极玄微，昏晓抽添要得知。始起屯蒙终既未，自然运转合天时。

注曰：辨朔望，则知日月盈亏之妙；知昏晓，则知符火进退之时。朔日月丧明，望日月圆满。望后渐渐亏，至晦则后灭矣。朝屯暮蒙，以讫既未，周而复始，循环无端，此则周天火候之造化，毫发差殊，不作丹矣。

了真子曰：可辨明一身之朔望也。昏晓，乃朝屯暮蒙二卦也。

识浮沉，明主客。要聚会，莫间隔。

潜虚子曰：《悟真篇》云：“自知颠倒由离坎，谁识浮沉定主宾。”盖浮沉者，主药物而言。铅，坎体也，其性主沉；汞，离体也，其性易浮。今也采药之时，铅使在上，汞使在下，则上行下济，而既济之功成矣。主客者，以两家而言，我乃东家，自宜为主，彼居西舍，决定为宾。今也采药之际，饶他为主，我反为宾，是不为物先，而不争之道得矣。浮沉既定，主客既明，大要使之聚会而不间隔，庶丹道有成。若也东邻西舍，媒妁不通，对面千山，终难聚会。

混然子曰：浮者，汞也。沉者，铅也。离汞居上曰浮，坎铅居下曰沉。修丹之诀，沉者必使其升，浮者可使其降，故曰“识浮沉”也。既识浮沉，须明主客。主者，命也；客者，性也。有身则有命，有命则有性。性依命立，命从性修，是以命为性之母，故为主；性为命之子，故为客。日逐之间，借身为用，仙师所谓“饶他为主我为宾”是也。既明主客，以铅汞而同炉，主客而同室，绵绵若存，于二六时中，回光返照，打成一片，遍满太虚。若夫时至气化，机动籁鸣，火从脐下而发，水向顶中而生，其妙自有不期然而然者。孔子所谓：

“道也者，不可须臾离也。可离，非道也。”程子亦云：“心常要在腔子里。”虚靖天师曰：“神若出，便收来，神返身中气自回。如此朝朝还暮暮，自然赤子产真胎。”此所以要聚会，莫间隔也。

一壑居士曰：汞之性，飞扬而上浮，居离位而为主；铅之情，重浊而下沉，居坎位而为客。丹家颠倒阴阳，逆施造化，铅本沉下而使之升，反浮上而为主；汞本浮上而使之降，反沉下而为客。盖我之真汞，吾父施化之性也。彼之真铅，吾母翕聚之情也。情来归性初，乃得称还丹。水之情与火之性，为土间隔，不能聚会；金之情与木之性，为火间隔，不能聚会。既识浮沉，又明主客，要在铅汞同炉，性情合德，金木水火土，聚会一家。二六时中，绵绵若存，打成一片。及时至气化，机动籁鸣，火从脐下而发，水向顶中而生，其妙自不期然而然矣。

沧溟“识浮沉，明主客”诗曰：炼丹须要识浮沉，不识浮沉莫妄寻。金水不调空着意，汞飞铅走谩劳心。造化须明主共宾，主宾定位别疏亲。后天造化无非客，认得先天是主人。

注曰：铅沉汞浮，故龙升虎降。既识浮沉之理，必明主客之机，乃知先天为主，后天为客也。故紫阳云：“用将须分左右军，饶他为主我为宾。劝君临阵休轻敌，恐丧吾家无价珍。”乃知修炼不识浮沉，不明主客，则飞铅走汞，火燥水寒，乖异浸生，隆冬大暑，盛夏霜雪，风雨不节，水旱相伐，天见其怪，山崩地裂，婴儿远窜于殊方，姹女逃亡于异域，欲求还返，其可得乎？

了真子曰：铅沉而银浮。铅沉而在下，银浮而在上。既识浮沉，须明主客。紫阳诗云：“饶他为主我为宾。”无他，此乃先升后降之理也。

沧溟“要聚会，莫间隔”诗曰：离坎精神南会北，虎龙魂魄合西东。总归戊已常相会，尽在玄关一窍中。水火差殊汞不干，木金间隔岂成丹。这些玄妙蒙师指，魂魄精神意一团。

注曰：金丹之道，不过会五行、八卦造化而成也。东方青龙，西方白虎，南方朱雀，北方玄武，丙丁神火，壬癸神水，虽各处于一方，皆欲归于真土。故常要聚会，而不使之间隔也。修炼之士，能使金、木、水、火、土聚会一处，精、神、魂、魄、意炼作一团，则自然金木混融，水火既济而成功矣。石杏林云：“意马归神室，心猿守洞房。精神魂魄意，炼作紫金霜。”而吕祖云：“辨朔望，知水源清浊，木金间隔。不因师指，此事难知。”方知神仙之言，不为妄也。

了真子曰：水火常要聚会，莫使之间隔也。

采药时，调火功。受气吉，防成凶。

潜虚子曰：采药之时，休咎得失，全仗于火，而调燮火功，莫先于橐籥。粗则火炽，缓则火调，散则火冷。至于文武刚柔，自有节度，一或失宜，则隆冬大暑，盛夏霰雪，而凶咎随之。《悟真篇》云“受炁之初容易得，抽添运火却防危”，意盖如此。“防成”二字，最为丹学之肯綮，始之结胎，终之脱胎，率用是道。然使着意于防，恐成防病，更有有为而不为之妙旨，“但安神息任天然，谩守药炉看火候”。

混然子曰：采药时者，乃身中一阳来复之时也。于斯时，则当闭关行火之功，妙在调燮停匀，从三关运转一举之时，周流复位，万气凝真。当此之时，独受于我神之畅快，喜庆难言，故曰“受气吉”也。行火退符之间，务在存诚，一念不可隔断。设或纤毫差失，遂成凶矣。密意防护，不可不谨，是用野战防危，故曰“防成凶”矣。丹经云“配合虎龙交媾处，此时如过小桥时”是也。或曰：性静无为，要坐便坐，要眠便眠，何须辨采药调火？盖不知有造化者耳，未足与议也。

一壑居士曰：采药必赖气中之水，进火须借铅中之气。若采药有时，进火有数，必须于铅中作用，借气进火。二候之顷，立得金丹；四候之符，自有妙用。火功者，即调以阳火、阴符，而不失其度也。修炼之士，得丹受气之初，金木交并，水火同乡，无不戒谨恐惧而吉。及丹成之后，须沐浴以保危，守城以虑险。一或不慎，凶即至矣，可不防乎？

沧溟“采药时，调火功”诗曰：三五中秋月正圆，便须急采癸生铅。此时自有先天药，只要知他望后前。采得真铅入鼎炉，须调火候用功夫。纵然有药而无火，怎得空悬一宝珠。

注曰：采药有时，不得其时，不可妄为也。试观天上之月，至中秋而极盛，大概金旺在西，而金能生水，故月圆而潮大也，此天地造化至妙之处。夫一身之中，真气有盛大之时，与潮相似，自涌臬而升泥丸，周流六虚，盘旋上下，盎然如春，不可以象喻。人汩于事物之交接，溺于嗜欲之昏昧，不察至此，虽时至，亦不自知也。苟知此时，则玄关在此矣，火候在此矣。仍须用静定功夫，无中寻有，以意采取之，而入于黄房之中。既得真铅，便须调停火候，依时煅炼，不差时刻。百日立基，十月圆满，而金液还丹成矣。但能观月晕黑白，测潮候消长，即可会簇年月日时刻之妙也。此乃修丹大要，必假师传。倘或妄自揣量，肆出胸臆，则毫厘之差，缪以千里。紫阳云："八月十五玩蟾辉，正是金精壮盛时。若到一阳才起处，便宜进火莫延迟。"又云："铅遇癸生须急采，金逢望远不堪尝。"不知其时，则皆妄为耳。

了真子曰：采药之时，全借调燮火功。一刚一柔，一文一武，二八临门，六一固济，循卦爻，沿刻漏，分两弦，隔子午，始复而终于坤也。《参同契》曰：既得真铅，又难真火，可不细意调燮，而使之无太过、不及之患也。

沧溟"受气吉，防成凶"诗曰：受气之初本一同，无非元吉在其中。但能顺受无从逆，伫看丹砂满鼎红。虎斗龙争祸易生，防危有甚若防城。须严守备令全密，主将无为寝五兵。

注曰：受气吉，即冬至下手采药时也。此言下手于一阳之时，阳刚渐长，元吉在其中矣。倘能顺受其正，而无从逆之凶。若此则丹砂成就，而可以无虞矣。紫阳云"穷取生身受气初"是也。防成凶，即夏至一阴生之时，阴气渐长，阳气渐消，然不可不谨慎，以防丹砂有倾危之患，即夏至守城是也。故曰："冬至野战，夏至守城。"而紫阳云："日月三旬一遇逢，以时易日法神功。守城野战知凶吉，增得灵砂满鼎红。"又云："受气之初容易得，抽添运用切防危。"大抵是防阴气太盛以伤丹也。虎斗龙争，危险极大。若不严加守备，则反掌之间，祸起萧墙矣。主将，修丹炼己之士也。苟能掌握枢机，则兵寝刑措，而国富民安矣。

了真子曰：紫阳诗曰："受气之初容易得，抽添火候切防危。"受气之初，使金木交并，水火同乡，若可喜也。及其脱体归坤，沐浴以防其凶，守城以虑其险也。

火候足，莫伤丹。天地灵，造化悭。

潜虚子曰：养火之法，要知止足，故兔鸡之月，定为沐浴，以防木金偏胜之伤。若乃三百功圆，疾宜止火。《悟真篇》云："未炼还丹须急炼，炼了还须知止足。若也持盈未已心，未免一朝遭祸辱。”所以然者，盖以天地之气至灵，毫发差殊，便生休咎，而造化不肯假人，不可骄其倖成，而忘儆戒也。

混然子曰：炼得黄芽满鼎，白雪漫天，婴儿成象，故火候足也。火候既足，只宜沐浴温养。若不知止足，妄意行火，反伤丹矣。丹成之后，天地混合，神气自灵。仙师所谓“虚室生白，神明自来”，故曰“天地灵”也。当此之时，宜加宝爱，调息务在微细，于静定之中，内不出，外不入，形忘物忘，心同太虚，一气纯阳，故“造化悭”也。

一壑居士曰：炼得黄芽满鼎，白雪弥天，婴儿成象，火候足也。火候既足，只宜沐浴温养。若不知止足，妄意行火，未免伤丹。修炼之士，既得丹，又不伤丹，由是吾身一天地而无不灵矣。吾身一造化，而造化无不悭矣。悭者，吝也。造化在我，悭吝而不去也。

沧溟“火候足，莫伤丹”诗曰：周天火候起屯蒙，轮历周流既未终。运用只消三百日，自然黍米产中宫。功夫十月足周天，黍米悬空一颗圆。丹熟不须行火候，只宜默默养胎仙。

注曰：周天火候，十月功夫，既以数足，则大药成象，而不可再行符火。倘不知止火之法，则必至铅飞汞走，反伤丹体。故紫阳云：“未炼还丹须速炼，炼了还须知止足。若也持盈未已心，不免一朝遭殆辱。”又云：“丹熟不须行火候，更行火候必伤丹。”以此见周天功夫，造化之理，尽于斯矣。

了真子曰：九转火足，当息符火。若不知止足，必致灵汞飞走矣。

沧溟“天地灵，造化悭”诗曰：金丹大药少人成，天地须知此物灵。纵使有缘能遇合，奈何魔障半途生。学者纷纷满市尘，欲求达者更无人。若知造化无悭惜，四海应多吕洞宾。

注曰：金液还丹，天地至灵之宝，故造化悭惜，而不肯轻易与人。世上学仙之士，纷纷如牛毛，而达者如麟角，未之见也。自非夙植善根，三生缘幸，纵使得遇勤修，而魔障中生，鬼神不许。或有鼎器不完，金液流荡之患，反伤其生矣。当知天地至宝，有缘之士，须当露星盟天，结岁寒福德之友，以得其地，然后依有力之人，而共成之。其或轻易，自取祸殃。故紫阳云：“命宝不宜轻弄。”又云：“动有群魔作障缘。”其为警戒学者，自当深切著明矣。

了真子曰：此乃言其悭吝，不可纵意也。

初结胎，看本命。终脱胎，看四正。密密行，句句应。

潜虚子曰：丹法始终，无过结胎、脱胎，但以受炁之辰定为本命，从此运火起符，便应元年冬至，直待二至二分，四正之气既周，火候数足，疾宜止火脱胎。今夫一年之中，爰养婴儿，功夫最宜缜密。“密”之一字，于义最精，又为慎密之密。盖缜密则阴阳不能逃其算，慎密则鬼神不能测其机，丹学之旨可谓一言以蔽之矣！然使学者之于道也，不求所以知，乌能密密而躬行？不求所以行，又乌知句句之皆应哉？

混然子曰：祖劫天根，居浑沌之中，乃为结胎之所。下手之初，炼精化气，炼气化神，炼神还虚，与道合真，结为圣胎。初结胎之时，常于命蒂守之，故曰“初结胎，看本命”也。十月胎圆，移神上居泥丸，调神出壳，直待功成行满，上帝诏临，打破虚空，真人上举，驾红云，跨白鹤，东西南北，无所往而不可，故曰“终脱胎，看四正”。《静中吟》云“一朝功满人不知，四面皆成夜光阙”是也。末二句，总结前八十句，言金丹大道，进火退符，夺造化之妙诀，行之一身，如空谷之应声，阳燧之取火，方诸之取水，神通气感，何其速之如是，故曰“密密行，句句应”。丹经云“视之不见，听之不闻，乃至呼时却又应”是也。

一壑居士曰：先天祖炁，乃命根也。初结胎之时，当于命蒂下手。看者，守也。胎之初结，与露珠相似，一不谨守，即意散而不能结矣。必常看守命蒂，始得渐凝渐结而成胎，及十月胎圆，移神上居泥丸，调神出壳。四大一身，为天仙藏神之旧宅，亦当握天罡斗柄，看守以俟飞升。直待功成行满，上帝诏临，然后虚空粉碎，方露全身。四大一身，悉在所弃，而无用于看守矣。末二句，总结前八十句。既恐学者之疏漏，而示以密密行之功，又恐学者之有疑，而示以“句句应”之效。仙翁度人之意，可谓深切而著明矣。

沧溟“初结胎，看本命”诗曰：采得先天一味铅，立基须要合黄玄。圣胎结就无中有，却向蓬壶养一年。修炼还丹始立基，先看本命后施为。要知本命真消息，只待阳生下手时。

注曰：采一点先天之炁，结九转金液之丹，准天地之阴阳，合人身之造化，无中生有，入圣超凡，岂易事哉？本命即丹基也，丹基即下手也，下手即受气之初也。既知采取凝结金丹之妙，须当看丹基之初。苟不洞晓阴阳，深达造化，不知本命，妄自揣量，则皆盲修瞎炼，而入旁门曲径。此中造化，极其深远，难以言之，当与得道之士，耳提面命，口传而心受也。

了真子曰：初结圣胎，则看受气之初。初，本命也。

沧溟“终脱胎，看四正”诗曰：十月功夫养就儿，脱胎神化火龙飞。顶门夜半雷声响，有个真人朝太微。木龙金虎刚柔正，北坎南离造化微。须看此中端的意，更无人敢泄天机。

注曰：海琼白先生云：“此时丹熟，要须慈母惜婴儿。不日云飞，方见真人朝上帝。”此言养就胎仙，脱胎神化之妙。金液还丹，功夫十月，按周天之火候，如子母之诞生，于虚无恍惚窈冥之中，产就婴儿，则与我一体，至此以待超凡入圣，蜕骨冲举。轰雷霆，开泥丸一窍之门；驾云雾，朝自然三清之境。必须看东西南北四正之宫，乃婴儿之神室也。苟不先看四正，则亦无以见中宫之中也。造化玄微，天机深远，轻慢泄漏，殃及九祖，此蓝养素之所以养就婴儿，而犹待海蟾刘公一言之点化，而后始脱胎也。

了真子曰：终脱胎，则看四正宫，乃玄关也。

沧溟“密密行，句句应”诗曰：得道于身只自知，静中密密妙行持。若教轻泄遭天谴，平叔三传祸即随。二百余言简且明，明明如镜似水清。若能依此行持法，句句心传谷里声。

注曰：崔公《入药镜》一书，首尾二百余字，真明镜也。谆谆所以教后学者，深切著明矣。如鉴形有镜，妍丑莫逃。此书自采药物于先天，入铅汞于神室，行周天之火候，成九转之金液，由初及终，包括悉备，而无余蕴矣。修炼之士，苟能依其法度，密密以行，句句皆应，如影随形于日中，如谷应声于耳内，皆不离一身之中，譬之梓人，执斤运斧，自合准绳。学者悟之，亦犹得之于心，而应之于手矣。

了真子曰：能依此密密而行之，则句句应验矣。吕公诗云“因看崔公《入药镜》，令人心地转分明”是也。

入药镜五注后序

海阳参学弟子汪启濩东亭　撰

夫《入药镜》，丹经之祖书也，注解极多，真假混杂，实难分别，今辑五家合成一卷，使同志者，易于参悟也。夫前辈由父也，后学由子也，以后学言前人之过，是由子说父之丑也，罪莫大焉！然辟一人，能警万人；毁一书，能救万世，德莫大焉，何罪之有？

盖一壑之注，本不当辑，但读者素非法眼，何以辨之，故特指出，可合四家，细玩则自然明白矣。如解“日有合，月有合”云：“太阳藏膀胱，太阴藏脾”。又云：“太阴、太阳，齐出膀胱气海。”又云：“太阴、太阳，至脾至肺，至肝至心，至胆至膀胱。”又，“太阳从胆没于膀胱，太阴从脾至胆，亦没于膀胱”。又，“齐没而齐出矣”。如此等语，自谓奇文，真实误人甚矣。钟离翁云：“非肝非肺非心肾，非于脾胃胆和精。不在三田上中下，不在夹脊至昆仑。不是精津气血液，不是膀胱五脏神。”泥丸翁云：“肝心脾肺肾肠胆，只是空屋旧藩篱。涕唾精津气血液，只可接助为阶梯。精神魂魄心意气，观之似是而实非。”噫！以二真人之言证之，一壑尚是一门外汉。

又解“水能流，火能炎”云：“水本下，而壬水上行；火本上，而丙火下行。”盖上章云：“水真水，火真火。”夫崔公既特下二“真”字，即知非寻常之水火矣。故下章，紧接“能流、能炎”者，是教人逆夺造化也。

陶仙云：“黑铅之中，内含一点壬水，性属坎阳，内阳而外阴，在五行中，独与丁火相当；朱砂之中，内含一点丁火，性属离阴，内阴而外阳，在五行中，独与壬水作合。二物结成妙有，寄居北海之中，为大丹之祖气。”又云：“种铅得铅，种汞得汞，巧处全在丁壬先后之间。”此种天机，知者甚鲜，一壑不明此理，却以壬丙作对待注解。噫！真不足一笑也。

紫阳云："不肯自思己错，更将错路教人。误他永劫在迷津，似恁欺心何忍？"夫前辈著书者，是代后学做引路的先锋也。今观此注，不但不能引路，反做成挡路得猛虎。既知是虎，岂有不速急逐之乎？学者再不可误入虎口矣！总之，是得诀后不能下工夫故耳。若能负笈随师，苦功阅历者，必不如此，必有主宰。更进而论之，就是不识一字，亦能著书，都称绝世妙文。此理鬼神皆不能明白，只有过来人，必曰："真有是事也。"若是下愚，定要大笑，亦必曰："不识一字，能著书乎？"余曰："昔六祖卢能，不识一字，能著《坛经》，此其证也。"

光绪二十六年岁次庚子中秋前八日

金丹四百字测疏

宋紫阳真人张伯端　著
淮海陆西星潜虚　测疏
新安汪启濩东亭　辑
京江韩景垚仲万　评点
许启邦　校刊

金丹四百字序

七返九还金液大丹者，七乃火数，九乃金数，以火炼金，返本还元，谓之金丹也。以身心分上下两弦，以神气别冬夏二至，以形神契坎离二卦。以东魂之木、西魄之金、南神之火、北精之水、中意之土，是为攒簇五行。以含眼光，凝耳韵，调鼻息，缄舌气，是为和合四象。以眼不视而魂在肝，耳不闻而精在肾，舌不声而神在心，鼻不香而魄在肺，四肢不动意在脾，故名曰五气朝元。以精化为气，以气化为神，以神化为虚，故名曰三花聚顶。以魂在肝而不从眼漏，魄在肺而不从鼻漏，神在心而不从口漏，精在肾而不从耳漏，意在脾而不从四肢孔窍漏，故曰无漏。精、神、魂、魄、意相与混融，化为一气，不可见闻，亦无名状，故曰虚无。炼精者，炼元精，非淫泆所感之精。炼气者，炼元气，非口鼻呼吸之气。炼神者，炼元神，非心意思虑之神。故此神、气、精者，与天地同其根，与万物同其体，得之则生，失之则死。以阳火炼之，则化成阳气，以阴符养之，则化成阴精，故曰“见之不可用，用之不可见”。

身者，心之宅；心者，身之主。心之猖狂如龙，身之狞恶如虎。身中有一点真阳之气，心中有一点真阴之精，故曰二物。心属乾，身属坤，故曰乾坤鼎器。阳气属离，阴精属坎，故曰乌兔药物。抱一守中，炼元养素，采先天混元之气。朝屯暮蒙，昼午夜子，故曰行周天之火候。木液旺在卯，金精旺在酉，故当沐浴。震男饮西酒，兑女攀北花，巽风吹起六阳，坤土藏蓄之，故当抽添。夫采药之功也，动乾坤之橐籥，取离坎之刀圭。初时如云满千山，次则如月涵万水，自然如龟蛇之交合，马牛之步骤。殊不知龙争魂，虎争魄，乌战精，兔战神，恍惚之中见真铅，杳冥之内有真汞。以黄婆媒合，守在中宫。铅见火则飞，汞见火则走，遂以无为油和之，复以无名璞镇之。铅归坤宫，汞归乾位，真土混合，含光默默。火数盛则燥，水铢多则滥。火之燥，水之滥，不可以不调匀，故有斤两法度。修炼至此，泥丸风生，绛宫月明，丹田火炽，谷海波澄，夹脊如车轮，四肢如山石，毛窍如浴之方起，骨脉如睡之正酣，精神如夫妇之欢会，魂魄如子母之留恋，此乃真境界也，非譬喻也。以法度炼之，则聚而不散；以斤两炼之，则结而愈坚。魂藏魄灭，精结神凝，一意冲和，肌肤爽透。随日随时，渐凝渐聚，无质生质，结成圣胎。

夫一年有十二月也，一月三十日也，一日百刻也。一月总计三千刻，十月总计三万刻，行住坐卧，绵绵若存，胎气既凝，婴儿显相，玄珠成象，太乙含真。故此三万刻之中，可以夺天上三万年之数，何也？一刻之工夫，自有一年之节候，所以三万刻可以夺三万年之数也。故一年十二月，总有三万六千之数。虽愚昧小人行之，立跻圣地，奈何百姓日用而不知也。元精丧也，元气竭也，元神离也，是以三万刻，刻刻要调和。如有一刻差违，则药材消耗，火候亏缺，故曰“毫发差殊不作丹”也。是宜刻刻用事，用之不劳，真气凝结，元神广大。内则一年炼三万刻之丹，外则一身夺三万年之数，大则一日结一万三千五百息之胎，小则十二时行八万四千里之气，故曰“夺天地一点之阳，采日月二轮之气，行真水于铅炉，运真火于汞鼎”。以铅见汞，名曰华池；以汞入铅，名曰神水。不可执于无为，不可形于有作，不可泥于存想，不可着于持守，不可枯坐灰心，不可盲修瞎炼，惟恐不识药材出处，又恐不知火候法度。要须知，夫身中一窍，名曰玄牝。此窍者，非心、非肾、非口鼻也，非脾胃也，非谷道也，非膀胱也，非丹田也，非泥丸也。能知此之一窍，则冬至在此矣，药物在此矣，火候亦在此矣，沐浴亦在此矣，结胎在此矣，脱体亦在此矣。夫此一窍，亦无边傍，更无内外，乃神气之根，虚无之谷，则在身中而求之，不可求于他也。此之一窍，不可以私意揣度，是必心传口授，苟或不尔，皆妄为矣。

今作此《金丹四百字》，包含造化之根基，贯穿阴阳之骨髓，使炼丹之士，寻流而知源，舍妄以从真，不至乎忘本逐末也。夫金丹于无中生有，养就婴儿，岂可泥象执文，而溺于旁蹊曲径？然金丹之生于无也，又不可为顽空，当知此空乃是真空，无中不无乃真虚无。今因马自然去，讲此数语，当细味之。

紫阳张伯端序

金丹四百字

真土擒真铅，真铅制真汞。铅汞归真土，身心寂不动。

夫金丹之道，无过铅、汞、土三者而已。铅，即金水也；汞，即木火也。丹法五行皆，以逆克而成妙用，故以土擒铅，以铅制汞，相吞相啖，死归厚土，而后金丹始成。真土者，己土也。上阳子曰“用己土克水以求铅”是也。盖真铅之气，隐于二八之门，吾乘其爻动而采之。若无己土，则感应相与之意乖，而药终不可得矣。大修行人，必须办取真心，于此真心出一真意，旋曲而侦之，审密以求之，濡弱以下之，乃其肯綮，则《参同契》所谓“管括微密，闿舒布宝”，实求铅之要诀也。然谓之真者，取无二无杂之意。盖铅既真铅，而土非真土，则不能以真摄真，而邪秽非道矣。及乎得药归鼎，则吾一身之阴汞，自然制伏拘钤而不飞不走。何者？火为水灭，木受金伐，自然之道，无足异者。《参同契》云：“水盛火消灭，俱死归厚土。”盖五行之妙，水得土则掩，火得土则藏，万物非土不生，故丹法以归土为究竟。长养圣胎，圆就丹药，无出乎此。然归土，则身与心皆寂然不动矣。身与心，上下两弦炁也。《序》云：“以身心分上下两弦。”金丹之道，以动为用，以静为体，寂然不动则静矣，故此以下遂言归静之妙。

虚无生白雪，寂静发黄芽。玉炉火温温，鼎上飞紫霞。

虚无寂静，不动之极也。白雪黄芽，皆丹药之异名。盖白雪者，阴之精；黄芽，则铅之萌糵也。《参同契》云：“阴火白，黄芽铅。”盖当身心不动之际，丹在中宫，但见和气春融，生机活泼，穰穰焉如白雪之飞于虚空，茁茁焉如黄芽之萌于土壤。此时用火工夫，不宜太燥，但当养之以温温，存之以绵绵。如我圣师所言“丹灶河车休矻矻，鹤胎龟息自绵绵”者。至于鼎上霞飞，则阳光冲顶，喻以外丹炉火，取其易晓耳。

华池莲花开，神水金波净。夜深月正明，天地一轮镜。

华池神水，说者非一。古歌云：“命基只在金华池。”今以《悟真》之语参之，“华池莲花开”，即“少女初开北地花”也。神水者，己之真汞也。波净水澄，静定之极也。“夜深月正明”者，“夜半蟾光北海明”也。夜深者，亥子之交，冬至之候也。天地一轮镜，明莹之极也。盖药必气足而后生，静定而后采。当其金精壮盛，月华莹净之时，金莲半绽，药苗正新。于此采之，要惟守之以恬淡，先之以不争，是谓水澄波净，然后可以鉴映万象，而骊龙之珠可得。不然则有动于中，必摇其精，凶害悔吝，由之以生，而药终不可得矣。

朱砂炼阳气，水银烹金精。金精与阳气，朱砂而水银。

朱砂、水银，皆丹之别名。言朱砂者，乃所炼之阳气也。水银者，乃所烹之金精也。盖丹凭火化，故二六时中，以阳火炼之，则成阳气。而朱砂者，即阳气之所结也。以阴符养之，则成阴精。而水银者，即阴精之所成也。然金精阳气一而已矣。故总括之云：“金精与阳气，朱砂而水银。”是知一物两体，必非判然可分为二者，但随火符而变耳。《序》云：“以阳火炼之，则成阳气；以阴符养之，则成阴精。”意盖如此。

日魂玉兔脂，月魄金乌髓。掇来归鼎内，化作一泓水。

阴阳之精，互藏其宅，故日之魂，太阳之精也，为玉兔之脂，即坎之中爻，真铅是也。月之魄，太阴之质也，为金乌之髓，即离之中爻，真汞是也。是曰乌兔药物，二者掇归鼎内，则解化为水，而成金液。《参同契》云“解化为水，马齿阑干”是也。盖药之始生，无过一气，升于甑山，则化而为水，先液后凝，还丹乃就。诸书所谓玉浆甘露、灌顶醍醐，皆不出此。

药物生玄窍，火候发阳炉。龙虎交会时，宝鼎产玄珠。

此窍非凡窍，乾坤共合成。名为神气穴，内有坎离精。

如上指陈药物火候，既已详明。仙翁恐人不知交结之处，故复示此一窍。其意旨则见《序》中。《序》云：“身中一窍，名曰玄牝，非心非肾，非口鼻也，非脾胃也，非谷道也，非膀胱也，非丹田也，非泥丸也。能知此之一窍，则冬至在此矣，药物在此矣，火候亦在此矣，沐浴亦在此矣，结胎亦在此矣，脱体亦在此矣。夫此一窍，亦无边傍，亦无内外，乃神气之根，虚无之谷，则在身中求之，不可求于他也。”如此指示，可谓言约而意尽矣。

或问：何谓药物？

曰：药者，坎中真乙之炁，真铅是也；物者，离中久积之精，真汞是也。《道德经》云：“恍恍惚惚，其中有物。”是物之谓也。“窈窈冥冥，其中有精。其精甚真，其中有信。”是药之谓也。

夫药物生于窈冥恍惚之中，而曰生于玄窍，何也？

曰：阴阳之宅，真精互藏。此时龙虎未交，玄牝未立，故尚属之两家。既归一处，则神气自然归乎其根，而虚无之中，成此一窍，名曰玄牝。于中药物，日滋月长，直至三百功圆，脱胎神化，皆不外此，故曰“结胎在此，脱体在此”。

问：火候冬至，何以在此？

曰：火候者，周天卦数也，周遭环匝，皆在此处。冬至在此者，晦至朔旦，震来受符，阳炉发火，皆在于此。然非他家之冬至也，故曰“则在身中求之，不可求之于他”。仙翁立言，深有意味：言“则在”，教人始认取身中；言“不可求之于他”，见他处亦有求之之时。

木汞一点红，金铅三斤黑。铅汞结丹砂，耿耿紫金色。

木汞者，己之灵汞也，无有铢两，故言一点。上阳子云“就近便处，运一点真汞以迎之”是也。金铅者，坎中真乙之水，水中产金，故曰金铅。言三斤者，四十八两，每两真铅三铢，共计一百四十四铢，乃坤之策数也。盖金铅全体未破，铢两完足，乃有此数。丹砂者，金液还丹之别名。紫者，红黑相合之色。《参同契》云：“色转更为紫，赫然成还丹。”耿耿者，即赫然之意。夫金丹乃无质之质，非可以色相求者。仙翁因方辨色，假象示人，要在得之言意之表。若必求所谓“耿耿紫金”者，而后谓之丹，则痴人说梦，失之远矣。

家园景物丽，风雨正春深。犁锄不费力，大地皆黄金。

家园者，以自己身中而言。景物丽，言药物全也。风雨春深，火候足也。

夫得药归鼎，抱一守中，要皆和以无为之油，镇以无名之璞，故虽有犂锄，无劳费力。至于功成药化，则大地变为黄金。大地者，亦指吾身而言。如血化白膏，骨如琼玉，阴尽阳纯，改形易质，丈六金身，万劫不坏，岂虚语哉！

一本作“不废力”，言不怠其功也。然以“用之不勤”，与“难以愁劳”之义参之，则作“不费”者为优。

真铅生于坎，其用在离宫。以黑而变红，一鼎云气浓。

真汞生于离，用之却在坎。姹女过南园，手持玉橄榄。

此指药物所产之乡，与夫所用之处。真铅生于坎者，水中产金，用在离宫，用以伏汞也。丹法以黑投红，此时真气薰蒸，上下融液，若山泽之蒸云者然。《序》中所谓“初时云满千山”，意盖指此。真汞生于离者，火生南方，用之在坎，用以求铅也。姹女者，汞也，南园乃其本乡。过南园者，过自南园也。过自南园，往彼西邻，则相撢相持，而玄珠呈象矣。玉橄榄者，玄珠之别名。橄榄回味而甘，取而喻之，甚明切矣。

震兑非东西，坎离不南北。斗柄运周天，要人会攒簇。

震兑坎离者，四象之卦也；东西南北者，四象之位也。作丹之时，攒簇五行，和合四象，而归于中宫，则东西南北混合为一矣。故金不在西，木不在东，火不居南，水不居北，既无卦爻，亦无方位，忘形罔象，不可致诘，而名之曰丹。然其要在于以斗柄而运周天，火候数足，然后混合之功可成。盖天以北斗斟酌元气，周天运转，夫是以五气顺布而成岁功，人亦有之。苟或不能“观天之道，执天之行”，求吾人之所谓辰极者，执而运之，焉能攒簇混合而成真乙之丹乎！

火候不用时，冬至不在子。及其沐浴法，卯酉亦虚比。

金丹火候，自子以后六时为阳，自午以后六时为阴。至于亥子之交，一阳来复，名为冬至。卯酉之月，木金气旺，法当沐浴。此盖阴阳之定理，造化之成数，有不可以毫发差殊者。然法虽死定，理实圆活，运移之妙，存乎一心。故入药起火自有进退，不用子午也。震来受符，自有真信，不在子月也。沐浴金丹，自有时节，不在卯酉也。《入药镜》云："一日内，十二时，意所到，皆可为。"又云："初结胎，看本命，终脱胎，看四正。"此足以相发明矣。

乌肝与兔髓，擒来归一处。一粒复一粒，从微而至著。

乌肝兔髓，坎离之精也，是必擒归一处，而后金丹始成。及乎火运周天，功圆三百，是谓粒复一粒，从微至著，婴儿显相，而脱胎神化矣。

混沌包虚空，虚空括三界。及寻其根源，一粒如黍大。

三界者，欲界、色界、无色界也。三者皆括于虚空之中，而混沌包之。混沌者，先天无极也。丹法神气归根，虚无生窍，能以无质之中而生灵质，是"虚空括三界"也。脱胎之后，莫不以返于虚无，归于混沌，而后谓之了当，是"混沌包虚空"也。然而求其立命之根源，则亦不过一黍玄珠，从微至著者耳。盖黍米之珠，乃无中之有，脱胎神化，复归于无，则圣不可知，而与道为之合真矣。

天地交真液，日月合真精。会得坎离基，三界归一身。

天地者，阴阳配合之体也；日月者，阴阳互藏之精也。天地交则日月之精合矣，真精合则天地之液行矣。坎离，即日月也。人能会此以立丹基，则宇宙在乎手，万化生乎身，而三界归于一身矣。三界即上意，皆人身所自有者。以精用者，则成欲界；以气用者，则成色界；以神用者，则成无色界。

龙从东海来，虎向西山起。两兽战一场，化作天地髓。

药物既属坎离，龙虎复为何物？丹书异名殊字，融通实出一原。盖坎铅难得，而易于咥人，故象之以虎；离汞好飞，而难于控御，故象之以龙。龙从东海来，来而就虎也；虎向西山起，起而从龙也。丹法驱龙就虎，驾虎从龙，故此两兽相吞相啖，交战于戊己之宫，则混合和融，化为天地之髓，而还丹可成矣。其实天地之髓，即坎离之精也，岂有二哉！

金华开汞叶，玉蒂长铅枝。坎离不曾闲，乾坤今几时。

草木花含叶中，蒂生枝上，是皆阴阳互根，相纽相结之妙。比之丹法，则金华开于汞叶，阴中含阳，坎铅之象也。玉蒂者，己之命蒂，鄞鄂是也。命基不能自立，必得真铅合以己汞，然后神气交结而生圣胎，故玉蒂长于铅枝。惟此阴阳构精，相纽相结，要皆造化之自然。圣人名之坎离，以泄其互藏之精，象之日月，以取其交光之妙。然后丹法大明，即观天地设位，日月运行，昼夜循环，无有一息之闲暇，而乾坤不毁，万古一日者，实由于此。故万古此乾坤，则万古此日月；万古此日月，则万古此丹法。使日月有时而停机，则万物不生，而乾坤或几乎熄矣，丹体何由而常灵常存哉？“今几时”，言万古一日也。或以《序》中“一刻之工夫，可夺天地一年之数”为解者，于义差远。

沐浴防危险，抽添自谨持。都来三万刻，差失恐毫厘。

夫月当卯酉，刑德临门，法宜沐浴。沐浴者，正所以防危险也。盖沐浴之说，兼有二义：一者卯酉之月，木金气旺，加之以火，则有飞走之虞；二者卯酉之月，阴阳气平，加之以火，则有偏重之患。故沐浴停火，以防危险。抽者抽铅，添者添汞。自谨持者，进退升降，务合天度。一念少差，则悔吝为贼，而三万刻之功亏矣。三万刻，乃十月也。“抽添”二字，学者多不能晓，予已著之《玄肤论》中。

夫妇交会时，洞房云雨作。一载生个儿，个个会骑鹤。

金丹之道，顺则成人，逆则成丹。故仙翁篇末，以洞房夫妇之事明之，要在使人易晓，然非世法之所谓洞房夫妇也。圣人洞晓阴阳，故于互藏之宅，盗其机而逆用之。故怀胎则十月无殊，脱胎则万变莫测。要之乘龙控鹤，皆阳精之所显化。神无不为，神无不通，又乌可以寻常识见思议之哉！

中 和 集

清庵莹蟾子李道纯　著
新安汪启濩东亭　辑
京江韩景垚仲万　评点
武九龄　校刊

中和集序[1]

维扬损庵蔡君志颐，莹蟾子李清庵之门人也。堪破凡尘，笃修仙道，得清庵之残膏剩馥，编次成书，题曰《中和集》，盖取师之静室名也。

大德丙午秋谒余，印可欲寿诸梓，开悟后人。余未启帙，先已知群妄扫空，一真呈露。谓如天付之而为命，人受之而为性，至于先天太极、自然金丹、光照太虚、不假修炼者，漏泄无余矣。可以穷神知变而深根宁极，可以脱胎神化而复归无极也。抑以见道之“有物混成”，儒之“中和育物”，释之“指心见性”，此皆同工异曲，咸自太极中来。是故老圣常善救人，佛不轻于汝等，周公岂欺我哉？览是集者，切忌生疑。

当涂南谷杜道坚书于钱塘玄元真馆

① 底本无，据《道藏》本补录。

玄门宗旨

太极图

释曰“圆觉”，道曰“金丹”，儒曰“太极”。所谓“无极而太极”者，不可极而极之谓也。释氏云“如如不动，了了常知”，《易·系》云“寂然不动，感而遂通”，丹书云“身心不动以后，复有无极真机”，言太极之妙本也。是知三教所尚者，静定也。周子所谓“主于静”者是也。

盖人心静定，未感物时，湛然天理，即太极之妙也。一感于物，便有偏倚，即太极之变也。静定之时，谨其所存，则天理常明，虚灵不昧。动时自有主宰，一切事物之来，俱可应也。静定工夫纯熟，不期然而自然。至此，无极之真复矣，太极之妙应明矣。天地万物之理，悉备于我矣。

中和图

《礼记》云：“喜怒哀乐未发，谓之中；发而皆中节，谓之和。”“未发”，谓静定中谨其所存也，故曰“中”。存而无体，故谓“天下之大本”。“发而中节”，谓动时谨其所发也，故曰“和”。发无不中，故谓“天下之达道”。诚能“致中和”于一身，则本然之体，虚而灵，静而觉，动而正，故能应天下无穷之变也。

老君曰“人能常清静，天地悉皆归”，即子思所谓“致中和，天地位，万物育”，同一意。中也、和也，感通之妙用也，应变之枢机也。《周易》“生育流行，一动一静”之全体也。予以所居之舍，“中和”二字匾名，不亦宜乎哉！

委顺图

身心世事，谓之四缘。一切世人，皆为萦绊，惟委顺者能应之。常应、常静，何缘之有？

何谓委？委身寂然，委心洞然，委世混然，委事自然。

何谓顺？顺天命，顺天道，顺天时，顺天理。身顺天命，故能应人；心顺天道，故能应物；世顺天时，故能应变；事顺天理，故能应机。

既能委，又能顺，兼能应，则四缘脱洒。作是见者，常应常静，常清静矣。

照妄图

古云："常灭动心，不灭照心。"一切不动之心，皆照心也。一切不止之心，皆妄心也。照心，即道心也。妄心，即人心也。"道心惟微"，谓微妙而难见也。"人心惟危"，谓危殆而不安也。虽人心亦有道心，虽道心亦有人心，系乎动静之间尔。惟"允执厥中"者，照心常存，妄心不动。危者安平，微者昭著。到此有妄之心复矣，无妄之道成矣。《易》曰："复其见天地之心乎？"

太极图颂

中〇者，无极而太极也。太极动而生阳，动极而静，静而生阴，一阴一阳，两仪立焉。〇者，两仪也。〇者，阳动也。〇者，阴静也。阴阳互交，而生四象。〇者，四象。动而又动曰老阳，动极而静曰少阴，静极复动曰少阳，静而又静曰老阴。四象动静，而生八卦。乾一、兑二，老阳动静也；离三、震四，少阴动静也；巽五、坎六，少阳动静也；艮七、坤八，老阴动静也。阴逆阳顺，一升一降，机缄不已，而生六十四卦，万物之道至是备矣。上〇者，气化之始也。下〇者，形化之母也。知气化而不知形化，则不能极广大；知形化而不知气化，则不能尽精微。故作颂而证之。

颂二十五章

一

道本至虚，至虚无体。穷于无穷，始于无始。

二

虚极化神，神变生气。气聚有形，一分为二。

三

二则有感，感则有配。阴阳互交，乾坤定位。

四

动静不已，四象相系。健顺推荡，八卦兹系。

运五行而有常，定四时而成岁。

五

冲和化醇，资始资生。在天则斡旋万象，在地则长养群情。

六

形形相授，物物相孕。化化生生，奚有穷尽。

七

天下万物生于有，有生于无。有无错综，隐显相扶。

八

原其始也，一切万有未有不本乎气。

推其终也，一切万物未有不变于形。

九

是知万物本一形气也，形气本一神也。

神本至虚，道本至无，易在其中矣。

十

天位乎上，地位乎下，人物居中。

自融自化，气在其中矣。

十一

天地物之最巨，人于物之最灵，天人一也。

宇宙在乎手，万化生乎身，变在其中矣。

十二

人之极也，中天地而立命，禀虚灵以成性。

立性立命，神在其中矣。

十三

命系乎气，性系乎神。潜神于心，聚气于身，道在其中矣。

十四

形化则有生，有生则有死。出生入死，物之常也。

十五

气化则无生，无生故无死。不生不死，神之常也。

十六

形化体地，气化象天。形化有感，气化自然。

十七

明达高士，全气全神。千和万合，自然成真。

十八

真中之真，玄之又玄。无质生质，是谓胎仙。

十九

欲造斯道，将奚所自？惟静惟虚，胎仙可冀。

二十

虚则无碍，静则无欲。虚极静笃，观化知复。

二十一

动而主静，实以抱虚。二理相须，神与道俱。

二十二

道者神之主，神者气之主，气者形之主，形者生之主。

二十三

无生则形住，形住则气住，气住则神住，
神住则无住，是名无住住。

二十四

金液炼形，玉符保神。神形俱妙，与道合真。

二十五

命宝凝矣，性珠明矣。元神灵矣，胎仙成矣。
虚无自然之道毕矣，大哉神也，其变化之本欤！

画前密意

易象第一

易可易，非常易。象可象，非大象。常易不易，大象无象。常易，未画以前易也；变易，既画以后易也。常易不易，太极之体也；可易变易，造化之元也。大象，动静之始也；可象，形名之母也。历劫寂尔者，常易也；亘古不息者，变易也。至虚无体者，大象也。随事发见者，可象也。所谓常者，莫穷其始，莫测其终，历千万世，廓然而独存者也。所谓大者，外包乾坤，内充宇宙，遍河沙界，湛然圆满者也。常易不易，故能统摄天下无穷之变。大象无象，故能形容天下无穷之事。易也，象也，其道之原乎！

常变第二

常易不变，变易不常。其常不变，故能应变；其变不常，故能体常。始终不变，易之常也；动静不常，易之变也。独立而不改，得其常也；周行而不殆，通其变也。不知常，不足以通变；不通变，不足以知常。常也，变也，其易之原乎！

体用第三

常者，易之体；变者，易之用。古今不易，易之体；随时变易，易之用。无思无为，易之体；有感有应，易之用。知其用，则能极其体；全其体，则能利其用。圣人仰观俯察，远求近取，得其体也。君子进德修业，作事制器，因其用也。至于穷理尽性，乐天知命，修齐治平，纪纲法度，未有外乎易者也。

全其易体，足以知常；利其易用，足以通变。

动静第四

刚柔推荡，易之动静；阴阳升降，气之动静；奇偶交重，卦之动静；气形消息，物之动静；昼夜兴寝，身之动静。至于身之进退，心之起灭，世之通塞，事之成败，皆一动一静，互相倚伏也。观其动静，则万事之变，万物之情可见矣。静时有存，动则有察；静时有主，动则可断。静时有定，动罔不吉。静者，动之基；动者，静之机。动静不失其常，其道光明矣。

屈伸第五

暑往寒来，岁之屈伸；日往月来，气之屈伸；古往今来，世之屈伸。至于有无相生，难易相成，长短相形，高下相倾，皆屈伸之理也。知屈伸相感之道，则能尽天下无穷之利也。

消息第六

息者，消之始；消者，息之终。息者，气之聚；消者，形之散。生育长养谓之息，归根复命谓之消。元而亨，易之息也；利而贞，易之消也。春而夏，岁之息也；秋而冬，岁之消也。婴而壮，身之息也；老而终，身之消也。无而有，物之息也；有而无，物之消也。息者，生之徒；消者，死之徒。自二气肇分以来，未有消而不息之理，亦未有息而不消之物。通而知之者，烛理至明者也。

神机第七

存乎中者，神也；发而中者，机也。寂然不动，神也；感而遂通，机也。隐显莫测，神也；应用无方，机也。蕴之一身，神也；推之万物，机也。吉凶先兆，神也；变动不居，机也。备四德，自强不息者，存乎神者也；贯三才，应用无尽者，运其机者也。

智行第八

智者，深知其理也。行者，力行其道也。深知其理，不见而知；力行其道，不为而成。不出户，知天下，不窥牖，见天道，深知也。自强不息，无往不适，力行也。知乱于未乱，知危于未危，知亡于未亡，知祸于未祸，深知也。存于身而不为身累，行于心而不为心役，行于世而不为世移，行于事而不为事碍，力行也。深知其理者，可以变乱为治，变危为安，变亡为存，变祸为福。力行其道者，可以致身于寿域，致心于玄境，致世于太平，致事于大成。非大智大行者，其孰能及此？

明时第九

通变莫若识时，识时莫若明理，明理莫若虚静。虚则明，静则清。清明在躬，天理昭明。天之变化，观易可见。世之时势，观象可验。物之情伪，观形可辨。丽于形者，不能无偶。施于色者，不能无辨。天将阴雨，势必先蒸。山将崩裂，下必先隳。人将利害，貌必先变。譬如巢知风，穴知雨，蛰虫应候，叶落知秋。又如商人置雉尾于舟车之上，以候阴晴，天常晴则尾直竖，天将雨则尾下垂。无情之物尚尔，而况人乎？今人不识时变者，烛理未明也。

正己第十

进德修业，莫若正己。己一正，则无所不正。一切形名，非正不立；一切事故，非正不成。日用平常，设施酬酢，未有不始于己者。一切事事理理，头头物物，亦未有不自己出者。是故进修之要，必以正己为立基。正己接人，人亦归正；正己处事，事亦归正；正己应物，物亦归正。惟天下之一正，为能通天下之万变。是知正己者，进修之大用也，入圣之阶梯也。

工夫第十一

清心释累，纯虑忘情，少私寡欲，见素抱朴，易道之工夫也。心清累释，足以尽理。虑绝情忘，足以尽性。私欲俱泯，足以造道，素朴纯一，足以知天。

感应第十二

寂然而通，无为而成，不见而知，易道之感应也。寂然而通，无所不通；无为而成，无所不成；不见而知，无所不知。动而感通，不足谓之通；为而后成，不足谓之成；见而后知，不足谓之知。此三者，其于感应之道也远矣。诚能为之于未有，感之于未动，见之于未萌，三者相须而进，无所感而不通也，无所事而不应也，无所往而非利也。尽此道者，其惟颜子乎？

三易第十三

三易者，一曰天易，二曰圣易，三曰心易。天易者，易之理也。圣易者，易之象也。心易者，易之道也。观圣易，贵在明象，象明则入圣。观天易，贵在穷理，理穷则知天。观心易，贵在行道，道行则尽心。不读圣人之易，则不明天易。不明天易，则不知心易。不知心易，则不足以通变。是知易者，通变之书也。

解惑第十四

气之消长，时之升降，运之否泰，世之通塞，天易也。卦之吉凶，爻之得失，辞之险易，象之贞晦，圣易也。命之穷达，身之进退，世之成败，位之安危，心易也。深造天易，则知时势。深造圣易，则知变化。深造心易，则知性命。以心易会圣易，以圣易拟天易，以天易参心易，一以贯之，是名志士。

释疑第十五

变动有时，安危在己。祸福得丧，皆自己始。是故通变者，趋时者也。趋时者，危亦安。通变者，乱亦治。不失其所守者，困亦亨；不谨其所行者，丰亦昧。晦其明者，处明夷而无伤；恃其有者，居大有而必害。至远而可应者，其志同也；至近而无与者，其意乖也。至弱而能胜者，得其辅也；至刚而无过者，有其道也。益之用凶事，济难也；睽之见恶人，免怨也。不恒其德者，无所容。不有其躬者，无所利。独立自恃者，无功；恐惧修省者，获福。益于人者，人益之；利于人者，人利之。信于人者，人信之；惠于人者，人惠之。畏凶者，无凶；畏眚者，无眚。畏祸者，福必至；忽福者，祸必至。予所谓安危在己，复何疑哉？

圣功第十六

圣人所以为圣者，用易而已矣。用易所以成功者，虚静而已矣。虚则无所不容，静则无所不察。虚则能受物，静则能应事。虚静久，久则灵明。虚者，天之象也；静者，地之象也。自强不息，天之虚也；厚德载物，地之静也。空阔无涯，天之虚也；方广无际，地之静也。天地之道，惟虚惟静。虚静在己，则是天地在己也。道经云：“人能常清静，天地悉皆归。”其斯之谓欤？清，即虚也。虚静也者，其神德圣功乎！

金丹妙诀

金丹图象说

下四图法象，显明至道玄玄之旨。

安炉

撑天拄地太模糊，谁为安名号玉炉。
曾向此中经炼煅，出无入有尽由渠。

立鼎

不无不有不当中，外面虚无里面空。
决烈丈夫掀倒看，元来那个本来红。

还丹

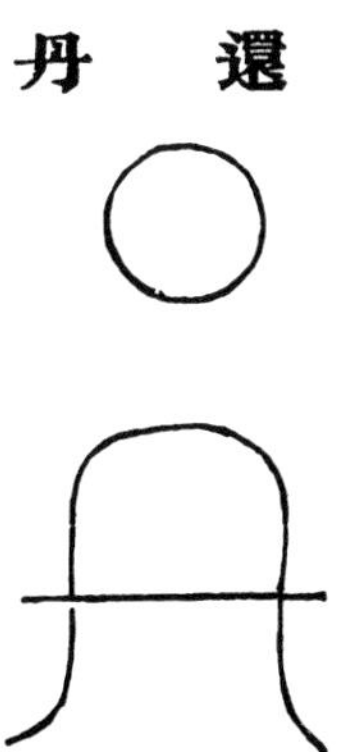

威音那畔本来明，昧了皆因着幻形。
若向丹中拈得出，圆陀陀地至虚灵。

返丹

丹　返

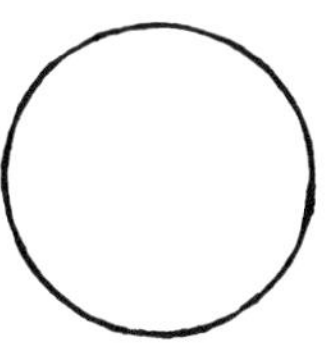

道本无为法自然，圣人立像假名圈。
平常日用全彰露，打破方知象帝先。

二图诀

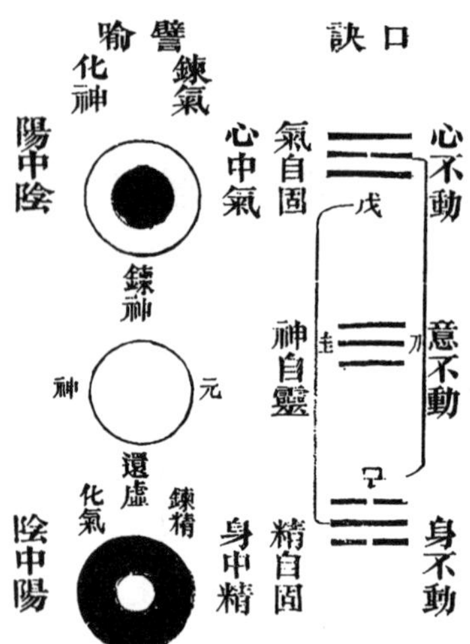

取出坎（☵）中画，补离（☲）还复乾。

纯阳命本固，无碍性珠圆。

受触全天理，离尘合上禅。

采铅知下手，三叠舞胎仙。

火候图

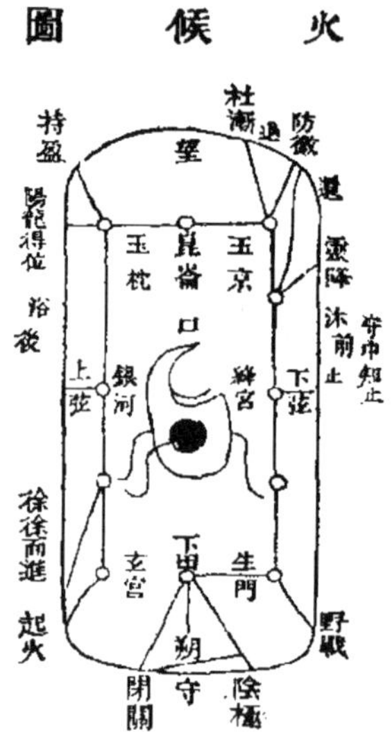

十一	十二	正	二	三	四	五退	六	七	八	九	十
初一	初三	初六	初八	十一	十四望	十六	十八	二十	二十三	二十六	二十八
子	丑	寅	卯	辰	巳	午	未	申	酉	戌	亥
玄宫	進	徐進	沐銀河	過玉關	止	崑崙山	退	徐退	浴絳宫	守中	戳
復	臨	泰	壯	夬	乾	姤	遯	否	觀	剥	坤
初九	九二	九三	九四	九五	上九	初六	六二	六三	六四	六五	上六

金丹内外二药图说

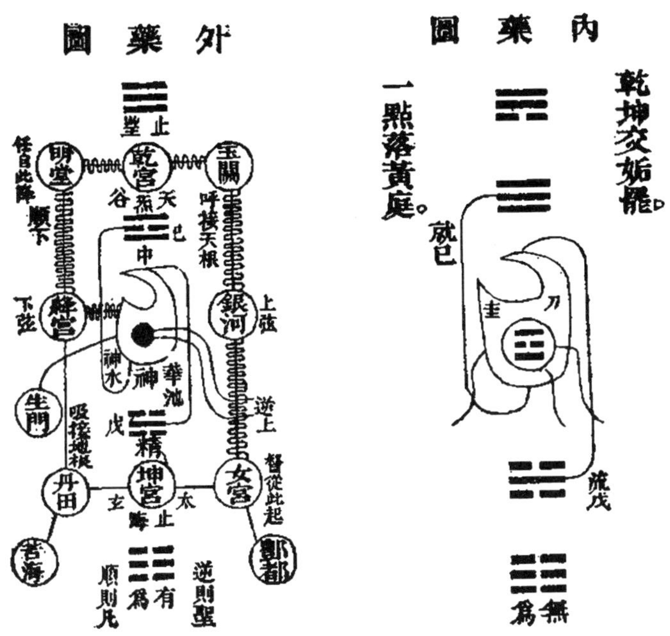

外药可以治病，可以长生久视。

内药可以超越，可以出有入无。

大凡学道，必先从外药起，然后自知内药。高上之士，夙植德本，生而知之，故不炼外药，便炼内药。

内药无为无不为，外药有为有以为。

内药无形无质而实有，外药有体有用而实无。

外药色身上事，内药法身上事。

外药地仙之道，内药水仙之道。

二药全，天仙之道。

外药了命，内药了性。二药全，形神俱妙。

外药

初关（炼精化气），先要识天癸，生时急采之。

中关（炼气化神），调和真息，周流六虚。自太玄关逆流至天谷穴交合，然后下降黄房，入中宫。乾坤交姤罢，一点落黄庭。

上关（炼神还虚），以心炼念，谓之七返。情来归性，谓之九还。

内药

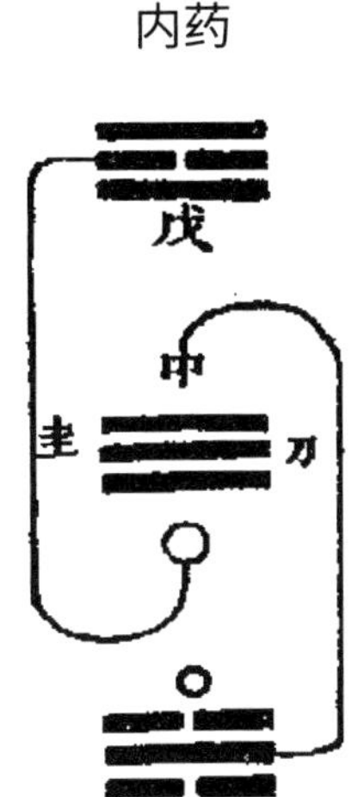

内药乃炼神之要，形神俱妙与道合真。

内药，先天一点真阳是也，譬如乾卦☰中一画。交坤☷成☵坎水是也。中一画，本是乾金，异名水中金，总名至精也。至精固而复祖炁。祖炁者，乃先天虚无真一之元炁，非呼吸之气。如乾☰中画，交坤成坎☵了，却交坤中一阴，入于乾而成离☲。离中一阴，本是坤土，故异名曰砂中汞是也。

┌道生一　一生二　二生三　三生万物
└虚化神　神化炁　炁化精　精化形

以上谓之顺。

┌万物含三　三归二　二归一
└炼乎至精　精化炁　炁化神

以上谓之逆（丹书谓："顺则成人，逆则成丹。"）。

上药三品，精、炁、神。体则一，用则二。何谓体？本来三元之大事也。何谓用？内外两作用是也。

内药：先天至精，虚无空炁，不坏元神。

外药：交感精，呼吸气，思虑神。

一、炼精化气。初关，有为，取坎填离。

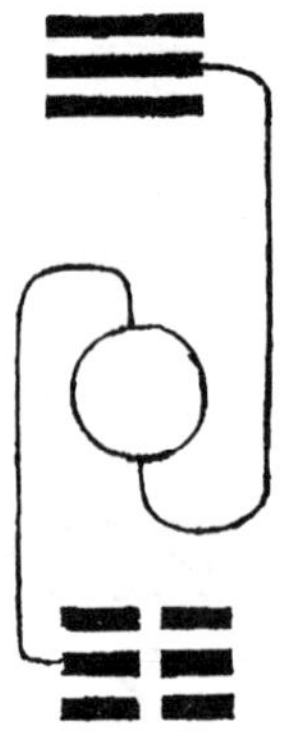

二、炼气化神。中关，有无交入，乾坤阖辟。

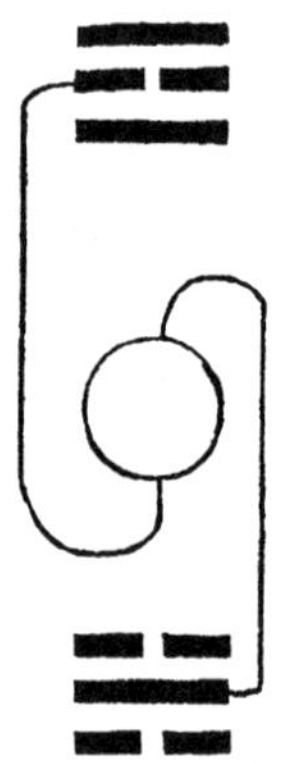

三、炼神还虚。上关，无为。

此三段工夫到了，则一。若向这里具只眼，三教之大事毕矣。其或未然，细参后事。

一、炼精化炁

坎☵，归道，乃水府求玄。丹书云：“癸生须急采，望远不堪尝。”所谓采者，不采之采谓之采也。苟实有所采，坎中一画如何得升？精乃先天至灵之化，因动而有身，身中之至精，乃阳也。采者，采此也。譬如☰乾，乃先天至灵，始因一动，交坤而成坎，即至灵化元精之象也。坎为水，坎中一画，元乾金，假名曰水中金。金乃水之母，反居水中，故曰“母隐子胎”也。采铅消息，难形笔舌。达者观雷在地中，“复，先王至日闭关，商旅不行，后不省方”之语，思过半矣。余存口诀。

二、炼炁化神

离☲，崇释，则离宫修定。丹书云：“真土制真铅，真铅制真汞。铅汞归土釜，身心寂不动。”斯言尽矣。既得真铅，则真汞何虑乎不凝？炼炁之要，贵乎运动，一阖一辟，一往一来，一升一降，无有停息。始者用意，后则自然。一呼一吸，夺一年之造化，即太上云：“玄牝之门，是谓天地根，绵绵若存，用之不勤。”正此义也。达者若于乾坤易之门，与夫复（䷗）姤（䷫）之内上留意，炼气之要备矣。

三、炼神还虚

乾☰。工夫到此，一个字也用不着。

三五指南图局说

紫阳真人《悟真篇》诗云：“三五一都三个字，古今明者实然稀。东三南二同成五，北一西方四共之。戊己还从生数五，三家相见结婴儿。婴儿是一含真气，十月胎成入圣基。”只此五十六字，贯彻诸子百家丹经子书。若向这里具只眼，参学事毕。其或未然，向注脚下商量。

〔初〕“三五一都三个字”，三元五行一气也。“古今明者实然希”，亘古亘今，知者鲜矣。“东三南二同成五”，东三木也，南二火也。木生火，木乃火之母，两姓一家，故曰同成五也。“北一西方四共之”，北一水也，西四金也。金生水，金乃水之母，两姓一家，故曰共之。“戊己还从生数五”者，土之生数也。五居中无偶，自是一家。所谓“三家相见”者，三元五行混而为一也，故曰“三家相见结婴儿”。所谓婴儿者，亦是假名，纯一之义也，故曰“婴儿是一含真气”也。“十月胎成入圣基”者，三百日胎，二八两药，烹之炼之，成之熟之，超凡入圣之大功也，故曰入圣基也。

〔中〕以一身言之。东三，木也，我之性也。西四，金也，我之情也。南二，火也，我之神也。北一，水也，我之精也。性乃心之主，心乃神之舍。性与神同系乎心，“东三南二同成五”也。精乃身之主，身者情之系。精与情同系乎身，“北一西方四共之”也。戊己，中土，意也。四象五行，意为之主宰。意无偶，自是一家也。修炼之士，收拾身心意，则自然三元五行混而为一也。丹书云：“收拾身心为采药”，正谓此也。收拾身心之要，在乎虚静。虚其心，则神与性合；静其身，则精与情寂；意大定，则三元混一。此所谓三花聚、五气朝、圣胎凝。

〔末〕情合性，谓之金木并。精合神，谓之水火交。意大定，谓之五行全。丹书云：“炼精化气为初关，身不动也；炼气化神为中关，心不动也；炼神化虚为上关，意不动也。”心不动，“东三南二同成五”也；身不动，“北一西方四共之”也；意不动，“戊己还从生数五”也。身心意合，即“三家相见结婴儿”也。作是见者，金丹之能事毕矣，神仙之大事尽矣。至于丹书，种种法象，种种异名，并不外乎身、心、意也。虽然犹有不能直下会意者，今立《异名法象图局》于后，具眼者流，试着眼看。

譬喻图

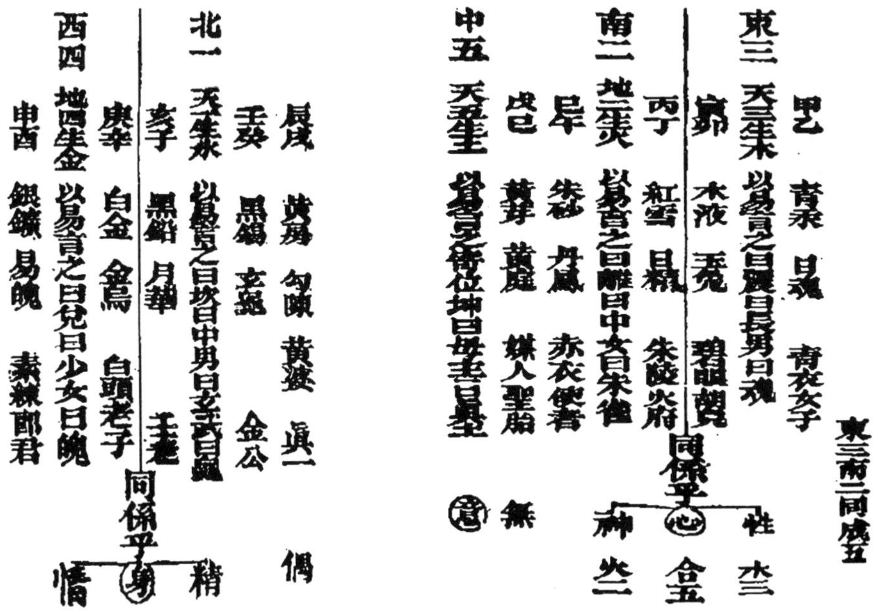

東三南二同成五

甲乙 青龍 日魂 青衣女子
東三 天三生木 以易言之曰震曰長男曰魂
寅卯 木液 玉兔 碧眼胡兒
丙丁 紅鉛 日精 朱砂姹女
南二 地二生火 以易言之曰離曰中女曰朱雀
巳午 朱砂 丹鳳 赤衣使者
戊己 黃芽 黃龍 媒人聖胎
中五 天五生土 以易言之寄位坤曰母曰土曰黃婆

同係乎心
性 心 神
木三 土五 火二
無 意

辰戌 黃芽 勾陳 黃婆 真一 偶
壬癸 黑錫 玄龜 金公
北一 天一生水 以易言之曰坎曰中男曰玄武曰魄
亥子 黑鉛 月華 壬水
庚辛 白金 金烏 白頭老子
西四 地四生金 以易言之曰兌曰少女曰魄
申酉 銀鑛 易魄 素練郎君

同係乎身
精 身 情

身、心、意，曰三家。精、气、神，曰三元。精、神、魂、魄、意，曰五气。铅、汞、银、砂、土，曰五行。三家相见，曰胎圆。三元合一，曰丹成。

大德三年纯阳诞日书于銮江中和庵

玄关一窍

（赠明人）

夫玄关一窍者，至玄至要之机关也。非印堂、非囟门、非肚脐、非膀胱、非两肾、非肾前脐后、非两肾中间。上至顶门，下至脚跟，四大一身，才着一处，便不是也。亦不可离了此身向外寻之，所以圣人只一“中”字示人，只此“中”字便是也。我设一喻，令尔易知。且如傀儡，手足举动，百样趋跄，非傀儡能动，是丝线牵动。虽是线上关棙，却是弄傀儡底人牵动。咦！还识这个弄傀儡底人么？休更疑惑，我直说与汝等：傀儡比此一身，丝线比玄关，弄傀儡底人比主人公。一身手足举动，非手足动，是玄关使动。虽是玄关动，却是主人公使教玄关动。若认得这个动底关棙，又奚患不成仙乎？

试金石

夫金丹者，虚无为体，清静为用，无上至真之妙道也。世鲜知之，人鲜行之。于是圣人用方便力，开善诱门，强立名象，著诸丹书，接引后学。盖欲来者，诵言明理，嘿识潜通，则行之顿超真境。奈何后学不穷其理，执着筌蹄，妄引百端，支离万状，将至道碎破，为曲径旁蹊，三千六百，良不得其传故也。况今之无知浅学，将圣人经旨，妄行笺注，乖讹尤甚，安得不误后来？虽苦志之士，亦不能辨其邪正，深可怜悯！予因是事，故作此《试金石》，而辨其真伪，俾诸学者不被眩惑，决然无疑，直超道岸。圣师曰："道法三千六百门，人人各执一为根。谁知些子玄关窍，不在三千六百门。"予谓祖师老婆心切，故作是诗也。若复有人作如是见者，大地皆黄金。其或未然，须当试过。于是乎书。

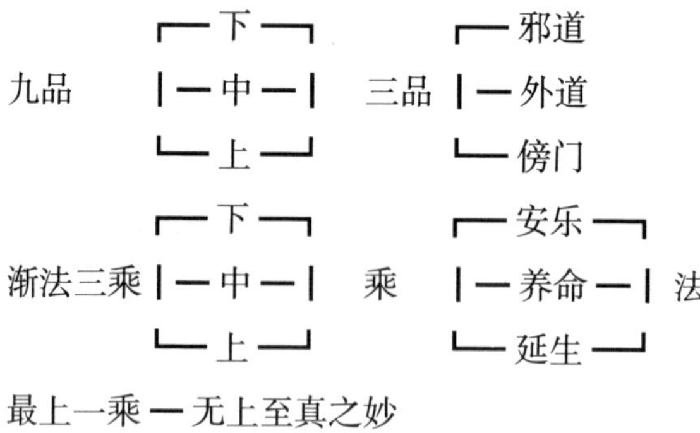

傍门九品

下三品

御女房中，三峰采战，食乳对炉，女人为鼎。天癸为药，产门为生身处，精血为大丹头。铸雌雄剑，立阴阳炉，谓女子为纯阳，指月经为至宝，采而饵之，为一月一还。用九女为九鼎，为九年九返。令童男童女交合，而采初精。取阴中黍米为玄珠。至于美金花，弄金枪，七十二家，强兵战胜，多入少出，九浅一深，如此邪谬，谓之泥水丹法。三百余条，此大乱之道也，乃下品之下，邪道也。

又有八十四家接法，三十六般采阴。用胞衣为紫河车，炼小便为秋石，食自己精为还元，捏尾闾为闭关。夫妇交合，使精不过为无漏。采女经为红圆子。或以五金八石修炼为丸，令妇人服之，十月后产肉块为至药，采而服之。如此谬术，不欲尽举，约有三百余条，乃下品之中，外道也。

又有诸品丹灶炉火，烧爇五金八石，勾庚乾汞，点茅烧艮，拨灰弄火。至于灵砂外药，三逊五假，金石草木服饵之法，四百余条，乃下品之上，外道也。

上，下三品，共一千余条，贪淫嗜利者行之。

中三品

休粮辟谷，忍寒食秽。服饵椒术，晒背卧冰。日持一斋，或清斋，或食物多为奇特，或饮酒不醉为验，或减食为抽添，或不食五味而食三白，或不食烟火食，或饮酒食肉，不借身命自谓无为，或翻沧倒海，种种捏怪，乃中品之下也。

吞霞服气，采日月精华，吞星曜之光，服五方之气。或采水火之气，或存思注想，遨游九州为运用；或想身中二气，化为男女，象人间夫妇交采之状，为合和。一切存想，种种虚妄等法，乃中品之中也。

传授三归五戒，看诵修习，传信法，取报应；行考赴，取归程；归空十信，三际九接，瞻星礼斗；或持不语，或打勤劳，持守外功。以上有为，乃中品之上，渐次近道也。

上，三品，一千余条，行之不怠，渐入佳境，胜别留心。

上三品

定观鉴形，存思吐纳，摩抚消息，八段锦，六字气，视顶门，守脐蒂，吞津液，搅神水，或千口水为活，或指舌为赤龙，或擦身令热为火候，或一呵九摩求长生，或炼稠唾为真种子，或守丹田，或兜外肾，至于煮海观鼻，以津精涎沫为药，乃上品之下也。

闭息行气，屈伸导引，摩腰肾，守印堂，运双睛，摇夹脊，守脐轮。或以双睛为日月，或以眉间为玄关，或叩齿为天门，或想元神从顶门出入，或梦游仙境，或默朝上帝，或以昏沉为入定，或数息为火候，或想心肾黑白二气相交为既济，乃上品之中也。

搬精运气，三火归脐，调和五藏，十六观法，固守丹田，服中黄气，三田还返，补脑还精，双提金井，夹脊双关，握固内视，种种搬运，乃上品之上也。

上三品，一千余条，中士行之，亦可却病。

渐法三乘

下乘者，以身心为鼎炉，精炁为药物，心肾为水火，五藏为五行，肝肺为龙虎，精为真种子，以年月日时行火候，咽津灌溉为沐浴，口耳鼻为三要，肾前脐后为玄关，五行混合为丹成。此乃安乐之法，其中作用百余条，若能忘情，亦可养命。（与上三品稍同，作用处别。）

中乘者，乾坤为鼎器，坎离为水火，乌兔为药物，精神魂魄意为五行，身心为龙虎，气为真种子。一年寒暑为火候，法水灌溉为沐浴，内境不出，外境不入为固济，太渊、绛宫、精房为三要，泥丸为玄关，精神混合为丹成，此中乘养命之法。其中作用数十条，与下乘大同小异。若行不怠，亦可长生久视。

上乘者，以天地为鼎炉，日月为水火，阴阳为化机，铅汞银砂土为五行，性情为龙虎，念为真种子，以心炼念为火候，息念为养火，含光为固济，降伏内魔为野战，身心意为三要，天心为玄关，情来归性为丹成，和气薰蒸为沐浴，乃上乘延生之道。其中与中乘相似，作用处不同，亦有十余条。上士行之，始终如一，可证仙道。

最上一乘

夫最上一乘，无上至真之妙道也。以太虚为鼎，太极为炉，清静为丹基，无为为丹母，性命为铅汞，定慧为水火，窒欲惩忿为水火交，性情合一为金木并，洗心涤虑为沐浴，存诚定意为固济，戒定慧为三要，中为玄关，明心为应验，见性为凝结，三元混一为圣胎，性命打成一片为丹成，身外有身为脱胎，打破虚空为了当。此最上一乘之妙，至士可以行之，功满德隆，直超圆顿，形神俱妙，与道合真。

问答语录

洁庵琼蟾子程安道问三教一贯之道

莹蟾子宴坐蟾窟，是夜寒光清气，真洁可掬。门人琼蟾子，猛思生死事大，神仙不可不敬慕，功行不可不专修。

稽首拜问曰：弟子尝闻自古上圣高真，历代仙师，皆因修真而成道，必以铅汞为金丹之根蒂，不知铅汞是何物？

师曰：夫铅汞者，天地之始，万物之母，金丹之本也。非凡铅、黑锡、水银、朱砂。奈何谬者，不知真玄，私意揣度，惑坏后学，徒费岁时，担搁一生，深可怜悯。若不遇真师点化，皆妄为矣！紫阳真人曰："饶君聪慧过颜闵，不遇真师莫强猜。"正谓此也。我今为汝指出，真铅、真汞，身心是也。圣师云："身心两个字，是药也是火。"又云："要知产药川源处，只在西南是本乡。"西南者，坤也。坤属身，身中之精，乃阴中之阳也。如乾中一爻，入坤而成坎，外阴内阳，外柔内刚，外坤内乾。坎水之中有乾金，故强名曰"水中金"也。夫汞者，心中之炁也，阳中之阴也。如坤中一爻，入乾而成离，外阳内阴，外刚内柔，外乾内坤。离火之中有坤土，故强名曰"砂中汞"也。精炁感合之妙，故强名立象，以铅汞喻之，使学者知有体用耳。以此推之，无出"身心"两字。身心合一之后，铅汞皆无也。

问：如何是抽添？

曰：身不动炁定，谓之抽；心不动神定，谓之添。身心不动，神凝气结，谓之还元。所以取坎中之阳，补离中之阴而成乾，谓之"抽铅添汞"也。

问：如何是烹炼？

曰：身心欲合未合之际，若有一毫相扰，便以刚决之心敌之，为"武炼"

也。身心既合，精炁既交之后，以柔和之心守之，为“文烹”也。此理无他，只是降伏身心，便是“烹铅炼汞”也。忘情养性，虚心养神，万缘顿息，百虑俱澄，身心不动，神凝气结，是谓“丹基”，喻曰“圣胎”也。以上异名，只是以性摄情而已。性寂情冥，照见本来，抱本还虚，归根复命，谓之“丹成”也，喻曰“脱胎”。

问：诸丹经云：“用工之妙，要在玄关。”不知玄关，正在何处？

曰：玄关者，至玄至妙之机关也，宁有定位？着在身上即不是，离了此身，向外寻求，亦不是。泥于身，则着于形；泥于外，则着于物。夫玄关者，只于四大五行不着处是也。余今设一譬喻，令汝易于晓会。且如傀儡，手足举动，百般舞蹈，在乎线上关棙，实由主人使之。傀儡比得人之四大一身，线比得玄关，抽牵底主人比得本来真性。傀儡无线，则不能动。人无玄关，亦不能运动。汝但于二六时中，行住坐卧着工夫，向内求之，语默视听，是个甚么？若身心静定，方寸湛然，真机妙应处，自然见之也。《易·系》云：“寂然不动”，即玄关之体也，“感而遂通”，即玄关之用也。自见得玄关，一得永得。药物、火候、三元、八卦，皆在其中矣。时人若以有形着落处为玄关者，纵勤功苦志，事终不成。我欲直指出来，恐汝信不及，亦不得用，须是自见始得。譬如儒家先天之学，亦要默而识之。孟子云：“浩然之气，塞乎天地之间，曰难言也。”且难言之妙，非玄关乎？且如释氏“不立文字，教外别传”，使人神领意会，谓之不传之妙。能知此理者，则能一彻万融也。

问：或谓崇释与修道，可以断生死、出轮回；学儒可尽人伦，不能了生死，岂非三教异同乎？

曰：达理者，奚患生死耶？且如穷理尽性，以至于命，原始返终，知周万物，则知生死之说，所以性命之学，实儒家正传。穷得理彻，了然自知，岂可不能断生死轮回乎？且如羲皇初画易之时，体天设教，以道化人，未尝有三教之分。故曰：“皇天无二道，圣人无两心。”当来初画一者，象太极也。有一便有二，象两仪也。⚊者，阳也；⚋者，阴也，一阴一阳之谓道。仰则观于天，上画一画以象天；俯则察于地，下画一画以象地；中画一画以象人，故三画以成乾☰，象三才也。两乾断而成坤☷，象六合也。故曰：“立天之道，曰阴与阳；立地之道，曰柔与刚；立人之道，曰仁与义，兼三才而两之。”故六画而成坤。

以一身言之，立天之道，曰阴与阳，心之神炁也；立地之道，曰柔与刚，身之形体也；立人之道，曰仁与义，意之情性也。心、身、意，象乾三才也。神、炁、性、情、形、体，象坤之六合也。《易》曰“远取诸物，近取诸身”，此之谓也。

问：《系辞》云：“六画而成卦。”先生云“六画而成坤”者，何也？

曰：汝未知之。若谓六画而成卦者，文王重卦也。文王未重卦之前，岂可谓无三才、六合乎？先贤云：“立天之道，曰阴与阳”，天之乾坤也；“立地之道，曰柔与刚”，地之乾坤也；“立人之道，曰仁与义”，人之乾坤也。以此推之，乾坤两卦，三才六合备矣，又岂以重卦言之哉？所谓“六画而成卦”者，重卦之后，名为后天也。

问：若谓未重卦之前，三才六合备矣。而《系辞》云“以制器者，尚其象”，未必因器而设象，因象而制器乎？

曰：因象而制器。

问：三皇以下，圣人制器，皆以重卦言之。若谓因象制器，文王未重易之前，岂有重卦之名乎？

曰：非也。前贤云：“须信画前元有易。”所以文王未重卦之前，六十四卦俱备。

问：卦若不重，六十四卦从何而得？

曰：变卦所生也。一卦变八卦，八卦变六十四卦。且如乾卦三爻，上两爻少阳，下一爻老阳，支出巽卦来，阳变为阴。乾之巽，天风姤也。举此一卦，诸卦皆然。

问：卦不重而有六十四卦，文王如何又重之？

曰：卦不重而变六十四卦，乃羲皇心法，道统正传诱万世之下学者，同入圣门。重卦而生六十四卦者，乃文王、周孔立民极，正人伦，使世人趋吉避凶，立万世君臣、父子之纲耳。故性命之学，不敢轻明于言，亦不忍隐斯道。孔子微露于《系辞》，濂溪发明于《太极》《通书》也。盖欲来者熟咀之，而自得之，此学不泯其传矣。

问：“一阴一阳之谓道”，如何说？

曰：阴阳者，乾坤也。乾坤出于太极，太极判而两仪立焉。两仪，天地也。

不言天地而言乾坤者，贵其用，不贵其体也。

或曰：乾，阳也；坤，阴也。如何又云天地？

曰：天地，即乾坤也。乾坤，即阴阳也。阴阳，一太极也。太极本无极也。以太极言之，则曰天地。以《易》言之，则曰乾坤。以道言之，则曰阴阳。若以人身言之，天地，形体也；乾坤，性情也；阴阳，神炁也。以法象言之，天龙地虎也；乾马坤牛也；阳乌阴兔也。以金丹言之，天鼎地炉也；乾金坤土也；阴汞阳铅也。散而言之，种种异名，合而言之，一阴一阳也。修仙之人，炼铅汞而成丹者，即身心合而还其本初，阴阳合而复归太极也。

问：三五一，是何也？

曰：三元五行也。东三南二，是一个五；北一西四，是两个五；中土，是三个五，是谓“三五”也。以人身言之，性三神二，是一个五；情四精一，是两个五；意五，是三个五也。三五合一，则归太极；身心意合一，则成圣胎也。紫阳真人云：“三五一都三个字（三元五行，一气是也），古今明者实然稀（世鲜知之）。东三南二同成五（东三，性也；南二，神也），北一西方四共之（北一，精也；西四，情也）。戊己还从生数五（土数五，意也），三家相见结婴儿（三家者，身心意也；婴儿者，三五合一而成用也）。婴儿是一含真炁（婴儿是真一之异名，太乙含真也），十月胎圆入圣基（工夫十月，脱出凡胎，超凡入圣也）。”以此求之，金丹之道，实入圣基也。

问：《系辞》云：“天地设位，易行乎中。”如何？

曰：天地设位，人生于中，是谓三才。故人与物，生生而不息。所以不言人与物，而言易者。圣人言：“乾坤，易之门。”随时变易，以从道也。如金丹以乾坤为鼎器者，“天地设位”也；以阴阳为化机者，即“易行乎中”也。元始采药无穷，行火候之不息也。

问：“辟户谓之乾，阖户谓之坤，一阖一辟谓之变”，如何？

曰：一阖一辟者，一动一静也。乾阳坤阴，如门户之阖辟，即“乾坤易之门”也。且如阴阳互动互静，机缄不已，元亨利贞，定四时成岁。变者，变易也。至道与神炁混混沦沦，周乎三才万物，阖辟无穷，致广大而尽精微矣。以一身言之，呼吸是矣。呼则接天根，是谓之辟。吸则接地根，是谓之阖。一呼一吸，化生金液，是谓之变。阖辟呼吸，即玄牝之门，天地之根矣。所谓呼吸者，非口鼻呼吸，乃真息阖辟也。

问："乾道成男，坤道成女"，如何？

曰：乾，父也；坤，母也。乾初爻交坤而成震，震初索而得男，是谓长男。坤初爻交乾而成巽，巽初索而得女，是谓长女。乾中爻交坤而成坎，坎再索而得男，是谓中男。坤中爻交乾而成离，离再索而得女，是谓中女。乾三爻交坤而成艮，艮三索而得男，是谓少男。坤三爻交乾而成兑，兑三索而得女，是谓少女。乾生三男，坤生三女，乾坤共生六子，是谓八卦。以身言之，初受胎时，禀父母精华而成此身。精华者，丹经喻曰"天壬地癸"也。初交合时，天壬先至，地癸随至，癸裹壬，则成男子；地癸先至，天壬随至，壬裹癸，则成女子。壬癸偶然齐至，则成双胎。壬先至，癸迟至；癸先至，壬迟至，俱不成胎也。故曰"乾道成男，坤道成女"。夫天壬、地癸者，乃天地元精、元炁也。亦丹经所谓"坎戊离己"，异名铅汞也。节之于外则成人，益之于内则成丹。世人不知，生男生女，实由命分中得，不由人力。若不断淫绝欲，自为修养，直待精华耗竭，早至夭亡，大可惜也！又岂知寡欲而得男女，贵而寿；多欲而得男女，浊而夭？

问："形而上者，谓之道。形而下者，谓之器"，如何？

曰：形而上者，无形质；形而下者，有体用。无形质者，系乎性，汞也。有体用者，系乎命，铅也。总而言之，无出身心也。

问：圣人以易"洗心退藏于密"，密是何也？

曰：诚之至也。《易》理致广大而尽精微，圣人玩味其理，洗心涤虑，藏于极诚矣。

问：《书》云："人心惟危，道心惟微。惟精惟一，允执厥中。"不知中，如何执？

曰：执者，一定之辞。中者，中正之中也。道心微而难见，人心危而不安，虽至人亦有人心，虽下愚亦有道心。苟能心常正得中，所以微妙而难见也。若心稍偏而不中，所以危殆而不安也。学仙之人，择一而守之不易，常执其中，自然危者安，而微者著矣。金丹用中为玄关者，亦是这个道理。

问："上天之载，无声无臭"，如何？

曰：诚之昭著。虽无声可闻，无臭可知，天道亦不可掩。如道经云"大量玄玄”，亦是真之至也。

问：“不识不知，顺帝之则”，如何？

曰：圣人生而知之，默而顺之，天理所谓不思而得，不勉而中，得无为自然之道也。此则《中庸》所谓“诚而明”也。若谓明而诚，正是圣人之教耳。学道之人，夙有根器，一直了性，自然了命也。此生而知之也。根器浅薄者，不能一直了性，自教而入，从有至无，自粗达妙，所以先了命而后了性也。此学而知之也。

问：“夫子饭蔬食饮水，曲肱而枕之，乐亦在其中矣。”夫子乐在何处？

曰：夫子所乐者天，所知者命，故乐天知命而不忧。虽匡人所逼，犹且弦歌自娱于《易》，得“不远复以修身，复见天地之心”，“穷理尽性，以至于命”。此金丹之妙也。

问：颜子箪瓢之乐，如何？

曰：颜子得夫子“乐天知命不忧”之理，故不改其乐也，所以如愚。心斋坐忘[①]，黜聪明，去智虑，庶乎屡空，亦金丹之妙也。

问：曾子披破褐而颂，声满天地。天子不得而臣，诸侯不得而友，是如何？

曰：曾子一唯之妙，口耳俱忘，所以修身、齐家、治国、平天下，得一贯之道。

问：子路问死，夫子答曰：“未知生，焉知死。”是如何？

曰：生死乃昼夜之常，知有昼，则知有夜。《易》云“原始返终”，则知死生之说。丹书云：“父母未生以前，是金丹之基。”释云：“未有此身，性在何处？”以此求之，三教入处，只要原其始，自知其终。溯其流，而知其源。人能穷究此身，其所从来，生死自然都知也。汝曾看《太极图》否？太极未判之前，是甚么？若穷得透，则知此身之前，原始可以要终也。

问：太极未判，其形若鸡子。鸡子之外，是甚么？

曰：太虚也。凡人受气之时，形体未分，亦如鸡子。既生之后，立性立命，

---

① 心斋坐忘：《庄子》：“回曰：敢问心斋？仲尼曰：一若志，无听之以耳而听之以心，无听之以心而听之以气。听止于耳，心止于符。气也者，虚而待物者也。唯道集虚。虚者，心斋也。”（《人间世》）“仲尼蹴然曰：何谓坐忘？颜回曰：堕肢体，黜聪明，离形去知，同于大通，此谓坐忘。”（《大宗师》）

一身之外，皆太虚也。

问：人在母腹中时，还有性否？

曰：腹中秽污，灵性岂存得住？

又问：怀胎五七个月，其胎忽动，莫非性乎？

曰：非性也，一炁而已。人在腹中时，随母呼吸。一离母胎，立性立命，便自有天地。且如蛇斩作两段，前尚走，尾尚活。又有人煮蟹既熟，遗下生脚尚动，岂性也？汝究此理，则知炁动也，非性也。

问：《语》云："吾道一以贯之。"如何？

曰：圣人言身中一天理，可以贯通三才，三教万事，无不备矣。如释氏"无我、无人、无众生、无寿者"，道教"了一万事毕"，皆一贯也。

问：世尊拈花示众，独迦叶微笑。世尊云："吾有正法眼藏，涅槃妙心，分付摩诃迦叶。"不知微笑者，何事？

曰：世尊拈花示众，众皆不见佛心，独迦叶见佛心之妙，所以微笑，故世尊以心外之妙，分付与迦叶也。

问：达摩西来，不立文字，直指人心，见性成佛。如何是见性？

曰：达摩以真空妙理，直指人心。见性者，使人转物情空，自然见性也。岂在乎笔舌传之哉？

问：儒有《先天易》，释有《般若经》，道有《灵宝经》，莫非文字乎？

曰：非也，皆圣人以无言而形于有言，显真常之道也。释教一大藏教典，及诸家语录因果；儒教九经三传，诸子百家；道教洞玄诸品经典，及诸丹书，是入道之径路，超升底梯阶。若至极处，一个字也使不着。汝问余数事，亦只是过河之筏，向上一着，当于言句之外求之。或筑着磕着，悟得透得，复归于太极，圆明觉照，虚彻灵通，性命双全，形神俱妙，虚空同体，仙佛齐肩，亦不为难。

问：先生云"三教一理，极荷开发"，但释氏涅槃、道家脱胎，似有不同处？

曰：涅槃与脱胎，只是一个道理。脱胎者，脱去凡胎也。岂非涅槃乎？如道家炼精化炁，炼炁化神，炼神还虚，即抱本归虚，与释氏归空，一理无差别也。

又问：脱胎后，还有造化么？

曰：有造化在。圣人云："身外有身，未为奇特。虚空粉碎，方露全真。"所以脱胎之后，正要脚踏实地，直待与虚空同体，方为了当。且如佛云"真空"，儒曰"无为"，道曰"自然"，皆抱本还元，与太虚同体也。执着之徒，畴克知此一贯之道哉？

洁庵曰：先生精造金丹之妙道，融通三教之玄机，随问随答，极玄极妙，岂敢自秘，当刊诸梓，与同志之士，相与开发，隋珠赵璧，自有识者。

赵定庵问答

师曰：前代祖师、高真、上圣，有无上至真之道，留传在世度人。汝还知否？

定庵曰：弟子初进玄门，至愚至蠢，蒙师收录，千载之幸也。无上正真之道，诚未知之，望师开发。

师曰：无上正真之道者，无上可上，玄之又玄，无象可象，不然而然，至极至妙之谓也。圣人强名曰道。自古上仙，皆由此处了达，未有不由是而修证者。圣师口口所授，历代心心相传。金丹之旨，乃无上正真之妙道也。

定庵曰：无上正真之妙，喻为金丹，其理云何？

师曰：金者，坚也。丹者，圆也。释氏喻之为"圆觉"，儒家喻之为"太极"，初非别物，只是本来一灵而已。本来真性，永劫不坏，如金之坚，如丹之圆，愈炼愈明。释氏曰〇此者，真如也；儒曰〇此者，太极也；吾道曰〇此，乃金丹也，体同名异。《易》曰："易有太极，是生两仪。"太极者，虚无自然之谓也。两仪者，一阴一阳也。阴阳，天地也。人生于天地之间，是谓三才。三才之道，一身备矣。太极者，元神也。两仪者，身心也。以丹言之，太极者，丹之母也。两仪者，真铅、真汞也。所谓铅汞者，非水银、朱砂、硫黄、黑锡、草木之类，亦非精津涕唾、心肾、气血，乃身中元神、身中元炁。身不动，精炁凝结，喻之曰丹。所谓丹者，身也。〇者，真性也。丹中取出〇者，谓之丹成。所谓丹者，非假外而造作，由所生之本而成正真也，世鲜知之！今之修丹之士，多不得其正传，皆是向外寻求，随邪背正，所以学者多，而成者少也。

或炼五金八石，或炼三逊五假，或炼云霞外气，或炼日月精华，或采星曜之光，或想空中丸块而成丹，或想丹田有物而为丹，或肘后飞金精，或眉间存想，或还精补脑，或运气归脐，乃至服秽吞精，纳新吐故，八段锦，六字气，摇夹脊，绞辘轳，闭尾闾，守脐蒂，采天癸，锻秋石，屈伸导引，抚摩消息，默朝上帝，舌拄上腭，三田还返，闭息行气，三火聚于膀胱，五行攒于苦海，如斯小法，何啻千门？纵勤功采取，终不能成其大事。经云："正法难遇，多迷真道，多入邪宗。"此之谓也。夫至真之要，至简至易，难遇易成。若遇至人点化，无不成就。

定庵曰：弟子夙生庆幸，得遇老师，幸沾法乳。金丹之要，望赐点化。

师曰：汝今谛听，当为汝谈。夫炼金丹者，全在夺天地造化。以乾坤为鼎器，日月为水火，阴阳为化机，乌兔为药物。仗天罡之斡运，斗柄之推迁。采药有时，运符有则。进火退符，体一年之节候。抽铅添汞，象一月之亏盈。攒簇五行，合和四象，追二炁归黄道，会三性于元宫，返本还元，归根复命，功圆神备，凡蜕为仙，谓之丹成也。

定庵曰：天地造化，诚恐难夺？

师曰：无出一身，奚难之有？天地，形体也。水火，精炁也。阴阳，身心也。乌兔，性情也。所以形体为鼎炉，精炁为水火，情性为化机，身心为药材。圣人恐学者无以取则，遂以天地喻之。人身与天地造化，无有不同处。身心两个字，是药也是火。所以天魂地魄，乾马坤牛，阳铅阴汞，坎男离女，日乌月兔，无出"身心"两字也。天罡斡运者，天心也。丹书云："人心若与天心合，颠倒阴阳止片时。"又云："以心观道，道即心也。以道观心，心即道也。"斗柄推迁者，玄关也。夫玄关者，至玄至妙之机关也。今之学者，多泥于形体，或云眉间，或云脐轮，或云两肾中间，或云脐后肾前，或云膀胱，或云丹田，或云首有九宫中为玄关，或指产门为生身处，或指口鼻为玄牝，皆非也。但着在形体上都不是，亦不可离此一身向外寻求。诸丹经皆不言正在何处者，何也？难形笔舌，亦说不得，故曰玄关。所以圣人只书一"中"字示人。此"中"字，玄关明矣。所谓中者，非中外之中，亦非四维上下之中，不是在中之中。释云："不思善，不思恶，正恁麽时，那个是自己本来面目。"此禅家之"中"也。儒曰："喜怒哀乐未发，谓之中。"此儒家之"中"也。道曰："念头不起处，谓之中。”此道家之“中”也。此乃三教所用之“中”也。《易》曰“寂然不动”，中之体也；“感而遂通”，中之用也。《老子》云：“致虚极，守静笃，万物并作，吾以观其复。”《易》云：“复其见天地之心。”且复卦，一阳生于五阴之下。阴者，静也。阳者，动也。静极生动，只这动处，便是玄关也。汝但于二六时中，举心动念处着工夫，玄关自然见也。见得玄关，药物火候，运用抽添，乃至脱胎神化，并不出此一窍。采药者，采身中真铅、真汞也。药生有时，非冬至、非月生、非子时。祖师云：“炼丹不用寻冬至，身中自有一阳生。”又云：“铅遇癸生须急采，金逢望远不堪尝。”以此求之，身中癸生，一阳时也，便可下手采之。二炁交合之后，要识持盈，不可太过，望远不堪尝也。进火退符，无以取则，遂以一年节候，寒暑往来以为火符之则。又以一月盈亏，以明抽添之旨。且如冬至一阳生，复卦；十二月二阳，临卦；正月三阳，泰卦；二月四阳，大壮卦；三月五阳，夬卦；四月纯阳，乾卦。阳极阴生，五月一阴，姤卦；六月二阴，遁卦；七月三阴，否卦；八月四阴，观卦；九月五阴，剥卦；十月纯阴，坤卦。阴极阳生，周而复始。此火符进退之机。奈何学者执文泥象，以冬至日下手进火，夏至退符。二八月沐浴，尤不知其要也。圣人见学者，错用心志，又以一年节候，促在一月之内，以朔望象冬夏至，以两弦比二八月，以两日半准一月，以三十日准一年，世人又着在月上。又以一月盈亏，促在一日，以子午体朔望，以卯酉体二弦，学者又着在日上。近代真师云：“一刻之工夫，自有一年之节候。”

又曰：父母未生以前，乌有年、月、日、时？

师曰：此圣人诱喻，初学勿错用心。奈何执着之徒，不穷其理，执文泥象，徒尔劳心，余今直指与汝。身中癸生，便是一阳也。阳升阴降，便是三阳也。阴阳分，是四阳，体二月，如上弦，比卯时，宜沐浴。然后进火，阴阳交，神炁合，六阳也。阴阳相交，神炁混融之后，要识持盈。不知止足，前功俱废。故曰：“金逢望远不堪尝。”然后退符，象一阴。乃至阴阳分，象三阴。阴阳伏位，宜沐浴，象八月，比下弦，如酉时也。然后退至六阴，阴极阳生，顷刻之间，一周天也。汝但依而行之，久久工夫，渐凝渐结，无质生质，结成圣胎，谓之丹成也。

定庵曰：下手工夫，周天运用，已蒙开发。种种异名，不能尽知，望师指示！

师曰：异名者，只是譬喻，无出“身心”两字。下工之际，凝耳韵，含眼光，缄舌气，调鼻息，四大不动，使精神魂魄意，各安其位，谓之“五炁朝元”。运入中宫，谓之“攒簇五行”。心不动，龙吟；身不动，虎啸。身心不动，谓之“降龙伏虎”。龙吟，则炁固；虎啸，则精固，握固灵根也。以精炁，喻之龟蛇；以身心，喻之龙虎。龟蛇打成一片，谓之“合和四象”。以性摄情，谓之“金木并”。以精御炁，谓之“水火交”。木与火同源，两性一家，“东三南二同成五”也。水与金同源，两性一家，“北一西方四共之”也。土居中宫，属意，自己五数，“戊己还从生数五”。心身意，打成一片，“三家相见结婴儿”，总谓之“三五混融”也。炼精化炁，炼炁化神，炼神还虚，谓之“三花聚鼎”，又谓之三关。今之学人，多指尾闾、夹脊、玉枕为三关者，只是功法，非至要也。举心动念处为玄牝，今人指口鼻者，非也。身心意，为三要。心中之性，谓之“砂中汞”。身中之炁，谓之“水中金”。金本生水，乃水之母，金反居水中，故曰“母隐子胎”。外境勿令入，内境勿令出，谓之“固济”。寂然不动，谓之“养火”。虚无自然，谓之“运用”。存诚笃志，谓之“守城”。降伏内魔，谓之“野战”。真汞，谓之“姹女”；真铅，谓之“婴儿”；真意，谓之“黄婆”。性情，谓之“夫妇”。澄心定意，性寂神灵，二物成团，三元辐辏，谓之“成胎”。爱护灵根，谓之“温养”。所谓温养者，如龙养珠，如鸡覆子，谨谨护持，勿令差失，毫发有差，前功俱废也。阳神出壳，谓之“脱胎”。归根复命，还其本初，谓之“超脱”。打破虚空，谓之“了当”也。

定庵曰：金丹成时，还可见否？

答曰：可见。

曰：有形否？

曰：无形。

问曰：既无形，如何可见？

答曰：金丹只是强名，岂有形乎？所谓可见者，不可以眼见。释曰：“于不见中亲见，亲见中不见。”道经云：“视之不见，听之不闻，斯谓之道。”视之不见，未尝不见；听之不闻，未尝不闻。所谓可见、可闻，非耳目所及也，心见意闻而已。譬如大风起，入山撼木，入水扬波，岂得谓之无？观之不见，搏之不得，岂得谓之有？金丹之体，亦复如是。所以炼丹之初，有无互用，动静相须。乃至成功，诸缘顿息，万法皆空，动静俱忘，有无俱遣，始得玄珠成象，太一归真也。性命双全，形神俱妙，出有入无，逍遥云际，果证金仙也。所以经典丹书，种种异名，接引学人从粗达妙，渐入佳境。及至见性悟空，其事却不在纸上。譬若过河之舟，济度斯民，既登彼岸，舟船无用矣。前贤云："得兔忘蹄，得鱼忘筌。"此之谓也。且余今语此授汝，却不可执在言上，但只细嚼熟玩其味，穷究本源。苟或一言之下，心地开通，直入无为之境，是不难也。更有向上机关，未易轻述，当于言外求之。

金丹或问

予观丹经子书，后人笺注，取用不一。或着形体，或泥文墨，或以清净为苦空，或以汞铅为有象，所见不同，后人岂得不惑？殊不知，至道则一，岂有二哉？又近来丹书所集，多是旁门，如解七返九还，寅子数坤申之类，不亦谬乎？予今将丹书中精要，集成或问三十六则，以破后人之惑，达者味之。

或问：何谓九还？

曰：九，乃金之成数。还者，还元之义，则是以性摄情而已。情属金，情来归性，故曰"九还"。丹书云："金来归性初，乃得称还丹。"此之谓也。若以子数至申为九还者，非也。

或问：何谓七返？

曰：七，乃火之成数。返者，返本之义，则是炼神还虚而已。神属火，炼神返虚，故曰"七返"。或以寅至申为七返，非也。《悟真篇》云："休将寅子数坤申，只要五行绳准。"正谓此也。

或问：何谓三关？

曰：三元之机关也。炼精化气为初关，炼气化神为中关，炼神还虚为上关。或指尾闾、夹脊、玉枕为三关者，只是工法，非至要也。登真之要，在乎三关，岂有定位？存乎口诀！

或问：何谓玄关？

曰：至玄至妙之机关也。初无定位，今人多指脐轮，或指顶门，或指印堂，或指两肾中间，或指肾前脐后，已上皆是旁门。丹书云“玄关一窍，不在四维上下，不在内外偏傍，亦不在当中，四大五行不着处”是也。

或问：何谓三宫？

曰：三元所居之宫也。神居乾宫，气居中宫，精居坤宫。今人指三田者，非也。

或问：何谓三要？

曰：归根之窍，复命之关，虚无之谷，是谓三要。或指口耳[①]鼻为三要者，非也。

或问：何谓玄牝？

曰：“谷神不死，是谓玄牝。”或指口鼻者，非也。紫阳真人云：“念头起处为玄牝。”斯言是也。予谓念头起处，乃生死之根，岂非玄牝乎？虽然亦是工法，最上一乘，在乎口诀。

或问：何谓真种子？

曰：天地未判之先，一点灵明是也。或谓人从一气而生，以气为真种子；或谓因念而有此身，以念为真种子；或谓禀二五之精而有此身，以精为真种子，此三说似是而非。释云：“无量劫来生死本，痴人唤作本来真。”此之谓也。

或问：何谓鼎炉？

曰：身心为鼎炉。丹书云：“先把乾坤为鼎器，次抟乌兔药来烹。”乾，心也；坤，身也。今人外面安炉立鼎者，谬矣。

或问：何谓药物？

曰：真铅、真汞为药物，只是本来二物是也。

或问：何谓内药？何谓外药？

曰：炼精、炼气、炼神，其体则一，其用有二，交感之精，呼吸之气，思虑之神，皆外药也。先天至精，虚无空气，不坏元神，此内药也。丹书云：“内外两般作用。”正谓此也。

或问：“敲竹唤龟吞玉芝”，如何说？

曰：敲竹者，息气也。唤龟者，摄精也。炼精化气，以气摄精，精气混融，

---

① 耳，底本无，校者补。

结成玉芝，采而吞之，保命也。

或问："鼓琴招凤饮刀圭"，如何说？

曰：鼓琴者，虚心也。招凤者，养神也。虚心养神，心明神化，二土成圭，采而饮之，性圆明也。

或问：如何是五气朝元？

曰：身不动，精固，水朝元；心不动，气固，火朝元；性寂则魂藏，木朝元；情忘则魄伏，金朝元；四大安和则意定，土朝元。此之谓"五气朝元"也。

或问：何谓黄婆？

曰：黄者，中之色。婆者，母之称。万物生于土，土乃万物之母，故曰"黄婆"，人之胎意是也。或谓脾神为黄婆者，非也。

或问：何谓金公？

曰：以理言之，乾中之阳，入坤成坎，坎为水，金乃水之父，故曰"金公"。以法象言之，金边着公字，铅也[①]。

或问：坎为太阴，如何喻婴儿？

曰：坎本坤之体，故曰太阴。因受乾阳而成坎，为少阳，故喻之为婴儿，谓"负阴抱阳"也。

或问：离为太阳，却如何喻为姹女？

曰：离本乾之体，故曰太阳。因受坤阴而成离，为少阴，故喻之为姹女，谓"雄里怀雌"也。

或问：何谓真金？

曰：金乃元神也，历劫不坏，愈炼愈明，故曰"真金"。

或问：如何是子母？

曰：水中金也。金为水之母，金藏水中，故"母隐子胎"也。则是神乃身之母，神藏于身，喻为"母隐子胎"。

或问：何谓宾主？

曰：性是一身之主，以身为客。今借此身养此性，故让身为主。丹书云："饶他为主我为宾。"此之谓也。

---

① 铅字，古字又作"鈆"，故谓"金边着公字"。

或问：何谓先天一气？

曰：天地未判之先，一灵而已，身中一点真阳是也。以其先乎覆载，故名先天。

或问：何谓水火？

曰：天以日月为水火，《易》以坎离为水火，禅以定慧为水火，圣人以明润为水火，医道以心肾为水火，丹道以精气为水火。我今分明指出，自己一身之中，上而炎者，皆为火；下而润者，皆为水。种种异名，无非譬喻，使学者自得之也。

或问：如何是火中有水？

曰：从来神水出高原。以理言之，水不能自润，须仗火蒸而成润。以法象言之，火旺在午，水受气在午。以此求之，火中有水明矣。若以一身言之，则是气中之液也。

或问：如何水中有火？

曰：以理言之，日从海出。以法象言之，水旺在子，火受胎在子。以一身言之，则是精中之气也。

或问：如何是既济？

曰：水升火降曰既济。《易》曰："山下有泽，损，君子以惩忿窒欲。"此既济之方也。惩忿则火降，窒欲则水升。

或问：如何是未济？

曰：不能惩忿，则火上炎；不能窒欲，则水下湿。无明火炽，苦海波翻，水火不交，谓之未济。

或问：如何是金木并？

曰：情来归性，谓之交并。情属金，性属木。

或问：如何是间隔？

曰：情逐物，性随念，情性相违，谓之间隔。

或问：如何是清浊？

曰：心不动，水归源，故清；心动，水随流，故浊。

或问：何谓二八？

曰：一斤之数也。半斤铅，八两汞，非真有斤两，只要二物平匀，故曰二八。丹书云:“前弦之后后弦前，药物平平火力全。”比喻阴阳平也。亦如二八月，昼夜停也。

或问：如何是沐浴?

曰：洗心涤虑，谓之沐浴。

或问：如何是丹成?

曰：身心合一，神气混融，情性成片，谓之丹成，喻为圣胎。仙师云“本来真性是金丹。四假为炉炼作团”是也。

或问：何谓养火?

曰：绝念为养火。

或问：如何是脱胎?

曰：身外有身为脱胎。

或问：如何是了当?

曰：与太虚同体，谓之了当。物外造化，未易轻述，在人自得之也。

全真活法

授诸门人

全真道人，当行全真之道。所谓全真者，全其本真也。全精，全气，全神，方谓之全真。才有欠缺，便不全也；才有点污，便不真也。

全精，可以保身。欲全其精，先要身安定。安定则无欲，故精全也。

全气，可以养心。欲全其气，先要心清静。清静则无念，故气全也。

全神，可以返虚。欲全其神，先要意诚，意诚则身心合而返虚也。是故精气神为三元药物，身心意为三元至要。

学神仙法，不必多为，但炼精气神三宝为丹头，三宝会于中宫，金丹成矣。岂不易知？岂为难行？难行难知者，为邪妄眩惑尔。

炼精之要，在乎身。身不动，则虎啸风生，玄龟潜伏，而元精凝矣。

炼气之要，在乎心。心不动，则龙吟云起，朱雀敛翼，而元气息矣。

炼神之要，在乎意。意不动，则二物交，三元混一，而圣胎成矣。

乾坤鼎器，坎离药物，八卦三元，五行四象，并不出“身心意”三字。全真至极处，无出“身心”两字。离了身心，便是外道。虽然亦不可着在身心上，才着在身心，又被身心所累。须要即此用、离此用。予所谓身心者，非幻身肉心也，乃不可见之身心也。且道如何是不可见之身心？云从山上，月向波心。

身者，历劫以来清静身，无中之妙有也。心者，象帝之先灵妙，本有中之真无也。无中有，象坎☵；有中无，象离☲。

祖师云：“取将坎位中心实，点化离宫腹内阴。自此变成乾健体。潜藏飞跃尽由心。”予谓“身心”两字，是全真致极处，复何疑哉？

炼丹之要，只是“性命”两字。离了性命，便是旁门。各执一边，谓之偏枯。祖师云:“神是性兮气是命。”即此义也。

炼气在保身，炼神在保心。身不动，则虎啸；心不动，则龙吟。虎啸，则铅投汞；龙吟，则汞投铅。铅汞者，即坎离之异名也。坎中之阳，即身中之至精也。离中之阴，即心中之元气也。炼精化气，所以先保其身；炼气化神，所以先保其心。身定则形固，形固则了命。心定则神全，神全则了性。身心合，性命全，形神妙，谓之“丹成”也。精化气，气化神，未为奇特，夫何故？犹有炼神之妙，未易轻言。

予前所言，金丹之大概，若向这里具只眼，方信大事不在纸上。其或未然，须知下手处。既知下手处，便从下手处做将去，自炼精始。精住，则然后炼气；气定，则然后炼神；神凝，则然后返虚。虚之又虚，道德乃俱。

炼精在知时。所谓时者，非时候之时也。若着在时上，便不是。若谓无时，如何下手？毕竟作么生？咦！古人言:“时至神知。”祖师云:“铅见癸生须急采。”斯言尽矣！

炼气在调燮。所谓调燮者，调和真息、燮理真元也。《老子》云:“玄牝之门，是谓天地根。绵绵若存，用之不勤。”其调燮之要乎！

今人指口鼻为玄牝之门，非也。玄牝者，天地阖辟之机也。《易·系》云:“阖户之谓坤，辟户之谓乾。一阖一辟之谓变。”一阖一辟，即一动一静。《老子》所谓“用之不勤”之义也。

丹书云:“呼则接天根，吸则接地根。呼则龙吟云起，吸则虎啸风生。”予谓“呼则接天根，吸则接地根”，即“阖户之谓坤，辟户之谓乾”也。“呼则龙吟云起，吸则虎啸风生”，即“一阖一辟之谓变”，亦“用之不勤”之义也。指口鼻为之玄牝，不亦谬乎？此所谓呼吸者，真息往来无穷也。

口　诀

外阴阳往来，则外药也；内坎离辐辏，乃内药也。外有作用，内则自然。精气神之用有二，其体则一。

以外药言之：交合之精，先要不漏；呼吸之气，更要细细，至于无息；思虑之神，贵在安静。

以内药言之：炼精，炼元精，抽坎中之元阳也。元精固，则交合之精自不泄。炼气，炼元气，补离中之元阴也。元气住，则呼吸之气自不出入。炼神，炼元神也，坎离合体成乾也。元神凝，则思虑之神泰定。

其上更有炼虚一着，非易轻言，贵在嘿会心通可也。勉旃！勉旃！

论

性命论

夫性者，先天至神，一灵之谓也。命者，先天至精，一气之谓也。精与神，性命之根也。性之造化系乎心，命之造化系乎身。见解智识，出于心也；思虑念想，心役性也。举动应酬，出于身也。语默视听，身累命也。命有身累，则有生有死。性受心役，则有往有来。是知“身心”两字，精神之舍也。精神，乃性命之本也。性无命不立，命无性不存。其名虽二，其理一也。嗟乎！今之学徒，缁流道子，以性命分为二，各执一边，互相是非。殊不知孤阴寡阳，皆不能成全大事。修命者，不明其性，宁逃劫运？见性者，不知其命，末后何归？仙师云：“炼金丹，不达性，此是修行第一病。只修真性不修丹，万劫阴灵难入圣。”诚哉言欤！高上之士，性命兼达。先持戒定慧而虚其心，后炼精气神而保其身。身安泰，则命基永固；心虚澄，则性本圆明。性圆明，则无来无去；命永固，则无死无生。至于混成圆顿，直入无为，性命双全，形神俱妙也。虽然，却不可谓性命本二，亦不可做一件说，本一而用则二也。苟或执着偏枯，各立一门而入者，是不明性命者也。不明性命，则支离为二矣。性命既不相守，又焉能登真蹑境者哉？

卦象论

海琼真人云：“上品丹法无卦爻。”诸丹书皆用卦爻者，何也？此圣人设教而显道也。古云：“大道无言，无言不显其道。”即此义也。所谓卦者，挂也。如挂物于空悬示人，犹“天垂象，见吉凶”，使人易见也。象也者，像此者也。爻也者，效此者也。卦有三爻，象三才，即我之三元也。画卦六爻，象六虚，即我之六合也。丹书用卦、用爻者，盖欲学者法象安炉，依爻进火，易为取则也。海琼真人谓“无卦爻”者，警拔后人不可泥于爻象，即此用而离此用也。譬如此身未生之前，如如不动，即太极未分之时。因有此身，立性立命，即太极生两仪也。有形体，便有性情，即两仪生四象也。至于精、神、魂、魄、意、气、身、心悉皆足具，即四象生八卦也。先贤云：“崇释则离宫修定，归道乃水府求玄。”谓修炼性命之要也。离宫修定者，持戒定慧，使诸尘不染，万有一空，即去离中之阴也。水府求玄者，炼精气神，使三花聚鼎，五气朝元，而存坎中之阳也。特达之士，二理总持，负阴抱阳，虚心实腹，即取坎中之阳，而补离中之阴，再成乾体也。紫阳真人云：“取将坎位心中实，点化离宫腹里阴。自此变成乾健体，潜藏飞跃尽由心。”正谓此也。行火候用卦爻者，乾坤二卦，健顺相因，往来推荡，定四时成岁，四德运化，无有穷也。行火进退，抽添加减，则而象之。簇一年于一月，簇一月于一日，簇一日于一时，簇一时于一刻，簇一刻于一息，大自元会运世，细至一息之微，皆有一周之运。达此理者，进火退符之要得矣。虽然，丹道用卦，火候用爻，皆是譬喻，却不可执在卦爻上。当知过河须用筏，到岸不须船，得鱼忘筌，得兔忘蹄可也。紫阳真人云：“此中得意休求象，若究群爻谩役情。”又云：“不刻时中分子午，无爻卦内定乾坤。”皆谓此也。予谓，生而知之者，不求自得，不勉而中，又岂在诱喻？故上品丹法，不用卦爻也。中下之士，不能直下了达，须从渐入，故诸丹书皆以卦爻为法则也。达者味之，而自得之矣！

说

死生说

太上云："人之轻死，以其求生之厚，是以轻死。"又曰："夫惟无以生为者，是贤于贵生。"是谓求生了不可得，安得有死耶？有生即有死，无死便无生。故知性命之大事，死生为重焉。欲知其死，必先知其生。知其生，则自然知死也。子路问死，子曰："未知生，焉知死？"大哉圣人之言也。《易·系》所谓"原始要终"，故知死生之说，其斯之谓欤？予谓："学道底人，欲要其终，先原其始；欲明末后，究竟只今。只今脱洒，末后脱洒；只今自由，末后自由。"亘古亘今，历代圣师，脱胎神化、应变无穷者，良由从前淘汰得净洁，末后所以轻举。若复有人于平常一一境界，觑得破，打得彻，不为物眩，不被缘牵，则末后一一境界眩他不得，一一情缘牵他不住。我见今时打坐底人，才合眼，一切妄幻魔境，都在目前，既入魔境，与那阴魔打成一片，不自知觉。间有觉者，亦不能排遣，却如个有气底死人，六根具足，不能施为，被他扰乱，摆拨不下。只今既不得自由，生死岸头怎生得自由去也？若是个决烈汉，合眼时，与开眼时则一同，于一一妄幻境界都无染着，去来无碍，得大自在。只今既脱洒，末后奚患其不脱洒耶？清庵道人，不惜两片皮，为损庵辈饶舌，只如今做底工夫，便是末后大事。只今是因，末后是果。只今一切念虑都属阴趣，一切幻缘都属魔境。若于平常间，打并得洁净，末后不被他惑乱。念虑当以理遣，幻缘当以志断。念虑绝则阴消，幻缘空则魔灭，阳所以生也。积习久久，阴尽阳纯，是谓仙也。或念增缘起，纵意随顺，则阴长魔盛，阳所以消也。积习久久，阳尽阴纯，死矣。大修行人，分阴未尽则不仙；一切常人，分阳未尽则不死。作是见者，玄门高士。诸法眷等，立决定志，存不疑心，直下打并，教赤洒洒，空荡荡，勿令秋毫许尘染着，便是清静法身也。汝若不着一切相，则一切相亦不着汝。汝若不执[①]一切法，则一切法亦不执汝。汝若不见一切物，则一切物亦不见汝。汝若不知一切事，则一切事亦不知汝。汝若不闻一切声，则一切声亦不闻汝。汝若不缘一切觉，则一切觉亦不缘汝。至于五蕴六识，亦复如是。六尘不入，六根清静；五蕴皆空，五眼圆明。到这里，六根互用，通身是眼，群阴消尽，遍体纯阳，性命双全，形神俱妙，与道合真也。更有甚死生可超？更有甚只今末后也？无因也无果，和无也无，倒大轻快，倒大自在。咦！无生法忍之妙，至是尽矣。

至元壬辰②上元日，清庵莹蟾子书于中和庵，赠蔡损庵辈

动静说

太上云："致虚极，守静笃，万物并作，吾以观其复。"此言静极而动也。"夫物芸芸，各复归其根。归根曰静，是谓复命。"此言动极而复静也。又云："复命曰常。"此言静一动，动一静，道之常也。苟以动为动，静为静，物之常也。先贤云："静而动，动而静，神也。动无静，静无动，物也。"其斯之谓欤？是知保身心之要，无出乎动静也。学道底人，收拾身心，致虚之极，守静之笃，则能观复。《易》曰："复，其见天地之心乎？"夫复之为卦，自坤而复，自静而动也。五阴至静，一阳动于下，是谓复也。非静极而动乎？观复则知化，知化则不化，不化则复归其根也。归根曰静，是谓复命，非动而复静乎？《易·系》云："阖户之谓坤，辟户之谓乾。一阖一辟之谓变，往来不穷之谓通。"一阖一辟，一动一静也。往来不穷，动静不已也。互动互静，机缄不已。运化生成，是谓之变。推而行之，应变无穷，是谓之通。太上云："谷神不死，是谓玄牝。"此言虚灵不昧，则动静之机不可揜也。又云："玄牝之门，是谓天地根。"即乾阳坤阴，一阖一辟而成变化也。又云："绵绵若存，用之不勤。"即往来不穷之谓通也。天地[③]阖辟，犹人之呼吸也，呼则接天根，是谓辟也；吸则接地根，是谓阖也。呼则

---

① 执，底本作"染"。

② 至元壬辰，公元1292年。

③ 地，底本作"根"，误。

龙吟云起，吸则虎啸风生，是谓变也。风云际会，龙虎相交，动静相因，显微无间，是谓通也。予所谓呼吸者，非口鼻也。真息绵绵，往来不息之谓也。苟泥于口鼻而为玄牝，又焉能尽天地鼓舞之神哉？知天地变动，神之所为者，是名上士。达是理者，则知乾道健而不息，即我之心动而无为，工夫不息也。坤道厚德载物，即我之身静，而应物用之无尽也。心法天，故清；身法地，故静。常清常静，则天地阖辟之机，我之所维也。经云："清者，浊之源。动者，静之基。人能常清净，天地悉皆归。"正谓此也。经闲庵辈，叩予保身心之要，予以动静告之。盖欲使其收拾身心，效天法地之功用也。夫保身在调燮，保心在捡摄。调燮贵乎动，捡摄贵乎静。一动象天，一静象地，身心俱静，天地合也。至静之极，则自然真机妙应，非常之动也。只这动之机关，是天心也。天心既见，玄关透也。玄关既透，药物在此矣，鼎炉在此矣，火候在此矣，三元、八卦、四象、五行，种种运用，悉具其中矣。工夫至此，身心混合，动静相须，天地阖辟之机，尽在我也。至于心归虚寂，身入无为，动静俱忘，精凝气化也。到这里，精自然化气，气自然化神，神自然化虚，与太虚混而为一，是谓返本还元也。咦！长生久视之道，至是尽矣。

至元壬辰上元后四日，清庵莹然子书于中和精舍，赠经闲庵辈

歌

原道歌

（赠野云）

玄流若也透玄关，蹑景登真果不难。只是星儿孔窍子，迷人如隔万重山。世间纵有金丹客，大半泥文并着物。虽然苦志教门中，却似痴猫守空窟。或将金石为丹母，或云口鼻为玄牝。或云心肾为坎离，或云精血为奇偶。劳形苦体费精神，妙本支离道不伸。直待灵源都丧尽，尚犹执着不回身。人人自有长生要，道法法人人不肖。浮华乱目孰回光，薄雾牵情谁返照？我观颖川野云翁，奇哉道释俱贯通。玉锁金枷齐解脱，急流勇退慕玄风。我今得见知音友，故把天机都泄漏。坎水中间一点金，急须取向离中辏。一句道心话与贤，从今不必乱钻研。九夏但观龙取水，明明天意露真诠。会得此机知采药，地雷震处鼓橐籥。霎时云雨大滂沱，万气咸臻真快乐。水中取得玉蟾蜍，送入悬胎鼎内储。进火退符功力到，无中生有结玄珠。获得玄珠未是妙，调神温养犹深奥。铅要走而汞要飞，水怕寒兮火怕燥。火周须要识持盈，静定三元大宝成。迸破顶门神蜕也，与君同步谒三清。

炼虚歌

（并引，授钱塘王竹斋）

道本至虚，虚无生气，一气判而两仪立焉。清而上者，曰天；浊而下者，曰地。天圆而动，北辰不移，主动者也；地方而静，东注不竭，主静者也。北辰，天地之心；东注，天地之气。以虚养心，心所以静；以虚养气，气所以运。

人心安静，如北辰之不移。神至虚灵，作是见者，天道在己；气常运动，如东注之不竭，形固常存，作是见者，地道在己。天地之道在己，则形神俱妙，阴阳不可得而推迁，超出造化之外也。是知虚者，大道之体，天地之始，动静自此出，阴阳由此运，万物自此生，是故虚者，天下之大本也。古杭王高士，以竹名斋，盖有取于此也。处事以直，处世以顺，处心以柔，处身以静，竹之节操也。动则忘情，静则忘念，应机忘我，应变忘物，竹之中虚也。立决定志，存不疑心，内外圆通，始终不易，竹之岁寒也。广参至士，遍访明师，接待云水，混同三教，竹之丛林也。兼之见素抱朴，少私寡欲，调息运诚，观化知复，非天下之至虚，其孰能与于此？以竹名斋，宜矣。辛卯岁，有全真羽流之金陵中和精舍，尝谈盛德，予深重之。自后三领云翰，观其言辞，有致虚安静之志，于是乎横空飞剑而访先生，是乃已亥重阳日也。观其行，察其言，足见其深造玄理者也。于是乎，以珏蟾扁子名。“珏”之为字，二玉相并，俾之虚实相通，为全形神之大方也。虚为实体，实为虚用，虚实相通，去来无碍。玉，又取其洁白之义，虚室生白，神宇泰定，自然天光发露，普照无私也。工夫至此，仙佛圣人之能事毕矣。辞已既，故作是篇以记之。歌曰：

为仙为佛与为儒，三教单传一个虚。亘古亘今超越者，悉由虚里做工夫。学仙虚静为丹旨，学佛潜虚禅已矣。扣予学圣事如何？虚中无我明天理。道体虚空妙莫穷，乾坤虚运气圆融。阴阳造化虚推荡，人若潜虚尽变通。还丹妙在虚无谷，下手致虚守静笃。虚极又虚元气凝，静中又静阳来复。虚心实腹道之基，不昧虚灵采药时。虚已应机真日用，太虚同体丈夫儿。采铅虚静无为作，进火以虚为橐籥。抽添加减总由虚，粉碎虚空成大觉。究竟道冲而用之，解纷锉锐要兼持。和光混俗忘人我，象帝之先只自知。无画以前焉有卦，乾乾非上坤非下。中间一点至虚灵，八面玲珑无缝罅。四边固密刬浑沦，个是中虚玄牝门。若向不虚虚内用，自然阖辟应乾坤。玄牝门开功则极，神从此出从此入。出出入入复还虚，虚空[①]一声春霹雳。霹雳震时天地开，虚中迸出一轮来。圆陀陀地光明大，无欠无馀照竹斋。竹斋主人大奇特，细把将来应时物。虚里安神虚里行，发言阐露虚消息。虚至无虚绝百非，潜虚天地悉皆归。虚心直节青青

① 虚空，底本作“平地”。

竹，总[1]是炼虚第一机。[2]

破惑歌

堪嗟世上金丹客，万别千差殊不一。执象泥文胡作为，摘叶寻枝徒费力。采日精，吸月华，含光服气及吞霞。敛身偃仰为多事，转睛捏目起空花。炼稠唾，咽津液，指捏尾闾并夹脊。注想存思观鼻端，翻沧倒海食便溺。守寂淡，落顽空，兀兀腾腾做奔功。更有按摩并数息，总与金丹理不同。八段锦，六字气，辟谷休粮事何济？执着三峰学采阴，九浅一深为进退。扰腰兜肾守生门，屈伸导引弄精魂。对炉食乳强兵法，个样家风不足论。更有缩龟并闭息，熊伸鸟引虚劳役。摩腰居士腹中温，行气先生面上赤。击天鼓，抱昆仑，叩齿集神视顶门。虚响认为雄虎啸，肚鸣道是牝龙吟。烧丹田，调煮海，昼夜不眠苦打睚。单衣赤脚受煎熬，前生欠少饥寒债。常持不语谩徒然，默朝上帝怎升迁？呵手提囊真九伯，摩娑小便更狂颠。弄金枪，提金井，美貌妇人为药鼎。采他精血唤真铅，丧失元和犹不省。有等葛藤口鼓禅，斗唇合舌逞能言。指空话空干打哄，竖拳竖指不知原。提话头，并观法，捷辩机锋喧霅霅。拈槌竖拂接门徒，瞬目扬眉为打发。参公案，为单提，真个高僧必不然。理路多通为智慧，明心见性待驴年。道儒僧，休执着，返照回光自忖度。忽然摸着鼻孔尖，始信从前都是错。学仙辈，绝谈论，受气之初穷本根。有相有求俱莫立，无形无象更休亲。心非火，肾非水，凡精不可云天癸。黄婆元不在乎脾，玄牝亦休言口鼻。卯非兔，酉非鸡，子非坎兮午非离。一阳不在初三四，持盈何执月圆时？肝非龙，肺非虎，精华焉得称丹母？五行元只一阴阳，四象不离二玄牝。采药川源未易知，汞产东方铅产西。离位日魂为姹女，坎宫月魄是婴儿。为无为，学不学，缘觉声闻都倚阁。我今一句全露机，身心是火也是药。身心定，玄窍

① 总，底本作“个”。

② 海印子徐颂尧《天乐集》：此歌言之简当，洵为丹家希有之作。老圣“致虚守静”之旨，阐发无遗矣。予昔参汪师时，师（汪东亭）命予熟读此歌，谓“不然则向后与子谈身外火候，子将不信”云云，附记于此。又曰：虚化者，玄宗修炼，自始至终，不离于虚，悉在身外虚空中行持。最初还虚（炼己）与末后还虚（了道），一贯进行，故称“虚玄大道”。以我虚空，通天地之虚空，以天地之虚空，通法界之虚空，虚空相通，入此大定。寂定既久，神与虚俱化，六合皆心，六合皆身，融洽无际，惟一圆明，周遍含容，能现无尽身相、无量神通，道家称为“至人”也。北宗李道纯《炼虚歌》，发挥玄宗虚化之旨趣最精，学者宜熟读而深究焉。

通，精气神虚自混融。三百日胎神脱蜕，翻身拶碎太虚空。

玄理歌

（二首，授田宇庵）

其一

至道虽然无处所，也凭师匠传规矩。屯蒙取象配朝昏，复姤假名称子午。进火无中炼大丹，安炉定里求真土。身心意定共三家，铅汞银砂同一祖。加减依时有后先，守城在我分宾主。南山赤子跨青龙，北海金公骑白虎。两般药物皆混融，一对龟蛇自吞吐。直超实际归大乘，顿悟圆通非小补。密会真机本自然，可怜小法胡撑拄。口灵舌辩自夸能，气大心高谁敢睹。未会潜心入窈冥，何劳立志栖圜堵？初机自是不求师，老倒无成甘受苦。积功累行满三千，返照回光穷二五。起火东方虎啸风，涤尘西极龙行雨。驱雷掣电役天罡，辅正除邪任玄武。姹女才离紫极宫，金公已到朱陵府。炉中大药一丸成，室内胎仙三叠舞。四象五行都合和，九还七返功周普。皎蟾形兆出庵来，烁烁光明充大宇。

其二

治人事天莫若啬，夫啬谓之重积德。性天大察长根尘，理路多通增业识。聪明智慧不如愚，雄辩高谈争似嘿。绝虑忘机无是非，隐耀含华远声色。寡欲薄味善根臻，省事简缘德本植。一念融通万虑澄，三心剔透诸缘息。谛观三教圣人书，息之一字最简直。若于息上做工夫，为佛为仙不劳力。息缘达本禅之机，息心明理儒之极。息气凝神道之玄，三息相须无不克。说与知堂田皎蟾，究竟自心为轨则。

性理歌

两仪肇判分三极，乾以直专坤辟翕。天地中间玄牝门，其动愈出静愈入。道统正传指归趣，仲尼授参参授伋。风从虎兮云从龙，火就燥兮水流湿。致知格物有等伦，入圣超凡无阶级。君子居易以俟命，内省不疚何忧悒？致用推明生杀机，存身究竟龙蛇蛰。回光照破梦中身，直下掀翻旧书笈。磨光刮垢绝根尘，释累清心无染习。潜心入妙感而通，万里长江一口吸。何须乾鼎炼金精，不假坤炉烹玉汁。透彻羲皇未画前，世界收来藏黍粒。

火候歌

欲造玄玄须谨独，谨独工夫机在目。绝断色尘无毁辱，清虚方寸莹如玉。极致冲虚守静笃，静中一动阳来复。初九潜龙须摄伏，进至见龙休太速。才见乾乾光内烛，或跃在渊时沐浴。九五飞龙成化育，阳极阴生须退缩。防微杜渐坤初六，退至直方金并木。六三不可荣以禄，括囊以后神丹熟。若逢野战志钤束，阴剥阳纯火候足。一粒宝珠吞入腹，作个全真仙眷属。一夫一妇常和睦，三偶三奇时趁逐。素女青郎一处宿，黑汞赤铅自攒簇。虚空造就无为屋，这个主人诚不俗。山岳藏云天地肃，烁烁蟾光照虚谷。

龙虎歌

（并引，授钱塘赵束斋）

龙虎者，阴阳之异名也。阴阳运化，神妙莫测，故象之以龙虎。《易·系》云："一阴一阳之谓道，阴阳莫测之谓神。"丹书云："偏阴偏阳之谓疾。"阴阳者，太极之动静也。一分为二，清升浊沦，大而天地，小而物类，皆禀阴阳二气而有形名。故覆载之间，纤洪巨细，未有外乎阴阳者也。丹经子书，种种异名，不出"阴阳"二字。历代仙师，假名立象，喻之为龙虎，使学徒易取则而成功也。龙虎之象，千变万化，神妙难穷，故喻之为药物，立之为鼎炉，运之为火候，比之为坎离，假之为金木，字之为男女，配之为夫妇，以上异名，皆龙虎之妙用也。以其灵感，故曰药物；以其成物，故曰鼎炉；以其变化，故曰火候；以其交济，故曰坎离；以其刚直，故曰金木；以其升沉，故曰男女；以其妙合，故曰夫妇。若非龙虎，何以尽之？《文言》曰："云从龙，风从虎，圣人作而万物睹。"此发明乾元九五之德也。是知龙虎之妙，非神德圣功，何以当之哉？反求诸己，情性也。化而裁之，身心也，魂魄也，精气也。推而行之，玄牝之门也，阖辟之机也。太上云：“谷神不死，是谓玄牝。玄牝之门，是谓天地根。绵绵若存，用之不勤。”《易》云：“阖户谓之坤，辟户谓之乾。一阖一辟谓之变，往来不穷谓之通。”丹书云：“呼则接天根，吸则接地根。”即乾坤阖辟之机也。“呼则龙吟云起，吸则虎啸风生”，即“一阖一辟谓之变”也。风云感合，化生金液，即“往来不穷谓之通”也。金液还返，结成大丹，故假名曰“龙虎大丹”也。采而饵之，长生久视。此所谓呼吸者，非口鼻也。真机妙应，一出一入之门户也。若向这里透得，龙虎丹成，神仙可冀。修真至士，诚能于龙虎上打得彻，透得过，真常之道，虽曰至玄至微，又奚患其不成哉？至于种善根，植德本，养圣胎，未有不明龙虎而成者也。紫阳云：“收拾身心，谓之降龙伏虎。”心不动则龙吟，身不动则虎啸。龙吟则气固，虎啸则精凝。元精凝，则足以保形；元气固，则足以凝神。形神俱妙，与道合真，神仙之能事毕矣。非天下至神，其孰能与于此哉？赵束斋者，古杭人也，幼为内侍，职任中官。因乾旋坤转而勘破浮生，故弃利捐名，而参求道要。虽红尘而混迹，实玄境以栖心，真脱略世事者也。意欲混合凝神，故留心于龙虎。一日携是图示予，求其赘语。予辞不可，于是着笔而塞责焉。告之曰：古人因道而设象，予今因象而立言。束斋者，贵在明加眼力，觑破端的，莫教错认定盘星。苟能因言会意，观图得旨，便知道真龙、真虎不在纸上，而在自己也。至于言象两忘，道德备矣。咦！真龙、真虎不难寻，只要抽阳去补阴。四德运乾诚不息，潜飞见跃尽由心。虽然也是平地起波涛，青天轰霹雳。勉旃！勉旃！歌曰：

真龙真虎元无象，谁为起模传此样？若于无象里承当，又落断常终莽荡。青青白白太分明，也是无风自起浪。时人要识真龙虎，不属有无并子午。休将二物浑沦吞，但把五行颠倒数。根芽本是太玄宫，造化却在朱陵府。虽然运用有主张，毕竟虚灵无处所。一条大道要心通，些子神机非目睹。忽然迸开顶囟门，勘破木金同一母。高高绝顶天罡推，耿耿银河斗柄戽。兴云起雾仗丁公，掣电驱雷役玄武。瞬息之间天地交，刹那之顷坎离补。虎从水底起清风，龙在火中降甘雨。云行雨施天下平，运乾龙德功周普。人言六龙以御天，孰知一龙是真主。人言五虎透玄关，孰知一虎生真土。会得龙虎常合和，便知龟蛇互吞吐。圣人设象指蹄筌，象外明言便造玄。言外更须穷祖意，元来太极本无○。得意忘象未为特，和意都忘为极则。稽首東斋赵隐居，彻底掀翻参学毕。

无一歌

道本虚无生太极，太极变而先有一。一分为二二生三,四象五行从此出。无一斯为天地根，玄教一为众妙门。易自一中分造化，人心一上运经纶。天得一清地得宁，谷得以盈神得灵。物得以成人得生，侯王得之天下贞。禅向一中传正法，儒从一字分开阖。老君以一阐真常，曾参一唯妙难量。道有三乘禅五派，毕竟千灯共一光。抱元守一通玄窍，惟精惟一明圣教。太玄真一复命关，是知一乃真常道。休言得一万事毕，得一持一保勿失。一彻万融天理明，万法归一未奇特。始者一无生万有，无有相资可长久。诚能万有归一无，方会面南观北斗。至此得一复忘一，可与化元同出没。设若执一不能忘，大似痴猫守空窟。三五混一一返虚，返虚之后虚亦无。无无既无湛然寂，西天胡子没髭须。今人以无唤作无，茫荡顽空涉畏途。今人以一唤作一，偏枯苦执费工夫。不无之无还会得，便于守一知无一。一无两字尽掀翻，无一先生大事毕。

抱一歌

无极极而为太极，太极布妙始于一。一分为二生阴阳，万类三才从此出。本来真一至虚灵，亘古亘今无变易。只因成质神发知，善恶机缘有差忒。随情逐幻长荆榛，香味色声都眩惑。诚能一上究根原，返本还元不费力。一夫一妇定中交，三女三男无里得。三元八卦会于壬，四象五行归至寂。忽然迸破顶囟门，烁烁金光满神室。虚无之谷自透通，玄牝之门自阖辟。一阳来复妙奚穷，四德运乾恒不息。浩气凝神于窈冥，出有入无于恍惚。中间主宰是甚么，便是达卿元有的。

慧剑歌

自从至人传剑诀，正令全提诚决烈。有人问我觅踪由，向道不是寻常铁。此块铁，出坤方，得入吾手便轩昂。赫赫火中加火炼，工夫百炼炼成钢。学道人，知此诀，阳神威猛阴魔灭。神功妙用实难量，我今剖露为君说。为君说，泄天机，下手一阳来复时。先令六甲搧炉鞴，六丁然后动钳锤。火功周，得成剑，初出辉辉如掣电。横挥凛凛清风生，卓竖莹莹明月现。明月现，瑞光辉，烁地照天神鬼悲。激浊扬清荡妖秽，诛龙斩虎灭蛟螭。六贼亡，三尸绝，缘断虑捐情网裂。神锋指处山岳崩，三界魔王皆剿拆。此宝剑，本无形，为有神功强立名。学道修真凭此剑，若无此剑道难成。开洪濛，剖天地，消碍化尘无不备。有人问我借来看，拈出向君会不会。

挽邪归正歌

道自虚无生一气，谁为安名分五太？一气判而生两仪，清升浊沦成覆载。阴阳经纬如掷梭，乾坤阖辟如搧鞴。两仪妙合有三才，七窍凿开生万类。无极之真剔浑沦，日用平常无不在。生生化化百千机，不出只今这皮袋。诚能自己究根宗，四象五行本圆备。三反昼夜志不分，绝利一源功百倍。打透精关与气关，潜通天籁并地籁。头头合辙有规绳，窍窍光明无窒碍。若向这里具眼睛，便将两采做一赛。抬头撞倒须弥峰，举步踏翻玄妙寨。单提一理阐真宗，会合万殊归正派。炼阳神了出阳神，自色界超无色界。我见今时修行人，多是造妖并捏怪。气高强大傲同侪，逞俊夸能云自会。机锋捷辩假聪明，驾驭谈空干智慧。初机学者受欺瞒，博学玄流不见爱。只管目前逞强梁，不顾末后受殃害。人前饶舌口喃喃，却如担水河头卖。生烟发火念头差，逐境随时心地隘。涝涝漉漉弄精魂[①]，热热乱乱苦打睚。搬精运气枉辛勤，数息按摩徒意快。昏沉掉举难主张，不昏即散如之奈。神衰气散怎医治，髓竭形羸空后悔。若求正道出迷津，免使填还冤业债。收拾从前狂乱心，掀翻往日豪强态。事父之心推事师，

① 魂，底本作“神”。

得旨先须持禁戒。恕己之心推恕人，不责于人因善贷。不自明而全其明，不自大而成其大。无事无欲及无知，去甚去奢并去泰。立基下手要严持，触境遇缘更淘汰。只凭铅汞做丹头，莫认涂泥为宝贝。更须上下交坎离，勿谓东西为震兑。交梨火枣非肾心，木液金精岂肝肺？休泥缘觉及声闻，不属见知并学解。究竟无中养就儿，禅天净尽绝纤芥。九还七返那机关，不在内兮不在外。本来实相了无形，亘古虚灵终不昧。抱元守一蕴诸空，笃志力行休懈怠。合和四象聚三元，攒簇五行会八卦。烹庚炼甲有抽添，阳火阴符知进退。虚无湛寂运机缄，恍惚杳冥旋造化。两般灵物入中宫，一道金光明四下。西南黄氏老婆心，鼓合南陵丁女嫁。青衣女子才归房，白首金公来入舍。夫欢妇合交阴阳，雨态云情忘昼夜。气固精凝结圣胎，产颗玄珠大希诧。四方剔透大光明，八面玲珑无缝罅。都来些子圆团圞，黄金万两难酬价。稽首全真参学人，记取清庵说底话。诚能直下肯承当，便是渠侬把底靶。话靶做成又作么？无位真人乘鹤驾。

诗

述工夫

（十七首）

发蒙

九转还丹下手功，要知山下出泉蒙。安炉妙用凭坤土，运火工夫借巽风。兑虎震龙才混合，坎男离女便和同。自从四象归中后，造化机缄在我侬。

采药

炼汞烹铅本没时，学人当向定中推。客尘欲染心无着，天癸才生神自知。情寂金来归性本，精凝坎去补南离。两般灵物交并后，阴尽阳纯道可期。

进火

既通天癸始生时，自有真阳应候回。三昧火从离位发，一声雷自震宫来。气神和合生灵质，心息相依结圣胎。透得里头消息子，三关九窍一齐开。

日用

真铅真汞大丹头，采取当于罔象求。有作有为终有虑，无求无执便无忧。常清常静心珠现，忘物忘机命宝周。动静两途无窒碍，不离当处是瀛洲。

固形

全真妙理不难行，惟恐随缘逐色声。万幻不侵情自绝，一心无染念安生？屏除人我全天理，把握阴阳合泰亨。说与修丹高士道，色声无漏性圆明。

交合

造道元来本不难，工夫只在定中间。阴阳上下常升降，金水周流自返还。紫府青龙交白虎，玄宫地轴合天关。云收雨散神胎就，男子生儿不等闲。

透关

真常之道果何难，只在如今日用间。一合乾坤知阖辟，两轮日月自循环。归根自有归根窍，复命宁无复命关？踏遍两重消息子，超凡越圣譬如闲。

出入

谷神不死为玄牝，个是乾坤阖辟机。往往来来终不息，推推荡荡了无违。白头老子乘龙去，碧眼胡儿跨虎归。试问收功何所证？周天匝地月光辉。

警众

口头三昧谩矜夸，阔论高谈事转差。比似虚形求实相，却如捏目起空花。随将物去终归幻，裂转头来便到家。莫怪清庵多臭口，打开心孔要无遮。

挽邪

三千六百法旁门，执着之人向里昏。每日只徒心有见，何时得悟命归根？聪明特达何须道，智慧精通不足论。一切形名声色相，到头都是弄精魂。

敌魔

坐中昏睡怎禁他，鬼面神头见也么？昏散皆因由气浊，念缘未断为阴多。潮来水面浔堤岸，风定江心绝浪波。性寂情空心不动，坐无昏散睡无魔。

显正

火符容易药非遥，天癸生如大海潮。两种汞铅知采取，一齐物欲尽捐消。掀翻万有三元合，炼尽诸阴五气朝。十月脱胎丹道毕，婴儿形兆谒神霄。

调燮

三元大药意心身，着意心身便系尘。调息要调真息息，炼神须炼不神神。顿忘物我三花聚，猛拼机缘五气臻。八达四通无罣碍，随时随处阐全真。

明本

身自空来强立名，有名心事便牵萦。阴阳消长磨今古，日月升沉运死生。会向时中存一定，便知日午打三更。虽然处世凭师授，出世工夫要自明。

铸剑

明师授我铸神锋，全借阴阳造化功。煅炼乾刚坤作冶，吹嘘离火巽为风。做成龙象心官巧，扫荡妖氛志帅雄。学道高人知此趣，等闲劈碎太虚空。

蟾窟

蟾窟清幽境最佳，主人颠倒作生涯。玉炉煅炼黄金液，金鼎烹煎白雪芽。斡运周天旋斗柄，推迁符火运雷车。自从打透都关锁，恣意银河稳泛槎。

清庵

吾庵非是等闲庵，未许常人取次观。一妇一夫能做活，三男三女打成团。里头世界元来大，外面虚空未是宽。试问主人为的事，报言北斗面南看。

咏真乐

（十二首）

一

佛仙总是世人为，争奈迷途自不知。若非贪名争计较，定须逐利苦奔驰。波波漉漉担家业，劫劫忙忙赡妇儿。假使财荣妻貌美，无常到后岂相随？

二

争似全真妙更奇，个中真乐自心知。丹从不炼炼中炼，道向无为为处为。

息念息缘调祖气，忘闻忘见养婴儿。自从立定丹基后，五彩光华透幌帷。

三

炉用坤兮鼎用乾，穷微尽理便通仙。无非摄伏情归性，便是烹煎汞合铅。绝尽机缘丹赫赤，全存正定宝凝坚。即斯便是抽添法，不必忉忉更问玄。

四

火符容易药非遥，造化全同大海潮。药物只于无里采，大丹全在定中烧。九三辐辏诸缘息，二八相交五气朝。阴尽阳纯功就也，真人出见谒神霄。

五

炼丹先把气神调，法水频浇慧火烧。三物混融三性合，一阳来复一阴消。金炉端正千神会，宝鼎功成万象朝。药就丹圆神脱蜕，全身露出赤条条。

六

先天至理妙难穷，铅产西方汞产东。水火二途分上下，玄关一窍在当中。有知不有真为有，空会无空实是空。无有有无端的意，滔滔海底太阳红。

七

寂然不动契真常，消尽群阴自复阳。坤里黄婆生赤子，离中姹女嫁呆郎。山头水降黄芽长，地下雷轰白雪飏。万里银河无点翳，金蟾独露发神光。

八

妖娆少女嫁金公，全借黄婆打合功。一对夫妻才会合，两情云雨便和同。闲时共饮朱陵府，醉后同眠紫极宫。暮乐朝欢恩义重，一年生个小孩童。

九

人人身内有夫妻，争奈愚痴太执迷。不向里头求造化，却于外面立丹基。妄将御女三峰术，伪作轩辕九鼎奇。个样畜生难忏悔，阎公不久牒来追。

十

身内夫妻说与公，青衣女子白头翁。金情木性相交合，黑汞红铅自感通。对月临风神逸乐，行云布雨兴无穷。这些至理诚能会，凝结真胎反掌中。

十一

九还七返大丹头，学者须当定里求。些子神机诚会得，两般灵物便相投。三年造化须臾备，九转工夫顷刻周。便把鼎炉掀倒了，丹光烛破四神州。

十二

不立文书教外传，人人分上本来圆。玄风细细清三境，慧月娟娟印百川。兜率三关皆假喻，天龙一指匪真诠。威音那畔通消息，不是濂溪太极圈。

咏四缘警世

身心世事四虚名，多少迷人被系萦。祸患只因权利得，轮回都为爱缘生。安心绝迹从身动，处世忘机任事更。触境遇缘常委顺，命基永固性圆明。

咏葫芦

灵明种子产先天，蒂固根深理自然。逐日壅培坤位土，依时浇灌坎中泉。花开白玉光而莹，子结黄金圆且坚。成就顶门开一窍，个中别是一坤乾。

心　镜

采将乾矿入坤炉，六合虚空作一模。法相就时圆烁烁，水银磨处莹如如。放光周遍三千界，收敛归藏一黍珠。举起分明全体现，更须打破合元枢。

为孚庵指玄牝

玄门牝户不难知，收拾身心向内推。会得两仪推荡理，便知一气往来时。乾坤阖辟无休息，离坎升沉有合离。我为孚庵明指出，念头复处立丹基。

和翁学录韵

密意参同白玉蟾，元来穷理便通仙。未明太极生三五，徒涉蓬莱路八千。释氏家风凭祖印，羲皇道统必心传。青天独露瑶台月，普印千潭一样圆。

赠邓一蟾

禅宗理学与全真，教立三门接后人。释氏蕴空须见性，儒流格物必存诚。丹台留得星星火，灵府销熔种种尘。会得万殊归一致，熙台内外总登春。

自　得

（七首）

一

打破鸿蒙窍，都无佛与仙。即非心外妙，不是口头禅。
尽日优游过，通宵自在眠。委身潜绝境，万事付之天。

二

一切有为法，般般尽是尘。穷通诸物理，放下此心身。
随处安禅定，趋时乐至真。每将周易髓，警拔世间人。

三

得造无为妙，终朝不出门。机缘全绝断，天理自然存。
日用天行健，平常地势坤。警提门弟子，复命与归根。

四

打透都关锁，天然合大同。龟毛元自绿，鹤顶本来红。
可道非常道，行功是外功。些儿真造化，恍惚窈冥中。

五

自得身心定，凝神固气精。身闲超有漏，心寂证无生。
乌兔从来去，乾坤任变更。廓然无所碍，独露大光明。

六

日用别无事，维持一己诚。静中调气息，动则顺人情。
晦德同其俗，含华不显明。真闲真乐处，常静与常清。

七

静抱无名朴，尘情了不侵。汞铅熔作粉，瓦砾变成金。
觌见羲皇面，参同释老心。顿空超实际，无古亦无今。

自题相

面黄肌瘦子，看来有甚奇？分明乔眼孔，刚道绝闻知。
勘破三千法，参同十七师。低头叉手处，泄尽那些儿。

镜中灯

（二首）

一

宝镜本无相，传灯发慧光。真如元莹净，法体本莹煌。
金鼎烧真火，华池浴太阳。个中端的意，元不离中黄。

二

静室开心镜，虚堂剔慧灯。外头明皎皎，里面晃腾腾。
黍米光中现，银蟾水底澄。悬胎金鼎内，一粒大丹凝。

咏藕

（二首）

一

一种灵苗异，其他迥不同。法身元洁白，真性本玲珑。
外象头头曲，中间窍窍通。淤泥淹不得，发露满池红。

二

我本清虚种，玲珑贯古今。为厌名利冗，且隐淤泥深。
每有济人意，常怀克己心。几多捞漉者，那个是知音？

卓庵

（二首）

一

择尽虚无地，因缘在玉京。筑基须稳稳，立鼎要平平。
直竖须弥柱，横安太极楹。青天为盖覆，庵主乐无生。

二

大地划教平，庵基即日成。来山从丙入，去水放西行。
门户全通达，窗棂透底明。庵中谁是伴？月白与风清。

规中指南

真放虚白子陈冲素　著
新安汪启濩东亭　辑
京江韩景垚仲万　评点
许启邦　校刊

规中指南序[1]

《规中指南》一书，乃真放道人虚白子冲素陈仙师所撰。仙师道成武夷升真玄化洞天，深悯后学而作是书，文简理当，直切不繁，其引诸捷径，削诸譬喻，扫诸异名，迳言见理明心，穷神知化，使学者诵而心领神会，释诸狐疑，诱人于至坦之途，至明之域也。于内丹三要、玄牝、药物、火候之说，不外乎元精、元气、元神之指，不出乎至中、至静、至理之言，更非旁引、曲喻、卦爻之词，亦无铅汞、龙虎、婴姹之配。其详也，剖《参同》之秘密，烛《悟真》之隐微，言言显道，字字露机，接引群迷，真传实授，诚所谓知天尽神，治命造玄，彻一世藩篱之迳廷，仙师垂教于千载玄风之下，竟非小补哉？

是书备载于《藏》，仆得之太和山玉虚宫含真党师，授之于东和希古[2]刘公。讲究间，睹书中之句，以“正心诚意”作中心柱子，其绵绵玄牝、赫赫至神、灏灏元精，则顿然而有主宰于心口之间，曰“规中指南”，惟“真中至静”而已矣。刘公于此而有所得，仰是书太露分明，诚修真之模范。惜乎未得大行于世，后之有志于道者，无以为证训，遂乃捐赀锓梓，诸方广虚白仙师弘仁孔德之心，开后之学者见道明心之目。噫！吾教中同袍之士得睹斯文，乃三生之庆幸也欤！宜宝重云。谨序。

三清院主埜朴山人李景元识

① 本序，据《道藏辑要》昴集补入。
② 古，《道藏辑要》本作“公”，依据《青华秘文序》“东和希古刘先生”句改。

止念第一

（精满不思色，炁满不思食）

耳目聪明男子身，洪钧赋予不为贫。

因探月窟方知物，为摄天根始识人。

乾遇巽时观月窟，地逢雷处见天根。

天根月窟闲来往，三十六宫都是春。

念起即觉，觉之即无，修行妙门，惟在此已。此法无多子，教子炼念头，一毫如未尽，何处觅踪由。

夫无念者，非同土石草木，块然无情也。盖无念之念，谓之正念。正念现前，回光返照，使神御炁，使炁归神，神凝炁结，乃成汞铅。

牢擒意马锁心猿，慢著工夫炼汞铅。

大道教人先止念，念头不住亦徒然。

采药第二

心动则神不入炁（默然养心），身动则炁不入神（凝神忘形）。夫采药者，采身中之药物也。身中之药者（神、炁、精也），采之之法，谓之收拾身心，敛藏神炁。心不动，则神炁完，乃安炉立鼎，烹炼神丹。

识炉鼎第三

玄牝

真人潛深淵
浮游守規中

夫玄牝，其白如绵，其连如环，纵广一寸二分，包一身之精粹。

要得谷神长不死，须凭玄牝立根基。
真精既返黄金室，一颗明珠永不离。

入药起火第四

神是火
炁是藥

取将坎位中心实，点化离宫腹里阴。
从此变成乾健体，潜藏飞跃尽由心。

坎离交姤第五

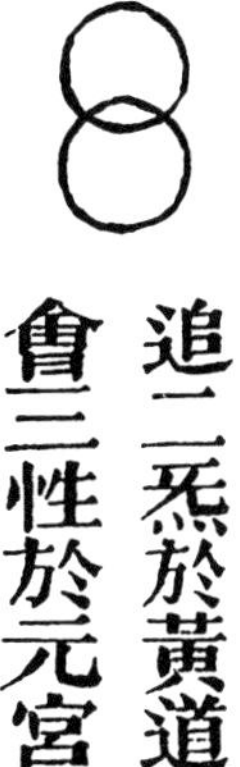

铅龙升，汞虎降。驱二物，勿纵放。

夫坎离交姤，亦谓之小周天，在立基百日之内见之，水火升降于中宫，阴阳混合于丹鼎，云收雨散，炁结神凝，见此验矣。

紫阳真人曰："龙虎一交相眷恋，坎离方姤便成胎。"

溶溶一掬乾坤髓，著意求他啜取来。

乾坤交姤第六

大略與别圖同

内亦交时外亦交，三关通透不须劳。

丹田直至泥丸顶，自在河车几百遭。

朗然子曰：

夹脊双关透顶门，修行径路此为尊。

华池神水频吞咽，紫府元君直上奔。

常使炁冲关节透，自然精满谷神存。

一朝得到长生路，须感当初指教人。

夫乾坤交姤，亦谓之大周天，在坎离交姤之后见之。盖药既生矣，于斯出焉。古诀曰：“离从坎下起，兑在鼎中生。”离者，火也；坎者，水也；兑者，金也；金者，药也。是说也，乃起水中之火，以炼鼎中之药。《庄子》云：“水中有火，乃成大块。”玉蟾云：“一点真阳生坎内，填却离宫之阙。造化无声，水中起火，妙在虚危穴。”丹阳真人云：“水中火发休心景，雪里花开灭意春。”其证验如此。夹脊如车轮，四肢如山石，两肾如汤煎，膀胱如火热，一息之间，天机自动，轻轻然运，默默然举，微以意而定息，应造化之枢机，则金木自然混融，水火自然升降，忽然一点大如黍珠，落于黄庭之中，仍用采铅投汞之机，百日之内，结一日之丹也。当此之时，身心混然，与虚空等，不知身之为我，我之为身，亦不知神之为炁，炁之为神，似此造化，非存想，非作为，自然而然，亦不知其所以然也。《复命篇》曰：“井底泥蛇舞柘枝，窗间明月照梅梨。夜来混沌攧落地，万象森罗总不知。”

攒簇火候第七

乾

上柱天，下柱地，只这个，是鼎器。既知下手，工夫容易。

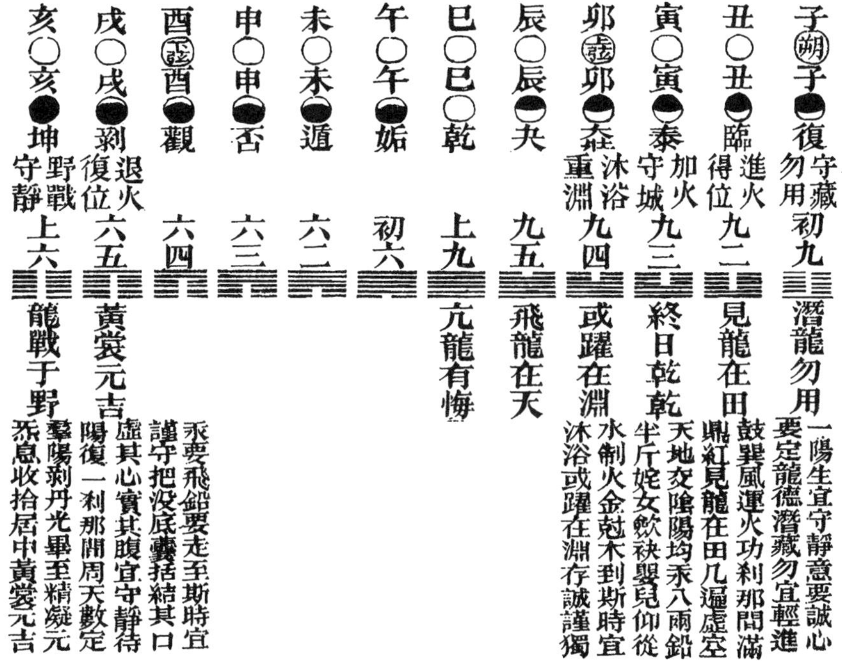

养火

阴既藏，再生阳，到这里，要隄防。若逢野战，其血玄黄。

阳神脱胎第八

掀倒鼎，踢翻炉，功满也，产玄珠。归根复命，抱本还虚。

三百日火，一千日胎。其心离身，忽去忽来。回视旧骸，一堆粪土。十步百步，切宜照顾。

孩儿幼小未成人，须借爷娘养育恩。
九载三年人事尽，纵横天地不由亲。

忘神合虚第九

身外有神，犹未奇特。虚空粉碎，方露全身。

太上玄门知者少，玄玄元不异如如。
提将日月归元象，跳出扶舆见太虚。
炼到形神俱妙处，遂知父母未生初。
这些消息谁传授，没口先生说与吾。

张真人解佩令

阳神离体，冥冥窈窈。刹那间，游遍三岛。出入纯熟，按捺住，别寻玄妙合真空，虚无事了。

内丹三要

玄牝圖

内丹之要有三，曰玄牝、药物、火候。丹经子书，摘为隐语，黄绢幼妇，读者惑之。愚今满口饶舌，直为天下说破，言虽䙰缕[①]，意在发明，字字真诀，肺肝相视，漏泄造化之机缄，贯串阴阳之骨髓，古今不传之秘，尽在是矣。鲸吞海水尽，露出珊瑚枝。

會八卦
貫尾閭

攢五行
通泥丸

月

雲散碧空山色靜
鶴歸丹闕月輪孤

---

① 䙰缕，详细而有条理地叙述。

诗曰：

混沌生前混沌圆，个中消息不容传。
擘开窍内窍中窍，踏破天中天外天。
斗柄逆旋方有象，台光返照始成仙。
一朝捞得潭心月，觑破胡僧面壁禅。

藥物圖

汞鉛玄牝共一家
先天炁
後天炁
入黃房
成至寶
龍虎陰陽同一性
真汞 水 陽龍
玄牝
真鉛 火 陰虎

從此變成乾健體
性由自悟
命假師傳
潛藏飛躍盡由心

诗曰：

五蕴山头多白雪，白云深处药苗芬。
威音王佛随时种，元始天尊下手耘。
石女骑龙探雨实，木人驾虎摘霜芸。
不论贫富家家有，采得归来共一斤。

火候圖

縱識朱砂與水銀，聖人傳藥不傳火

閉☷靜

開☰動

但志誠

法自然

盜天地

奪造化

不刻時中分子午

无爻卦內別乾坤

不知火候也如閑，我今拈出甚分明

诗曰：

无位真人炼大丹，倚空长剑逼人寒。

玉炉火煅天尊髓，金鼎汤煎佛祖肝。

百刻寒温忙里准，六爻文武静中看。

有人要问真炉鼎，岂离而今赤肉团。

玄 牝

《悟真篇》云：“要得谷神长不死，须凭玄牝立根基。真精既返黄金室，一颗明珠永不离。”夫身中一窍，名曰玄牝，受炁以生，实为神府，三元所聚，更无分别，精神魂魄，会于此穴，乃金丹返还之根，神仙凝结圣胎之地也。古人谓之太极之蒂、先天之柄、虚无之宗、混沌之根、太虚之谷、造化之源、归根窍、复命关、戊己门、庚辛室、甲乙户、西南乡、真一处、中黄房、丹元府、守一坛，偃月炉、朱砂鼎、龙虎穴、黄婆舍、铅炉土釜、神水华池、帝一神室、灵台绛宫，皆一处也。然在身中而求之，非口非鼻，非心非肾，非肝非肺，非脾非胃，非脐轮，非尾闾，非膀胱，非谷道，非两肾中间一穴，非脐下一寸三分，非明堂泥丸，非关元炁海。然则何处？曰："我的妙诀，名曰规中。一意不散，结成胎仙。"《契》云："真人潜深渊，浮游守规中。"此其所也。

《老子》曰："多言数穷，不如守中。"正在乾之下，坤之上，震之西，兑之东，坎离水火交媾之乡，人一身天地之正中，八脉九窍，经络联辏，虚闲一穴，空悬黍珠，不依形而立，惟体道以生，似有似无，若亡若存，无内无外，中有乾坤，黄中通理，正位居体。《书》曰："惟精惟一，允执厥中。"《度人经》曰："中理五炁，混合百神。"崔公谓之"贯尾闾，通泥丸"。纯阳谓之"穷取生身受炁初"。平叔曰："劝君穷取生身处。"此元炁之所由生，真息之所由起，故玉蟾又谓之"念头动处"。修丹之士，不明此窍，则真息不住，神化无基。且此一窍，先天而生，后天而接，先后二炁，总为混沌。杳杳冥冥，其中有精；恍恍惚惚，其中有物。物非常物，精非常精也，天得之以清，地得之以宁，人得之以灵。谭真人曰："得灏炁之门，所以归其根；知元神之囊，所以韬其光。若蚌内守，若石中藏，所以为珠玉之房。"皆真旨也。然此一窍，亦无边傍，更无内外，若以形体色象求之，则又成大错谬矣。故曰："不可执于无为，不可形于有作；不可泥于存想，不可著于持守。"

圣人法象，见于丹经，或谓之玄中高起，状似蓬壶，关闭微密，神运其中；或谓之状如鸡子，黑白相扶，纵广一寸，以为始初，弥历十月，脱出其胞；或谓之其白如练，其连如环，方广一寸二分，包一身之精粹。此明示玄关之要，显露造化之机。学者不探其玄，不赜其奥，用工之时，便守之以为蓬壶，存之以为鸡子，想之以为连环，模样如此，形状如此，执有为有，存神入妄，岂不大谬耶？要知玄关一窍、玄牝之门，乃神仙聊指造化之基尔。玉蟾曰："似有而非，除却自身，安顿何处去？"然其中体用权衡，本自不殊，如以乾坤法天地，离坎体日月是也。《契》云："混沌相交接，权舆树根基。经营养鄞鄂，凝神以成躯。"则神炁有所取，魂魄不致散乱。回光返照便归来，造次弗离常在此。诗曰："经营鄞鄂体虚无，便把元神里面居。息往息来无间断，圣胎成就合元初。"玄牝之旨，备于斯矣。抑又论之？杏林云："一孔玄关窍，三关要路头。忽然轻运动，神水自然流。"又曰："心下肾上处，肝西肺左中。非肠非胃府，一炁自流通。"今曰玄关一窍、玄牝之门，在人一身天地之正中，造化固吻合乎此。愚尝审思其说，大略精明，犹未的为直指，天不爱道，流传人间，太上慈悲，必不固吝。愚敢净尽漏泄天机，指出玄关的的大意，冒禁相付，使骨肉相合。修仙之士，一见豁然，心领神会，密而行之，句句相应。是书在处，神物护持，若业重福薄，与道无缘，自然邂逅斯诀，虽及见之，忽而不信，亦不过瞽之文章、聋之钟鼓耳。玄之又玄，彼乌知之?

其密语曰：径寸之质，以混三才，在肾之上，心之下，仿佛其内，谓之玄关。不可以有心守，不可以无心求。以有心守之，终莫之有；以无心求之，终见其无。若何可也？盖用志不分，乃凝于神。但澄心绝虑，调息令匀，寂然常照，勿使昏散，候气安和，真人入定。于此定中，观照内景，才若意到，其兆即萌，便觉一息从规中起，混混续续，兀兀腾腾，存之以诚，听之以心，六根安定，胎息凝凝，不闭不数，任其自如，静极而嘘，如春沼鱼，动极而噏，如百虫蛰，氤氲开阖，其妙无穷。如此少时，便须忘炁合神，一归混沌。致虚之极，守静之笃，心不动念，无来无去，不出不入，湛然常住，是谓“真人之息以踵”。踵者，其息深深之义，神炁交感，此其候也。前所谓“元炁之所由生，真息之所由起”。此意到处，便见造化；此息起处，便是玄关。非高非下，非左非右，不前不后，不偏不倚，人一身天地之正中，正此处也。采取在此，交媾在此，烹炼在此，沐浴在此，温养在此，结胎在此，脱胎神化，无不在此。今若不明说破，学者必妄意猜度，非太过，则不及矣。紫阳真人曰：“饶君聪慧过颜闵，不遇明师莫强猜。只为丹经无口诀，教君何处结灵胎。”然此窍，阳舒阴惨，本无正形，意到即开，开合有时，百日立基，养成炁母，虚室生白，自然见之。昔黄帝三月内观，盖此道也。自脐以下，肠胃之间，谓之酆都地狱，九幽都司，阴秽积结，真阳不居，故灵宝炼度，诸法存想，此谓幽阙，岂修炼之所哉？学者诚思之！

药　物

古歌曰：“借问因何是我身，不离精炁与元神。我今说破生身理，一粒玄珠是的亲。”夫神与炁、精，三品上药，炼精化炁，炼炁成神，炼神合道，此七返九还之要诀也。红铅黑汞、木液金精、朱砂水银、白金黑锡、金翁黄婆、离女坎男、苍龟赤蛇、火龙水虎、白雪黄芽、交梨火枣、金乌玉兔、乾马坤牛、日精月华、天魂地魄、水乡铅、金鼎汞、水中金、火中木、阴中阳、阳中阴、黑中白、雄里雌，异名众多，皆譬喻也。

然则何谓之药物？曰：修丹之要，在乎玄牝，欲立玄牝，先固本根。本根之本，元精是也。精即元炁所化，故精炁一也。以元神居之，则三者聚于一矣。杏林曰："万物生复死，元神死复生。以神归炁内，丹道自然成。"施肩吾曰："气是添年药，心为使炁神。若知行炁主，便是得仙人。"若精虚则炁竭，炁竭则神游。《易》曰："精炁为物，游魂为变。"欲复归根，不亦难乎？玉溪子曰："以元精未化之元炁而点化之，至神则神，有光明而变化莫测矣，名曰神。"是皆明身中之药物，非假外物而言之也。然而产药有川源，采药有时节，制药有法度，入药有造化，炼药有火功。吾曩闻之师曰：

西南之乡，土名黄庭，恍惚有物，杳冥有精。"分明一味水中金，但向华池著意寻"，此产药之川源也。垂帘塞兑，窒欲调息，离形去智，几于坐忘。"劝君终日默如愚，炼成一颗如意珠"，此采药之时节也。天地之先，无根灵草，一意制度，产成至宝。"大道不离方寸地，工夫细密有行持"，此制药之法度也。心中无心，念中无念，注意规中，混融一炁。又云"息息绵绵无间断，行行坐坐转分明"，此入药之造化也。清静药材，密意为丸，十二时中，无念火煎。"金鼎常令汤用暖，玉炉不要火教寒"，此炼药之火功也。

大抵玄牝为阴阳之原，神炁之宅；神炁为性命之药，胎息之根，呼吸之祖，深根固蒂之道。胎者，藏神之府；息者，化胎之元。胎因息生，息因胎住，胎不得息不成，息不得神无主。若夫人之未生，漠然太虚，父母媾精，其兆始见，一点初凝，纯是性命，混沌三月，玄牝立焉。玄牝既立，系如瓜蒂，婴儿在胎，暗注母炁，母呼亦呼，母吸亦吸，凡百动荡，内外相感，何识何知，何明何晓，天之炁混混，地之炁沌沌，但有一息存焉。及期而育，天地翻覆，人惊胞破，如行太山巅失足之状，头悬足撑而出之，大叫一声，其息即忘，故随性情，不可俱也。况乱以沃其心，巧以玩其目，爱以率其情，欲以化其性，浑然天真，散之而为万物者皆是矣。胎之一息，无复再守。

神仙教人炼精，必欲返其本，复其初，重生五脏，再立形骸，无质生质，结成圣胎。其诀曰：专炁致柔，能如婴儿乎？除垢止念，静心守一，外想不入，内想不出，终日混沌，如在母腹，神定以会乎炁，炁和以合乎神，神即炁而凝，炁即神而住，于寂然休歇之场，恍兮无何有之乡，天心冥冥，注意一窍，如鸡抱卵，似鱼在水，呼至于根，吸至于蒂，绵绵若存，再守胎中之一息也。守无所守，真息自住，泯然若无，虽心于心，无所存住，杳冥之内，但觉太虚之中，一灵为造化之主宰，时节若至，妙理自彰，轻轻然运，默默然举，微以意而定炁，应造化之枢机，则金木自然混融，水火自然升降，忽然一点，大如黍珠，落于黄庭之中，此乃采铅投汞之机，为一日之内，结一日之丹。

《复命篇》曰："夜来混沌攧落地，万象森罗总不知。"当此之时，身中混融，与虚空等，亦不知神之为炁，亦不知炁之为神，似此造化，亦非存想，是皆自然之道，吾亦不知其所以然而然，药既生矣，火斯出焉。大抵药之生也，小则可以配坎离之造化，大则可以同乾坤之运用，金丹之旨，又于此泄无余蕴矣，岂傍门小法所可同语哉？若不吾信，舍玄牝而立根基，外神炁而求药物，不知自然之胎息，而妄行火候，弃本趋末，逐妄迷真，天夺其算，吾未如之何也已矣。

火候

古歌曰："圣人传药不传火，从来火候少人知。"夫何谓不传？非秘不传也。盖采时谓之药，药之中有火焉；炼时谓之火，火之中有药焉。能知药而取火，则定里之丹成，自有不待传而知者已。诗曰："药物阳内阴，火候阴内阳。会得阴阳旨，火候一处详。"此其义也。后人惑于丹书，不能顿悟，闻有二十四炁，七十二候，二十八宿，六十四卦、十二分野、日月合璧、海潮升降、长生三昧、阳文阴武等说，必欲穷究何者为火，何者为候，极心一生，种种著相。虽得药物之真，懵然不敢烹炼，殊不知真火本无候，大药不计斤。玉蟾云："火本南方离卦，属心。心者，神也。神即火也，炁即药也，以火炼药而成丹者，即是以神驭炁而成道也。"其说如此分明，如此直捷，夙无仙骨，讽为虚言，当面蹉过，深可叹惜。然火候口诀之要，尤当于真息中求之。盖息从心起，心静息调，息息归根，金丹之母。《心印经》曰"回风混合，百日功灵"者，此也；《入药镜》所谓"起巽风，运坤火，入黄房，成至宝"者，此也；海蟾翁所谓"开阖乾坤造化权，煅炼一炉真日月"者，此也。

何谓“真人潜深渊，浮游守规中”？必以神驭炁，以炁定息，橐籥之开阖，阴阳之升降，呼吸出入，任其自然，专炁致柔，含光默默，行住坐卧，绵绵若存，如妇人之怀孕，如小龙之养珠，渐采渐炼，渐凝渐结，功夫纯粹，打成一片，动静之间，更宜消息。念不可起，念起则火炎；意不可散，意散则火冷。但使其无过不及，操舍得中，神抱于炁，炁抱于神，一意冲和，包裹混沌，斯谓火种相续，丹鼎常温，无一息之间断，无毫发之差殊。如是炼之一刻，一刻之周天也；如是炼之一时，一时之周天也；如是炼之一日，一日之周天也。炼之百日，谓之立基；炼至十月，谓之胎仙。以至元海阳生，水中火起，天地循环，乾坤反复，亦皆不离一息，况所谓沐浴温养，进退抽添，其中密合天机，潜符造化，而不容吾力焉。故曰：火虽有候不须时，些子机关我自知。无子午卯酉之法，无晦明弦朔之节，无冬至夏至之分，无阴火阳符之别，无十二时中只一时之说，无三百日内在半日之诀，亦不在攒簇年月日时之说。若言其时，则十二辰意所到皆可为；若言其妙，则一刻之工夫，自有一年之节候。“但安神息任天然”，此先师之的说也。“昼夜屯蒙法自然，何用孜孜看火候”，此先师之确论也。噫！圣人传药不传火之旨，尽于斯矣。

诗曰：学人何必苦求师，泄漏天机只此书。

踏破铁鞋无觅处，得来全不费工夫。

后　序

神无方，易无体。夫所谓玄关一窍者，不过神识气，使气归神，回光返照，收拾念头之一法耳。玉溪子曰“以正心诚意，为中心柱子”者是也。夫所谓药物、火候者，亦皆譬喻耳。盖大道之要，凡属心知、意为者，皆非也。但要知人身中一个主宰造化底，且道如今何者为我？若能知此，以静为本，以定为基，一斡旋，顷刻天机自动，不规中而自规中，不胎息而自胎息，药不求而自生，火不求而自出，莫非自然妙用，岂待乎存思持守、苦己劳形，心知之，意为之，然后为道哉！究竟到此，可以忘言矣。明眼者，以为如何？

武夷升真玄化洞天真放道人虚白子陈冲素序

明道篇

淞江景阳子王惟一　著
新安汪启濩东亭　辑
粤东许启邦杰卿　评点
韩景垚　校刊

明道篇序

原夫道本常明，非人不足以明乎道。人能明道，非道不足以成乎人。是故，明哲之士，莫不立言以著道，以道而全身也。余少业儒，粗通六经，而知仁义礼乐教化之道，天地人物变化之理。窃怪夫三才，既通此道而立，何天地之运如是其久，而人之数如是其短耶？及观《老子》之言，恍然曰："天地之所以能长且久者，以其不自生，故能长生。"人之所以夭且速者，以其厚于求生，是以轻死。远观诸物，则走飞动植皆能变化，粪虫变蝉，腐草化萤，雀入水而化蛤，雉入海而化蜃，田鼠化为鴽，锦鳞化为龙。况人为万物之灵，岂不能全其所固有，而为长生不死之仙乎？盖其六欲七情所盗者众，名缰利锁所贼者深，斫丧既多，夭亡不免，是徒自好生，而无延生之术；莫不恶死，而无远死之方。惟一既生人世，获处中华，可不念生死大事，以求万劫一传之方？于是遍游方外，求金丹之学，上乘之道。虽三教经书，行雷祈祷、医卜星数，无不备考；贤愚师友，莫不参求，卒不能一蹴。是道之至，旦暮勤奉，积忧成疾，诚达于天，得遇至人，亲授无上至真妙道，一言之下，直指真诠。退而阅之易之，道初无怪异，要在至心诚意，格物致知，去人欲之私，存天理之公，自然见心中无限药材，身中无限火符，药愈采而不穷，火愈炼而不息矣。惟一既得此道，不敢自私，谨以所学，著诗八十一首，以按纯阳九九之数；内七言四韵一十六首，以按二八之数；内绝句六十四首，以按六十四卦；五言一首，以象太乙之奇；西江月一十二阕，以周十二律吕，名之曰《明道篇》。所谓药物火候，斤两法度，诸丹经所未尽者，莫不敷露，所以率循。先哲立言著道，以道全真之事，然天意秘密，宁无轻泄漏慢之愆？但惟一誓愿天下学者，皆臻乎至道，用心既溥矣，奚暇为祸福，而疐跋哉？同志之士，苟能寻文解意，忘象从真，一得永得，惟一之愿也。

时大德甲辰岁中秋、淞江后学景阳子王惟一谨序

律诗一十六首

（按二八人之门）

一

人生如梦度光阴，枉自培财与积金。声色既戕天地性，精神又逐利名心。爱河飘浪头难出，火宅煎熬业渐深。只恁一生虚过了，改头换面不如今。

二

学道先明精气神，成全三物道方亲。说无话有皆为妄，究本穷源始得真。中正不偏存一念，圆明自在绝纤尘。君还达此玄中妙，三教都归我一身。

三

自然之道本无为，若执无为便有为。得意忘言方了彻，泥形执象转昏迷。身心静定包天地，神气冲和会坎离。料想这些真妙诀，几人会得几人知。

四

玄关一窍最难明，不得心传莫妄行。若识念从何处起，方知道在个中生。阴阳未判元无象，日月相交岂有情。君更要知端的意，中天日午正三更。

五

万物同生造化中，才分彼我道难通。春回谷口家家暖，月到天心户户同。鱼跃鸢飞皆此理，鹤鸣子和本由衷。浩然吾道包天地，若说无心又是空。

六

离坎包藏共一家，铁牛昼夜运河车。性归元海生金液，命复虚无产玉葩。

四象合和归一土，五行攒簇结三花。如如默运周天火，迸出金花满九华。

七

阴阳动静不能推，枉费精神去妄为。道在目前多自达，珠藏腹内少人知。颜居陋巷心常乐，舜处深山志不移。天下浑然无二理，强分宗教转支离。

八

道在身中自有苗，何须寻草及烧茅。乾坤日月随心转，魂魄精神逐意交。知命常观乾未画，乐天时玩复初爻。吉凶悔吝生乎动，终日如愚乐圣胞。

九

至道从来不易传，一中造化达真诠。凿开浑沌分天地，擘破鸿蒙采汞铅。欲念未除空学道，贪心不断谩求仙。要知返本还源处，兔走乌飞不离天。

十

得意忘言诲尔谆，学人执着转刻榛。天清气朗中秋月，柳绿花红二月春。何必普陀求见佛，不须洞府去寻真。若知这个〇真消息，便是逍遥物外人。

十一

不必留心擒地魄，如何着意制天魂。非心妄念难成道，绝意忘机是返源。岂在推爻兼布卦，直饶得一始逢元。与君说破神仙理，不在三千六百门。

十二

万象森罗总在坤，目前无法可谈论。澄心遣欲神方活，养性忘形道自存。常使金乌归月窟，莫教玉兔离天根。大都片饷工夫到，一粒金丹入口吞。

十三

先天一物分为二，无象无形逐念生。百姓不知为日用，圣人能究与时行。不增不减居中道，无去无来守一诚。万境目前皆幻化，从教红紫乱纵横。

十四

橐籥吹嘘借巽风，一阳才动用神功。黄婆骑虎归金阙，赤子乘龙下玉宫。日会月交明晦朔，水升火降应屯蒙。璇玑运转全三五，立见灵丹满鼎红。

十五

不穷父母未生身，却去迷修受苦辛。闭目存思皆是妄，死心枯坐尽非真。要知动静参天地，须识浮沉定主宾。性命混然成一片，此时无我亦无人。

十六

学人谩说几千般，不遇真仙只自瞒。沙里淘金非易得，水中捉月转艰难。断除六贼心方静，消尽三尸神始安。体性湛然无一物，了知生死不相干。

绝句六十四首

（按六十四卦）

一

先天妙理本无言，举口才开属后天。学者纷然成异见，不穷父母未生前。

二

本来一物甚幽微，无死无生谁得知。动念举头常见面，起居坐卧镇相随。

三

天气分灵降气生，至玄至妙绝思量。要降六贼常清静，须是掀天煆一场。

四

炼丹先要炼元精，炼得元精气便真。气若聚时神必住，保全无漏作真人。

五

神哉至道在人心，亘古长存直至今。尘俗昏迷浑不识，达观须向谷中寻。

六

涕唾精津气血液，学人莫执作丹基。心中自有天然药，日用常行要得知。

七

炼丹只用水中金，须向先天根蒂寻。待得一阳初动处，急须下手莫沉吟。

八

不识阴晶莫妄修，徒劳神思谩推求。但存天理无私曲，不必骑牛更觅牛。

九

欲炼还丹先炼铅，抽添火候要精专。兔鸡沐浴须防险，不动如何合自然。

十

学道当明受气初，混然一息母胎居。依坤生体归乾种，一点灵光彻太虚。

十一

天上金乌海底红，阴魔遁迹好施功。莫教气浊神昏散，汞走铅飞丹鼎空。

十二

凝神静坐水晶宫，彻骨清凉心地空。水火木金归一处，更无南北与西东。

十三

闲来潭底捞明月，时到高峰缚住云。静定顿开天地钥，森罗万象总无闻。

十四

欲炼朱砂活水银，须知银即是砂神。大都一物休疑二，主是沉兮浮是宾。

十五

生育三才只此真，强名曰道曰心神。同行同坐长相守，可惜愚迷不识亲。

十六

炼丹须识大还心，休向旁门小术寻。三万刻中无间断，尽教瓦砾变成金。

十七

药采先天真一炁，火寻太乙混元晶。要知药火工夫处，气足神全丹始成。

十八

月中有兔为阳体，日里藏鸡却是阴。会得兔鸡归戊己，何须修道入山林。

十九

道本无形强立名，视之不见听无声。包罗天地无穷妙，福薄缘微岂易成。

二十

神爱生人人损神，劳心费气丧其身。痛哉世上皆如此，达道通神有几人。

二十一

生死皆因有十三，谁能觉悟乐清闲。本无一物常虚寂，念灭心空出世间。

二十二

惜精惜气养元神，苦志劳形使不亲。寂寞无为无所着，真人出现离凡身。

二十三

道生天地分离坎，离坎生成万类身。岁久年深俱化土，忘形方见本来真。

二十四

处世人为万物灵，尽随物化不曾停。能知万物归根处，方见寒凝水结冰。

二十五

欲求鱼兔必蹄筌，不假蹄筌恐未然。莫执蹄筌为实用，始明混沌未分前。

二十六

药产西南路不通，路通须问主人公。绿杨堤畔乘风去，满地黄芽采不穷。

二十七

大药无过天地精，采来密意炼方成。只缘还返功非浅，顷刻差违祸便生。

二十八

采药应须待癸生，休将天癸论红妆。若言呼吸为修炼，他物如何做药王。

二十九

下手功夫罕得知，得之钳口恐人迷。予今漏泄天机妙，坤复爻中子细推。

三十

结胎须结本来真，不离身中精气神。渐结渐凝休断续，功夫十月产真人。

三十一

用了真铅便弃损，如鸡覆卵气绵绵。玉炉温养三年足，谁道凡身不化仙。

三十二

始复终乾阳火周，阴符遘旺到坤求。寥寥万古无穷意，须向其中常起头。

三十三

十二时中只一时，一时辰内罕人知。鸿蒙才肇乾初画，进火功夫岂在迟。

三十四

百刻常如一刻推，要须药火不相违。纯清绝点浑无染，方信无中养就儿。

三十五

纵识身中汞与铅，不知真土也徒然。若言土釜黄房是，安得飞升上九天。

三十六

真土知时得正传，不明火候亦徒然。执为卦象行爻象，枉费精神不作仙。

三十七

火候无为合自然，自然之外别无仙。常存一念居中道，莫问先天与后天。

三十八

脱胎莫作等闲看，此段功夫要的端。时节到来牢把捉，归根复命上天坛。

三十九

了命不如先了性，性明了命始无魔。要知性命安身处，意未萌时合太和。

四十

命虽可授性难传，愚暗盲修实可怜。不得至人亲口诀，精魂弄尽反招愆。

四十一

吾道精微在一诚，不诚无物道难亲。寂然不动无声臭，恍惚之中见本真。

四十二

圣人无欲惟精一，静则虚明动则公。才有丝毫相间断，阴邪昏蔽不能通。

四十三

须臾不离方为道，十二时中岂不然。保守中和无间杂，参天赞化妙难先。

四十四

人欲未萌天理在，念头才动鬼神知。勿欺微隐严加畏，日用常行不可违。

四十五

善恶皆生一念间，苟差一念隔千关。若知无善还无恶，安静巍然若泰山。

四十六

天性生来本自然，只因物诱被情牵。若明乾卦爻中理，常似潜龙见在田。

四十七

人心危兮道心微，君子时时合圣机。暗室勿欺如白日，常当谨独莫相违。

四十八

人能寡欲止于安，一念澄虚在内观。非礼非仁休妄动，自然悔吝不相干。

四十九

道在常行日用中，休谈高妙与虚空。但行人道心无愧，尽性方知天地同。

五十

观乾未画是何形，一画才成万象生。悔吝吉凶皆主动，乾乾终日不离诚。

五十一

人间万事从心出，心本无形何处寻。一念未生前会得，那时方始见真心。

五十二

学道须穷天地心，罕闻世上有知音。都缘此理难轻泄，尽向旁蹊曲径寻。

五十三

坤复之间理极微，鬼神虽妙也难窥。要知这个真消息，熟读尧夫冬至诗。

五十四

天地相交万物生，精神念后道方亨。常观太极流行妙，无物无诚不至成。

五十五

一中造化得心传，渴饮饥餐困便眠。触处遇缘皆妙用，了知诚命不由天。

五十六

念头才妄成烦恼，直到心空境自空。空不空兮能照了，洞观无碍太虚中。

五十七

未识真空莫说空，执空易失主人翁。欲知空里真消息，尽在鸿蒙未判中。

五十八

万物皆空性不虚，虚空里面下功夫。空到一尘无立处，金光满室见玄珠。

五十九

学道要知生死事，不知生死谩求仙。能知生处方知死，去住无拘任自然。

六十

本来无死亦无生，一念才差见万形。若识念头生灭处，一轮明月照中庭。

六十一

目前无法可参求，山自青兮水自流。十二时中存一念，念中无念是真修。

六十二

打破虚空不用拳，死心空坐谩徒然。师传妙术无多语，只是教人炼汞铅。

六十三

修行要识主人公，不识主人尽落空。能悟真常方得道，出离三界显神通。

六十四

万法皆空一也无，犹如片雪点红炉。乾坤离坎皆无用，大道元来是坦途。

律诗一首

妙合真常体，浑无一点阴。杳冥存至宝，恍惚产真金。
言道已非道，澄心始见心。先天真造化，只向一中寻。

西江月一十二阕

一

太极未分浑沌，两仪已非其中。一阳才动破鸿蒙，造化从兹运用。
水火升沉南北，木金间隔西东。略移斗柄指坤宫，尽把五行错综。

二

日月相交晦朔，龟蛇产在虚危。巽风长向坎中吹，火燥必资神水。
动静皆由心意，与天合德无违。洞然妙理更何疑，说甚短长生死。

三

一点真阳在坎，移来点化离阴。这些造化义幽深，须是明心见性。
妙在一尘不染，自然对境无心。可怜世上少知音，会得超凡入圣。

四

大道古今一脉，圣人口口相传。奈何百姓不知焉，尽逐色声迷恋。
在迩不须求远，何须更遇神仙。分明只在眼睛前，日用常行不见。

五

吾道至尊至贵，若非宿骨难知。直须克己至无为，方见本然天理。
万化皆从中起，古今无剩无亏。若能动静不相违，可与神仙何异？

六

学道须当猛烈，始终确守初心。纤毫物欲不相侵，方得神凝气定。
动静不离中正，阳生剥尽群阴。龙降虎伏鬼神钦，行满便登仙境。

七

得一金丹事毕，休寻白虎青龙。泥文执象理难通，妙处非铅非汞。
温养身心不动，满怀和气春风。顿然罔念又无功，还借黄婆提董。

八

看尽丹经万卷，不明真汞真铅。那堪火候不曾传，都是盲修瞎炼。
一句真诠妙显，得知心地昭然。神归气伏不欹偏，刻刻打成一片。

九

大药元无斤两，谁知愈采无穷。西南幽远路难通，意到不劳神用。
坤癸结成真种，移来栽在乾宫。山头雨打任狂风，吹撼根探不动。

十

真火本来无候，休拘日月时年。试思浑沌未分前，招甚时年证验。
跳出五行外面，丝毫不染尘缘。方知这个妙中玄，一粒宝珠出现。

十一

沐浴即非卯酉，子时冬至休求。但行中道本无修，方信无中生有。
宇宙在乎吾手，常骑铁马闲游。无拘无束且优游，日夜簪花酌酒。

十二

离坎不分南北，木金岂间西东。但诚一念守其中，勿使心神恣纵。
要识前身真种，洞观物我皆空。寂然安静到鸿蒙，四象五行无用。

金丹造微论①

夫道也者，本于无声无臭之中，着于日用常行之际。天地至大不能外此道，人心至微莫不具此道。道在人心，千古一日，相忘于无言之表可也。自夫朴散淳漓，人心昧道，圣人不言，后世何述？于是儒释道之圣人，因时而出，随时设教，其智皆率天下而归于道也。奈何教门一分，学者各执其说，互相高尚，私意横生，公道浸失。抑不思先圣立教济时，殊途同轨，变化方圆，非若子贡之所谓器也。故自世人，不明吾夫子毋意、毋必、毋固、毋我之道，而释氏性宗之教不得不行，即夫子“四毋”②之旨也。性宗，又非放心鸡犬者所能造，而老子金丹之道行焉，莫不相与救时之弊也。呜呼！金丹之道行，其世之衰乎？后之修金丹者，非惟不能穷究厥旨，其于紫阳《悟真》之书“火候不用时，冬至不在子，及其沐浴法，卯酉诚虚比”之语，与夫海南白先生“采药物于不动之中，行火候于无为之内”之言，能诵言而晓其义者，吾未见其人矣。往往执铅汞为药材、年月日时而运用、子午卯酉而抽添、行节气为火候者，是故未至其道也。或者知铅汞为药物之异名，文武为火候之依，约年月日时、子午卯酉，

① 《金丹造微论》与《得道歌》，底本缺，据《道藏》第4册《明道篇》增补。
② 《论语·子罕》载：“子绝四：毋意，毋必，毋固，毋我。”简而言之，即“不要凭空猜测，不要主观武断，不要固执，不要自以为是”。

又皆混沌之余事，是亦可谓绝无而仅有矣。至于生药物为火候者，果何异父母未生以前，此身果何在一炁之先，天地果何有或乃昧而不通焉？亦岂足以尽道哉？是未之思也，是不观之造化乎？日月丽乎天，草木丽乎土，风霆之流形，雨露之润泽，固非适然，抑何使之而然耶？盖必有物物而不物于物、形形而不形于形者存。嗟乎！其真土乎，其斗柄乎？真土者，药物之主；斗柄者，火候之枢。至哉！夫子《系辞》曰："精气为物，游魂为变。"仁哉！平叔丹经曰："真土擒真铅，真铅制真汞。"斗柄运周天，要人解攒簇尽矣哉！海琼先生上悟真书曰："形中以神为君，神乃形之命；神中以性为极，性乃神之命。自形中之神，以入神中之性，此谓归根复命。"学者当于言外求之可也，未能于言外求之而徒尔曰药物者、火候也、金丹之道，是何异于按图而索骥、胶柱而调瑟者乎？大抵金丹之要，必也远声色，克己私，屏人我，全忠孝，正心诚意，如颜之愚，如参之鲁。以太虚为鼎器，以乌兔为药材，以无为自然为火候，以清静冲和为温养，以身外有身为脱胎，以打破虚空为了当，而后可以合海南先生所谓"会万化而归一道，则天下皆自化，而万化皆自如；会百为于一心，则圣人自无为，而百为自无着"之奥矣。由是知"无极而太极，太极本无极"者，濂溪先生之道也；"一灵妙有，法界圆通"者，紫阳最上一乘之妙也。至此则所谓真土斗柄，又皆筌蹄尔。吾将以斯道，觉斯人也，非敢舞文而乱正也。一毫误人，皇天在上。若夫旁门诡术而惑人者，又在学者当知所择焉。同志之士，勤而行之，真积力久，岂惟独善一身，或将兼善天下，参天地，赞化育，夫岂二道哉！

得道歌

道难人，道难觅，说之容易谁行得。旁门惑世几千般，得道万中难选一。近有一等学道者，不肯低头真可惜。瞒天瞒地又瞒人，未得一而夸更十。要做神仙固不难，神仙须是神仙质。不是神仙莫乱为，动有阴魔做冤隙。这个事，非小术，全凭德行施阴德。断除妄念息贪心，步步行行脚根实。若明本性与心同，方敢与君说端的。学金丹，容易入，熟味《中庸》与《周易》。有为有作总皆非，说龙话虎终无益。元从情动有其身，若更迷修转荆棘。常思混沌未分前，妙理难言心自然。一身上下皆属阴，一物阳精人不识。圆陀陀地镇相随，空不空兮色非色。散为万物遍乾坤，一物之中一太极。退藏于密一性中，视之不见寻不得。我丹诀，自各别，不用日时与年月。也无火候与抽添，亦无人我分妍拙。亦无生，亦不灭，亦无所修无所说。饥来吃饭困来眠，闲时打坐懒来歇。逢物便餐逢酒饮，不持斋戒心常澈。荣华富贵不关心，名利是非皆杜绝。凝然静定养元神，一念不生真境别。真境别，自欢悦，昼夜见个中秋月。不来不往正当中，洞然八荒皆皎洁。也无盈，也不缺，犹如红垆一片雪。虽然得到个工夫，打破虚空方了彻。逍遥快乐且优游，人间烦恼不相涉。学道人，趁时节，百岁光阴如电掣。遇之不炼大愚痴，莫待老来神气竭。急回头，当猛烈，一刀两段须见血。欲脱凡身换法身，精修一念当如铁。说此言，太心切，尽把天机都漏泄。学人若作等闲看，只恐临终悔不迭。

坤道丹诀

体真山人汪启濩　著
粤东曹姑贞洁　　评点
许启邦　　　　　校刊

列位女真诗歌

吴彩鸾仙姑

（诗三首。西安令吴猛女也）

一

心如一片玉壶冰，未许纤尘半点浸。
霾却玉壶全不管，瑶台直上最高层。

二

宠辱无稽何用争，浮云不碍月光明。
任呼牛马俱堪应，肯放纤埃入意城。

三

身居城市性居山，傀儡场中事等闲。
一座须弥藏芥子，大千文字总堪删。

樊云翘仙姑

（诗六首。刘纲妻也）

一

乾象刚兮坤德柔，工夫先向定中求。
澄清一勺瑶池水，明月何须七宝修。

二

虎龙猬马费牢笼，略放飞腾业障蒙。
至寂如如真妙法，擒来化作一天风。

三

养性还须先静心，何劳乞巧更穿针。
铁牛牵得随身转，方显无边慧业深。

四

何须拜祷乞长生，端的元神彻底清。
粉碎虚空浑自在，摩尼舍利总虚名。

五

一间金屋住双姝，总有仪秦意不孚。
若得月中生个日，骊龙吐出夜光珠。

六

爱河波浪起层层，浓则沉兮淡则升。
鼓楫若能施勇断，蓬莱弱水岂难凭。

崔少玄仙姑

（诗六首。汾州刺史崔恭少女也）

一

初三才见影如娥，相对阳光皎洁多。
要得絪缊凝玉液，先探消息捉金波。

二

性宗明处命基坚，九转河车九鼎全。
金虎玉龙相会合，三花捧出小神仙。

三

心如止水自悠悠，常寂常惺好进修。
养得乌肥培兔瘦，灵芝秀出碧峰头。

四

地下须知亦有天，专心求己即求仙。
一朝悟彻阴阳旨，惟在生生一气先。

五

绿鬓朱颜曾几时，须臾鹤发乱如丝。
开帘瞥见梅花发，一段春光莫放迟。

六

不求外护不参禅，眼底沧桑任变迁。
丹径须知从直上，玄珠只在我胸前。

唐广真仙姑

（诗四首。严州孝女也）

一

玄机觌面费搜寻，著眼方知至理深。
性学难将文字指，业缘了当见真心。

二

心性原来最易明，但随峰顶暮云情。
东西南北皆堪住，便可蓬山碧海行。

三

不识性兮不识命，剖破乾坤分两途。
但教相合成丹日，醉倒壶中不用扶。

四

无嗔无喜气和醺，应事随机风逐云。
虎伏龙驯心自静，碧天明月白纷纷。

周玄静仙姑

（诗五首。宁海王处一之母也）

一

坤诀须从静里求，静中却有动机留。
若教空坐存枯想，虎走龙飞丹怎投？

二

一点灵台磐石安，任他荣落态千般。
阳光本是摩尼宝，个里收藏结大还。

三

心似曹溪一片秋，好从子午下功修。
鱼龙泼刺波还静，只有长空月影留。

四

轻烟薄雾障空虚，却使灵明无处居。
憎爱荣枯皆利刃，予如伤子怎寻予。

五

性命先须月窟参，擒龙缚虎莫迟延。
阳生之候真阳漏，黍米如何得保全。

孙不二仙姑女功次第

（诗十四首。马丹阳之妻也）

第一　收心

吾身未有日，一气已先存。似玉磨逾润，如金炼岂昏？
扫空生灭海，固守总持门。半黍虚灵处，融融火候温。

第二　养气

本是无为始，何期落后天。一声才出口，三寸已司权。
况被尘劳耗，那堪疾病缠。子肥能益母，休道不回旋。

第三　行功

敛息凝神处，东方生炁来。万缘都不着，一气复归台。
阴象宜前降，阳光许后栽。山头并海底，雨过一声雷。

第四　斩龙

静极能生动，阴阳相与模。风中擒玉虎，月里捉金乌。
着眼絪缊候，留心顺逆途。鹊桥重过处，丹炁复归炉。

第五　养丹

缚虎归真穴，牵龙渐益丹。性须澄似水，心欲静如山。
调息收金鼎，安神守玉关。日能增黍米，鹤发复朱颜。

第六　胎息

要得丹成速，先将幻境除。心心守灵药，息息返乾初。
炁复通三岛，神忘合太虚。若来与若去，无处不真如。

第七　符火

胎息绵绵处，须分动静机。阳光当益进，阴魄要防飞。
潭里珠含景，山头月吐辉。六时休少纵，灌溉药苗肥。

第八　接药

一半玄机悟，丹头如露凝。虽云能固命，安得炼成形。
鼻观纯阳接，神铅透体灵。哺含须慎重，完满即飞腾。

第九　炼神

生前舍利子，一旦入吾怀。慎似持盈器，柔如抚幼孩。
地门须固闭，天阙要先开。洗濯黄芽净，山头震地雷。

第十　服食

大冶成山泽，中含造化情。朝迎日乌炁，夜吸月蟾精。
时候丹能采，年华体自轻。元神来往处，万窍发光明。

第十一　辟谷

既得餐灵气，清泠肺腑奇。忘神无相着，合极有空离。
朝食寻山芋，昏饥采泽芝。若将烟火混，体不履瑶池。

第十二　面壁

万事皆云毕，凝然坐小龛。轻身乘紫炁，静性濯清潭。
炁混阴阳一，神同天地三。功完朝玉阙，长啸出烟岚。

第十三　出神

身外复有身，非关幻术成。圆通此灵气，活泼一元神。
皓月凝金液，青莲炼玉真。烹来乌兔髓，珠皎不愁贫。

第十四　冲举

佳期方出谷，咫尺上神霄。玉女骖青凤，金童献绛桃。
花前弹锦琵，月下弄琼箫。一旦仙凡隔，冷然渡海潮。

又诗七首，女功内丹

一

不乘白鹤爱乘鸾，二十幢幡左右盘。
偶入书声寻一笑，降真香绕碧栏干。

二

小春天气暖风赊，日照江南处士家。
催得腊梅先进蕊，素心人对素心花。

三

资生资始总阴阳，无极能开太极光。
心镜勤磨明似月，大千一粟任昂藏。

四

神气须如夜气清，从来至乐在无声。
幻中真处真中幻，且向银盆弄化生。

五

蓬岛还须结伴游，一身难上碧岩头。
若将枯寂为修炼，弱水盈盈少便舟。

六

养神惜气似持盈，喜坠阳兮怒损阴。
两目内明驯虎尾，朦朦双耳听黄庭。

七

荆棘须教划尽芽，性中自有妙莲花。
一朝忽现光明象，识得渠时便是他。

曹文逸仙姑灵源大道歌

（一首）

我为诸君说端的，命蒂从来在真息。照体长生空不空，灵鉴涵天容万物。太极布妙人得一，得一善持谨勿失。宫室虚闲神自居，灵府煎熬枯血液。一悲一喜一思虑，一纵一劳形蠹弊。朝伤暮损迷不知，丧乱精神无所据。细细消磨渐渐衰，耗竭元和神乃去。只道行禅坐亦禅，圣可如斯凡不然。萌芽脆嫩须含蓄，根识昏迷易变迁。磋跎不解去荊棘，未闻美稼出荒田。九年功满火候足，应物无心神化速。无心心即是真心，动静两忘为离欲。神是性兮气是命，神不外驰气自定。本来二物更谁亲，失却将何为本柄。混合为一复忘一，可与元化同出没。透金贯石不为难，坐脱立亡犹倏忽。此道易知不易行，行忘所行道乃毕。莫将闭息为真务，数息按图俱未是。比来放下外尘劳，内有萦心两何异。但看婴儿处胎时，岂解有心潜算计。专气致柔神久留，往来真息自悠悠。绵绵迤逦归元命，不汲灵泉常自流。三万六千为大功，阴阳节候在其中。蒸融关脉变筋骨，处处光明无不通。三彭走出阴尸宅，万国来朝赤帝宫。借问真人何处来，从前元只在灵台。昔年云雾深遮蔽，今日相逢道眼开。此非一朝与一夕，是我本真不是术。岁寒坚确如金石，战退阴魔加慧力。皆由虚淡复精专，便是华胥清静国。初将何事立根基，到无为处无不为。念中境象须除拨，梦里精神牢执持。不动不静为大要，不方不圆为至道。元和内运即成真，呼吸外求终未了。元气不住神不安，蠹木无根枝叶干。休论涕唾与精血，达本穷源总一般。此物何曾有定位，随时变化因心意。在体感热即为汗，在眼感悲即为泪。在肾感念即为精，在鼻感风即为涕。纵横流转润一身，到头不出于神水。神水难言识者稀，资生一切由真气。但知恬淡无思虑，斋戒宁心节言语。一味醍醐甘露浆，饥渴消除见真素。他时功满自逍遥，初日炼烹实勤苦。勤苦之中又不勤，闲闲只要养元神。奈何心使闲不得，到此纵擒全在人。我今苦中苦更苦，木食草衣孤又静。心知大道不能行，名迹与身为大病。比如闲处用工夫，争似泰然修大定。形神虽曰两难全，了命未能先了性。不去奔名与逐利，绝了人情总无事。决烈在人何住滞，在我更教谁制御。掀天声价又何如，倚马文章非足贵。荣华衣食总无心，积玉堆金复何济。工巧文章与词赋，多能碍却修行路。恰如薄雾与轻烟，闲傍落花随柳絮。缥缈幽闲天地间，到了不能成雨露。名与身兮竟孰亲，半生岁月大因循。比来修炼赖神气，神气不安空苦辛。可怜一个好基址，金殿玉堂无主人。劝得主人长久住，置在虚闲无用处。无中妙有执持难，解养婴儿须借母。缄藏俊辩黜聪明，收卷精神作愚鲁。坚心一志任前程，大道于人终不负。

汪东亭曰：《大道歌》，又谓刘祖海蟾著，名《至真歌》。余以理论，今观历代丹书，凡有女真著作，皆是言汞不言铅，言水不言火。盖女真身属坤体，故不便言阳火，而只说阴符也。惟独此歌，更甚洗刷净尽，通篇而无一字及“铅”，所说无非真汞一物。且灵源者，经云：灵源，泉窟也。盖泉窟，即神水之根也。《歌》云：“神水难言识者稀。”又云：感热、感悲、感念、感风，“纵横流转润一身，到头不出于神水”。此皆祖述《悟真》：“本是水银一味，周流遍历诸辰。阴阳数足自通神，出入不离玄牝。”盖玄牝，即灵源泉窟也。且至真者，经云：至真之阳也。此歌一味真阴，与“至真”两字，有何干涉？余谓文逸仙姑所作，确无疑也。况刘祖著《还金篇》《还丹歌》，皆是铅汞对待，何独此歌言汞而不言铅也？或曰：岂不是孤阴乎？曰：李真人解《阴符经》云：“阴符者，对阳火言也。”又曰：“言阴符者，阳火在其中也。”究到实际，父母未生前一个无有，圣人强图之如此〇，曰无极。又曰：“视不见，听不闻，抟不得，不可致诘。”噫！丹书万卷，种种异名，皆象言耳。纸上皮毛，空中楼阁，不遇真师，何处下手乎？

体真山人汪东亭女丹诀

（一卷）

夫性命之学，男女皆同，并无分别，总之，重在“至诚专密”四字。书曰：“唯天下至诚为能化。”经曰：“专心之至以听命也。”凡初入门，最要紧第一着，亦不外乎炼己。务要知炼己，则是心息相依。相依者，心依于息，息亦依于心也。但其中最重一“和”字。《契》曰：“和则随从。”又曰：“各得其和。”盖和不离中，中不离和。中也，和也，一耶二耶？中和合一，谓之黄婆。黄婆调和，则自然相爱相恋，相吞相吐，绵绵续续，勿忘勿助。《老子》曰：“专气至柔，能如婴儿乎？”真实和之至也。玉蟾曰：“夫妇老相逢，恩情自留恋。”经曰：“纽结一团，混合一处，打成一片，煅炼一炉。”又曰：“牛女相逢，牝牡相从，乌兔同穴，日月同宫，魂魄相投，金火混融。”究到实际，总是神不离气，气不离神，则是心不离息，息不离心也。

夫神者，性也；气者，命也。经曰“性之根，根于心；命之蒂，蒂于息”是也。必要知两者，合一方成造化。盖两者合一，则是两仪复还一太极，此之谓性命双修也。性命双修，只是教人心息相依，不可须臾离也。故白祖云：“以火炼药而成丹，即是以神驭气而成道也。”每日下功，务要将心抱住息，将息抱住心，片刻之久，一到均匀，自然大定，直入于窈窈冥冥，恍恍惚惚，无天无地，忘物忘形。《契》云：“长子继父体，因母立兆基。”又云：“知白守黑，神明自来。”正此时也，似觉身心苏软，畅快异常，三丰所谓“哑子吃蜜不能说”。邵子曰：“恍惚阴阳初变化，氤氲天地乍回旋。中间些子好光景，安得工夫入语言。”《契》曰：“金砂入五内，雾散若风雨。薰蒸达四肢，颜色悦泽好。”盖此时，正是“先天一气，自虚无中来”也。邵子云：“冬至子之半，天心无改移。一阳初动处，万物未生时。”丹书所谓活子时，紫阳所谓“癸生急采”。上阳子曰：“何谓采？曰：采以不采之采。何谓不采之采？曰：擘裂鸿蒙。”余解曰：何谓擘裂鸿蒙？曰：虚极静笃之时也。盖致虚而至于极，守静而至于笃，即是复归于坤矣。夫坤者，西南也，产药之乡也，混沌之地也，玄牝之窍也。觅元子云：“要觅先天真种子，须寻混沌立根基。”张紫阳云：“要得谷神长不死，须凭玄牝立根基。”噫！根基既立，谷神不死，即人安得而死乎？以上炼己筑基，采取先天大药，男女修炼，无不皆同。故曰：“大道不分男与女，阴阳五行总一般。”以下再言后天之不同也。

刘悟元《女丹诀》云：“只有下手真口诀，彼此运用隔天渊。太阳炼气男子理，太阴炼形女蹄筌。”盖男子，阳也，其数奇。经曰“天一生水”，男子得之，故于脐下一寸三分，坎宫下手。女子，阴也，其数偶。经曰“地二生火”，女子得之，故于两乳中间，离位兴工。此一定不易之理也。医书所谓乳溪，丹经所谓乳房，即此一窍也。昔吕祖度张仙姑词云：“子后午前定息坐，夹脊关，昆仑过，恁时得气力，思量我。”又云：“坎离震兑分子午，须认取自家宗祖。地雷震动山头雨，待洗濯黄芽出土。捉得金精牢固闭，炼庚甲要生龙虎。待他问汝甚人传，但说道先生姓吕。”盖必要炼己纯熟，方有主宰。又必要日日盗天地之阳，时时薰蒸沐浴，方有效验。或一二月，或三四月，日数多少，此在学人用工深浅耳。或于正行功时，自觉窍中有炁突出，分开两路，直冲两乳，贯到乳头挺硬，丹经所谓药产之活子时也。邵子云：“忽然夜半一声雷，万户千门次第开。若识无中含有象，许君亲见伏羲来。”功夫到此，百脉冲和，关窍齐开，真个“拍拍满怀都是春”也。

盖子后午前者，所谓“亥子中间得最真”也。定息者，调息均匀也。坐者，两人分左右，“用将须分左右军”也。一土当中立，“只缘彼此怀真土”也。真土归中，一气流行，故紧接夹脊关。昆仑过者，正是倒转黄河一脉通也。“恁时得气力，思量我。”我者，比喻纯阳之气也。又我已修成太乙之金仙，所谓“太乙含真气”是也。坎离震兑分子午者，先定坎离震兑四正之位，再分子午卯酉四时之候也。认取自家宗祖者，穷取生身受炁初，认取先天一点祖炁也。地雷震动山头雨者，“白云朝上阙，甘露洒须弥”也。待洗濯黄芽出土者，待者，待时也。洗濯者，沐浴洗心、炼己熏蒸之谓也。黄者，土之色；芽者，生之机。出土者，比喻三春万物发生，大地山河一色新也。盖此时阳气通天，形如烈火，状似炎风，速急采取，送入中宫，故云“捉住金精牢固闭”。三丰云：“捉住金精仔细牵，送入丹田。”炼庚甲要生龙虎者，则是“庚要生，甲要生，生甲生庚道始萌”也。“待他问汝甚人传，但说道先生姓吕。”吕者，所谓“口对口，窍对窍”，则是心心相受、口口相传金丹之妙诀也。总之，只是教人引火逼金，运行周天，龙虎两弦之气，升降上下之义耳。如果功勤，三丰祖曰“待他一点自归伏，身中化作四时春。一片白云香一阵，一番雨过一番新。终日昏昏如醉汉，悠悠只守洞中春。遍体阴精都剥尽，化作纯阳一块金”是也。自此以后，工夫又与男子同也。

盖女真丹诀，惟独此词最是捷径。吕祖不爱天宝，一口吐尽，惜乎人不识也。余今解说明白，但脐下一寸三分与两乳中间一穴，要知皆是象言，切勿以有形求之也。经云：“执着此身不是道，离却此身也是差。”又云：“一身内外尽皆阴。”又云：“眼前觑着不识真。”况其中层[①]次火候细微，必得真师口传心授，以意会得之，方有下手处。上阳子曰“口诀安能纸上明”，幸勿强猜瞎摸而自误也。

时光绪二十五年己亥秋，作寓申江，闻有广东三水县李门曹姑号贞洁，博学多知，胜过男子，比时会面，以丹书问答，果不虚传。余喜曰：世间大才大学者，皆不要性命，何独李夫人如是之诚心乎！故作此篇以赠之。

---

① 层，底本作“重”，改。

荐读书目

汪东亭

凡九流中，及一切微末技艺，皆要师传，皆是从苦求中得来，况云性命大事乎？然求师要紧，而读书又可不要紧乎？今观历代诸仙，遗下丹书，遍满天下，而其中假名托姓者尤多。噫！素非法眼，将何以辨之？

又何书可读？何书不可读？此是初入门最要紧第一着也。若有差错，则先入心者，坚不可破，而终身大事了也，及至老死，反谓平生不肯苦求，无缘得遇真师。故曰："学道不易，读书更难。"譬如以刀杀人者，人若见之，则可避也。书中杀人，是不可见，则是不可避，其中利害要胜刀刃多矣。盖当日作者，亦是井底观天，强猜瞎摸，自谓金丹口诀尽于此矣，留传后人，当为奇文。假若知之，亦必不得有心害人也。

瀴十年前，与粤省许杰卿者，同寓于上海西门外白云观，参悟全部《道藏》，始知自古以来，诸家留传，遗下丹书共计有七千八百余卷，而其中伪书，真实不少也。今将书名略叙一二，好教同志知之，则不受其害也。有《先天道德经》《大洞玉清经》《大乘妙林经》《天生得道经》《毗卢大洞经》《本愿经》《普济经》《洞玄八仙经》《灵宝行道经》《修真指玄经》《福日经》《宝元经》《净供经》《像名经》《秘密藏经》《真文要解》《法烛经》《道德经八仙合注》，又《四子集解》，又《道德宝章翼》《常清静经八仙解》《道元一炁经》《真定经》《内丹经》《妙始经》《浩元经》《元道真经》《太素经》《黄庭内景诸真合注》，又《黄庭中景经》《混元圣记本行集经》（有上中下，皆称诸上真名字注解），又《本行集经阐微》《心印经八仙合注》《演政心印集经》《五斗经》《九皇新经》《北斗经注解》《阴符经十真注解》，又《通玄先生解》，又《阴符玄解》《太霄琅书》《紫书大法》《三元流珠经》《神用经》《玉枢宝经》《王母起居经》《金根经》《中天七元经》《十六品经》《同参经》《五经合篇》《纯阳易说》《语录大观》《三宝心灯》《微言摘要》《金丹心法》《青华秘文》《太玄宝典》《悟玄篇》《太虚心篇》

《橐籥子》《阴丹内篇》《樵阳经》《鸣鹤余音》《金莲正宗记》《洞天记》《南岳集记》《梅仙记》《群仙会真记》《甘水仙源录》《三洞群仙录》《上清三尊录》《终南内传》《西川青羊记》《玄元图记》《玄妙镜》《金丹真传》《云笈七签》《心传述证录》《忏法大观》。以上八十余部，或曰元始所著，或言太上所著，或谓天王所述，或指天帝所撰，或称某帝君、某天尊、某真君、某真人、某圣母、某仙姑，总之，皆是借真招牌售假货物。今叙出八十余部，约七百余卷，若以全部《道藏》计之，足有三千余卷，笔墨难尽其数。再加扶鸾诗词、歌论，以及符咒、功过、科仪、吃斋、拔罪，种种异端，又有三千余卷，究到实际，尽是误人害人、杀人坑人之书也。

最万恶、最害人者，是目下行世《玄宗正旨》《金华秘诀》《唱道真言》《坐忘论》《悟性穷原》《养真集》《金华宗旨》。鸣呼！初学得之，贪他浅显，当为至宝，自谓双修性命尽于斯矣。乃时就有黄老对面、钟吕言说，都是不能悔悟。噫！足可称之曰“送终毒药”也。盖真正圣贤仙佛留传后世者，统计千余卷，而伪书反多出六七倍矣。今将真丹经，比喻是有玉之石，假伪书，比喻是无玉之石，共堆一所，令后来者拣择，可怜如盲人夜入深山，无所适从也。在何处可以寻径？在何处可以出路？

濩敢为同志，将吾平生所读丹书目录叙出，俾不至于歧路茫茫也。夫初入门者，必读《金仙证论》《慧命经》《天仙正理》《仙佛合宗》《金丹要诀》《丹道九篇》《性命圭旨》《无垢子心经注解》。惟有《仙佛合宗》要买原板，共计四本，皆是守阳、守虚注解者。以上数种，参悟纯熟，千万不可强猜，照书行事。务要知，丹书万卷，并无半句口诀，其中皆是象言。但有一比喻，必有一实义，盖实义又在象言之外也。

再读，《陈上阳诗集》，要有其师赵缘督《金丹问难》《仙佛同原》等书，名曰《金丹大全》。又《张三丰全集》《白紫清全集》、许旌阳《石函记》、郑和阳《金丹正传》、陈虚白《规中指南》、刘悟元《道书十二种》、王重阳《全真集》，又《教化集》，并《十化集》《十五论》。邱长春《磻溪集》《青天歌》，另有陆潜虚《注解》最好。刘长生《仙乐集》，并《至真语录》。谭长真《水云集》《马丹阳金玉集》，又《渐悟集》，并《神光灿》、又《语录》，并《孙不二元君法语》、郝广宁《太古集》、王处一《云光集》、尹清和《葆光集》，并《北游语录》。龙眉子《金液还丹诗》，另有陆潜虚《注解》最好。无名子《西游记》，悟一子注解名《真诠》，又刘悟元注解名《原旨》。又《后西游记》、陶素耜《道书五种》、朱元育《参悟阐幽》、王惟一《明道篇》《张虚静天师语录》、陆潜虚《方壶外史》、姬志真《云山集》、白云子《草堂集》、马先生《自然集》，又《鸣真集》，并《西云集》，李清庵《中和集》《晋真人语录》《徐神翁语录》，并《盘山语录》、石杏林《还原篇》、薛紫贤《复命篇》、陈泥丸《翠虚篇》、了真子《金丹大成集》、谭紫霄《化书》，另有王一清《注解》最好。来子原板《周易集注》《黄石公素书》、周子《太极图》，又《通书》、邵子《皇极经世》，又《击壤集》，再《书经》《诗经》《孟子》，皆言道学，惟独《大学》《中庸》最好，但旨妙幽微，孰非达儒不足以解者。又《西升经》《冲虚经》《通玄经》《洞灵经》《玄真子》《天隐子》、刘子《淮南鸿烈解》《抱朴子内外篇》。濩云：最要紧者，是《阴符》《道德》《参同契》《入药镜》《悟真篇》。但诸家注解极多，不能计数，今特指出，愿后人择善而从之。《阴符经》注解，是李涵虚、陆潜虚、刘悟元。《道德经》注解，是李涵虚、王一清、陆潜虚。《参同契》注解，是朱元育《阐幽》最好。其次，陈上阳、陆潜虚《测疏》《口义》两种。《入药镜》注解有五家，今辑在《道统大成》内。《悟真篇》注解，是朱元育《阐幽》最好，其次《悟真三注》。再《庄子南华经》，濩读过六七种，若论郭象、林鬳斋、成玄英、程以宁诸家注解，皆有挂漏，惟有陆潜虚《南华副墨》真正尽美尽善矣。以上所论各种书目，皆不是误人、杀人之书也。濩五十余年，穷究彻底，若有虚言，永入地狱。

奉告同志，丹书必要熟读，求师必要细谈。《老子》云："道之出口，淡乎其无味。"呜呼！前贤皆因无味弃之者，不能计数也。昔者马自然真人，见刘祖四次，亦以无味弃之。张紫阳作《金丹四百字》并序赠之，故《自然集》中有"五遇海蟾为弟子"之句，此其证也。总之，一句口诀能贯通万卷丹书，而万卷丹书不能贯通一句口诀，盖此是求师最要紧第一着。潜虚子云："试金者必以石，丹经者，试师之石也。"可能缺乎？

然其中最要紧者，惟有《参同契》，是何故独称"万古丹经王"？盖《阴符》《道德》非是不好，《阴符》包罗极广，《道德》又兼三才治国。究到实际，火候细微，均皆无有。请观诸家丹书，祖述《参同契》者多，而祖述《阴符》《道德》者少也。务要知《参同契》是专言性命之书，而调药、炼药、大小周天，文武火候，满盘托出。更有言不尽底者，《参同契》皆详载之。故曰："神仙不作《参同契》，火候工夫那得知。"统计亦只六千余字，必先读得烂熟。凡遇师时，即以弟子礼侍之，久久亲热，渐渐知己，总以《参同契》考实。或曰："天机不能泄露。"答曰："只求明理耳。"若是真师，必能解说得明白，必能贯通诸家丹经。若平日熟读之书，所有不能解者，一旦恍然大悟，有如此之简易，方是真师。再中年之人，得师口诀，当时下手，至迟两日即见效验，有如此之迅速方是真诀。濩与柯（柯怀经）君，皆是四十余岁遇师，皆是一日半见效验。又彭鹤林云："得诀归来试炼看，龙争虎战片时间。"柳华阳云："得来暂试从头看，一刻工夫果自喜。"盖此二公，是本日见效也。若是伪师，必不能解说《参同契》，务要抱着《参同契》为主宰，自然不误也。

陈上阳云："《参同契》有一字不透，不能还丹。"真正至言，此亦是一块试师的试金石也。然非深达天地阴阳、洞晓身中造化者，必不能知《参同契》之有味也。盖不知《参同契》之有味，则是不能贯通各家丹书。既不能贯通各家丹书，即是旁门。

诸般皆可，惟独女鼎，非但无益于身心，而且大伤天和，最损阴德，确乎子孙有碍，切宜慎之。凡谈女鼎者，必先以静工入门。久之，再将彭好古、廖复盛、孙汝忠，及济一子之书分出南北两派。必曰："破体者，务要开关。若不开关，不能复还童体。如若开关，必用女鼎。若用女鼎，可先打造橐籥。"盖富贵之人，最怕是死，得闻此言，则无不乐从愿为。总之，是一美人局，万世不能破也。

若谓南北是两派，孟子曰："吾道一而已矣。"何得有两乎？三丰祖曰："道二，一正一邪而已矣。"何得有派乎？莫要糊涂！诸家著书，大概皆是祖述《阴符》《道德》《参同》《悟真》者多，其余各家语句，皆可摘取通用，并不分派别户。总之，南北两派，皆是钟吕二祖传出，若以地土分之，则可。若以大道分之，则无是理也。前圣云："天下无二道，圣人无两心。"又云："惟此一事实，余二即非真。"呜呼！大道可能言派乎？再，老子称犹龙派，王少阳称少阳派，王重阳称重阳派，邱长春称龙门派，陆潜虚称东派，李涵虚称西派，此是听乎各人自取。濩作《（三教）一贯》，则称之曰"东亭派"，亦可也。

（摘录自汪东亭《三教一贯》，上海千顷堂书局，1915 年）